DESENVOLVIMENTO NO BRASIL E NA AMÉRICA LATINA: UMA PERSPECTIVA HISTÓRICA

DESENVOLVIMENTO NO BRASIL E NA AMÉRICA LATINA: UMA PERSPECTIVA HISTÓRICA

ALBERT FISHLOW

Tradução: Claudio Weber Abramo

PAZ E TERRA

© by Albert Fishlow

Revisão: Sonnini Ruiz
Carolina N. Andrade

CIP-Brasil. Catalogação-na-fonte
Sindicato Nacional dos Editores de Livros, RJ.

F566d

Fishlow, Albert (1936 -   )
Desenvolvimento no Brasil e na América Latina: uma perspectiva histórica
/ Albert Fishlow; tradução Claudio Weber Abramo, — São Paulo: Paz e
Terra, 2004

Inclui bibliografia
ISBN 85-219-0749-4

1. Brasil — Política econômica. 2. Desenvolvimento econômico — Brasil
3. Brasil — Condições econômicas. 4. América Latina — Política econômica.
I. Título.

04-0621.   CDD 338.981
                           CDU 338.1 (81)

                                                    005795

EDITORA PAZ E TERRA S/A
Rua do Triunfo, 177
Santa Ifigênia, São Paulo, SP – CEP 01212-010
TEL.: (011) 3337-8399

E-mail: vendas@pazeterra.com.br
Home Page: www.pazeterra.com.br

2004
Impresso no Brasil / Printed in Brazil

Sumário

Apresentação 7

Introdução 11

1. O desenvolvimento brasileiro numa
   perspectiva de longo prazo 13

2. Uma história de dois presidentes:
   a economia política da crise administrada 25

3. Indexação à moda brasileira:
   inflação sem lágrimas? 75

4. Algumas reflexões sobre a política econômica
   brasileira pós-1964 99

5. Algumas reflexões sobre desempenho e política
   econômica na América Latina 155

6. O Estado latino-americano 183

7. O estado da economia latino-americana 203

8. Tempos difíceis: a América Latina nas décadas
   de 1930 e 1980 239

9. Lições do passado: mercados de capitais
   durante o século xix e o período entre guerras 265

Apresentação

Albert Fishlow notabilizou-se na academia norte-americana com uma inovadora tese doutoral para a Universidade de Harvard, sobre o impacto das ferrovias no desenvolvimento dos Estados Unidos no século XIX. Em 1966, já então professor na Universidade da Califórnia, em Berkeley, aceitou o desafio de substituir o professor Howard Ellis no comando do Projeto Brasil. Esse projeto agrupava um time de professores americanos e ingleses que, desde 1965, vinha assessorando o governo brasileiro, no então recém-criado IPEA — Instituto de Pesquisa Econômica Aplicada.

No IPEA, Fishlow logo se colocou no centro dos debates sobre a evolução histórica e as políticas econômicas do país, produzindo nos anos que se seguiram textos tão originais quanto impactantes sobre a economia brasileira. Posteriormente, Fishlow ampliou o escopo de suas análises para toda a América Latina. O conjunto de sua obra é tão importante para o entendimento das economias latino-americanas quanto os textos clássicos de Raul Prebisch, Celso Furtado, Albert Hirshmann e Carlos Díaz-Alejandro. Os nove artigos aqui reunidos demonstram copiosamente essa afirmação.

A coletânea inicia-se com "Desenvolvimento brasileiro numa perspectiva de longo prazo", no qual Fishlow interpreta a longa fase de crescimento brasileiro desde meados do século XIX, de uma forma francamente favorável às políticas de industrialização historicamente adotadas pelo país.[1]

---

1. A perspectiva "industrializante" adotada nesse texto é desenvolvida por Fishlow em duas monografias que, por sua extensão, não puderam ser incluídas nesta coletânea. Trata-se de "Origins and consequences of import substitution in Brazil", in: Luis Di Marco (org.), *International economics and development*, Nova York, 1971. A outra monografia, infelizmente inédita é "Foreign trade regimes: Brazil". Cambridge, MA:NBER, 1975, na qual Fishlow desenvolve a melhor análise até hoje feita sobre a política de comércio exterior brasileiro no pós-II guerra.

Os três textos seguintes tratam especificamente da política econômica do regime militar, e estão organizados numa ordem inversa à que foram escritos. Vem em primeiro lugar "Uma história de dois presidentes" (que são Geisel e Figueiredo), em que Fishlow discute o auge e o declínio da política econômica do período militar.

Em "Indexação à moda brasileira: inflação sem lágrimas?", Fishlow analisa um aspecto particular da política econômica do período militar, negando validade à afirmação do papa do monetarismo, Milton Friedman, de que o governo brasileiro de então teria descoberto, através da indexação, o anestésico perfeito para a inflação. Sua avaliação negativa dessa experiência tem a ver especialmente com o impacto negativo sobre a distribuição da renda da política de indexação salarial adotada no período.

Um dos mais conhecidos produtos das atividades de Fishlow no Brasil foi uma análise da distribuição de renda no país na década de 1960.[2] Esse texto de Fishlow deu partida a um dos mais vivos debates, de que se tem notícia no campo do desenvolvimento econômico, sobre os méritos e deméritos do "milagre econômico brasileiro" da segunda metade da década de 1960. A análise original de Fishlow sobre a distribuição de renda foi subseqüentemente incorporada a um texto mais abrangente sobre a política econômica na primeira década do regime militar, "Algumas reflexões sobre a política econômica brasileira pós-64", que fecha a parte exclusivamente brasileira desta coletânea.

A partir de meados da década de 1970, Fishlow passou a ocupar-se cada vez mais da América Latina como um todo. Isso incluí sua passagem pela Sub-Secretaria de Estado para Assuntos Interamericanos do governo dos EUA, quando demonstrou seus talentos para a diplomacia, especialmente ao resolver disputas aparentemente intratáveis entre os EUA e o governo militar peruano de então.

Albert Fishlow foi talvez o primeiro economista a chamar a atenção para os perigos da acumulação da dívida externa na década de 1970. Um texto presciente seu alertava, já em 1978, para a necessidade de uma consolidação da dívida como um meio de evitar uma crise econômica maior na região.[3]

---

2. Esse texto foi julgado excessivamente técnico para inclusão nesta coletânea. Os leitores interessados podem consultá-lo, "Brazilian size distribution of income", in: *American Economic Review*, 62, maio de 1972.

3. Cf. Albert Fishlow, "A new international economic order: what kind?", in: A. Fishlow et all. *Rich and Poor Nations in the World Economy*. Nova York: McGraw Hill, 1978.

Outra luta de Fishlow contra a maré — opondo-se ao entusiasmo fácil então existente com o modelo exportador do sudeste asiático — foi sua sustentação do ponto de vista de que o sucesso da orientação para as exportações depende crucialmente da existência de forte poupança nacional. Essa é uma preocupação saliente do primeiro texto latino-americano desta coleção, em que analisa de forma comparativa as políticas econômicas no sudeste asiático e na América Latina, "Algumas reflexões sobre o desempenho e política econômica na América Latina".

Numa fase em que as políticas de intervenção do estado na economia latino-americana estiveram sob cerrado ataque, Fishlow publicou dois textos, aqui incluídos, sobre o tema: "O estado latino-americano" e "O estado da economia latino-americana". Neles, discute a evolução das estratégias de política econômica na região e faz uma análise balanceada do benefícios e limites da intervenção estatal ao longo do pós-II guerra.

A década de 1980 foi difícil para as economias latino-americanas. Ao analisá-la, Fishlow adota uma inédita perspectiva histórico-comparativa em "Tempos difíceis: América Latina nas décadas de 1930 e 1980".

O texto final desta coletânea é uma brilhante análise histórica da evolução dos mercados internacionais de capitais, absolutamente relevante para o pleno entendimento da nova fase de globalização neste início do terceiro milênio, "Lições do passado: mercados de capitais durante o século XIX e o período de entre-guerras".

Acadêmicos de verdade produzem não somente livros e artigos influentes, mas também boas instituições universitárias e estudantes promissores. Nessas duas áreas, também, as contribuições de Albert Fishlow foram marcantes. Nos seus dois períodos como diretor do departamento de economia de Berkeley na década de 1980, ele conseguiu, por meio de uma agressiva política de contratações, colocar aquele departamento de volta ao topo da lista dos departamentos de economia nos EUA. Quanto à proeminência de seus estudantes, basta mencionar que, no ano passado, ex-alunos seus estiveram ocupando simultaneamente o Ministério da Fazenda (Pedro Malan) e as presidências do Banco do Brasil (Paolo Zaghen), BNDES (Andrea Calabi) e CADE (Gesner de Oliveira).

Os estudiosos da economia latino-americana, como eu, devemos estar muito gratos a Albert Fishlow, pelo tanto que fez pela profissão e pela região. Nesses trinta e cinco anos em que Fishlow vem estudando a América Latina, a região teve seus altos e baixos. Mas as lições dos artigos aqui coletados estão frutificando, como se comprova pela marcante melhoria da qualidade da política econômica em toda a região. No ritmo atual, certamente, demorarão menos do que os próximos trinta e cinco anos para que a América Latina possa vir a preencher os ideais de uma boa sociedade, aos quais Albert Fishlow vem dedicando boa parte de sua esplêndida vida intelectual.

Edmar L. Bacha

Introdução

Apresento aqui uma seleção de artigos que escrevi sobre o Brasil e, de uma maneira geral, sobre a América Latina, escolhidos por meu bom amigo Edmar Bacha. De fato, entrego-me até mesmo a uma análise comparativa que abrange o relativo sucesso dos países asiáticos na década de 1980.

Eles ilustram a linha de pesquisa que sigo há vários anos desde que me aprofundei pela primeira vez nessa região, e especialmente no Brasil, há aproximadamente quarenta anos.

Enfatizei primeiramente a tentativa de compreender o passado como se fosse um prólogo para o presente: as raízes históricas continuam a ter importância e servem como base de força, conforme a nação se desenvolve, ou uma fonte de fraqueza e retorno a uma variedade de ineficiências.

Um segundo enfoque foi dado à ênfase na prova empírica. A estrutura teórica é necessária, embora não seja suficiente. Tentei sempre utilizar métodos estatísticos — de variedade simples — não apenas com objetivos de ilustração, mas com a finalidade de analisar as hipóteses conflitantes e algumas vezes implícitas. A isso também se deve minha freqüente tentativa de empregar um enfoque comparativo, possibilitando um diferencial na experiência de esclarecimento dos mecanismos da causa.

Um terceiro elemento foi à ampla atenção direcionada à política e suas conseqüências intencionais e, freqüentemente, não intencionais. No processo de desenvolvimento da América Latina, o Estado foi e continua a ser um elemento vital. Sua evolução da substituição do significado histórico para uma ênfase — não de todo adequada — no mercado externo é um importante vértice. O outro é a luta contra a inflação, uma batalha que parece ter enfim saído vitoriosa. E a mudança para a privatização, praticamente inevitável como um meio para proteger os recursos públicos necessários para eliminar os grandes déficits fiscais, foi uma outra ênfase que resultou nos lucros importantes e também necessários na produtividade.

O Estado mantém sua importância não só como fonte de subsídios e apoio público de forma geral, mas também como força ativa na eliminação da pobreza, na expansão da educação, na melhoria da habitação, na garantia de assistência médica etc. Talvez sua função fundamental seja, acima de tudo, assegurar o contínuo aumento da poupança doméstica por meio dos excedentes públicos, sendo que essa poupança financiará o aumento no investimento necessário para manter a continuidade na elevada taxa de crescimento. Apenas com gastos inteligentes dos recursos limitados será possível melhorar a distribuição desigual, encontrada não somente no Brasil, mas em outros países também.

Se esses são alguns dos elementos presentes nestes artigos, devo igualmente confessar a falta de um aspecto importante. Não há nenhum capítulo específico que trata do período da renovação da democracia no Brasil após o ano de 1985. E isso não se deve à falta de interesse nem de engajamento direto. De fato, fui ao Brasil com grande freqüência nos últimos vinte anos, falei para audiências diversificadas e escrevi artigos ocasionalmente, os quais tratavam do Plano Cruzado, dos Planos Collor e também do bem-sucedido Plano Real. Mas ainda não realizei uma compilação abrangente e necessária para suceder *A Tale of Two Presidents*. Muitos bons trabalhos foram produzidos pelos brasileiros e por outros cientistas sociais, mas espero poder proporcionar ainda alguns conhecimentos adicionais.

Gostaria de acrescentar uma última palavra. Dedico este livro aos muitos estudantes latino-americanos que passaram por mim ao longo dos anos, os quais foram uma fonte indispensável para a compreensão do processo de desenvolvimento econômico na região. Aprendi muito com eles. Espero que vejam suas benéficas contribuições nesta coletânea de artigos.

Albert Fishlow

O desenvolvimento brasileiro numa perspectiva de longo prazo[1]

O Brasil é hoje [1980] a oitava economia de mercado do mundo. Sua renda per capita de US$ 1500 em 1979, sua estrutura industrial sofisticada e seus dinamismo recente se combinam para lhe atribuir um lugar proeminente entre os países em desenvolvimento mais avançados. Não constitui surpresa que a experiência brasileira recente tenha sido um tema importante na análise do desenvolvimento econômico, em parte crítica.

Tal enfoque no "milagre" brasileiro e em seu resultado é muito limitado. O crescimento e a industrialização brasileiros têm uma longa história, do mesmo modo que as desigualdades regionais e pessoais de renda que, hoje, demandam atenção crescente. Compreender que as origens do crescimento brasileiro estão na economia de exportação do século XIX e nos padrões subseqüentes de substituição de importações não fornecerá indicações melhores para a administração da dívida de curto prazo ou da política monetária. Mas a perspectiva de mais longo prazo torna claro que o desenvolvimento econômico sustentado requer mais do que acompanhar o que dita o mercado internacional e mais do que acertar o sistema de preços. Na verdade, às vezes pode envolver a rejeição dessas sinalizações.

Interpretarei quatro episódios significativos da expansão brasileira desde o século XIX, que iluminam um estímulo complexo e variável para o crescimento doméstico na periferia da extensão da economia mundial:[2]

---

1. Publicado originalmente em *The American Economic Review*, maio/1980, p.102-8.

2. Boa parte da discussão histórica pode ser encontrada em meu artigo mencionado nas referências bibliográficas. Para outros pontos de vista, por vezes diferentes dos meus, ver, entre outros, Annibal Villela e Wilson Suzigan (1973); Nathaniel Leff (1969, 1972, 1973); Carlos Palaez e Wilson Suzigan (1976).

1. No século XIX, o impacto produzido sobre o crescimento brasileiro pela integração na economia internacional em expansão deu-se tarde e de forma diluída.
2. No século XX, choques adversos decorrentes de guerras e da depressão reforçaram a substituição de importações e contribuíram para um crescimento da participação da indústria manufatureira, mas às expensas de uma expansão eficiente da capacidade.
3. O crescimento econômico pós-Segunda Guerra Mundial pode ser mais bem explicado como conseqüência de uma aceleração dos influxos de capital e de tecnologia do que pela ênfase na substituição de importações.
4. Em vez de suplantá-la, o recente "milagre" foi construído sobre a industrialização anterior, e dependeu tanto da integração aos mercados internacionais, tanto comerciais quanto de capitais.

O resultado líquido da adaptação brasileira às oportunidades e limitações definidas pelo mercado externo tem sido um crescimento contínuo do produto bruto *per capita* desde o início do século XX, a taxas que excedem claramente as do século anterior. Há evidência de uma aceleração do crescimento industrial a partir da Grande Depressão; também parece ter ocorrido uma expansão agrícola mais veloz a partir de 1945. Face às grandes oscilações experimentados pelo comércio mundial, tal histórico representa uma realização impressionante. É um testemunho à prevalência, no longo prazo, de um compromisso inerentemente pragmático, em lugar de ideológico, nas políticas econômicas e comerciais brasileiras.

I

O surgimento do Brasil como grande produtor de café deu-se em meados do século XIX; de fato, por volta da década de 1830, o café respondia por mais de 40% em valor do total das exportações brasileiras. Ao longo do terceiro quartel do século, embora o comércio como um todo tenha se expandido de modo bastante satisfatório — os termos de troca evoluíram 3,8% entre 1848-52 e 1873-77 —, o volume de exportações de café experimentou um avanço apenas modesto, de 1,9%. Os resultados favoráveis do comércio nesse período foram conseqüência de circunstâncias especiais: uma nova elevação dos preços do café a níveis sem precedentes: um último impulso nas exportações de açúcar; e o efeito favorável, porém temporário, da Guerra Civil norte-americana sobre as exportações de algodão. O aumento das receitas não representou uma resposta permanente para o ritmo acelerado do desenvolvimento industrial no núcleo; nem houve mudanças significativas na economia tradicional baseada na agricultura escravagista.

Durante a década de 1880, enquanto as receitas de exportação brasileiras quase estagnaram, houve um aumento anual de 5,7% do volume de exportações de café, resultado da nova economia cafeeira paulista. Seu desenvolvimento assumiu uma forma reminiscente dos padrões observados em outras áreas de ocupação recente. Ampliação da rede ferroviaria, construção de instalações portuárias e um rápido crescimento populacional por efeito de imigração, tudo isso caracterizou essa expansão regional durante os 25 anos anteriores à Primeira Guerra Mundial.

No entanto, essa resposta tardia a novas oportunidades teve efeito apenas limitado sobre o desenvolvimento brasileiro como um todo. O declínio do açúcar e do algodão no Nordeste — região que abrigava mais de um terço da população — não liberou muita mão-de-obra para o Sul dinâmico. Ironicamente, São Paulo experimentou imigração interna antes da abolição da escravidão, e não depois. Em vez de recorrer a recursos internos, buscou-se satisfazer a demanda por mão-de-obra por recurso a um programa deliberado de recrutamento subsidiado de imigrantes — em especial vindos do sul da Itália. Houve fracasso na realocação doméstica face a mudanças nas vantagens comparativas internacionais — o que criou diferenças entre a renda e a taxa de crescimento regionais que se agravariam nos 50 anos subseqüentes.

Uma segunda característica dessa resposta mais tardia de São Paulo foi a limitação da perspectiva para uma continuidade do crescimento das exportações de café. Em uma década se tornou claro que se apresentavam sérios problemas de excesso de oferta. O preço do café experimentava oscilações cada vez maiores — com o ingresso de nova capacidade brasileira de produção, durante a década de 1890 o preço desabou de £4,09, em 1893, para £1,48 em 1899.

A reação se deu em duas frentes. A primeira foi um interesse precoce na regulação dos preços por meio do controle da oferta: o acordo de Taubaté de 1906, sustentado por empréstimos externos, representou o primeiro esforço desse tipo. A outra conseqüência da limitação do crescimento das exportações de café — entre 1883-87 e 1909-13, o aumento anual em volume foi de 2,9% — foi, desde cedo, um incentivo continuado para a realocação de lucros de exportação em outras atividades.

Portanto, o que sobressai no caso brasileiro é a aplicabilidade limitada da perspectiva do "crescimento impulsionado pelo motor clássico de exportação". Imobilidade regionais significavam que mudanças nas vantagens comparativas traziam consigo disparidades internas significativas e crescentes. Cedo as possibilidades limitadas de exportação inspiraram em São Paulo esforços no sentido de diversificar e de proteger a economia contra flutuações externas. Em diversos momentos, a heterodoxia monetária rompeu amarrações inflexíveis com o padrão ouro e, como conseqüência, as taxas de câmbio e suas variações desempenharam um papel central na influência sobre ia atividade econômica doméstica.

II

Apesar dos esforços iniciais de substituição de importações realizados nos anos 1890 e a despeito do veloz crescimento manufatureiro subseqüente, entre 1906 e 1912, às vésperas da Primeira Guerra Mundial o Brasil possuía uma estrutura industrial ainda primitiva. Continuava importando produtos têxteis e dependia de fontes externas para mais de um terço de seu consumo nesse segmento. Embora tivesse ocorrido um progresso considerável na substituição de importações de alimentos industrializados, as importações de produtos agrícolas permaneciam elevadas, rivalizando com as de ferro e aço. O setor doméstico de bens de capital era essencialmente inexistente. Não mais do que 3% da força de trabalho era empregada em fábricas.

A guerra interrompeu esse processo de desenvolvimento fundado na expansão simultânea das exportações e da substituição de importações, cuja necessidades de mão-de-obra eram atendidas, em ambas os casos, pela imigração. O comércio foi reduzido, especialmente as importações, e os fluxos populacionais diminuíram muito. Houve um crescimento industrial irregular e mais lento; isso se explicava, em grande parte, pela substituição de importações, por uma redução na taxa de formação de capital imposta pela limitação ao acesso a importações e por evidências de crescimento dos lucros, em parte inspirado na inflação.

Portanto, a guerra não constituiu um ponto de partida para a industrialização, mas por outro lado também não representou um freio inequívoco. O conflito reverteu o crescimento das importações, que parecia acelerar-se no período imediatamente anterior à guerra. (A abundância de moeda estrangeira, gerada pelo *boom* da borracha do Amazonas, havia tornado atraentes as compras externas.). Representou fonte de lucros grandes e rápidos, que deveriam ter encontrado o rumo da considerável expansão da capacidade industrial verificado no pós-guerra. Isso se deu num período em que a industrialização ainda era frágil. Num momento tão tardio quanto 1919, as importações de manufaturados respondiam por uma participação na oferta industrial quase tão grande quanto os produtos com valor adicionado doméstico. A ameaça de concorrência externa permanecia real, apesar da proteção proporcionada por tarifas elevadas.

A realidade daquela ameaça ficou aparente na década de 1920. Uma política monetária doméstica conservadora tinha como objetivo a revalorização do "mil-réis". O crescimento industrial se lentificou em face do aperto do crédito e do barateamento das importações. Estagnou-se entre 1922 e 1926, para em seguida se recuperar. Caso não tivesse ocorrido o influxo de importações — financiadas, em parte, por empréstimos externos —, naquele período o crescimento industrial teria se aproximado dos 8%. O saldo geral da década foi o excesso de capacidade e a incerteza de rumos.

A Grande Depressão solucionou definitivamente ambos os problemas. O Brasil esteve entre os países que, de início, sofreram mais fortemente o golpe, muito porque novos investimentos cafeeiros nos anos 1920 só começaram a dar frutos na década de 1930. O preço do café caiu de 60% entre 1929 e 1931, e continuou em níveis baixos durante o restante da década. A capacidade de importação permaneceu em dois terços da magnitude que tinha na década de 1920.

Ainda assim, o Brasil conseguiu manter uma taxa de crescimento industrial anual de mais de 10% entre 1932 e 1939; o crescimento do produto interno bruto atingiu quase 6%. No primeiro caso, isso se conseguiu sustentando-se a demanda interna apesar do choque externo. A demanda foi estimulada pela política de, ao menos parcialmente, proteger a renda interna dos produtores de café por meio da compra e destruição de cafezais, como também por desvalorização real das moedas; pela manutenção de déficits governamentais federais, de modo algum intencional, ao menos no início; pelo crescimento das receitas do setor cafeeiro (as quais experimentaram uma recuperação modesta entre 1932 e 1936); e por uma política monetária expansiva.

Em tudo isso, o papel do setor cafeeiro não deveria ser exagerado; ele não gerava muito mais do que 10% da renda, e suas receitas não podiam ser completamente sustentadas. No entanto, caso políticas compensatórias não tivessem sido adotadas, os resultados teriam sido menos positivos. Foi possível ao Brasil prosseguir da forma autônoma como o fez porque a economia não era muito aberta: a relação entre as exportações e o produto interno bruto não superava muito os 15%. Isso tornou possível uma política compensatória.

Inicialmente, a oferta reagiu com base no excesso de capacidade acumulado durante os anos 1920. A concorrência das importações caiu rapidamente com a limitação da oferta de moeda estrangeira, desviada para o serviço da dívida. A intensidade de produção do trabalho aumentou durante a década, por meio do emprego de turnos extras como forma de aproveitar completamente o capital, que escasseava. Durante o período promoveram-se novos investimentos, mas em volume limitado pelo acesso a máquinas importadas, as quais se concentravam nos setores mais novos.

O crescimento rápido das manufaturas durante a década foi subscrito por uma maciça substituição de importações. No agregado, cerca de metade do aumento que se observou no valor adicionado industrial pode ser explicado por uma redução da oferta de produtos importados. As indústrias que cresceram mais rapidamente foram as dos setores intermediário e de bens de capital, como reflexo da industrialização verificada anteriormente em segmentos do setor de bens de consumo: tecidos, calçados, vestuário e alimentos. Cada vez mais a indústria se concentrou em São Paulo que, antes da depressão, possuía uma estrutura industrial mais orientada para os setores novos e tecnologicamente avançados.

Em 1939, o setor manufatureiro brasileiro empregava cerca de 9,5% da força de trabalho. Havia se diversificado substancialmente em relação ao panorama que apresentava antes da depressão. Porém, a indústria permaneceu relativamente atrasada. Embora tenha constituído uma adaptação notável, a substituição de importações por necessidade impôs uma industrialização com escassez de capital, menos capaz de competir eficazmente com outros países. Ao mesmo tempo, demandava uma força de trabalho que podia ser absorvida com salários reais aproximadamente constantes — possibilidade essa que poderia se sustentar durante curtos períodos, sob circunstâncias econômicas e políticas especiais, mas não no longo prazo. A industrialização sob o impulso de choques adversos não é livre de limitações.

III

A industrialização do período posterior à Segunda Guerra Mundial evoluiu num contexto de política deliberada, que a distinguiu dos períodos anteriores. Três elementos caracterizam o modelo de desequilíbrio que daí surgiu. O primeiro era uma dependência em relação à política comercial para efetuar uma volumosa transferência de recursos setoriais entre a agricultura e a indústria. No princípio, a supervalorização da taxa de câmbio gravou a agricultura e subsidiou a indústria. Mais tarde, contudo, a concessão de vantagens diretas à indústria passou a ser financiada fiscalmente, à medida que as taxas de exportação cresciam.

Essa necessidade impôs uma nova e perturbadora característica ao crescimento rápido dos anos 1950: uma inflação acelerada. Os gastos governamentais não foram compensados por um aumento das receitas, apesar da intensificação do papel público no provimento da infra-estrutura exigida para dar continuidade à modernização. O déficit cresceu e foi financiado por meio de uma expansão monetária permissiva.

A terceira característica foi a dependência em relação ao capital estrangeiro. O investimento direto no setor industrial dinâmico satisfazia exigências empresariais e tecnológicas por um desenvolvimento manufatureiro mais sofisticado e mais diversificado. Os setores intermediário e de bens de consumo duráveis, favorecidos pelo governo, não poderiam ter se expandido apenas sob auspícios domésticos. O capital externo também financiou as cada vez mais presentes necessidades de moeda estrangeira, quando as receitas advindas de exportações estagnaram após 1953.

Todos os três elementos do modelo eram sujeitos a reversão. A supervalorização do câmbio acabou por fazer sentir sobre uma pauta de exportação diversificada, e não apenas sobre os lucros do café. A poupança forçada dependia de um crescimento contínuo da inflação, e tal aceleração provocou suas próprias distorções; à medida que a inflação crescia para atingir os 40%, as resistências se acumulavam. Os investimentos estrangeiros, suplementados por influxos de curto prazo de capital privado atraído por condições muito favoráveis, não constituíam fontes de financiamento estáveis e confiáveis. A formação real de capital era discreta e não se dava no âmbito de um processo tranqüilo; o capital de curto prazo era volátil e sujeito a ressarcimento precoce.

Esforços para solucionar essas contradições potenciais demonstraram-se inadequadas com a passagem do tempo. As exportações reagiram lentamente a políticas mais favoráveis, e se depararam com um mercado mundial no qual os preços de produtos primários caíam. As políticas fiscal e monetária eram controladas de forma irregular e inadequada. O capital estrangeiro secou, provocando, no início da década de 1960, constantes crises de balanço de pagamentos e uma liberalização parcial e ineficaz.

Hoje é moda criticar essa industrialização imperfeita, baseada na substituição de importações, a partir da perspectiva fornecida pelo sucesso das estratégias de desenvolvimento mais abertas colocadas em prática no final dos anos 1960 e início dos 1970. No entanto, ao menos três comentários sobre a experiência brasileira permitem situar aquela estratégia sob uma luz mais favorável. A primeira é que, em si, a contribuição da substituição de importações durante a década de 1950 não foi um componente significativo da demanda por produtos manufaturados. A relação entre as importações e a produção doméstica já era bastante baixa em 1949, e o declínio subseqüente durante a década respondeu por menos de um quinto do crescimento industrial observado. Isso contrasta com a experiência da Grande Depressão. Mesmo uma relação constante entre importações e renda teria envolvido uma margem significativa para a continuidade da expansão industrial.

Em segundo lugar, a industrialização brasileira não foi tão ineficiente quanto a estrutura tarifária inflada a fez parecer. Taxas impossivelmente altas de proteção eficiente são resultado de medidas temporárias para lidar com o balanço de pagamentos, e não medem diferenciais reais de custos. O milagre econômico subseqüente baseou-se muito mais na estrutura industrial diversificada e no excesso de capacidade decorrentes do passado do que no mistério divino. Como se poderia explicar o desempenho subseqüente das exportações de manufaturados — pouquíssimos anos após a industrialização por substituição de importações ter sido dispensada? O moderno desenvolvimento industrial intensivo de capital foi, na verdade, acompanhado de uma taxa anual de crescimento de produtividade de 2,4%, que excedeu em muito a experiência prévia.

Em terceiro lugar, uma política de câmbio mais realista para encorajar as exportações enfrentou reais dificuldades nos mercados internacionais. É errado, e não-histórico, ignorar que a expansão recorde do comércio mundial nos anos 1950 deixou de favorecer os produtos primários. O Brasil, em particular, enfrentou a concorrência de competidores tropicais com estruturas de custos mais baixas. Sob tais condições, as políticas e as prioridades favoreceram corretamente a indústria, e não exibiam tanto preconceito contra a exploração simultânea do mercado externo quantos certos pontos de vista retrospectivos sugerem.

IV

O milagre brasileiro pós-1964 ligou-se a uma nova estratégia econômica. Esse novo modelo se caracterizava por uma maior integração aos mercados internacionais, parcialmente subsidiada; por uma capacidade fiscal maior e mais centralizada; por uma estrutura de subsídios e incentivos que favorecia os lucros em lugar dos salários; pela promoção da correção monetária para reduzir as distorções induzidas pela inflação; por uma reforma institucional do sistema de previdência social, por leis tributárias relativas aos mercados financeiro internos etc.; e por uma administração econômica tecnocrática, como contrapartida a um controle político autoritário.

Apesar de todo o seu compromisso aberto com o capitalismo como fonte de acumulação de capital, o modelo nunca correspondeu a um protótipo de livre-iniciativa. A estratégia econômica brasileira foi mais pragmática, enraizando-se em uma tradição intervencionista. A participação do governo na economia, que fora objeto de crítica em 1963 e também mais tarde em 1979, aumentou após a intervenção militar. O investimento público, seja diretamente na infra-estrutura, seja por meio de empreendimentos estatais, teve aumentada a sua porcentagem na formação de capital. A regulação da atividade econômica não se abateu. Proliferavam os incentivos e os subsídios, bem como controles de preços; eram aceitos e, mesmo, saudados, enquanto fossem consistentes com a elevação rápida dos lucros. Expandiu-se o controle público sobre os recursos, por meio tanto dos impostos quanto da poupança forçada acumulada pelo sistema de previdência social.

A ênfase na industrialização também não se alterou de forma significativa. As exportações agrícolas não receberam subsídios nem remotamente semelhantes àqueles oferecidos à indústria e, até mesmo, continuaram a ser taxadas pelo sistema de proteção contra as importações estrangeiras. A produção agrícola para consumo doméstico recebeu pouca atenção, o que não é surpreendente, considerando-se que os principais alimentos se originam mais do proporcionalmente em unidades produtoras pequenas e médias. Acolheram-se o investimento estrangeiro e a tecnologia moderna, intensiva de capital.

O modelo foi louvado pelo extraordinário crescimento que propiciou entre 1968 e 1973: uma taxa de expansão agregada de mais de 10% ao ano não é pouca coisa. Também foi criticado por seu fracasso em distribuir renda e oportunidades de uma forma mais eqüitativa. Ambas as apreciações são apropriadas, e nenhuma necessita receber elaborações ulteriores aqui.

Em vez disso, desejo acentuar o caráter especial e a importância da integração brasileira nos mercados mundiais de capital como condição do sucesso do modelo. Apesar de um crescimento rápido e sem precedentes do volume de exportações — aproximadamente 10% desde meados dos anos 1960 — e de evoluções favoráveis de preços da mesma magnitude, a recuperação brasileira envolveu uma expansão ainda mais rápida das importações. O saldo da conta-corrente deslocou-se de um superávit em 1965 e 1966 para um déficit de 2,3% do PIB em 1971-73; no final de 1973, a dívida externa registrava 17% do PIB, comparados a cerca de 10% em 1967.

Essa expansão rápida, e a concomitante aceleração da elevação da produção, correspondeu a um crescimento impulsionado não pelas exportações, mas pela dívida. Recursos externos — predominantemente comerciais, à medida que, pela primeira vez, o Brasil se tornava um fator no mercado de "eurodólares" — garantiam a disponibilidade de moeda estrangeira ante vorazes exigências de importação. Tais recursos também permitiram uma onda de investimento que não teve de ser financiada domesticamente em detrimento do consumo. Finalmente, tornaram desnecessário o prosseguimento da reforma do mercado interno de capitais, que teria sido necessária para se conseguirem fluxos financeiros equivalentes.

A dívida continuou a se expandir depois de 1973, a taxas ainda mais rápidas. A quadruplicação do preço do petróleo apanhou o Brasil num momento em que gargalos internos e excessos cíclicos estavam criando problemas internos de ajuste econômico, e em que a inflação era ressurgente. Com 80% de suas necessidades de consumo de petróleo satisfeitas pelas importações, o Brasil era especialmente vulnerável à subida de seus preços e, com isso, optou por adiar o ajuste de seu desequilíbrio externo, passando a depender ainda mais pesadamente do endividamento. No final de 1978, a dívida externa tinha se elevado a mais de US$ 40 bilhões, correspondentes a 25% do PIB.

O ajuste financiado pela dívida produziu resultados econômicos menos positivos do que a fase anterior, em que o crescimento era impulsionado pela dívida. A expansão agregada prosseguiu a taxas que eram quase a metade do período prévio, com uma alternância de paradas e partidas que refletia a ausência de uma estratégia determinada a lidar tanto com a crise exterior quanto com os desequilíbrios internos da agricultura, para não mencionar o acúmulo de disparidades sociais. A administração da dívida não havia sido bem feita, tendo permitido a aquisição de reservas volumosas e a expansão monetária doméstica. A limitação das importações — que controles mais rígidos mantiveram virtualmente constantes em termos nominais entre 1974 e 1978 — criou dificuldades. A inflação, que desde 1974 assumira níveis elevados, acelerou-se recentemente a taxas que se aproximam de 100%. Foi apenas em dezembro de 1979 que o governo reconheceu a extensão da crise e se movimentou para se opor a ela, com um novo pacote de liberalização e uma nova estratégia.

Até mesmo o milagre econômico e seu resultado ilustraram o tema: o mercado externo proporciona oportunidades, mas também introduz limitações. O novo e mais favorável acesso aos mercados de capitais, que contribuiu para o crescimento numa fase anterior, facilitou a adoção de políticas econômicas inadequadas e impróprias, que hoje impõem restrições adicionais às opções disponíveis. Apesar de quê as aparências indicavam no passado recente, o Brasil ainda não revelou definitivamente as tensões da integração ao mercado internacional que têm estado presente durante mais de um século.

V

Estimativas razoavelmente confiáveis do produto interno bruto brasileiro sugerem uma taxa média anual de crescimento per capita de quase 3% desde o início do século XX até o presente.[3] O período do pós-guerra mostra uma clara aceleração quando comparado ao que ocorria anteriormente, com uma taxa de expansão de mais de 4% contra 2%. Tal aceleração liga-se a um crescimento industrial mais rápido: em termos *per capita*, a agricultura mostra expansão muito mais modesta.

Essas taxas excedem em muito o desempenho de longo prazo dos países industriais centrais. Demonstram claramente que a lacuna atual entre os níveis de renda é uma herança do passado mais remoto, e não do passado recente. Estimativas do crescimento brasileiro durante o século XIX, baseadas em estatísticas monetárias e comerciais, confirmam que, provavelmente, o crescimento foi muito mais modesto durante a maior parte do período. O mesmo indica uma regressão simples dos números relativos à renda nacional. Se o nível de crescimento da produção correspondente até mesmo ao período anterior à guerra tivesse prevalecido durante os últimos cinqüenta anos do século XIX, a relação observada entre as exportações e a renda presumida se aproximaria de dois terços — um nível improvável, bem além do que se observava no fim do século.

Portanto, como outros países tropicais, foi bastante tarde que o Brasil começou a se beneficiar da expansão da economia internacional — apesar de sua participação no comércio mundial desde a época colonial. O atraso não produziu uma resposta institucional precoce o bastante para permitir que as forças da modernização e da industrialização se traduzissem em avanços firmes da produção. Por si próprios, o comércio e os fluxos de capital constituíram impulsos relativamente modestos para a expansão brasileira.

---

3. Os dados que se seguem foram obtidos de Cláudio Haddad (1975) e, subseqüentemente, das contas nacionais oficiais. As estimativas de Haddad a partir de 1920 são semelhantes às minhas e às de Villela e Suzigan (1973); para o período anterior a 1920, baseiam-se numa cobertura mais limitada. Estimativas sintéticas para o período anterior a 1900, baseada em dados comerciais e monetários, são mais arriscadas e devem ser usadas com cuidado.

Neste particular, alguns dos autores que interpretam o desenvolvimento brasileiro como inerentemente dependente exageram o papel da economia internacional. Na verdade, seria possível argumentar que o problema do século XIX era eminentemente falta, e não excesso, de integração internacional.

Mesmo depois, quando a expansão cafeeira de São Paulo estimulou um desenvolvimento econômico mais generalizado no Brasil, a contribuição das exportações para a produção total permaneceu relativamente baixa — certamente não superior a um quarto. Essa abertura limitada permitiu freqüentemente ao Brasil uma maior autonomia e seletividade para lidar com a economia internacional. A heterodoxia pragmática é uma marca brasileira. Como também é uma marca brasileira a ênfase continuada na industrialização. O sucesso relativo que ambas conseguiram se reflete em taxas agregadas de expansão desde o início do século que poucas economias em desenvolvimento podem igualar.

Referências Bibliográficas

FISHLOW, A.: "Origins and Consequences of Import Substitution in Brasil", em Luis di Marco (org.), *International economics and development*. Nova York: 1971.

HADDAD, C.: "Crescimento do Produto Real Brasileiro — 1900/1947", Revista Brasileira de Economia, 1975, v.29, p.3-26.

LEAF, N.: "Long-Term Brazilian economic development", *J. Econ. Hist.*, setembro/1969, v.29, p.473-93.

_____.: "Economic retardation in Nineteenth-Century Brazil,". *Econ. Hist. Rev.*, agosto/1972, v.25, p.489-507.

_____.: "Tropical Trade and Development in the Nineteenth Century: The Brazilian Experience", *J. Polit. E.*, maio-junho/1973, v.81, p.678-96.

PALAEZ, C. e SUZIGAN,W.: *História monetária do Brasil*. Rio de Janeiro: 1976.

VILLELA, A. B. e SUZIGAN, W.: *Política do Governo e Crescimento da Economia brasileira*, 1889-1945. Rio de Janeiro: 1973.

Uma história de dois presidentes: a economia política da crise administrada.[4]

Em março de 1974, quando Ernesto Geisel assumiu a presidência do Brasil, ainda reinava a euforia do "milagre" econômico dos cinco anos precedentes. As vozes dissidentes eram poucas e desacreditadas. Apesar do grande aumento do preço do petróleo, ocorrido alguns meses antes, as perspectivas de uma continuidade da prosperidade eram animadoras. Um crescimento espetacular, a taxas de mais de 10%, despertava visões de "grandeza", de que o destino brasileiro seria atingido na cena mundial. O próprio Geisel era o melhor entre os generais: um tecnocrata experimentado, não só capaz de administrar a economia mas também convencido da necessidade de um processo de liberalização política controlada, para assegurar uma tranqüilidade social duradoura.

Em março de 1985, João Batista Figueiredo deixou a presidência quase em desgraça. Durante o seu mandato, a inflação havia acelerado de 40% a muito mais de 200. Entre 1979 e 1984, a renda *per capita* recuara cerca de 10%. Uma dívida externa imensa se transformara no símbolo infeliz da proeminência brasileira entre os países do Terceiro Mundo. A Tabela 1 detalha alguns aspectos da deterioração econômica. Além disso, a incerteza política reinava no âmbito de uma transição que se fazia não apenas para um governo civil como, mesmo, para um governo de oposição, tornado possível por defecções sofridas pelo partido oficial no colégio eleitoral.

Poucos poderiam ter previsto uma reversão tão dramática, e poucos o fizeram. Um fator óbvio foram as transformações sofridas pela economia

---

4. Publicado originalmente em Alfred Stepan (org.): *Democratizing Brazil: Problems of transition and consolidation.* Nova York: Oxford, 1989.

mundial desde 1973. O choque do petróleo de 1973-74 mal havia sido absorvido quando se abateram novas elevações dos preços do petróleo, em 1979, e uma recessão severa nos países industrializados, acompanhada de elevações sem precedentes das taxas de juros. No início dos anos 1970, os países em desenvolvimento reivindicaram uma Nova Ordem Econômica Internacional. Mas esses países não puderam antecipar qual tipo de nova, e adversa, ordem econômica acabaria por se desdobrar. No início da década de 1980, e pela primeira vez no período pós-guerra, um declínio generalizado de renda, devido a dificuldades com o balanço de pagamentos, atingiu virtualmente todos os países latino-americanos de renda média.

Tabela 1 — Desempenho econômico brasileiro: 1971-1984.

	Taxas reais de crescimento da produção		
	Produto Interno Bruto	Indústria	Agricultura
1971	12,0	12,0	11,3
1972	11,1	13,0	4,1
1973	13,6	16,3	3,6
1974	9,7	9,2	8,2
1975	5,4	5,9	4,8
1976	9,7	12,4	2,9
1977	5,7	3,9	11,8
1978	5,0	7,2	−2,6
1979	6,4	6,4	5,0
1980	7,2	7,9	6,3
1981	−1,6	−5,5	6,4
1982	0,9	0,6	2,5
1983	−3,2	−6,8	2,2
1984	4,5	6,0	3,2

	Taxas[a] de elevação de moeda e preços				
	Base monetária	Estoque de moeda M1	Estoque ampliado de moeda[b] M4	Preços no atacado, oferta interna	
				Total	Alimentos
1971	36,3	32,3	n.a.	21,4	30,2
1972	18,5	38,3	n.a.	15,9	16,1
1973	47,1	47,0	n.a.	15,5	12,4
1974	32,9	33,5	40,6	35,4	37,4
1975	36,4	42,8	57,5	29,3	33,0
1976	49,8	37,2	55,3	44,9	50,1
1977	50,7	37,5	40,1	35,5	37,5
1978	44,9	42,2	53,2	43,0	51,9
1979	84,4	73,6	65,1	80,1	84,8
1980	56,9	70,2	69,1	121,3	130,8
1981	78,0	87,2	141,7	94,3	85,9
1982	87,3	65,0	105,7	97,7	98,9
1983	96,3	95,0	150,2	234,0	299,5
1984	243,8	203,5	291,9	230,3	223,7

[a] Dezembro a dezembro do ano indicado.
[b] Inclui depósitos a prazo fixo e dívida interna federal.

Tabela 1 — (Continuação)

	Balanço de pagamentos e dívida (US$ bilhões)							
	Importações[a]		Juros líquidos	Saldo da conta corrente	Influxo líquido de capital	Supe-rávit	Nível das reservas	Nível de endivi-damento[b]
Expor-tações[a]	Total	Combus-tíveis						
1971	2,9	3,2	0,4	0,3	−1,3	1,8	0,5	1,7	6,6
1972	4,0	4,2	0,5	0,4	−1,5	3,5	2,4	4,2	9,5
1973	6,2	6,2	0,8	0,5	−1,7	3,5	2,2	6,4	12,6
1974	8,0	12,6	3,0	0,7	−7,1	6,3	−0,9	5,3	17,2
1975	8,7	12,2	3,1	1,5	−6,7	5,9	−1,0	4,0	21,2
1976	10,1	12,4	3,8	1,8	−6,0	6,9	1,2	6,5	26,0
1977	12,1	12,0	4,1	2,1	−4,0	5,3	6,0	7,3	32,0
1978	12,7	13,7	4,5	2,7	−6,0	9,4	3,9	11,9	43,5
1979	15,2	18,1	6,8	4,2	−10,0	7,7	−3,2	9,7	49,9
1980	20,1	23,0	10,2	6,3	−12,4	9,7	−3,4	6,9	53,8
1981	23,3	22,1	11,3	9,2	−11,0	12,8	0,6	7,5	61,4
1982	20,2	19,4	10,5	11,4	−16,3	7,9	−8,8	4,0	69,7
1983	21,9	15,4	8,6	9,6	−6,8	1,5	−6,0	4,6	81,3
1984	27,0	13,9	7,3	10,2	0	−1,2	−0,8	12,0	91,1

[a] FOB
[b] Registrado; exclui obrigações interbancárias e a dívida de curto prazo.
Fontes: Conjuntura Econômica e Boletins Mensais do Banco Central do Brasil.

A explicação oficial para o recuo brasileiro atribui peso predominante a esse desarranjo da economia global durante a década de 1980. Constituindo o maior importador de petróleo do Terceiro Mundo, claramente o Brasil sofreu o impacto das elevações de preços do petróleo. Sendo o maior devedor entre os países em desenvolvimento, também se abalou com o rápido crescimento das taxas de juros nominais e reais a partir de 1979. O ministro da Fazenda, Ernane Galvêas, exprimiu esse ponto de vista em sua exposição ao Congresso feita para justificar a decisão, tomada no final de 1982, de buscar ajuda do Fundo Monetário Internacional: "Sem dúvida alguma, a crise energética iniciada em 1973-74, com a explosão dos preços do petróleo, foi o fator mais importante na interrupção do desenvolvimento econômico acelerado experimentado nas décadas anteriores. [...] Entre 1968 e 1973, os principais indicadores econômicos mostram que o país havia resolvido as limitações mais importantes para a modernização da economia. [...] O país se recuperava rapidamente da primeira crise do petróleo quando novos aumentos de preços daquela matéria-prima nos afetaram em 1979-80, agora agravados ainda mais pelo choque financeiro".[5]

Tal interpretação é por demais simplista. Ignora a amplificação dos choques externos devido ao tipo de ajuste empreendido pelo Brasil. A deterioração das condições de comércio em 1973-74 reduziu diretamente a renda real brasileira, talvez entre 3 e 4%. Outros países passaram por coisa bem pior, notadamente as nações não industrializadas do Extremo Oriente e, apesar disso, hoje [1989] se encontram num estado comparativamente melhor.

Porém, igualmente simplistas são os exercícios que fazem abstrações a partir da realidade da economia política brasileira em suas receitas de ajuste eficiente voltadas para o exterior.[6] Tais exercícios enfatizam a ausência de uma maior amplitude para o funcionamento do sistema de preços e, especialmente, a falta de uma política de câmbio agressiva para estimular as exportações. Contudo, tais demonstrações da inadequação da reação brasileira prestam pouquíssima atenção em características estruturais importantes da economia e que impedem a eficácia de semelhante estratégia. Igualmente importante, negligenciam o impacto das considerações políticas nas decisões efetivamente tomadas.

Há quinze anos atrás. Meu capítulo em *Authoritariam Brazil* tentou levar em conta ambas as restrições. Por isso, antecipou dificuldades do modelo brasileiro, mesmo quando ele se encontrava na plenitude de seu sucesso: "Argumento que a volta de taxas de crescimento mais elevadas nos últimos anos se baseia, em parte, em um ajuste cíclico retardado em relação ao desenvolvimento industrial prévio, orientado para a substituição de importações. Como tal, a expansão presente não pode ser simplesmente extrapolada, nem seus desequilíbrios potenciais ignorados, apesar de importantes progressos na execução da política verificados desde 1964".[7] Em seguida, previ que o principal obstáculo ao crescimento residiria na dificuldade de gerar as taxas de poupança mais elevadas necessárias para sustentar a expansão depois que o excesso de capacidade tives-

---

5. Ernane Galvêas, *A crise mundial e a estratégia brasileira de ajustamento do balanço de pagamentos*, Exposição no Senado Federal, 23/03/1983.

6. Para argumentos em favor da orientação externa, ver, por exemplo, Anne O. Krueger (1985). Uma análise no contexto dos choques do petróleo se encontra em Bela Balassa (1981, 1984). Recentemente, Jeffrey Sachs (1985) comparou os desempenhos dos países asiáticos e latino-americanos, atribuindo as diferenças às políticas de câmbio empregadas.

7. Fishlow, em Alfred Stepan (1973), p.70.

se sido empregado. E antecipei que "o comprometimento com soluções que piorem ainda mais a distribuição de renda [...] talvez não seja mais possível".[8]

Ambas as observações se mostraram precisas. Porém, o que faltava era o choque de petróleo e, com ele, um ambiente externo no qual limitações de câmbio de novo se tornassem a preocupação central daqueles que traçam as políticas. Isso me conduziu a uma conclusão errada a respeito do espaço provavelmente restrito que restaria à poupança externa na manutenção do crescimento: "A poupança externa também exporá a economia a uma importante fonte de instabilidade. [...] Estrategistas econômicos do atual governo têm consciência do papel agravante desempenhado previamente pela exigências do serviço da dívida".[9] Nos anos 1970, aquele cuidado foi descartado quando da aceitação de maciços influxos de capital.

Em última análise, também menosprezei a resistência política quanto à recessão, e quão dominante se tornaria o tema da "grandeza". Implicitamente, portanto, superestimei a capacidade de reação da nova tecnocracia frente a novas realidades. Em vez disso, no início dos anos 1980, sua marca foi uma inconsistência frenética em face de circunstâncias cada vez mais difíceis.

A evolução econômica do Brasil durante a última década levanta, assim, uma pergunta central e compulsória: por que o Brasil não se acomodou melhor à deterioração do ambiente externo? A resposta é encontrada em uma mistura de considerações políticas e econômicas, mas não exclusivamente em nenhuma delas. A presente história de dois presidentes é, eminentemente, um final político surpreendente, e feliz: o restabelecimento de um governo civil e mais representativo. Tal resultado, em meio ao declínio econômico, lança dúvidas sobre as perspectivas lineares a respeito da relação entre desempenho econômico e mudança política.

Apesar de formalmente comprometidos com a continuidade, os responsáveis pelo traçado da política econômica do governo Geisel enfrentaram desafios imediatos, que exigiam respostas novas. A nova administração herdou do governo Médici um milagre que já começava a exibir sinais perturbadores de mortalidade. Durante o milagre, o crescimento econômico se beneficiara de um acúmulo de excesso de capacidade. Portanto, exigiam-se taxas relativamente baixas de poupança doméstica e de investi-

---

8. Ibid., p.108.
9. Ibid.

mento fixo. Em comparação com uma relação entre incremento de capital e produção de 2,67% no período 1965-70, a média de 1971 e 1973 havia sido de apenas 1,75%. Assim, a manutenção de uma taxa continuada de crescimento de 10% frente a níveis de investimentos históricos, pré-milagre, implicaria um aumento na relação entre poupança e renda da ordem de 4 pontos percentuais e, possivelmente, mais do que isso, quando se consideram mudanças estruturais exigidas na economia.[10] Tal aumento das exigências de poupança entrava em choque com os incentivos ao consumo de bens duráveis, que haviam constituído uma peculiaridade proeminente durante os anos do milagre.

Por outro lado, as notáveis reservas internacionais disponíveis no final de 1973 não forneciam uma medida precisa da saúde do balanço de pagamentos. Desde o final do anos 1960, a elasticidade da real da importação situavam-se em torno de 2%: o crescimento a uma taxa de 10% ao ano não implicava uma expansão de importações reais de 20%. No mesmo período, o crescimento das exportações foi de apenas cerca de metade, e mesmo isso com um aumento especialmente agudo em 1972. A diferença foi compensada principalmente por melhorias nos termos de troca. Entre 1969 e 1972, os preços brasileiros de exportação se elevaram em 7% ao ano; os preços das importações, em apenas 1%.[11]

Essas circunstâncias favoráveis mantiveram a demanda por financiamento externo dentro de limites razoáveis. O déficit da conta corrente correspondia a apenas 2% do produto total. Na verdade, o capital entrou no país em quantidade maiores — esse foi o primeiro surto de interesse no Brasil por parte do mercado de "eurodólares" —, permitindo a acumulação de reservas. Mas o desequilíbrio potencial subjacente que afetava os recursos se originava em restrições quanto as metas ambiciosas de crescimento constante. No curto prazo, a tendência de importar em excesso era ainda mais exacerbada pelas carências cumulativas de produção no mercado doméstico e por uma taxa de câmbio supervalorizada, pois seu reajuste era determinado pela taxa de inflação oficial — e não pela inflação real, mais elevada.

Havia uma terceira fragilidade. Após vários anos de inflação declinante, para o que haviam contribuído altas taxas de crescimento de produti-

---

10. Dada uma relação de 2,67 entre incremento de capital e produção, um crescimento de 10% implica uma taxa de poupança de 27%; em 1970-72, a poupança doméstica situou-se entre 22 e 23%. Ver Banco Mundial (1984), p.251-2.

11. Preços comerciais e índices quantitativos são extraídos de *Conjuntura econômica*.

vidade combinadas com aumentos menos acentuados dos salários, o Brasil ficou sujeito a uma inversão da tendência. A demanda era forte, alimentada por aumentos reais de liquidez que haviam absorvido grandes elevações nominais dos ativos financeiros. Agora, aquela política expansionista encontrava gargalos. A reação foi uma dependência mais acentuada quanto aos controles administrativos, para manter os índices calculados nos patamares projetados pela administração que saía.

A esses problemas econômicos acumulados juntou-se um novo, a aguda elevação do preço do petróleo em outubro de 1973, após a Guerra do Yom Kippur. Para o Brasil, essa era uma questão muito séria, pois o país dependia de petróleo importado para satisfazer a cerca de 80% de suas exigências de energia. O sistema de transporte fora predicado na hipótese da disponibilidade de combustível barato: o meio de penetração do interior e a ligação entre os mercados costeiros havia sido o caminhão, e não os trilhos ou a água. A demanda por bens de consumo duráveis tornara o setor automobilístico o maior entre os países em desenvolvimento, e essa indústria se situava no centro da estratégia brasileira de industrialização. Portanto, o combustível era um insumo crítico, do tipo que não poderia ser facilmente substituído no curto prazo. A conseqüência inevitável foi uma ameaça profunda para o crescimento econômico, devido a dotações muito maiores para a importação de petróleo, às expensas da importação de equipamentos e insumos intermediários.

Caso tal agenda já não fosse suficientemente desafiadora, o novo governo tinha um projeto político necessário e difícil, com o qual estava comprometido: institucionalizar a Revolução de 1964. Era possível que altas taxas de crescimento desviassem temporariamente a atenção dos excessos de repressão e autoritarismo político, mas para Geisel e seu conselheiro e colaborador chegado, o general Golbery, isso não era suficiente. A continuidade das mudanças iniciadas em 1964 e, assim, as esperanças em relação a um Brasil seguro e poderoso, residiam num retorno gradual e dirigido a um regime constitucional também capaz de manter a ordem.

Respondendo com intensidade variável a essas condições econômicas iniciais e aos objetivos políticos da administração, a política econômica de Geisel se desdobrou em três fases distintas. Inicialmente, em 1974, veio o esforço de esfriar a economia superaquecida, por meio da aplicação de políticas monetária e fiscal ortodoxas. Em 1975, essas boas intenções deram lugar — em parte porque se revelaram apenas marginalmente eficazes — a uma estratégia mais agressiva de desenvolvimento a médio prazo, imaginada para cumprir o duplo objetivo de manter altas taxas de crescimento enquanto se promoviam ajustes para enfrentar o choque do petróleo. O crescimento econômico era visto como um imperativo para se conseguir os graus de liberdade necessários para a movimentação política. O sucesso econômico era central na ênfase consciente dos militares quanto à segurança e o desenvolvimento, e à imagem que os generais alimentavam do Brasil enquanto potência emergente. Nas palavras do II Plano de Desenvolvimento: "O governo tem consciência da dificuldade de se manterem taxas de crescimento da ordem de 10% a partir de 1975, principalmente em face da capacidade plena atingida no setor industrial, de problemas relacionados com a crise energética e com a escassez de matérias-primas, e de seus efeitos no balanço de pagamentos. [...] Não obstante, optou-se pela preservação do crescimento acelerado como a política básica".[12]

Essa estratégia ousada foi logo revestida de uma política macroeconômica de parada e partida, projetada para manter a inflação sob controle, refletindo ainda uma preocupação crescente com um desequilíbrio externo ameaçador. Influxos de capital se tornaram um meio central para conciliar o crescimento e os objetivos de estabilização. De meados de 1976 em diante, o que dominou foi essa combinação desconfortável entre investimentos governamentais, aperto monetário e aumento do endividamento externo.

Como mostra a Tabela 1, os resultados não foram completamente desfavoráveis. Entre 1974 e 1978, o crescimento foi em média de 7%, portanto um pouco acima da tendência pós-guerra. E, de fato, o feito brasileiro, no âmbito de uma economia mundial em que o crescimento rural e industrial caíra quase à metade do nível de 1962-73, foi amplamente louvado. Escrevendo no final dos anos 1970, William Cline concluiu que "uma lição provocativa da experiência brasileira é que, no saldo geral, um conjunto ambicioso de políticas de crescimento projetadas para compensar choques externos por uma nova substituição de importações pode ser preferível a uma resposta passiva, que aceite taxas de crescimento medíocres".[13]

---

12. II PND (1975-1979), p.29. Ver também o ministro João Paulo dos Reis Velloso (1977), p.115: "Concluiu-se que a 'estratégia recessiva' [...] seria inconveniente devido a seus efeitos [...] Inconveniente por mil motivos, econômicos, sociais e políticos: desemprego em massa, queda do padrão de vida dos trabalhadores, ruptura do processo de desenvolvimento, trauma à estrutura empresarial em formação. E isso num país que passava por uma distensão política necessária".

13. William Cline *et al.* (1981), p.134.

Em cada uma dessas fases, considerações políticas e as reações de grupos domésticos desempenharam um papel importante. As políticas não foram forjadas em um vácuo tecnocrático, como haviam sido crescentemente após a imposição do Ato Institucional nº 5, em dezembro de 1968. Como efeito, o objetivo consciente do governo Geisel era canalizar a reação popular por meio de seu programa de relaxamento da repressão, a distensão. Entender essa interação, e a força das restrições econômicos subjacentes, requer um olhar mais atento sobre cada um dos três períodos e suas diferentes prioridades e sucessos.

O impulso inicial da administração Geisel era tratar o excesso de demanda herdada dos anos do milagre. Esse plano foi colocado em movimento sem que se tivesse levado completamente em consideração o choque do petróleo — embora este tenha reforçado os argumentos em favor da desaceleração como meio de reduzir as importações — e sem preocupações exageradas quanto às implicações sobre as tendências de crescimento. Àquela altura havia grande confiança na aparente vocação brasileira para a expansão econômica veloz. Mário Henrique Simonsen, o novo ministro da Fazenda, assumiu o cargo determinado a colocar a economia de novo nos trilhos, usando para isso principalmente ajustes finos. Ao escrever mais tarde sobre isso, revela sua preocupação predominante: "Fortes pressões inflacionárias se acumularam em 1973, quando M [os meios de pagamento] se expandiu em 47%, quando a produção avançou muito além da curva de tendência e quando a OPEP quadruplicou o preço do petróleo. Apesar disso, o governo Médici se manteve fortemente comprometido com um teto anual de 12% para a taxa de inflação. Pesados subsídios e controles de preços mantiveram a elevação geral dos preços em 15,7%".[14]

Portanto, durante a maior parte de 1974, e apesar de toda a retórica expansionista, as restrições monetária e fiscal foram modestamente recessivas. A taxa de crescimento dos meios de pagamento, reduziu-se a 33%, quase todo concentrado nos últimos meses do ano, quando a política se tornou mais expansionista; e o movimento do Tesouro registrou um grande superávit, não planejado previamente, de cerca de 0,5% do produto total.[15] Tais medidas reagiam a evidências de que a economia se aquecera demais e que a tendência inflacionária era de aceleração. Tratava-se de um

---

14. Mário Henrique Simonsen (1984), p.7.

15. Estes dados mensais podem ser encontrados em *Conjuntura Econômica*.

ajuste modesto, que não compreendia uma estratégia de lidar com as conseqüências de se atingir um alto crescimento no novo ambiente econômico internacional, mantendo-se ao mesmo tempo equilíbrio interno e externo. Até mesmo essas restrições foram logo abandonadas. Em outubro, já havia sinais de maior facilidade monetária — talvez como antecipação das eleições de novembro —, e logo se seguiram a concessão de um bônus salarial de 10% e a introdução de mudanças na fórmula salarial, para compensar a aceleração inflacionária. Déficits nas contas do Tesouro também fornecem evidências de uma política fiscal mais expansiva.

A ortodoxia estava condenada ao fracasso por dois motivos, um econômico e o outro político. As restrições fiscais e monetárias não conseguiram grande progresso no curto prazo contra a aceleração da inflação, mas provocaram uma desaceleração na atividade industrial e conduziram a uma grande quebra no setor financeiro (o grupo Halles). Dados a liquidez significativa da economia e um compromisso com uma "inflação corretiva" que desregulou preços administrados, seria difícil que a inflação não se acelerasse em 1974. De fato, a aplicação de um modelo monetarista simples prevê uma taxa de inflação de mais de 40%, sem levar em conta aumentos dos preços externos, e considerando a política restritiva de crédito efetivamente colocada em prática durante aquele ano.[16] Na verdade, à força da liquidez passada juntaram-se aumentos de preços de importações em dólar, por sua vez parcialmente decorrentes da explosão no preço do petróleo. Mesmo quando moderados por subsídios, tais preços foram não só repassados para os preços domésticos como, por vezes, foram antecipados. Com isso, a restrição ortodoxa resultava ainda mais prejudicada.

Na melhor das hipóteses, para ter logrado alguma moderação nos aumentos de preços, a política teria requerido paciência e reduções ainda maiores no crescimento. Mas, àquela altura, nenhum do dois requisitos era palatável. A grande confiança na hegemonia indisputada da Arena, que tornara possível o experimento da distensão, havia sido muito abalada por uma importante derrota eleitoral em 1974. Momentos de incerteza política — e eles abundaram desde o princípio de 1975 — não eram de molde a impor políticas convencionais e impopulares de austeridade. Ao contrário, a tentação era grande no sentido de demonstrar que o Brasil seria adotado de uma capacidade singular de suplantar desafios que outros países, e outros regimes, não conseguiam enfrentar.

---

16. Ver os resultados da simulação da política conduzida em Simonsen (1984), p.26.

Portanto, quando 1975 se iniciou, a sorte já estava decidida em favor da retomada da expansão. Duas razões tornavam a escolha possível. Primeiro, a elevação da inflação era tolerável domesticamente por causa de uma indexação ampla. E, segundo, uma balança comercial mais fraca não deteria o crescimento brasileiro, em face de novas condições predominantemente mais liberais nas finanças internacionais, devido à reciclagem de petrodólares.

Um componente essencial das reformas pós-1964 fora a criação de um extenso sistema de indexação de ativos financeiros, de forma a resguardá-los da erosão inflacionária. O novo governo enfatizou os retornos positivos para a economia privada: agora, ativos de longo prazo poderiam competir com o dinheiro e com instrumentos mais líquidos. A contrapartida era um aumento de recursos reais direcionados a investimentos de longo prazo. Em 1968, o ajuste automático da taxa de câmbio, ligada ao diferencial entre a inflação brasileira e a do resto do mundo, oferecia garantias adicionais contra a distorção dos preços relativos induzida pela inflação. Finalmente, a fórmula salarial, modificada de modo a livrá-la de algumas das distorções deliberadas existentes em sua aplicação prévia, parecia garantir contra a erosão do salários reais por efeito da elevação da inflação, em especial enquanto as subidas de preços permanecessem moderadas (dado um período fixo de reajuste, quanto maior a taxa de inflação, mais baixo o salário real médio).

Em tais circunstâncias institucionais, a duplicação da taxa de inflação entre 1973 e 1974, de 20 para 40%, não parecia exageradamente preocupante. Ainda mais quando a aceleração dos aumentos de preços nos países industrializados chegava a dois dígitos. Os brasileiros se orgulhavam de sua maior habilidade em se adaptar a tal um ambiente inflacionário sem pagar um custo real elevado. Chegou-se até a mencionar a bravata de que as experimentadas técnicas brasileiras de correção monetária poderiam ser exportadas para os Estados Unidos.

O balanço de pagamentos desfavorável era potencialmente mais limitador. Contudo, durante 1974, o Brasil descobrira que as velhas regras financeiras pré-crise do petróleo já não valiam mais. Como as autoridades haviam facilitado substancialmente as condições para o influxo de capitais, por meio da redução de prazos mínimos de pagamentos e dos impostos internos, não havia escassez seja de tomadores domésticos, seja de emprestadores internacionais. Em 1974, um déficit comercial de US$ 6,2 bilhões foi financiado por menos de US$ 1 bilhão provenientes de reservas;

a reciclagem dos petrodólares começara com entusiasmo, e o Brasil não só era um tomador qualificado elegível como, também, um alvo atraente.

Do total daquele déficit, apenas US$ 2 bilhões podem ser atribuídos aos preços mais altos do petróleo. Outros US$ 1,5 bilhão explicavam-se pela elevação dos preços de outras importações. O restante deveu-se a uma onda sem precedentes nas importações reais: a elasticidade da importação realizada subiu a quase 3. Durante o ano adotaram-se diversas restrições às importações, mas sem efeito. Grande parte das aquisições devia-se a uma antecipação de futuros racionamento ou a elevações dos custos de importação, antecipação essa auto-alimentadora. O aumento súbito dos influxos de capitais elevou o nível do déficit bruto a mais de US$ 17 bilhões, frente a exportações que corresponderam a menos de metade disso.

Poucos exprimiram preocupação. Em vez disso, o financiamento externo tornou-se crescentemente um instrumento de escolha que satisfazia a objetivos múltiplos. Em primeiro lugar, amortecia pressões inflacionárias domésticas herdadas de 1973. Tinha esse efeito não apenas porque aumentava a oferta de importados em 1974, mas também por permitir ao governo o luxo de não elevar os preços domésticos de produtos importados, em especial o petróleo, no grau que se poderia imaginar. Não havia nenhum imperativo em reduzir o consumo de energia ou de outras importações, se o custo mais elevado podia ser coberto por empréstimos. Apenas os preços da gasolina subiram substancialmente, e mesmo assim bem abaixo do aumento percentual do preço mundial do petróleo.[17] Dessa forma, o Brasil se protegeu parcialmente contra a inflação importada e evitou uma aceleração ainda maior em relação aos níveis registrados em 1973.

Em segundo lugar, importações abundantes e relativamente baratas ajudaram a sustentar altas taxas de investimento fixo, por proporcionarem acesso a equipamento necessário e insumos intermediários. Embora a taxa de crescimento industrial tenha recuado ao longo do ano civil, os principais setores afetados foram o automobilístico e outros bens de consumo. Os setores produtores de bens de consumo retiveram o seu dinamismo, evitando uma desaceleração mais séria do crescimento industrial agregado e assegurando uma base para a retomada subseqüente de uma expansão rápida.

Em terceiro lugar, a poupança externa resolvia o problema da escassez de financiamento para as altas taxas de crescimento brasileiras, agora

---

17. Para uma discussão sobre preços relativos, ver Eduardo Modiano (1982).

que o excesso de capacidade tinha sido preenchido. Objetivos ambiciosos de crescimento poderiam ser compatibilizados com aumentos continuados do consumo não requerendo grandes elevações da poupança doméstica. Ao contrário, tornava-se possível contemplar a correção dos baixo padrões de consumo dos pobres, pela implementação de uma política salarial mais liberal.

Progressivamente, um comprometimento completo com a expansão financeira e com o endividamento externo como modo de facilitar o ajuste do balanço de pagamentos se tornou a base da estratégia de desenvolvimento do governo Geisel. Na verdade, o II Plano Nacional de Desenvolvimento, aprovado em dezembro de 1974, assumia de início uma perspectiva um pouco diferente. Sua estratégia de crescimento rápido, impulsionada pela substituição de importações nos setores intermediário e de bens de capital, mas atenta às exportações, referiu-se apenas em parte à crise do petróleo e, implicitamente, subestimou a sua magnitude. O Plano representava, principalmente, uma acomodação a uma fase nova do desenvolvimento industrial, tendo sido preparado independentemente do novo ambiente internacional. Foi fácil acrescentar uma maior atenção às fontes domésticas de energia, sem que isso causasse dano ao arcabouço inicial. A dependência em relação ao financiamento externo não era tão facilmente abordável. O balanço de pagamentos recebeu tanta atenção quanto a política de controle de preços, e apenas se concluiu que o endividamento deveria ser mantido em níveis prudentes.[18]

O novo estilo de expansão industrial continuou a ser anunciado como favorecedor do setor privado brasileiro, com preferência deliberada em relação a empreendimentos estrangeiros. Fortaleceria a capacidade privada de participação em projetos de grande porte e, onde isso fosse impossível, o Plano contemplava investimentos estatais como contrapartida nacional. Tal discriminação nos setores básicos se conformava à doutrina de segurança nacional dos militares e, também, se apoiava numa presença nacional forte e ruidosa na produção de bens de capital. Mas ainda, o Plano atribuía ênfase redobrada à capacitação tecnológica autônoma, apropriada a uma potência emergente.

---

18. II PND, p.129. Contudo, a posição de Carlos Langoni (1985), de que a estratégia financeira implicava uma crença no caráter transitório do choque, não se segue. Em vez disso, o financiamento externo se transformou em fonte para conduzir os realinhamentos estruturais que, antes, haviam sido considerados necessários. Carlos Lessa (1978) está correto em frisar a base pré-choque do petróleo para a estratégia de desenvolvimento.

A estratégia possuía raízes claras num estruturalismo brasileiro que as realizações do milagre tinham em parte obscurecido, mas que ficou longe de erradicar. Enganavam-se bastante aqueles que acreditavam que o Brasil pós-1964 se convertera à magia do mercado ou ao crescimento orientado para o exterior. Afinal de contas, o milagre havia se originado justamente do compromisso com uma política monetária expansiva, e não restritiva, apesar de uma inflação continuada, e tinha derivado seu sucesso do aumento da demanda interna para a utilização do excesso de capacidade, conduzida pelo setor público. Apesar de todo o aumento experimentado pelas exportações após 1968 — e elas haviam crescido mais depressa do que o comércio mundial —, os subsídios (e os altos preços internacionais de produtos primários) foram um fator adicional importante. Uma nova ênfase no mercado interno também fornecia oportunidade para converter os críticos da desigualdade da distribuição de renda resultante da expansão brasileira nos ano 1960.

Adaptado às novas condições energéticas e ao ambiente econômico internacional, o Plano se tornou um esquema para todas as estações. Mais tarde, nas mãos do ministro do Planejamento Reis Velloso, viria até mesmo assumir uma feição totalmente ausente do original: uma "estratégia de desaceleração progressiva", em contraste com uma opção pela recessão, como resposta para um contexto externo menos favorável. Contraste-se isso com o compromisso de "crescer marcadamente, nos próximos cinco anos, a taxas comparáveis às dos últimos anos".[19]

O que contava não era o Plano, mas as políticas de investimento público e de substituição de importações inspiradas por ele. É proveitoso contrastar sua ênfase heterodoxa no crescimento econômico e no controle do Estado com uma política mais convencional de ajuste de mercado para a subida do preço do petróleo. Uma resposta ortodoxa teria alocado o maior peso no realinhamento dos preços relativos e na redução da renda real, em conformidade com a deterioração das condições comerciais. Isso implicaria preços domésticos de energia mais altos em relação às elevações internacionais, de modo a sinalizar a substituição direta e indireta do uso. Em segundo lugar, o ajuste padrão exigiria a desvalorização real, para encorajar a produção de produtos exportáveis e de substitutos para produtos

---

19. Velloso (1977), p.119. Confronte-se com a introdução do presidente Geisel ao Plano, encadernada junto com este último.

importados, bem como a redução da absorção doméstica pela redução da renda real e pelo desincentivo ao consumo. A elevação dos preços comerciais provocada pela desvalorização tornaria inevitável alguma inflação doméstica, mas uma política monetária e fiscal restritiva conseguiria mantê-la em níveis toleráveis por meio da restrição da demanda agregada e da estimulação da poupança interna. Em terceiro lugar, defasagens temporárias de ajuste poderiam ser amenizadas recorrendo-se ao financiamento externo para compensar o balanço de pagamentos, até que o realinhamento da produção doméstica tivesse sido realizado com sucesso.

A perspectiva econômica estruturalista então dominante no Brasil objetava quanto a um programa dessa natureza em cinco aspectos importantes. Em primeiro lugar, o emprego da·desvalorização presumiria uma significativa capacidade de reação dos preços de importações e exportações. Muitos planejadores brasileiros tinham confiança limitada na capacidade de absorção do mercado mundial, particularmente durante uma recessão internacional: afinal, durante o milagre, as importações haviam crescido até mesmo mais depressa do que as exportações, financiadas por empréstimos provenientes de "eurodólares" recém-disponibilizados. Em segundo lugar, os estruturalistas enxergavam as elasticidades domésticas para substituição como bastante baixas; as alterações de preços relativos teriam impacto apenas limitado sobre o conjunto da produção. De modo geral, a demanda por petróleo era considerada como essencialmente inelástica. Mudanças de preços conduziram a elevações de custos, e não a uma relocação da produção. Em terceiro lugar, a indexação converteria as mudanças de preços iniciais numa inflação generalizada, através de reações nominais amplamente ramificadas nos salários e em outros insumos. Quarto, uma política monetária restritiva para reprimir o excesso de demanda restringiria a produção industrial pelo racionamento do capital produtivo e, assim, em vez de facilitar a realocação da capacidade produtiva interna, a prejudicaria. Finalmente, as taxas de juros mais altas decorrentes do aperto de crédito não induziram um aumento da poupança, mas poderiam desencorajar o investimento real, de novo complicando o ajuste de médio prazo.

Em suma, a tecnologia, as reações comportamentais e os arranjos institucionais brasileiros fizeram com que a rota do mercado tivesse validade duvidosa. A intervenção mais direta, e mais firmemente ligada ao lado das importações da balança comercial, constituía uma preferência natural. A política dependia mais de incentivos governamentais do que apenas dos preços e, às vezes, mesmo à custa dos preços. Tal curso se adequava às inclinações ativistas da nova administração Geisel e respondia a um retrato razoavelmente preciso das condições econômicas brasileiras objetivas — O Apêndice a este ensaio expõe os argumentos técnicos para se rejeitar uma abordagem mais convencional.

Apesar disso, o arcabouço conceitual no qual se apoiava a reação heterodoxa brasileira à crise do petróleo continha defeitos em duas importantes dimensões. Ironicamente, uma de suas fraquezas era a coerência aparente de se procurar solucionar o problema de curto prazo do balanço de pagamentos ao mesmo tempo em que o Brasil atendia a exigências de longo prazo para alterar o seu estilo de desenvolvimento e para aprofundar a sua estrutura industrial. Ao fazer isso, o governo Geisel errou ao conferir peso excessivo à substituição de importações como fonte de alívio para as restrições de câmbio. A estratégia continha uma segunda contradição. Ela previa tanto um setor público forte quanto a presença de relações construtivas com o setor privado nacional. A realidade se mostraria o contrário disso. A expansão do setor público acarretou um financiamento crescente do déficit, passando a depender de recursos externos. O Estado se tornou maior mas, ao mesmo tempo, economicamente mais fraco. Simultaneamente, invadiu o território privado, originando assim mais subsídios (gerando déficits maiores) para aplacar as objeções dos empresários nacionais.

A substituição de importações era por demais intensiva de importações para funcionar no curto prazo como política eficaz para melhorar o balanço de pagamentos. Além disso, de acordo com a formulação do Plano de Desenvolvimento, projetos de grandíssima escala requeriam o adiantamento de investimentos significativos, o que exarcebou ainda mais essa característica genérica da abordagem da substituição de importações. A Tabela 2 apresenta os coeficientes de importação de alguns dos segmentos intermediários, bem como índices agregados de bens de capital, petróleo e importações totais. Como se pode observar no caso de alguns bens intermediários, mas não de modo uniforme, houve queda significativa na relação entre a importação e a produção doméstica. No tocante ao alumínio, aos fertilizantes e aos produtos petroquímicos, em relação aos quais a demanda crescia, as importações absolutas também continuaram a crescer. O sucesso aparente da substituição do ferro e do aço só se apresentou após aumentos muito grandes das importações, em 1974 e 1975.

Tabela 2 — Importações em relação à produção doméstica.

	1973	1974	1975	1976	1977	1978	1979	1980	1981
Setoriais:									
Produtos intermediários									
Papel	0,22	0,25	0,12	0,13	0,13	0,10	0,11	0,08	0,08
Celulose	0,16	0,20	0,10	0,05	0,05	0,04	0,03	0,02	0,01
Polietileno de alta densidade	0,76	0,99	0,34	0,72	0,38	0,45	0,15	0,03	0,02
PVC	0,13	0,63	0,21	0,45	0,33	0,35	0,47	0,08	0,03
Aço laminado	0,25	0,63	0,33	0,15	0,09	0,06	0,03	0,03	0,05
Fertilizantes[a] (NPK)	2,68	1.98	1,86	1,34	1,48	1,30	1,34	1,17	0,85
Alumínio	0,58	1.05	0,68	0,58	0,62	0,45	0,37	0,26	0,14
Bens de capital sob encomenda	0,66	0,64	0,65	0,64	0,46	0,55	0,37	0,49	0,40
Total[b]	100	123	111	100	88	88	90	84	74
Petróleo[b]	100	93	93	94	88	93	97	78	77
Bens de capital[b]	100	125	144	98	70	67	64	65	57

a. Excluídas importações destinadas à produção interna.
b. Índices de volume de importações divididos pelo índice do produto bruto; 1973 = 100.
Fontes: Setoriais: índices calculados a partir de estimativas de produtores brasileiros quanto a volumes importados e produzidos conforme registrado em Exame, maio de 1983. Total: índices de importações totais e produto bruto de Conjuntura Econômica.

No que se refere a bens de capital, a história era diferente. Até 1977 não ocorreu nenhuma substituição e, no ano seguinte, voltou-se a uma participação maior das importações. Além disso, o volume de bens de capital importados crescera agudamente após 1973, com a aceleração dos investimentos. Enquanto os índices setoriais mostram um papel declinante das importações, no agregado não foi senão a partir de 1977 que a relação entre importações (em termos de quantidade) caiu abaixo do valor de 1973. E, quanto ao petróleo, é evidente não ter ocorrido substituição de importações e nem economia: em 1979 eram necessários tantos barris de petróleo por unidade de produção doméstica quanto em 1973.

Entre 1974 e 1979, a substituição de importações contribuiu com apenas 10% do total do crescimento de demanda da indústria brasileira; em importância, a expansão das exportações foi comparável. Apenas na metalurgia e na produção de máquinas a substituição de importações representou mais de 20%. Relativamente ao período anterior, no qual a liberalização conduzira a um aumento da participação das importações e, assim, a uma contribuição negativa, houve uma reviravolta significativa. Mas o grau limitado de abertura da economia impedia grandes ganhos generalizados oriundos da substituição de importações, mesmo tomando por base o patamar de 1974.[20]

A substituição de importações só pode funcionar para aliviar desequilíbrios do balanço de pagamentos no curto prazo quando há possibilidade de explorar um excesso de capacidade de proporções significativas. A realidade brasileira não era essa. O Brasil entrou em 1974 com o maior nível de utilização de capacidade de todo o período pós-guerra. Além disso, o Plano previa o ingresso em setores industriais completamente novos, e não apenas a expansão da participação nacional em setores tradicionais. Só era possível perseguir o objetivo da substituição de importações com a criação de maiores necessidades de importações, causando assim uma maior vulnerabilidade em relação ao exterior.

A política tinha suas limitações quando encarada sob o ponto de vista da estratégia de longo prazo. Projetos específicos não eram submetidos a uma análise de custo e benefício, e certamente não pelas forças do mercado. Parecia suficiente um simples apelo ao argumento da economia nas importações. Não havia nenhum cálculo das taxas de retorno dos investimentos volumosos envolvidos no programa, apenas da quantidade absoluta de dólares economizados.[21] Exemplos extremos das conseqüências de tal óptica foram os programas nuclear e do álcool, cuja justificativa racional vinha de sua capacidade de estancar o imenso fluxo de recursos necessários para importar petróleo, bem como de suas contribuições à tecnologia nacional. Mesmo em sua primeira fase, voltada para a produção de álcool anidro, e em face de altos preços do petróleo, os retornos sociais do álcool combustível foram negativos.[22] Desde quase o seu início, o programa nuclear era um empreendimento altamente questionável, explicável por ambições pretensiosas do Brasil enquanto potência emergente. Havia também caros projetos de infra-estrutura, extraídos de uma lista de aspirações extravagante, como Ferrovia do Aço, mais tarde abandonados.

Essa estratégia de industrialização, feita nominalmente em nome de uma participação maior do setor privado, terminou com uma participação do setor público maior do que havia sido antecipado. O Estado precisava

---

20. Banco Mundial (1983), p.39.

21. Ver Velloso (1977), p.119 para uma estimativa da economia conseguida em moeda estrangeira.

22. Não apenas para uma análise de custo/benefício mas também para ensaio revelador sobre a economia política, ver Michael Barzelay (1986).

canalizar recursos para as empresas privadas, fazendo-o por meio da rápida ampliação do Banco Nacional de Desenvolvimento Econômico e Social. Precisava conceder subsídios, de modo a estimular investimentos prioritários. Mas, devido à escala dos projetos e à própria relutância em oferecer subsídios creditícios quando a porcentagem de participação privada era limitada, o governo optava com freqüência por uma intervenção mais direta. Os empreendimentos estatais se tornaram a forma padrão de ingresso produtivo em novos setores, freqüentemente em associação com o capital estrangeiro. Os investimentos das grandes empresas estatais cresceu de uma média de 4% do produto bruto no período 1970-73 a 5,4% no período 1974-78. De forma igualmente significativa, passou de 17% do investimento total para 23%.[23]

Esse papel mais proeminente ajudou a provocar um debate sobre a estatização, que se travou entre 1975 e 1977. Tornaram-se alvos de censura a centralização crescente da autoridade e a dependência crescente da sorte do setor privado em relação a decisões públicas sobre as quais os empresários tinham um controle mínimo. O fato de que os anos do "milagre" tinham evidentemente ficado para trás tornou a crítica mais fácil, mesmo levando em conta que as tendências vinham de longo tempo. Henry Maksoud, dono da revista Visão, era um oponente incansável da justificativa que o Plano de Desenvolvimento oferecia para a iniciativa governamental quando havia "espaços vazios" que precisavam ser ocupados. O ministro Reis Velloso foi forçado a defender detalhadamente as suas políticas ao ponto de, aparentemente, chegar à exasperação. Impuseram-se novas limitações às empresas estatais e se obtiveram novas promessas de contenção.[24]

Um papel púbico ampliado era implícito na estratégia de ajuste em que o Brasil embarcara. Não era simples questão de escolha, ou de alterações na legislação. Enquanto os objetivos fossem ampliar a capacidade produtiva no setor de bens intermediários e conseguir um crescimento rápido, haveria problema no balanço de pagamentos, além de desequilíbrios internos. As importações permaneceram necessárias, embora crescentemente restringidas, ao passo que o mercado interno absorvia produtos exportáveis. O estado estimulava a demanda ao implementar seus planos ambi-

---

23. Estes cálculos são expostos em Thomas Trebatt (1983), p.130.

24. Para se obter um pouco do sabor da argumentação, bem como uma entrevista de *Visão* com Velloso, ver a edição especial da revista de 19 de abril de 1976. Em certa medida, o livro de Velloso era uma defesa mais extensa de seus pontos de vista.

ciosos, mas se defrontava com uma incapacidade de financiá-los. Havia resistência contra impostos mais altos. Pelo contrário, o setor privado buscava transferências crescentes, para compensar os controles de preços utilizados para evitar que a inflação fugisse ao controle. Os subsídios de crédito por limitação da correção monetária tornaram-se um instrumento predileto. Incentivos fiscais, incluindo concessões generosas para exportadores de produtos industrializados, constituíam outro desses instrumentos. Em sua raiz, o problema brasileiro não era em Estado forte, mas fraco.

Recursos externos ajudaram de forma crescente a conciliar algumas das inconsistências. Bancos privados favoreciam empréstimos a empresas estatais. Estas últimas se tornarem agências do Estado, não apenas empreendendo novas atividades produtivas mas também financiando o setor público e os déficits do balanço de pagamento. Com sua preferência em favor do setor público, os novos mercados de capitais se tornaram um salvador bem-vindo, em especial ante taxas de juros reais baixas e, mesmo, negativas. O ajuste brasileiro passou a se basear no débito externo, impulsionado pelo crescimento.

O processo não podia prosseguir com sua intensidade inicial. Em 1976, um crescimento excepcional — a indústria se expandiu a taxas do milagre, de mais de 12% — e uma inflação acelerada — 48%, contra 30% em 1975 — davam sinais claros de desequilíbrio interno. Era necessário financiar um déficit na conta corrente de US$ 6 bilhões, dos quais quase um terço já correspondiam a pagamentos de juros líquidos. Os perigos de um crescimento excessivo assumiam grandes dimensões.

Ao mesmo tempo, a campanha contra a estatização assumiu significação política. Uma importante base de apoio ao governo se debilitara. Mais do que isso, pela primeira vez um corpo de opinião conservador e influente contestou abertamente a pretensão do regime autoritário de funcionar como promotor do interesse nacional. Repercussões adicionais surgiram em 1978, quando alguns empresários eminentes de São Paulo deram um passo adiante, declarando-se a favor de um retorno do governo civil.

Recomendava-se precaução, até mesmo para um governo ainda firmemente capaz de manipular as regras em seu favor. A estratégia econômica agressiva precisaria ser abandonada parcialmente em favor de uma maior atenção à política macroeconômica e de um apoio mais amplo à indústria nacional.

A marca das políticas seguidas a partir de meados de 1976 até o fim do governo Geisel foi uma contenção moderada. Luiz Bresser–Pereira capturou bem o espírito do período: "Embora, na teoria, as autoridades monetárias tivessem adotado um discurso basicamente neoclássico e monetarista, a sua prática era mais moderada, combinando instrumentos monetários e fiscais de política macroeconômica basicamente keynesianos com instrumentos de controle administrativo, como controle de preços por meio do Conselho Interministerial de Preços, controle da taxa de câmbio por intermédio da política de minidesvalorizações [que se iniciara, sem sucesso, em 1976], controle sobre os juros e rendas por meio da indexação e controle salarial.[25]

A realização da política econômica mais impressionante foi um crescimento progressivo das taxas reais de juros de mercado. Ao longo de 1977 e 1978, as Letras do Tesouro Nacional renderam mais de 10% em comparação com a correção monetária. Tomadores podiam chegar a pagar mais de duas vezes aquela taxa.[26] Essas taxas mais elevadas eram centrais para dois objetivos. O primeiro era desencorajar a demanda privada, fazendo com que as aplicações financeiras se tornassem mais atraente do que o dispêndio, e fazendo com que os empréstimos se tornassem cada vez mais caros. Resoluções do Banco Central operavam, diretamente, realocando crédito para longe da habitação e dos bens de consumo duráveis. A segunda meta era encorajar os tomadores domésticos a contrair empréstimos externos. Isso ajudaria a aliviar pressões inflacionárias inspiradas nos juros e, ao mesmo tempo, reduziria o déficit do balanço de pagamentos por meio de influxo de capitais.

No entanto, taxas de juros mais elevadas não significavam por completo uma política macroeconômica mais eficaz. A expansão monetária continuou a superar as metas definidas no Orçamento Monetário. A entrada de capitais financiava não apenas os déficits de conta corrente mas, também, aquisições de reservas. Estas últimas transbordavam em aumentos da base monetária e em depósitos bancários. Mesmo quando os empréstimos eram esterilizados pela emissão de títulos da dívida interna, seus *status* quase monetário acarretava grandes aumentos na liquidez real, como testemunha a série de M4 para 1977 e 1978, na Tabela 1.

E taxas mais altas contribuíam para a segmentação crescente de mercados importantes. As demandas por crédito subsidiado aumentavam. Embora o tratamento favorável que o BNDES mantivera durante 1975-76 em relação a setores industriais prioritários tenha sido cortado em 1977, a

---

25. Luiz Bresser–Pereira (1984), p.176.
26. Banco Mundial (1984), p.299.

agricultura e os exportadores se beneficiaram. Calcula-se que, em 1977 e 1978, os subsídios totais tenham atingido mais de 5% do PIB. Tais subsídios não eram financiados por transferências fiscais explícitas, mas por créditos do Banco Central. Em outras palavras, taxas reais positivas de juros se transformaram numa força expansionista desestabilizadora sobre a base monetária, antes mesmo que existisse uma dívida interna grande.

O financiamento indireto desses subsídios era uma medida da crescente restrição fiscal do Estado brasileiro. Eles já não conseguiam ser proporcionados por transferências explícitas, como antes. Enquanto isso, havia uma necessidade crescente de financiar as empresas do setor público. Esforços de reduzir as despesas das empresas estatais não eram completamente eficazes. Além disso, controles administrativos dos preços dessas empresas, um instrumento de controle inflacionário, resultavam em déficits ainda maiores. Apertos de caixa eram cobertos por empréstimos externos, especialmente em 1978. E os pagamentos indexados de juros da dívida pública interna constituíam uma parcela crescente, embora ainda mais modesta, das obrigações totais.

Mesmo imperfeita, a contenção produziu alguns resultados, o crescimento se tornou mais lento em 1977, em reação às políticas deflacionárias aplicadas. No mesmo ano, um aumento das exportações, para a qual contribuíam elevações de preços do café, ajudou a produzir um ligeiro mas bem-vindo superávit comercial. Na frente doméstica, a inflação não apenas se estabilizou durante o ano como desacelerou para 35% de aumento dos preços no atacado. A política de moderação conseguira impedir que a economia brasileira fugisse ao controle. Inevitavelmente, o alívio que se seguiu trouxe um aumento das reclamações do setor privado, fazendo com que o crescimento fosse de novo retomado, com alguma pressão altista nos preços industriais em 1978.

A estratégia de partida e parada era uma solução deselegante e, ao cabo, ineficaz para o problema do ajuste incompleto. Seus limites se tornaram aparentes em 1978, quando a inflação voltou a seu nível de 1976, sem uma pressão de crescimento econômico excessivo. As restrições convencionais eram impotentes contra quebras de safras agrícolas e elevações de preços de alimentos, replicadas em outros setores. Agora, o sistema brasileiro de indexação estava trabalhando contra os planejadores. Ele havia ajudado a promover a redução da velocidade inflacionária enquanto fora manipulado para reduzir os salários reais e enquanto choques do lado da oferta exerceram uma força positiva. Agora, à medida que a sociedade civil exprimia cada vez mais as suas demandas, os salários reais já não podiam mais ser determinados como parte da renda residual.

Em vez disso, os controles proliferaram, à custa das prioridades. À medida que o nível absoluto de subsídios aumentava, setores e interesses buscavam defender posições encasteladas. Considerações puramente de mercado se tornaram ainda menos decisivas na alocação de recursos. Alterações de preços relativos tinham de ser minimizadas para evitar novos impulsos inflacionários.

A situação externa não era muito melhor. A política cambial era constrangida a acompanhar a inflação relativa, e não muito mais do que isso. Desvalorizações maiores estavam fora de cogitação, devido à expectativa de que seriam logo ultrapassados pelos preços e salários. Entre 1974 e 1977, a taxa de câmbio real se moveu dentro de uma faixa estreita. A desvalorização limitada experimentada em 1978 derivou principalmente do declínio do dólar em relação a outras moedas. Ao longo desse período, os subsídios para produtos industrializados, excluindo as isenções de impostos indiretas permitidas pelas regras do GATT, passaram de aproximadamente 20% para 40% de seu valor; contudo, seu efeito foi parcialmente prejudicado pelas pressões baixistas dos preços internacionais das exportações brasileiras.[27]

Desse modo, não havia mecanismo que assegurasse um aumento dos incentivos para penetrar nos mercados externos. Embora as exportações continuassem a crescer no período 1974-78, como havia ocorrido antes, e sua composição se diversificasse e passasse a incluir mais bens industrializados, uma decomposição das fontes de crescimento mostra uma diferença marcante em relação ao período precedente. Em 1971-74, o aumento da competitividade brasileira correspondeu a perto de metade do crescimento das exportações; em 1974-78, menos de 20%. Na verdade, a participação brasileira no comércio mundial permaneceu aproximadamente constante. Tomando-se exclusivamente produtos manufaturados, a conclusão é, de novo, eloqüente: em 1971-74, 71%, explicados por melhorias da competitividade; em 1974-78, 43%.[28]

Uma expansão vigorosa das exportações era um componente necessário para a estratégia de ajuste. As restrições para importações e a substituição de importações eram limitadas quanto a moeda estrangeira que poderiam tornar disponível para fazer frente ao serviço crescente de uma dívida que se acumulava. Esses resultados indicavam dificuldades à frente. Um crescimento da dívida da ordem de 28% ao ano, a média entre

---

27. Para o cálculo dos subsídios para a exportação, ver Alberto Roque Musalem (1984). Para a influência do comércio externo sobre as taxas de câmbio e o papel das mudanças do dólar, ver Ipea/Inpes (1985), Tabela 12.1.

28. Estas decomposições foram realizadas por Maria Helena T. T. Horta (1985), p.164-5.

1973 e 1978, conduzira a relações cada vez maiores entre dívida e exportação, e a adiamentos do ajuste necessário do balanço de pagamentos. Ao mesmo tempo, a contribuição real dos recursos da dívida trabalhou na direção oposta. Pagamentos de juros cada vez maiores diminuíram os excedentes de importações em relação às exportações que estavam disponíveis para uso adicional. De modo a compensar e sustentar altas taxas de investimentos que a poupança externa havia ajudado a financiar — cerca de 25% do Produto —, as poupanças domésticas precisariam crescer. A dívida fora aplicada produtivamente, embora na verdade não de todo em investimentos, mas sem o desvio das grandes fugas de capital, como ocorreu em outros países. Ainda assim, a formação de dívida é um mecanismo para adiamento de ajustes, não de evitá-los. Independentemente de elevações posteriores nas taxas de juros e da recessão nos países industrializados, o futuro brasileiro reservava problemas potenciais quanto à dívida.

Durante esses anos, o Brasil estava se tornando claramente mais vulnerável, à medida que sua integração à economia mundial ficava progressivamente mais assimétrica: a parte que lhe cabia na dívida excedia em grande medida sua participação no comércio mundial. Caso o crescimento das exportações não conseguisse manter-se, ou se o controle rígido das importações fosse quebrado, ou se a dívida aumentasse e o pagamento de juros se tornasse muito mais oneroso, ou se as condições da oferta se demonstrassem menos favoráveis, os condicionantes do balanço de pagamentos, que pendiam como uma espada de Dâmocles, poderiam facilmente tornar-se operantes.

A Tabela 3 torna aparente a natureza do ajuste durante os anos Geisel. Embora a conta corrente tivesse se reduzido continuamente de seu nível de US$ 7 bilhões em 1974 para US$ 4 bilhões em 1977, a dívida líquida quadruplicara em relação ao valor que tinha no final de 1973, de US$ 6,2 bilhões. À medida que o Brasil aumentava o volume de compras, as importações de petróleo passaram a corresponder a uma parcela crescente e cada vez mais notável. Um desempenho econômico mundial mais fraco prejudicou as exportações em relação a seu ritmo anterior. Um dos motivos importantes para a capacidade de o Brasil mostrar progressos na correção de seu balanço de pagamentos foi a subida dos preços do café que, em 1977, compensou dois terços dos efeitos provocados por preços adversos do petróleo. Realmente, no todo, a balança comercial brasileira de 1977 foi mais favorável do que fora em 1973.

Caso o Brasil tivesse adotado outros passos para se ajustar, poderia ter tirado proveito dessa tendência favorável. A Tabela 3 mostra o efeito de três outras reações de política. O estímulo às exportações por meio de uma elevação de 10% dos preços das exportações, exceto de café, teria resultado numa contribuição modesta, mas crescente. A limitação das importações, de modo a restringir a elasticidade de renda a 1, teria tido um impacto mais significativo, particularmente entre 1974 e 1976, quando poderia ter reduzido em 40% a dependência em relação ao financiamento da dívida. Um crescimento econômico mais lento, a uma taxa constante de 5%, teria um efeito menor, por ser associado à grande elasticidade de importações efetivamente verificada em 1974; nesse sentido, havia justificativa para se receitar uma recessão ortodoxa como reguladora do balanço de pagamentos. Note-se que estas duas últimas políticas resultariam em importações maiores em 1977 do que se verificaram. As políticas restritivas de fato adotadas começavam finalmente a ter efeito.

Tabela 3 — O balanço de pagamentos e o primeiro choque do petróleo (US$ bilhões).

	1973	1974	1975	1976	1977
Balança comercial	0,0	−4,7	−3,5	−2,3	0,1
Juros líquidos	−0,5	−0,7	−1,5	−1,8	−2,1
Conta corrente	−1,7	−7,1	−6,8	−6,1	−4,0
Efeitos externos					
Preço do petróleo		−2,2	−2,3	−2,9	−3,1
Volume de exportações devido à recessão		−0,6	−1,5	−1,4	−1,9
Preço do café		−0,1	0,1	1,4	2,0
Reações de política					
Estímulo a exportações		0,4	0,5	0,5	0,6
Limites às importações		2,4	1,2	0	−1,7
Redução do crescimento		1,6	0,8	−0,3	−2,0
Dívida líquida real	6,2	11,9	17,2	19,5	24,7
Dívida líquida ajustada pela política					
Estímulo a exportações		11,5	16,3	17,4	21,8
Limites às importações		9,5	13,3	14,1	20,7
Redução do crescimento		10.3	14,5	16,3	23,2

Fontes: Dados reais sobre o balanço de pagamentos: Tabela 1.
Efeitos externos.
Preço do petróleo: Fixado no valor nominal de 1973.
Volume de exportações: Desvio em relação ao crescimento das exportações (exceto café) provocado por crescimento mais lento nos países da OECD em relação à média de 1968-73. Desvio calculado por regressão no período 1969-82, relacionando o crescimento brasileiro de exportações com a taxa de crescimento da OECD, resultando numa elasticidade de 2.
Preço do café: Fixado no valor nominal de 1973.
Reações de política
Estímulo a exportações: Conseqüências sobre as exportações (exceto café) de um aumento real de 10% nos preços, usando uma elasticidade de preços de médio prazo de 0,6. Esta última resulta de uma composição entre o valor de médio prazo de 0,75 para produtos manufaturados e de 0,5 para não-manufaturados. Ver as elasticidades em Ipea/Inpes (1985), Capítulo 4, e Musalem (1984), p.169ss.
Limites às importações: Conseqüências de uma elasticidade de importações reais igual a 1 após 1973, com taxas de crescimento reais.
Redução do crescimento: Conseqüências de um crescimento anual de 5% no período 1974-77, empregando para 1974 a elasticidade real de importações mas usando 1 daí para a frente.

Tais cálculos tornam claro que uma combinação firme de esforços, aplicada desde cedo, em vez de se usar uma única alternativa grandiosa, era necessária para confrontar o ambiente externo mais hostil. Em vez disso, o Brasil reagiu com atraso à inundação de importações de 1974 e, depois, apostou num plano ambicioso de substituição de importações. Empurrar as coisas pode ter limitado o desequilíbrio resultante, mas não ajudou em nada a corrigi-lo. Mas a política era eficaz o bastante para assegurar uma transição segura para o sucessor escolhido por Geisel, João Figueiredo, o chefe do Serviço Nacional de Informações, o órgão de segurança do governo. Geisel teve sucesso em manobrar em torno tanto da crescente oposição da esquerda política quanto da direita militar, assegurando a continuidade do processo de "abertura". Enquanto o desastre pudesse ser evitado, como se conseguiu, e enquanto a economia continuasse a crescer, como continuou, a atenção podia ser dirigida principalmente à tarefa delicada de comandar o ritmo da participação popular. Para o novo governo restou a tarefa de desenredar o problema do ajuste econômico.

A sucessão presidencial, em março de 1979, definiu uma nova abordagem para a política econômica. Era esse o estilo do autoritarismo brasileiro: nos quinze anos que se seguiram a 1964, nenhum ministro da Fazenda ou do Planejamento foi substituído durante um mandato presidencial; mudanças significativas de rumos ficavam reservadas aos governos subseqüentes. A decisão de não só manter Simonsen no gabinete — Velloso saiu — mas, também, de aumentar as suas responsabilidades, transformando-o num superministro da economia, sinalizou o novo estilo de política. Isso ia além de validar um novo episódio da política de parada e partida para reduzir a inflação que se acelerava e para proteger o balanço de pagamentos. Na verdade, Figueiredo reconheceu a necessidade de uma reforma ampla da economia brasileira, de modo a colocá-la de novo sob controle firme.

Os princípios norteadores eram a restauração do papel das forças do mercado e o fortalecimento da efetividade dos instrumentos da política econômica. Quanto ao primeiro caso, Simonsen procurou reduzir os subsídios de crédito destabilizadores: à medida que a inflação se acelerava, o mesmo acontecia com a diferença entre os encargos de juros fixos e o custo real dos recursos, conta essa paga pela autoridade monetária. Como um dos elementos da reforma, ele propôs transferências fiscais explícitas para cobrir os subsídios, em lugar de financiá-los implicitamente por meio da expansão monetária. Isso restauraria a possibilidade de se exercer a restrição monetária. Em segundo lugar, ele buscou exercer mais controle sobre as despesas públicas, incluindo as das empresas estatais. Apesar de esforços repetidos, estas haviam escapados à disciplina firme do governo central, em parte devido a seu acesso a recursos externos. Em terceiro lugar, Simonsen aceitou uma redução gradual dos subsídios para as exportações, os quais haviam sido uma fonte crescente de conflitos com os Estados Unidos e tinham sido compensados por uma aceleração das minidesvalorizações cambiais. Isso transferiu para a taxa de câmbio uma parcela maior do fardo de se estimularem as exportações, em lugar de se depender de subsídios de crédito e isenções tributárias extra-orçamentárias. Ao mesmo tempo, as restrições às importações seriam modestamente liberalizadas. Por fim, Simonsen tornou claro que um crescimento mais lento poderia muito bem representar um preço temporário a ser pago para reordenar a economia brasileira.

Essa visão reformista encontrou oposição de todos os lados. A indústria privada criticou a utilidade de se entrar em recessão quando seus lucros já se encontravam sob certa pressão. Os trabalhadores já experimentavam a erosão dos salários reais por causa da aceleração inflacionária, porque a indexação era apenas anual, e não viam nenhuma atenção para as suas preocupações. Os bancos privados não saudaram um Banco do Brasil em competição direta por grandes clientes, em vez de funcionar como fonte do Banco Central para créditos subsidiados a setores prioritários. Dentro do governo, os novos ministros estavam ansiosos por gastar, e não por reduzir despesas e, assim, o seu poder político. Safras agrícolas fracas reforçavam os argumentos em favor de crédito subsidiado e abundante a esse setor. O programa do álcool necessitava de novos investimentos para uma segunda fase, a do hidratado, baseada em automóveis movidos a álcool. As empresas estatais resistiram igualmente ao controle sobre as suas operações. A Petrobras, em particular, desejava aumentar substancialmente seus gastos com exploração.

Acossado pela elevação dos preços da OPEP em junho e pela necessidade de adotar uma "política de guerra", o presidente Figueiredo logo cedeu ao coro de reclamações. Ao contrário do ciclo político mexicano, que se notabiliza por políticas mais restritivas nos inícios dos mandatos presidenciais do que no fim, a partir de 1967 o padrão brasileiro tinha sido o oposto. As novas administrações preferiam mostrar imediatamente sua capacidade de conseguir um crescimento econômico rápido e, assim, legitimar o seu mandato. A abordagem de Simonsen parecia estar produzindo apenas estagflação. Em agosto, Simonsen foi dispensado em favor de Antonio Delfim Netto, que já integrava o gabinete como ministro da Agricultura, sendo um dos maiores gastadores. Delfim prometeu uma abordagem do lado da oferta, que tornaria desnecessárias restrições à demanda. Isso era música para os ouvidos de uma administração comprometida com a validação de uma participação política mais ampla.

A tentativa de Delfim de recriar o milagre anterior logo fracassou. Mas Delfim insistiu. Numa reversão notável, em novembro de 1980 ele recuou totalmente de suas iniciativas heterodoxa de 1979 em favor da austeridade ortodoxa. Após anos de insistência de que não poderia acontecer, a recessão brasileira finalmente chegou. Em parte devido ao grau de deterioração da economia internacional, a queda se mostrou mais persistente do que se imaginara. Apenas em 1984 o Brasil experimentaria de novo elevações em sua renda *per capita*. Antes que isso acontecesse, o Brasil foi, pela segunda vez, obrigado a aceitar o impensável: depois das eleições de 1982, o Brasil entrou em um acordo de estabilização com o FMI, mas não de forma completamente tranqüila. Foi necessária toda uma série de cartas de intenção até que o programa entrasse em vigor, o que se repetiu durante a sua execução. A "grandeza" virou o sonho de um passado distante.

Amplamente aclamado como o autor do "milagre", Delfim fora recebido pela euforia nacional e pela confiança em sua capacidade de salvar as coisas. Na realidade, ele não poderia ter escolhido um momento mais desfavorável para voltar. O segundo choque do petróleo tinha acabado de se desencadear. Logo se seguiram uma recessão severa e prolongada nos países industrializados e um aumento nas taxas de juros. E, como vimos, o ajuste ao choque de 1973-74 deixou a economia brasileira longe de segura.

Não obstante, Delfim delineou um programa ousado de redução da inflação e de estímulo ao crescimento. Do lado das realidades, a primeira prioridade seria da agricultura e da energia. A primeira suportava muito do peso, e das esperanças, da política econômica. Um crescimento rápido da produção agrícola reduziria o componente alimentar do índice de preços, que havia sido tão problemático no passado recente; proporcionaria as exportações que garantiriam a continuidade dos pagamentos do serviço da dívida; permitiria a substituição energética, por meio do programa do álcool; e favoreceria uma distribuição de renda mais eqüânime. A energia era uma necessidade auto-evidente, seja na forma de produção doméstica de petróleo, seja na forma de substitutos como o álcool. Assegurou-se aos dois setores que teriam todo o crédito subsidiado que desejassem.

A política macroeconômica partiu de uma teoria da inflação enquanto impulsionada por custos. Uma das características das políticas seguidas desde 1976 havia sido um aumento acentuado das taxas de juros reais. A partir de setembro, Delfim procedeu a neutralizar o seu efeito por meio de um controle rigoroso, que trouxe uma queda aguda nas taxas nominais. Ao mesmo tempo, muitos preços administrativos foram liberados durante o outono; em novembro, uma nova lei salarial estabeleceu reajustes semestrais, bem como ganhos relativos para os trabalhadores de renda mais baixa. Apesar de estas últimas medidas acelerarem as pressões inflacionárias, justificavam-se como resíduos do governo anterior e trouxeram alguma redução nos déficits fiscais, bem como proporcionaram paz na área trabalhista. Os aumentos eram o prelúdio do que, esperava-se, seria uma desaceleração substancial a ocorrer a partir de 1980.

Do lado externo, em dezembro Delfim desencadeou uma maxi-desvalorização de 30%, a primeira em mais de dez anos. Subsídios às exportações e depósitos prévios para importações foram eliminados, por terem se tornado desnecessários após o ajuste da taxa cambial. Além disso, atento à deterioração do balanço de pagamentos, ele tomou novas medidas para encorajar o endividamento externo privado, de modo a impulsionar a disponibilidade de moeda estrangeira.

O elemento final, e a verdadeira novidade no programa, veio por último. Durante 1980, Delfim prefixou tanto a correção monetária quanto a desvalorização cambial, a primeira em 45%, a segunda em 40%. O crédito doméstico deveria ser limitado de acordo com esses números. Esse lance foi imaginado para mudar as expectativas inflacionárias: se, após as mudanças dos preços relativos ocorridas no outono, todo mundo acreditasse que a inflação seria de apenas 45% em 1980, então ela poderia se manter nesse patamar. Doses maciças de controles serviriam para reforçar a mensagem.

Na forma que assumiu, a estratégia de Delfim era uma mistura entre: a fórmula-padrão do FMI, de desvalorização para estimular as exportações e a substituição de importações; o monetarismo internacional do Cone Sul, predicado no liberalismo e numa relação rígida entre preços domésticos e internacionais; e o tradicional intervencionismo brasileiro. A política brasileira era uma fonte de confusão para a comunidade financeira internacional. No princípio, no pacto de natal de dezembro de 1979, quando o ímpeto era na direção de liberar os mercados, os banqueiros aplaudiram; em 1980, quando o desequilíbrio se tornou excessivo, eles se rebelaram. Os banqueiros ficaram com a última palavra. Sua recusa em rolar a dívida na ausência de um pacote de estabilização acabou por levar a uma abordagem mais ortodoxa, em novembro de 1980.

A essa altura, para dizer o mínimo, os resultados das políticas de Delfim estavam se mostrando incapazes de atingir seus objetivos ambiciosos. Embora em 1980 o crescimento econômico tenha se dado a uma taxa de mais de 7%, isso era alimentado pela demanda de consumo. A taxa de investimentos decresceu. Os ativos financeiros, que agora rendiam muito menos do que a taxa de inflação, foram abandonados em favor da aquisição especulativa de ativos físicos. Enquanto isso, a inflação decolou e, pela primeira vez na experiência brasileira, atravessou a barreira dos três dígitos. Em 1980, sob de pressão de elevações adicionais do preço do petróleo, o déficit em conta corrente atingiu o recorde de US$ 12,4 bilhões, exigindo financiamento maciço. A dívida líquida atingiu quase US$ 60 bilhões, correspondentes a três vezes o nível das exportações, enquanto o nível de 1977 havia sido de pouco mais de duas vezes.

Quatro motivos fizeram com que a variedade particular de heterodoxia de Delfim tivesse fracassado. Em primeiro lugar, sofreu de uma dose muito grande de excesso de demanda. Estimativas diversas para o déficit do setor público de 1980, excluindo a correção monetária, variam entre 5 e 7% do Produto Interno Bruto.[29] Embora possivelmente inferior ao nível de 1980, o déficit não encontrou disponibilidade de financiamento nos mercados financeiros controlados de 1980, de modo que transferiu seus efeitos principalmente para os preços. Diferentemente dos "anos do milagre", não havia elasticidade doméstica do lado da oferta para confrontar a demanda. A capacidade foi substancialmente utilizada, em especial em setores que cresciam velozmente.

Um segundo fator foi a lei salarial de novembro de 1979, que concedeu reajustes semestrais, em lugar de anuais. O crescente descontentamento trabalhista decorrente da erosão salarial trazida pela aceleração inflacionária corroeu os salários reais, pressionando o governo a projetar um novo esquema. Numa medida imaginada para garantir a manutenção da ordem, Delfim aceitou não apenas reajustes mais freqüentes como, também, uma lei que redistribuía a renda em favor dos trabalhadores de renda mais baixa. Seu reajuste seria maior do que a taxa de inflação. A elevação dos salários reais decorrente da correção semestral, e as concessões especiais para trabalhadores de salários mais baixos, não tiveram um efeito independente substancial sobre a aceleração inflacionária. O relatório do Banco Mundial é inequívoco: "Um simples exame das dos custos trabalhistas industriais totais e unitários de novembro de 1979 a maio de 1982 sugerem que a fórmula não representou um fator significativo para a inflação".[30] O motivo era uma elevada renovação de contingentes na base

---

29. Para exibir uma tendência declinante, o Conselho Monetário Nacional (1983), p.8, indica um déficit de quase 7% em 1980 (e ainda maior em 1979). As estimativas do Banco Mundial (1984), p.75, vão na direção oposta.

30. Banco Mundial (1984), p.108. Embora exista alguma discussão a respeito do efeito transitório da nova lei salarial, as evidências sugerem que as empresas de porte maior já haviam concedido ajustes salariais antes de ela entrar em vigor.

da hierarquia salarial e a defasagem do novo índice de preços, o INPC, em relação à inflação geral. No entanto, devido ao fato de a correção salarial basear-se exclusivamente em tendências passadas, o que a lei fez foi tornar impossível uma desaceleração significativa da inflação que não levasse a um grande aumento dos salários reais. Assim, o objetivo muito inferior de 45% para 1980 estava condenado desde o início.

Em terceiro lugar, o monetarismo internacional não conseguia contar com um suprimento pronto de importações para disciplinar as alterações domésticas de preços, conforme exigido pela teoria. Em 1980, apesar do rápido crescimento das exportações, o Brasil estava em meio a uma crise de balanço de pagamentos, como resultado de preços de petróleo mais elevados e de aumentos nas taxas de juros. As importações permaneceram controladas, como haviam permanecido durante vários anos. Era um momento inoportuno para fazer experiências com essa nova abordagem — como Argentina e Chile também descobririam.

Por fim, o momento de reverter expectativas inflacionárias não era aquele. Custos ascendentes das importações, o receio de escassez de petróleo e um compromisso patente em relação a políticas expansionistas, tudo isso desmentia a retórica da correção monetária e da desvalorização cambial prefixadas. Na verdade, à medida que a disparidade entre a realidade e os objetivos governamentais aumentavam, a pergunta pertinente era quando a política mudaria. As expectativa, que se refletiam no freio às exportações e à especulação financeira, centravam-se nesse pressuposto, e não no objetivo inflacionário anunciado para o ano.

Delfim foi criticado com justeza pelos erros dessa política aberrante de 1980. Bolívar Lamounier e Alkimar Moura são especialmente severos: "O fracasso monumental desse experimento heterodoxo de política econômica pode ser explicado em parte pela tentativa de implementar uma estratégia de crescimento econômico sem considerar a deterioração acentuada das condições da economia internacional em 1979 e 1980. [...] No entanto, não se pode dizer que, entre os tecnocratas do governo, tenha existido uma incapacidade generalizada de interpretar os sinais inequívocos de dificuldades econômicas oriundos da economia internacional. A atitude predominante era tentar exorcizar tais fantasmas com a retórica otimista herdada dos anos do milagre brasileiro".[31] Mais tarde, o próprio Delfim enfatizaria a forte reação das exportações em 1979-81 e o fato de que, em 1981, o Brasil "já havia restabelecido o equilíbrio".[32]

---

31. Bolívar Lamounier e Alkimar Moura (1983), p.27.
32. Antonio Delfim Netto (1983), p.18.

Num certo plano, ele tinha razão em ignorar o fracasso de sua heterodoxia de 1980. A Tabela 4 apresenta os efeitos do segundo choque do petróleo, do choque das taxas de juros e da recessão internacional sobre o balanço de pagamentos. Os números mostram como o Brasil foi subjugado pela alteração adversa do ambiente externo. Mais de metade da deterioração de US$ 4 bilhões observada na conta corrente de 1979 é explicada pela elevação dos preços do petróleo e das taxas de juros. Mais US$ 1,2 bilhões derivam de custos relativos ao serviço da dívida resultantes do aumento do estoque ocorrido em um único ano, 1978. Esforços políticos alternativos, incluindo a manutenção dos níveis de importações em seu patamar de 1978, teriam produzidos resultados modestos em 1979. Tomadas individualmente, nenhuma dessas políticas teria conseguido compensar sequer o aumento do preço do petróleo.

Tabela 4 — O balanço de pagamentos e o segundo choque do petróleo (US$ bilhões).

	1978	1979	1980	1981	1982
Balança comercial	−1,0	−2,8	−2,8	1,2	0,8
Juros líquidos	−2,7	−4,2	−6,3	−9,2	−11,4
Conta corrente	−6,0	−10,0	−12,4	−11,0	−16,3
Efeitos externos					
Preços do petróleo		−1,8	−5,7	−7,1	−6,1
Volume de exportações		−	−0,6	−1,4	−2,4
Taxa de juros		−0,3	−1,1	−2,5	−5,9
Reações de política					
Estímulo a exportações		0,8	1,0	1,3	1,1
Limites às importações		1,6	1,9	−1,2	−2,6
Redução do crescimento		0,6	1,9	−0,2	−0,6
Dívida líquida real	36,2	46,4	57,7	68,0	83,5
Dívida líquida ajustada pela política					
Estímulo a exportações		45,6	55,8	64,5	68,3
Limites às importações		44,8	54,0	64,9	82,5
Redução do crescimento		45,8	55,7	65,9	81,6

Fontes: Dados reais sobre o balanço de pagamentos: Tabela 1.
Efeitos externos
Preço do petróleo: Fixado no valor nominal de 1978
Volume de exportações: como na Tabela 2, empregando desvio do crescimento médio de 3,1% relativo a 1974-78.
Taxas de juros: Constante, usando a média da taxa de juros real de 1978 (em relação ao deflator do PIB norte-americano) em relação à dívida líquida do ano anterior. Os pagamentos de juros líquidos estão relacionados na Tabela 1; a dívida líquida, incluindo a de curto prazo, foi obtida de Paulo Nogueira Batista (1985). Esses valores da dívida líquida estão expostos mais abaixo na tabela.
Reações de política
Estímulo às exportações: Como na Tabela 3
Limites às importações: Importações reais mantidas constantes nos níveis de 1978.
Redução do crescimento: Efeito de elasticidade unitária sobre as importações com um crescimento do produto bruto de 3%.

Em 1980, o aumento dos preços do petróleo e das taxas de juros pioraram as coisas substancialmente. O agravamento real do balanço de pagamentos foi menor do que se poderia antecipar, devido a um aumento de 58% no valor das exportações desde 1978. Na ausência do aumento dos preços do petróleo, em 1980 o Brasil teria apresentado um superávit comercial saudável.

A começar pela dívida muito mais alta que tinha em 1978, e também devido ao grande volume de petróleo que continuou a importar, o Brasil teve menos flexibilidade para lidar com o segundo choque da OPEP do que com o primeiro. Delfim herdou o problema do ajuste inadequado; simplesmente, aquilo não tinha sido de sua autoria. Dito isso, porém, havia portanto um forte argumento no sentido de conservar os poucos graus de liberdade que haviam restado. Uma política mais cautelosa teria melhorado marginalmente o desempenho do balanço de pagamentos, teria evitado que as taxas de risco bancárias — e assim os custos com juros — crescessem, e teria resguardado a credibilidade doméstica. Mesmo as restrições não evitassem o passo seguinte na queda da renda, o Brasil teria entrado em tal recessão consideravelmente mais forte, e não afligido por uma nova camada de distorções originadas das políticas efetivamente perseguidas. Em particular, os efeitos benéficos da desvalorização de 1979 foram completamente varridos por uma correção subseqüente inadequada; ao final de 1980, a taxa de câmbio havia se valorizado em relação a seu nível pré-desvalorização.

As expectativas acabaram por se revelar racionais. A descrença virtualmente universal na adequação da política heterodoxa inicial foi confirmada por sua alteração, em novembro e dezembro de 1980, sob pressão crescente dos credores externos. Diferentemente de alguns de seus conterrâneos do Cone Sul que, ao mesmo tempo, acreditavam em suas políticas e entendiam que sustentá-las quando não estavam funcionando era o único modo de fazê-las funcionar, Delfim era mais pragmático. Ainda assim, constitui uma medida da forte divisão entre a trilha de liberalização política que se processava e a formulação tecnocrática da política econômica o fato de ele ter rendido à influência externa, e não aos críticos internos.

Políticas restritivas mais ortodoxas se tornaram a ordem do dia. A expansão monetária se tornou severamente limitada e provocou uma escassez de liquidez. As taxas de juros reais subiram a níveis de 40 a 45%. As empresas reduziram a sua produção e procuraram reduzir seus estoques inchados e cada vez mais caros. O investimento privado declinou. Os investimentos das empresas estatais foram reduzidos. Tais impulsos deflacionários produziram um declínio de 1,6% no produto bruto entre 1980 e 1981, e uma queda ainda maior na produção industrial. O desemprego urbano se tornou aparente. O Brasil entrou em um período de queda cumulativa da renda *per capita* que se revelaria ainda mais severo do que o da Grande Depressão.

Os ganhos imediatos foram relativamente modestos. A inflação desacelerou de 121% em 1980 a 94% em 1981. A balança comercial passou a um superávit modesto O efeito primário da recessão foi desencadear um novo fluxo de capitais dos bancos comerciais, aumentando ainda mais a dívida do país. Em vez de reconhecer a necessidade de mudanças mais fundamentais, e de implementá-las, o objetivo da estabilização de Delfim era manter a credibilidade internacional e a liquidez.

Em outras palavras, a recessão foi improdutiva, do mesmo modo como ocorrera com a prosperidade anterior. Para evitar a ida ao FMI, o Brasil aplicou uma estabilização ainda mais severa, com o objetivo de convencer os credores internacionais de sua sinceridade. Mas, ao fazê-lo, faltava um programa de verdade.

O balanço de pagamentos permaneceu problemático. Após uma aceleração das minidesvalorizações a partir da segunda metade de 1981, a taxa de câmbio não retornou exatamente ao ponto em que se encontrava no início de 1979. Agora, com o dólar se valorizando, eram necessárias compensações mais agressivas. Ajudado pelo retorno dos subsídios aos produtos manufaturados, o crescimento das exportações foi respeitável em 1981, mas não espetacular. Uma parcela quase tão significativa da melhoria da balança comercial se deveu a controles mais rigorosos das importações. Enquanto isso, muito do novo financiamento internacional tinha prazos perigosamente curtos, tendo sido conseguido no mercado interbancário. Durante 1982, a desvalorização cambial de novo se atrasou.

No plano interno, não houve sustentação da política monetária rígida e das restrições fiscais. Em 1981, o déficit consolidado do setor público federal chegou a crescer, passando de 5% para 6,5% do produto bruto; em 1982, atingiu 9,9%.[33] Embora os controles sobre a oferta de moeda fossem aparentemente eficazes, sugerindo grandes decréscimos na liquidez, eles

---

33. Banco Mundial (1984), p.75.

escondiam uma emissão crescente de dívida interna, que era usada para financiar o déficit. Como mostrado na Tabela 1, em 1981 e 1982 a série ampliada de moeda e de quase-moeda excedeu a inflação. Uma dependência progressiva em relação à dívida interna, que entre 1980 e 1984 passou de 5% a 15% da dívida bruta, significava um crescimento das obrigações financeira do governo federal, uma vez que as taxas de juros eram muito superiores ao aumento da renda.[34] Também significava menos graus de liberdade para a política econômica, pois os títulos federais precisavam ser garantidos não apenas contra a inflação doméstica como também contra mudanças na taxa de câmbio.

A esperança era que uma recessão curta, porém severa, permitiria que o Brasil retomasse o seu acesso a financiamento externo e ao crescimento econômico. As cruciais eleições de novembro de 1982 se aproximavam e, com elas, as esperanças governamentais de ter um bom desempenho no controle do processo de "abertura" e na escolha do presidente seguinte. Esse fato ajuda a explicar por que, apesar do ajuntamento de nuvens negras nos mercados financeiros no início de 1982, as restrições domésticas tenham sido aliviadas e o declínio industrial tenha se moderado. Tal motivação era reforçada pela recalcitrância da inflação: ela deixou de cair em 1982, apresentando uma barganha muito mais desfavorável do que no ano interior.

Mais tarde, o governo atribuiria a queda das exportações em 1982 à disseminação da recessão internacional, o aumento dos pagamentos de juros líquidos às altas taxas de juros internacionais e o fechamento dos mercados financeiros à guerra das Malvinas/Falklands e à moratória mexicana. Como mostra a Tabela 4, em 1982 o Brasil certamente operava sob condições externas muito adversas. Mas a verdade é que a recessão de 1981-82 foi mal encenada. O Brasil esperou demais para ir ao Fundo — formalmente, até depois das eleições, embora contatos tivessem se iniciado antes. Em março de 1982, as reservas do Banco Central já eram negativas. No entanto, virtualmente até o fim, os tecnocratas insistiam em sua capacidade e no fato de que o Brasil seria diferente de seus vizinhos desregrados. Realmente, antes de negociar com o FMI, em outubro o Brasil

---

34. As parcelas da dívida interna foram calculadas a partir de dados do Banco Central (1985), p.28. Calcularam-se porcentagens médias e não referentes ao final do ano, o que responde pela disparidade em relação às porcentagens publicadas.

mostrou seu próprio plano espartano para apresentação aos bancos privados, um plano que requeria financiamento mínimo e que transpirava a confiança: "É justamente essa mescla de ajustes de curto e de longo prazos que criará as condições para que a economia brasileira encontre um caminho de crescimento econômico relativamente mais estável, com desequilíbrios menores e sem ameaça seja de pressões inflacionárias crescentes, seja da imprevisibilidade de fatores externos".[35]

Era justamente essa mescla que estivera ausente nos três anos anteriores. A política fora muito orientada para o curto prazo, freqüentemente alterada. Os casuísmos eram disseminados. Projetavam-se soluções para problemas imediatos, mas amiúde introduziam novas distorções que, mais tarde, inibiam políticas eficazes. O governo não aliviou a carga passada de subsídios de crédito e de incentivos fiscais, nem definiu prioridades significativas. O público, e os juizes principais, eram os credores externos. Ministros do Planejamento e da Fazenda empreendiam incursões bem orquestradas ao exterior, para assegurar e reassegurar que objetivos exageradamente otimistas estavam ao alcance seguro. Enquanto isso, a credibilidade interna se dissipava. Delfim permaneceu no cargo porque o governo sequer tinha capacidade de definir uma estratégia alternativa.

Quando o programa do Fundo foi formalizado, incorporou a ajuda limitada que fora pedida aos bancos privados. O Brasil ficou obrigado a conseguir em 1983 um superávit comercial de US$ 6 bilhões, o que fez a expensas de nova queda na da produção, desta vez mais aguda do que o de 1981. Outra exigência foi uma mudança na indexação salarial, limitando a correção a 80% da variação do novo índice de preços ao consumidor, apesar de essa medida já ter a tendência de se atrasar em relação à inflação. Os salários reais do setor industrial caíram significativamente durante 1983. Para isso contribuiu um novo surto inflacionário, chegando ao nível de 200%, para o qual uma das causas principais foi a maxidesvalorização de fevereiro de 1983.

O Programa do Fundo deu origem a uma crítica interna crescente, por ser uma resposta inadequada às dificuldades brasileiras. Muito da oposição dirigia-se à continuidade dos caros pagamentos de juros externos, que, em sua magnitude, chegavam a rivalizar com o total da conta de importações. O próprio Fundo mostrava-se continuamente descontente com o de-

---

35. Conselho Monetário Nacional (1982), p.10.

sempenho brasileiro e com a falta de obediência aos objetivos de política econômica. A seqüência de cartas de intenção revisadas que se sucedeu anulou o impacto favorável de um excelente desempenho comercial. Os credores não concederam ao país um escalonamento plurianual e uma redução das taxas de risco, como haviam feito com o México. Quanto mais isso era retardado, menos fazia sentido, dado os estado de vulnerabilidade do governo.

No Brasil, exibiram-se os limites da abordagem do FMI. Houve uma melhora marcante das contas externas. Entre 1982 e 1984, o déficit em conta corrente se transformou de US$ 16 bilhões em um pequeno superávit. A redução das importações e o crescimento rápido das exportações em 1984 tiveram responsabilidade equivalente nisso. Mas não ocorreram a estabilização interna e as bases para um crescimento futuro saudável, que deveriam acontecer. A inflação mais que dobrou, em lugar de desacelerar. Taxas de juros reais altas, que representavam a contrapartida do dinheiro mais apertado e das grandes vendas de títulos da dívida pelo governo, desencorajavam o investimento privado. Juntamente com o controle dos investimentos públicos, isso conduziu a um declínio da taxa de formação de capital bruto para apenas 16% em 1984, seu nível mais baixo do período do pós-guerra. O déficit do setor público excedeu continuamente as suas metas, não apenas por causa da dificuldade de controlar despesas e da queda na arrecadação de impostos mas também devido ao crescimento rápido dos pagamentos de juros internos.

Para os críticos da abordagem de estabilização do FMI, a patente assimetria dos resultados não veio como grande surpresa. Contrariamente ao modelo implicitamente monetarista do FMI, que liga os equilíbrios externo e interno, a experiência brasileira confirmou uma interpretação muito diferente. A ênfase na melhoria das contas externas se tornou uma importante fonte de desequilíbrio interno.

As próprias políticas necessárias para propiciar grandes superávits comerciais e o pagamento da dívida externa contribuem para a inflação e subtraem recursos do investimento. Assim, a desvalorização agressiva das taxas de câmbio se refletem mais cedo ou mais tarde — geralmente mais cedo — em inflação interna, devido à onipresença da indexação. Além disso, o setor público se vê forçado a atrair recursos cada vez maiores do setor privado para gerenciar uma dívida externa agora largamente pública. Para fazer isso numa base voluntária, as taxas de juros devem ser mantidas altas, custos esses que se refletem nos preços. Ademais, déficits governamentais, seja financiados com dinheiro, seja com a dívida interna, passam então a realimentar a demanda nominal, sustentando a inflação. O estado é por demais fraco para realizar de forma não inflacionária a volumosa transferência necessária.

Os amplos recursos que foram transferidos ao exterior, que representaram cerca de 5% do produto bruto de 1983 e 1984 e reduziram proporcionalmente a receita global do país, foram pagos principalmente às custas de investimentos. O consumo resistiu a compressões adicionais. Mesmo em face das mudanças na indexação salarial exigidas pelo FMI, havia limites para declínio ulteriores no padrão de vida. A poupança não reagiu, apesar da continuidade de altas taxas reais de juros; os certificados de depósitos bancários rendiam aproximadamente 25% em 1983 e 1984.

Apesar de tentativas de mostrar que o desempenho brasileiro era melhor do que o de outros países da América Latina, e a despeito de uma modesta recuperação conduzida pelas exportações, conseguida em 1984, tais circunstâncias econômicas contribuíram para que o governo Figueiredo perdesse o controle político. As regras de sucessão, que haviam sido imaginadas para assegurar não apenas a continuidade do predomínio do partido do governo, o PSD, mas também um último presidente militar para guiar a transição, mostraram-se incapazes de resistir à clara ausência de concordância popular. A tarefa de definir uma nova estratégia econômica ficou para a Nova República, privada da liderança de Tancredo Neves.

Três lições emergem dessa história do ajuste brasileiro aos choques do petróleo de 1973 e 1979. Uma é o importante papel que as limitações políticas e institucionais desempenham no traçado do rumo correto. Uma combinação de crescimento mais lento, alterações nos preços relativos e intervenções diretas teria sido desejável na acomodação ao primeiro choque. Seja qual fosse a rigidez do consumo de petróleo a curto prazo, havia um pouco de elasticidade no longo prazo. Outros países tiveram um desempenho muito melhor na economia de combustíveis. O crescimento das exportações, apesar de rápido, precisou de incentivos ainda maiores frente à modificação do ambiente econômico internacional. Precisava haver disponibilidade confiável de importações, mesmo se mais caras, em lugar de um controle rígido e, possivelmente, inadequado. A dívida era um componente desejável do ajuste, mas não na forma de um resíduo por vezes desordenado do balanço de pagamentos. Adiaram-se coisas demais para o futuro, ao ponto de se desconsiderar a intensidade do segundo choque. A abertura financeira foi muito maior do que a abertura comercial. A assimetria contribuiu para uma vulnerabilidade que, mais tarde, se demonstraria dispendiosa.

O comprometimento com um crescimento rápido e um sistema de indexação abrangente distorceram as escolhas da política econômica em favor de investimentos maciços na substituição de importações, sustentada por endividamento externo. Tal política era prejudicada por sua própria intensidade de importações de curto prazo, incluindo especialmente o petróleo, bem como por uma resistência crescente à expansão do setor público. Sua execução resultou correspondentemente prejudicada. Muito depressa, exigiram-se restrições macroeconômicas para atingir um débil equilíbrio interno e externo. Desse momento em diante, a política econômica brasileira se orientou exclusivamente para problemas de curto prazo e de liquidez externa. O ajuste de médio prazo sofreu. Não se orientou pelo mercado — pois, crescentemente, os controles passaram a ser empregados para prevenir grandes desequilíbrios — nem por um programa governamental exeqüível. Tentativas do início do governo Figueiredo de definição de uma estratégia, tanto por parte de Simonsen quanto de Delfim, falharam: o primeiro por falta de apoio, o segundo por causa de sua heterodoxia. Daí por diante, o único guia, e não completamente coerente, foi aquele imposto pelos credores internacionais e pelo FMI.

A segunda lição é a fraqueza do Estado brasileiro no direcionamento do processo de ajuste. Isso se contrapõe às concepções convencionais, que só enxergam uma grande participação pública na economia, a qual, de acordo com cálculos do Banco Mundial, no início da década de 1980 correspondia a cerca de 40% dos recursos. Contudo, o Estado brasileiro não comandou o setor privado nem cooperou efetivamente com ele. Não manteve nenhum controle seguro sobre os recursos reais. Em vez disso, o setor público brasileiro sofreu dificuldades fiscais progressivas ao longo do período e diminuiu a sua capacidade de orientar o ajuste estrutural exigido. Proliferaram os subsídios creditícios e outro incentivos, exigindo um impostos inflacionário crescente para financiá-los. A intervenção teve um impacto decrescente; sua generalização era um sintoma de fraqueza. As empresas estatais eram um instrumento direto, mas se afundaram na necessidade crescente de garantir seu financiamento de fontes estrangeiras. Crescentemente, as empresas para-estatais se tornaram meios de obter recurso para outras atividades, em vez de funcionarem como agentes para investimentos reais prioritários. A fraqueza se auto-alimentava. Esforços cada vez maiores foram se tornando necessários para persuadir o setor privado da validade dos sinais que emanavam das autoridades econômicas. À medida que os subsídios se multiplicavam em resposta a reivindicações privadas, os indutores *relativos* necessários para conseguir a realocação de recursos foram se obscurecendo enquanto os déficits aumentavam.

A conclusão da experiência desenvolvimentista bem-sucedida do Sudeste Asiático nas duas últimas décadas não é apenas que o estímulo às exportações pode produzir resultados favoráveis numa economia mundial em expansão, mas também que uma forte intervenção estatal pode ser positiva. No caso latino-americano, o problema tem sido que, freqüentemente, a intervenção estatal produziu resultados negativos. Isso acontece porque a intervenção muitas vezes reflete a fraqueza, e não a força, do Estado. Prioridades estatais podem ser diluídas e defletidas por decisões de interesses privados opostos; quando perseguidas, tornam-se mais caras, devido a falta de cooperação.

Estas conclusões, e o texto anterior, divergem um tanto da recente intervenção provocativa de Antônio Barros de Castro a respeito do mesmo período.[36] Portanto, três de suas teses centrais exigem um comentário breve. De início há a sua reabilitação do Plano Nacional de Desenvolvimento, atribuindo-lhe grandes poupanças em moeda estrangeira em 1983 e 1984. Em segundo lugar, a justificação que ele fornece para a intervenção estatal brasileira com base na competitividade internacional da indústria brasileira. Em terceiro lugar, sua perspectiva de que superávits de exportações futuros e, conseqüentemente, a transferência completa para o exterior de pagamentos de juros, seriam uma base desejável para uma estratégia de crescimento continuado.

A defesa que Castro empreende da substituição de importações como estratégia de ajuste me parece deficiente por três razões. Em primeiro lugar, o cálculo das economias obtidas em moeda estrangeira em 1983-84 deixa escapulir a pergunta a respeito do investimento exigido para pro-

---

36. Antônio Barros de Castro e Francisco Eduardo Pires de Souza (1985). Concordo com a opinião de Castro de que "A estratégia", de Carlos Lessa, exagera o abandono das políticas de substituição de importações. Em parte, isso ocorre porque o interesse principal de Lessa é o Plano em si.

duzi-las, bem como sobre o custo do desequilíbrio macroeconômico provocado em função disso. Não se pode avaliar uma estratégia fazendo-se referência unicamente a seus sucessos. Em segundo lugar, o próprio cálculo, que atribui *todas* as mudanças pós-1980 a investimentos planejados anterior, é a um tempo uma caricatura e uma crítica às técnicas convencionais, que somente levam em conta alterações contemporâneas nas importações. Em particular, os principais ganhos decorreram da produção nacional de petróleo, para a qual o governo Geisel dedicou menos prioridade do que a administração Figueiredo, ao menos quando medida pelo volume de investimentos em exploração. Em terceiro lugar, a insistência na substituição de importações nos setores programados como sendo a "fonte primordial" dos superávits de 1983 e 1984 e, secundariamente, as exportações de tais setores, parece contrapor-se às evidências. Entre 1980 e 1983 e, portanto ainda mais até 1984, o crescimento das exportações era uma fonte mais importante de expansão industrial do que a substituição de importações. E, de 1982 a 1984, o crescimento das exportações correspondeu a uma fonte mais significativa de melhorias na balança comercial do que a substituição de importações de produtos não ligados ao petróleo.[37]

Compartilho a aversão de Castro em relação ao neoliberalismo. A indústria brasileira sobreviveu à distorção de uma abertura financeira excessiva porque a proteção contra as importações compensou a vantagem artificial que as importações receberam devido a essa abertura. O Chile e a Argentina, em particular, tiveram menos sorte. Mas consentir com a intervenção do setor público mesmo quando é equivocada e contraproducente é deixar e impor prioridades que Estados fracos necessitam de forma especial. A industrialização por substituição de importações se mostrou mais eficaz no Brasil dos anos 1950 do que em outros países porque o *boom* provocado anteriormente pela Guerra da Coréia deu lugar a condi-

---

37. Ver os dados sobre investimentos em exploração de petróleo em Ipea/Inpes (1985), Tabela 10.2. Observe-se ainda Velloso (1977): "Portanto, buscou-se uma estratégia que, no fundo, tinha a mesma lógica de substituição de importações de petróleo, pois se referia principalmente a matérias-primas" (p.116). Ele prossegue pela demonstração de que, mesmo na presença de um aumento nas importações de petróleo, tal auto-suficiência conduz a um resultado melhor em termos do balanço de pagamentos.

A decomposição do crescimento da produção de produtos manufaturados encontra-se em Ipea/Inpes (1985), Tabela 8.4.b.

ções favoráveis às exportações. Por meio de sua política comercial, o país foi capaz de gravar indiretamente tais recursos que, de outro modo, não estariam acessíveis, e de redirecioná-los para a expansão do setor industrial. Nos anos 1970, o problema era de outro tipo. Não havia exportações tradicionais que pudessem ser taxadas e desencorajadas; muito ao contrário, todas as exportações precisavam ser encorajadas. Um modo de estimular simultaneamente a produção de todos os bens comercializáveis, fossem eles bens de exportação ou bens para substituição de importações, teria sido por meio da desvalorização cambial. Ou, mesmo caso essa hipótese fosse excluída, por meio de um conjunto mais equilibrado de incentivos de preços. Tal equilíbrio escapou não só ao Brasil como também a outros países latino-americanos; entender por que isso ocorreu é um tema central da economia política regional. Os limites de intervenção estatal, como também seus usos, devem ser entendidos.

A defesa que Castro faz dos excedentes de exportação parece igualmente equivocada. Ele sucumbe ao fascínio da aritmética, que mostra a continuidade fácil e inevitável apesar de taxas mais altas de crescimento das importações. Tal aritmética deixa de levar em consideração o problema interno de transferência, que, no presente, contribui para restringir o desenvolvimento saudável do Brasil, e ignora a contrapartida da aplicação da poupança interna em pagamentos de juros e não em investimentos. Recursos domésticos adicionais só podem ser gerados à custa do consumo, com impactos indubitáveis sobre a distribuição de renda. Do outro lado, o crescimento das exportações não acontece simplesmente, mesmo se em taxas modestas. De modo a manter competitividade continuada em uma gama de produtos, exigem-se investimentos novos e tecnologia. Importações são essenciais para as duas coisas. É bom notar que os países do Extremo Oriente não cresceram por meio superávits de exportação; durante a maior parte do tempo, mesmo enquanto as exportações se expandiam velozmente, eles sustentaram déficits e conseguiram influxos de recursos apesar de altos níveis de poupança interna. Só subseqüentemente surgiram superávits comerciais. É improvável que o Brasil constitua exceção a esse padrão.

Por todos esses motivos, e apesar de seus muitos *insights*, divirjo dos temas centrais da análise de Castro e ofereci outra interpretação para essa década do desenvolvimento brasileiro. O que resta é uma palavra final sobre a política e sua influência.

Mesmo no estilo tecnocrático e ilhado em que as decisões são tomadas no Brasil, a política desempenhou um papel. De fato, em instantes decisivos, os objetivos políticos ajudaram a solapar o que poderia ter sido uma prática econômica mais sensata. A decisão de 1975 de abandonar a contenção, sem que isso fosse integrado a uma resposta mais abrangente ao choque do petróleo, foi claramente motivada pela convicção de que o crescimento econômico era necessário para a "distensão". A decisão de 1979 de substituir Simonsen por Delfim teve uma motivação semelhante, em circunstâncias que eram ainda menos apropriadas. Por fim, a recusa persistente em ir ao FMI, até mesmo quando, em 1980, se tornara evidente que a situação externa do Brasil era precária, pode ser explicada pelo recusa em se admitir uma incapacidade de lidar com a situação.

É claro que se tratava de política de um tipo especial. O crescimento veloz não resultava de uma pressão populista irresponsável. Tampouco, a propósito, foi essa o origem da aceleração da inflação a níveis inéditos para o Brasil. Os tecnocratas e o exército dominavam a cena. Sua política era a sua interpretação do que parecia necessário para manter a sociedade no rumo que *eles* haviam escolhido. A indexação, uma fórmula mecânica de ajuste, constituía a sua política de rendas predileta, destituída de participação.

A voz da sociedade importava muito menos e, de início, não importava nada. Quando começou a ser ouvida, a sua força era crítica, e não construtiva. Os esforços dos empresários dirigiam-se contra a expansão do Estado, não em favor de uma cooperação efetiva. A comunidade empresarial brasileira exprimia aversão quanto à recessão e apoiou entusiasticamente o retorno de Delfim. O trabalho não tinha inclinação de pagar novamente a conta com salários reais mais baixos, ao mesmo tempo em que permanecia marginalizado.

Até um período bastante tardio, não havia uma estratégia coerente de oposição econômica e, quando surgiu, incorporava alguns aspectos quixotescos. Permanecer fora do poder durante duas décadas e sem perspectivas de assumi-lo constitui má experiência de aprendizado. Mais geralmente, nas condições brasileiras durante os governos Geisel e Figueiredo, era impossível construir a coalizão de interesses necessária para uma política de ajuste alternativa e mais satisfatória. Não teria sido fácil conseguir uma distribuição justa de custos decorrentes. Por fim, no anos 1980, o sacrifício acabou por ser imposto, e não compartilhado, e isso de forma bastante desigual. O retorno sobre o investimento cresceu enquanto os salários caíam e o desemprego aumentava.

A ironia final foi que a deterioração econômica apressou a transição para o governo civil sob aquilo que, talvez, foram as melhores circunstâncias políticas possíveis: a escolha de um moderado, por uma fusão entre a oposição e ex-aliados do governo. Os militares haviam falhado naquilo que propalavam fazer melhor, encarar a realidade face à adversidade. Tal fracasso, do mesmo modo que o fracasso dos civis que eles haviam substituído em 1964, tornou-se um importante patrimônio para seus sucessores. Uma economia próspera, que permitisse um recuo mais ordenado, teria deixado o governo seguinte muito mais submetido ao julgamento militar. Agora a ameaça de uma nova intervenção está mais distante. Não há alternativa para um compromisso político real de solucionar os sérios problemas que estão á frente. Essa história de dois presidentes oferece algumas lições sobre como não agir.

APÊNDICE

O objetivo deste apêndice é proporcionar uma comparação mais formal entre o ajuste ortodoxo e a estratégia econômica brasileira adotada nos anos 1970. Um modelo simples será suficiente. Começaremos com uma versão ortodoxa.

Consideremos que o Brasil seja especializado em um único produto, que consome e exporta. A produção exige insumos importados. Além disso, no curto prazo, os insumos e a contribuição do trabalho para esses insumos permanecem fixos. Então, o preço doméstico do produto brasileiro P_b pode ser expresso por:

(1) $P_b = 1_t w + m_t P_m$

onde P_m é o preço interno do bem importado e 1_t e m_t respectivamente as exigências unitárias do trabalho e do bem importado. Cada um dos preços pode ser especificado em dólares, P_b^* e P_m^*, convertendo-se pela taxa de câmbio expressa em dólares por cruzeiro, e ajustando para acomodar subsídios domésticos:

(2) $P_b^* = e\,(1 + S_b)\,P_b$

(3) $P_m^* = e\,(1 + S_m)\,P_m$

A balança comercial no curto prazo pode ser expressa como:

$$\text{(4a)} \quad T = X\left(\frac{P_b^*}{P_x^*}, Y_w\right) \, P_b^* - M(Y)P_m^*$$

As exportações dependem do preço relativo do produto brasileiro em comparação com concorrentes internacionais e do nível da produção mundial. As importações no curto prazo são totalmente elásticas quanto ao preço. No prazo mais longo, há possibilidades de substituição entre importações e trabalho, de forma que as exigências de importações dependem dos salários relativos:

$$\text{(4b)} \quad T = X\left(\frac{P_b^*}{P_x^*}, Y_w\right) \, P_b^* - M\left(Y, \frac{P_m}{w}\right)P_m^*$$

O equilíbrio interno de produção pode ser escrito:

$$\text{(5)} \quad T = E\,(Y) + T\,(Y,\, Y_w,\, P_x^*,\, P_b^*,\, P_m^*)$$

As exigências de gastos sobre a produção e a balança comercial dependem da produção doméstica, da renda e dos preços mundiais de bens concorrenciais e dos preços mundiais das exportações e importações brasileiras.

Este sistema simples possui seis variáveis endógenas: P_b, P_b^*, P_m, T, w e $Y.P_m^*$, Y_w, e P_x^* são exógenas. A taxa de câmbio, e, e os subsídios, s_b e s_m, são determinados pela política econômica. A especificação de um nível de equilíbrio comercial em particular adiciona uma sexta equação e completa o modelo.

Reescrita em termos de câmbio, a equação (1) mostra a importância crítica da taxa salarial medida em moeda estrangeira.

$$\text{(1)} \quad \frac{P_b^*}{\left(1 + s_b\right)} = 1_t\,(e \cdot w) + \frac{m_t P_m^*}{\left(1 + s_m\right)}$$

A solução do sistema pode ser visualizada no Gráfico I, em que os eixos correspondem ao salário em dólar à produção. A trajetória de produção YY exige um salário real progressivamente menor e um superávit comercial em níveis de produção mais elevados, de modo a compensar um aumento da poupança. A trajetória TT, que corresponde a um superávit comercial zero, requer salários mais baixos com produção crescente, para compensar importações maiores. O Gráfico I resulta da suposição de que há equilíbrio completo de emprego, com saldo comercial igual a zero.

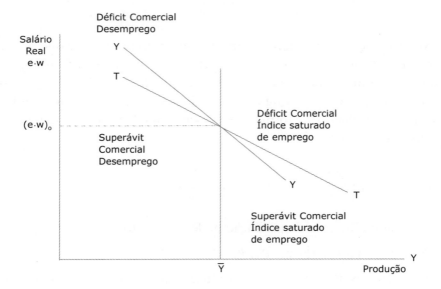

Seja, agora, um choque do petróleo. A elevação dos preços das importações, com salários reais constantes, aumenta o preço real da produção brasileira e, conseqüentemente, reduz a sua competitividade. Em conseqüência, a balança comercial tem de deteriorar. Isso é representado no Gráfico II, na forma de um deslocamento das trajetórias para baixo. Para que o Brasil não apenas permaneça competitivo — i.e., mantenha P_b^* — como, também, aumente a sua competitividade de modo a poder pagar por uma conta de importações aumentada, os salários precisam cair. Como a balança comercial entra em YY, ela também se desloca. São claras as implicações para a política econômica: é preciso desvalorizar o câmbio. (Ou, sob uma taxa de câmbio fixa, os salários devem ser reduzidos.) Mas não necessariamente de forma a eliminar completamente o déficit comercial, pois no longo prazo as trajetórias se deslocam e se tornam mais elásticas. Conseqüentemente, exige-se e se justifica o financiamento.

No Gráfico II, representa-se o salário inicial $(e \cdot w)_o$. O salário real necessário para satisfazer o equilíbrio imediato é $(e \cdot w)_s$, que deve ser comparado com um declínio menor de $(e \cdot w)$, no longo prazo. Fixar os salários neste último nível exige um déficit comercial. Observe-se que, neste modelo, os excedentes de importação tornados possíveis pela aquisição de dívida contribuem para um impulso deflacionário que precisaria ser compensado por um aumento da despesa interna.

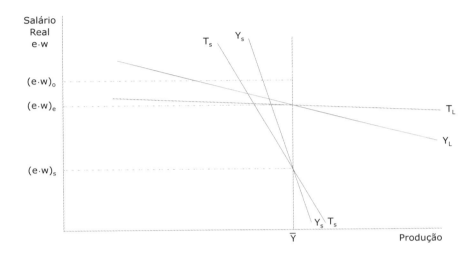

A questão crucial é a redução do salário real, supondo-se a presença de resistências a quaisquer reduções nas margens de lucros. Aqui inserimos a circunstância especificamente brasileira da indexação.[38] Isso conduz a outra equação:

(6) $\hat{p} = f(e \cdot w)$

A taxa inflacionária $\hat{p}$ depende do nível do salário real em dólares. Como a indexação é concebida de modo a evitar que o salário real caia por meio de compensações automáticas a elevações de preços internos, a única maneira de assegurar um declínio no salário real é por uma aceleração da taxa de inflação. Num período fixo de indexação, o salário médio efetivamente se reduz, porque o nível salarial inicial é corroído mais rapidamente no período.[39] Esse aspecto central da economia brasileira ainda

---

38. Para uma apresentação clara dessa relação e sua relevância para o ajuste brasileiro, à qual recorri, ver Francisco Lopes e Eduardo Modiano (1983).

39. Um exemplo numérico pode ajudar. Suponha-se um salário inicial de 100 e uma taxa linear de inflação de 10% em um ano. Então, o salário final é 90 e a média salarial real é 95. Com um aumento da inflação para 20%, o salário real médio passa a 90. Se, agora, o salário nominal é reajustado para o nível real anterior de 100, a redução se torna permanente. Uma tentativa de reinstituir o salário real médio levará a uma aceleração ulterior: sob uma indexação perfeita, que não admite qualquer declínio nos salários reais, a inflação tende a explodir e as desvalorizações nominais são erodidas.

mais claramente faz com que a inflação se transforme na variável de equilíbrio que concilia demandas reais inconsistentes.

Acrescentando-se essa relação ao sistema obtém-se a representação gráfica ampliada presente na Gráfico III. Agora, a desvalorização aumenta a taxa de inflação. Suponha-se ainda que não haja nenhuma possibilidade de substituição de longo alcance, de forma que a desvalorização exigida é grande. Atingir-se o salário real médio tanto de médio quanto de longo prazo, $(e \cdot w)_s$ implica uma aceleração da inflação de $\hat{p}_o$ a $\hat{p}_s$. Observe-se que o impacto da desvalorização sobre a inflação é tanto maior quanto maior é o crescimento dos preços de importações a ser compensado e quanto maior é a parcela dos custos totais que corresponde aos custos das importações.

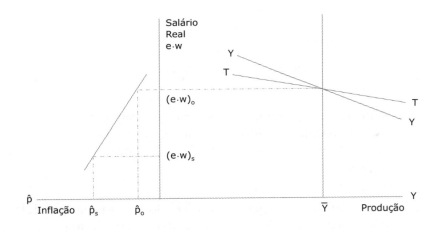

A atração representada por uma estratégia de dívida se torna mais clara. Além disso, ao se subsidiarem os preços internos do petróleo, conseguem-se manter baixos os preços internos de produtos de exportação sem precisar recorrer a uma redução do salário real. Por fim, os subsídios às exportações também podem ser empregados para manter os produtos competitivos. Na verdade, empregam-se extensivamente ambos os mecanismos. Nos dois casos, o problema crítico era a falta de capacidade fiscal para financiar os subsídios. Se a dívida externa fosse toda absorvida pelo setor público e fosse alocada para essa finalidade, isso daria conta da macroeconomia. Mas se a dívida externa também é usada para os investimentos maciços necessários para reduzir o coeficiente de importação, como era o caso, esbarra-se contra um constrangimento fiscal que limita até mesmo a sustentabilidade a curto prazo de uma estratégia de subsídios incompatível com relações internacionais de preços.

REFERÊNCIAS BIBLIOGRÁFICAS

BALASSA, B.: "The Newly Industrializing Developing Countries after the Oil Crisis", *Weltwirtshaftliches Archiv*, 117, n.1 (1981)

_____. "Adjustment policies in developing contries: A reassessment", *World Development*, 12, n.9 (1984)

Banco Central do Brasil: *Brazil economic program: Internal and external adjustment*, v.7 (1985)

Banco Mundial: Brasil: *Industrial policies and manufactured exports*. Washington, D.C.: 1983

Brazil: *Economic memorandum*. Washington, D.C.: 1984

CASTRO, A. Barros de e SOUZA, F. E. Pires de: *A economia brasileira em marcha forçada*. Paz e Terra: Rio de Janeiro, 1985.

BARZELAY, M.: *The politicized market economy*. Berkeley: 1986

BRESSER–PEREIRA, L.: *Development and crisis in Brazil, 1930-1983*. Boulder: 1984.

CLINE, W. et al.: *World Inflation and the Developing Countries*. Washington, D.C.: 1981.

Conselho Monetário Nacional: *Foreign sector programme in 1983*. Brasília, 1982.

NETTO, A. Delfim: 1973/1983: *Dez anos de crise e, apesar de tudo, crescimento*. Exposição ao Senado Federal, 17 de maio de 1983, Brasília, 1983.

GALVÊAS, E.: "A Crise Mundial e a Estratégia Brasileira de Ajustamento do Balanço de Pagamento", *Exposição no Senado Federal*, 23 de março de 1983.

HORTA, M.H.T.T.: "Sources of Brazilian export growth in the 70's", *Economic Studies*, n.9 (1985).

IPEA/INPES: "Perspectivas de longo prazo da economia brasileira". Rio de Janeiro: 1985.

KRUEGER, A. O.: "Import Substitution versus Export Promotion", *Finance and Development*, 22, n.2 (1985).

LAMOUNIER, B. e MOURA, A.: "Política econômica e abertura política no Brasil, 1973-83", intervenção apresentada à Conferência Vanderbilt, novembro de 1983.

LANGONI, C.: *A crise do desenvolvimento*. Rio de Janeiro: 1985.

LESSA, C.: "A estratégia de desenvolvimento 1974-1976", Tese inédita. Rio de Janeiro: Faculdade de Economia e Administração, UFRJ, 1978.

LOPES, F. L. e MODIANO, E. M.: "Indexação, choque externo e nível de atividade: notas sobre o caso brasileiro", *Pesquisa e Planejamento Econômico*, v.13, n.1 (1983).

MODIANO, E.: "Choques Externos e Preços Internos: Dificuldades da política de ajuste", em Pérsio Arida (org.), *Dívida externa, recessão e ajuste estrutural*. Paz e Terra: Rio de Janeiro: 1982.

VELLOSO, J. P. Reis.: *Brasil: A Solução Positiva*. São Paulo: 1977.

República Federativa do Brasil: II *Plano Nacional de Desenvolvimento (1975-1979)*. Rio de Janeiro: 1975.

MUSALEM, A. Roque: "Subsidy policies and the export of manufactured goods in Brazil", *Brazilian Economic Studies*, n.8 (1984).

SACHS, J.: "External Debt and Macroeconomics Perfomance in Latin America and East Asia", *Brookings Papers on Economic Activity*, n.2 (1985).

SIMONSEN, M. H.: "Inflation and Anti-Inflationary Policies in Brazil", *Brazilian Economic Studies*, n.8 (1984).

STEPAN, A. (org.): *Authoritarian Brazil*. New Haven: 1973.

TREBATT, T.: *Brazil's State-owned enterprises*. Cambridge: 1983.

Indexação à moda brasileira: inflação sem lágrimas?[40]

No início de 1974, tanto a imprensa empresarial quanto a popular dificilmente deixavam passar uma semana sem alguma referência à possibilidade de se indexarem títulos, poupanças e até mesmo contratos ao nível dos preços. Alguns argumentam que, desse modo, consegue-se ao menos neutralizar os sintomas corrosivos da inflação, mesmo caso a moléstia em si não possa ser curada.

O princípio básico não constitui novidade. A busca por um padrão imutável remonta no mínimo a Jevons;[41] aparentemente, em 1925 Irving Fisher conseguiu persuadir uma firma norte-americana a emitir um título indexado. Mais recentemente, nos anos 1950, a Finlândia, a França e Israel, entre outros países, recorreram a tal prática aplicada a poupanças e obrigações governamentais; e países latino-americanos fizeram experiências com depósitos de poupança denominados em dólares, bem como com taxas de câmbio ajustáveis.[42]

A renovação do interesse na indexação é uma conseqüência clara da persistência da inflação nos países desenvolvidos nos últimos anos. As políticas monetária e fiscal têm sido de pouca valia; e o fracasso aparente do controle de preços e salários, associado às implicações de custos que acompanharam carências alimentares e de energia em 1973-74, parecem

---

40. Publicado originalmente em *Brookings Papers on Economic Activity*, (1974), p.261-82

41. W. Stanley Jevons (1898), p.318-26.

42. Uma breve discussão sobre a história da indexação (incluindo o episódio Fisher) pode ser encontrada em David Finch (1956-57), p.1-22; para experiências mais recentes, ver OECD (1973).

ter dado origem a uma sensação de desespero. Ao contrário desse histórico desencorajador, o sucesso econômico aparente do Brasil nos últimos anos, sob de um regime de "correção monetária" — uma política de indexação aplicada extensamente —, é patentemente atraente: as taxas inflacionárias se reduziram de aproximadamente 90% em 1964 para cerca de 15% no ano civil de 1973; e a taxa real de crescimento tem se situado, em média, em mais de 7% ao ano *per capita* entre 1968 e 1973. Poucos países deixariam de optar pela indexação caso pudessem garantir resultados semelhantes. Existe uma certa ironia em que a experiência brasileira sirva de base para receitas de política econômica: durante anos, missões do FMI junto aos países em desenvolvimento urgiram a sabedoria convencional das políticas monetárias e fiscais ortodoxas para extirpar a inflação; o sermão que alguns agora entoam é que países desenvolvidos deveriam adaptar-se às elevações de preços, em vez de tentar eliminá-las mais aplicadamente.

Antes de se adotar tal conclusão depressa demais, vale a pena aplicar um escrutínio mais cuidadoso à experiência recente brasileira com a correção monetária.[43] A lógica *post hoc, propter hoc*[44] nunca é especialmente convincente, e este caso não constitui exceção. Tenho diversas restrições quanto à indexação brasileira. Primeiro, longe de depender da correção automática frente a movimentos gerais de preços, ela se caracterizou por modificações significativas, concebidas para acomodar objetivos da política econômica. Mais geralmente, no Brasil, a redução da inflação deve pouco à indexação, mas muito à intervenção governamental direta e a políticas monetária e fiscal felizes. Segundo, a correção monetária, conforme era aplicada, não apenas deixava de corrigir desigualdades geradas por elevações velozes de preços como, na verdade, as reforçava. Por fim, os inegáveis efeitos positivos da indexação sobre o crescimento brasileiro parecem decorrer de duas características da experiência de indexação que, em grande medida, são irrelevantes para os Estados Unidos: o efeito da

---

43. Infelizmente, os relatos do sistema que têm sido disseminados são parciais, factualmente incorretos ou ambos. Mesmo publicações de prestígio falham; embora melhor do que a maioria, o artigo publicado em *The Economist* de 27 de abril de 1974 (p.82-3) não está isento de erro. Aqui, para os aspectos iniciais do sistema, basei-me em Julian Chacel, Mário Henrique Simonsen e Arnaldo Wald (1970); suas características foram atualizadas por referência à *Conjuntura Econômica*.

44. *Post hoc ergo propter hoc* — literalmente, "depois disto, portanto, por causa disto". Falácia lógica que atribui a causa a um fenômeno a outro apenas porque o segundo sucede temporalmente o primeiro. (N.T.)

taxa de câmbio sobre as exportações e a criação de uma intermediação financeira significativa de natureza não-bancária.

Neste artigo, começarei por detalhar os tipos de correção monetária permitidos no Brasil e as circunstâncias de sua introdução. A segunda seção examina as conseqüências da correção monetária para a redução da inflação, para a eficiência da alocação de recursos e para a igualdade de distribuição de renda no Brasil. A terceira seção explora a aplicabilidade da experiência brasileira aos Estados Unidos.

TIPOS DE CORREÇÃO MONETÁRIA

Uma exposição exata da correção monetária brasileira conforme praticada desde 1964 seria bastante complicada, pois provavelmente envolveu mais de cem leis e decretos regulamentadores. Felizmente, os princípios subjacentes são mais simples: valores nominais, como ações, poupança, hipotecas, aluguéis, taxa de câmbio e patrimônio físico fixo são ajustados para magnitudes reais correspondentes por meio de fórmulas que empregam taxas inflacionárias *recentes*; e aumentos salariais se baseiam na média do salário real que prevaleceu durante os vinte e quatro meses anteriores, mais aumentos *previstos* de produtividade e preços. Em todos os casos, a medida de inflação usada para o ajuste é um índice geral de preços no atacado, exceto no caso dos aluguéis, para os quais o padrão é o salário mínimo.[45]

Esses tipos de correções foram imaginados para servir a fins bastante diferentes. Em geral, ajustes não-salariais pretendiam restaurar preços relativos como guia para a alocação de recursos. A aceleração contínua da inflação nos cinco anos anteriores ao golpe militar de 1964 tinha, na melhor das hipóteses, tornado precária a confiança nos preços relativos; alguns tipos de mercados — de títulos de longo prazo, por exemplo — simplesmente não existiam. Legalmente, contratos entre indivíduos podiam

---

45. O índice de preços no atacado usado no Brasil inclui apenas *commodities*, embora os serviços correspondam a mais de metade da geração de renda. Em princípio, os pesos correspondem aproximadamente ao valor adicionado nos setores produtivos, mas um exame mais atento revela inconsistências óbvias. Os produtos de metalurgia constituem 15% do peso dos produtos industriais no índice, aproximadamente o mesmo dos alimentos processados; no entanto, estes últimos eram cerca de duas vezes mais importantes no valor industrial adicionado no ano básico.

Enquanto a inflação é alta, a escolha do índice é relativamente desimportante. Com taxas mais baixas, a decisão se torna mais significativa.

ser indexados, e alguns de fato eram. Mas os bancos não tinham entusiasmo em insistir nessa prática: embora ambas as taxas reais se tornassem negativas, os bancos ganhavam seus lucros na *margem* entre taxas de juros pagas a depositantes e recebidas de tomadores, margem essa que se ampliava com a inflação. Numa situação que, obviamente, contava com oposição dos tomadores e com o apoio dos poupadores, não houve uma conjunção de interesses capaz de encorajar a ampliação da correção monetária pelo setor privado. A intervenção governamental se tornou necessária e, em 1964, se deu como parte do esforço do novo governo em restabelecer o cálculo de mercado.

O sistema formal de indexação teve sua origem específica em meados de 1964, quando da emissão de papéis governamentais reajustáveis de três e de cinco anos, o que se fez para financiar um déficit federal mais elevado. O principal da dívida estava sujeito a reajuste trimestral pleno; a taxa real de juros indicada era aplicada a esse valor reajustado. Ao mesmo tempo, créditos devidos ao governo referentes a impostos e contribuições de seguridade social foram trazidos a uma base real. Subseqüentemente, as faixas de imposto de renda passaram a ser indexadas.

No mesmo ano, indexaram-se empréstimos hipotecários e se criaram um banco nacional de habitação e instituições privadas voltadas para a mesma área. De início, os recursos adviriam principalmente de contribuições compulsórias do sistema de seguridade social, bem como papéis e poupanças indexadas; a principal beneficiária deveria ser a construção residencial. O objetivo era ampliar a oferta de fundos hipotecários de longo prazo, os quais a inflação veloz tinha reduzido de tal forma que, virtualmente, a única fonte restante passara a ser capitais públicos alocados a partir da arrecadação do seguro social. Esses capitais eram na melhor das hipóteses inadequados, e tinham de ser racionados, de modo a restringir o excesso de demanda; além disso, eles também sofriam erosão de seu valor real e tinham de ser complementados por recursos correntes governamentais, de modo a satisfazer o necessário desencaixe de pagamentos do seguro social.

A indexação também era aplicada a depósitos a prazo em bancos comerciais e nos novos bancos de investimentos que foram criados, em um esforço de tornar a poupança privada consideravelmente mais atraente. Contudo, nem todas as obrigações eram tratadas desse modo. Aceites comerciais, que ontem, como hoje, constituíam o principal ativo não-monetário, não eram reajustados, devido à sua curta duração — tipicamente, 180 dias. Taxas de juros nominais e fixas prevaleciam para esse instrumento, mas com a vantagem incidental (mais tarde alterada) de que, para finalidade de impostos, o lucro podia ser calculado em termos reais *a posteriori*. Do lado dos ativos, dominavam os empréstimos a curto prazo, até mesmo nos bancos de investimentos. Neste caso, a regra é o reembolso do principal nominal e taxas de juros correspondentemente mais elevadas; de fato, um dos principais fracassos da política monetária nos últimos anos tem sido a incapacidade de se reduzirem essas taxas, apesar da diminuição da velocidade da inflação.

Além das modificações de longo alcance relativas aos bancos e ao mercado hipotecário, logo nos primeiros anos do novo governo o privilégio de uma reavaliação regular foi estendido a duas outras áreas. Uma foi o mercado de locação de imóveis; outra, o setor produtivo privado. Em ambos os casos, desde os anos 1950 já se aplicava algum tipo de ajuste, mesmo que irregular e incompleto. As principais reclamações quanto ao reajuste de aluguéis eram de que não acompanhavam adequadamente a inflação nem eram realizados com freqüência suficiente. O ajuste cíclico anual adotado em 1964, que ligava os aluguéis ao salário mínimo, corrigiu essas deficiências. Ademais, dado que os aluguéis tinham sido congelados no início da década de 1960 — em parte como gesto populista, em parte como estratagema anti-inflacionária — as correções iniciais excederam de modo substancial os ajustes posteriores admitidos pela fórmula.

Para o setor produtivo, o principal problema era a exacerbação dos lucros nominais devido à incapacidade de compensar o efeito corrosivo que a inflação tinha sobre provisões para reposição. A preocupação urgente era o direito de reavaliar bens de capital a partir de seu custo histórico inicial. Embora, para certas finalidades, a reavaliação já tivesse sido permitida em 1951 e tornada automática em 1958 sob o ímpeto de um imposto sobre o lucro excedente, ainda era insatisfatória para as empresas. A valorização dos ativos devido à inflação era, por sua vez, sujeita a impostos e, o que era mais importante, não podia servir de base de cálculo de depreciação no cômputo de lucros sujeitos a imposto. Seu único objetivo era reduzir a vulnerabilidade ante o imposto sobre lucro excessivo, o qual podia ser, e era, simplesmente evadido.[46] Mesmo durante a furiosa inflação de 80% de 1963, a reavaliação da totalidade do capital empresarial

---

46. Impostos sobre lucros excedentes resultaram numa média de 4% da arrecadação tributária, apesar da aceleração da inflação no início da década de 1960. Os dados subjacentes ano a ano estão disponíveis no Anuário Estatístico.

representou apenas 27%; mas no período de doze meses de outubro de 1964 a setembro de 1965, com menos inflação mas novas leis tributárias, a reavaliação de valores de capital foi de 137% em relação aos custos iniciais de capital.[47] Tal mudança dramática pode ser alocada diretamente à legislação interveniente, que facilitou (de fato, forçou) a reavaliação. O imposto sobre a elevação do valor patrimonial devido à inflação foi reduzido e passou a poder ser pago parceladamente; e se tornou até mesmo possível comprar obrigações reajustáveis e não-transferíveis do tesouro (no valor do dobro da quantia correspondente à obrigação tributária) em vez de pagar impostos. Ao mesmo tempo em que as penalidades foram mitigadas, as vantagens foram ampliadas: pela primeira vez se tornou possível calcular a depreciação com base no estoque reavaliado de capital. Esta última providência foi implementada por etapas, de modo a evitar uma perda demasiadamente abrupta de arrecadação de impostos.

A mesma legislação básica reconheceu como despesa legítima a reavaliação do capital de giro. De início, devido a uma preocupação pragmática com as receitas, o alívio se limitou a obrigações que recaíam no imposto sobre lucro excessivo. Só no final de 1968 o privilégio foi ampliado para obrigações relativas a imposto de renda normal. O ajuste do capital de giro era de particular importância no Brasil, uma vez que a lei não admitia a contabilização *last in-first out* dos estoques (esse método elimina automaticamente a tributação de lucros nominais associados a ganhos de capital induzidos pela inflação e torna essencialmente desnecessárias correções legislativas).

Uma última e importante distorção não-salarial foi também abordada em 1968, pelo estabelecimento de minidesvalorizações regulares do cruzeiro brasileiro nos mercados de câmbio. É óbvio que, sob as condições inflacionárias que afetavam o Brasil, uma taxa de câmbio fixa era uma impossibilidade econômica. Em meados dos anos 1950, uma taxa de câmbio flutuante havia sido estabelecida para as importações, mas esta acabou por ceder em 1961, em parte devido à pressão externa; adotou-se uma taxa fixa mais convencional que, então, era sujeita a mudanças discretas. As desvantagens da taxa fixa eram claras: grandes desvalorizações subseqüentes a períodos de inflação acumulativa representavam aumentos significativos de custos internos; por outro lado, as exportações resultavam

---

47. *Conjuntura Econômica* (fevereiro e novembro de 1965), citada por Keith S. Rosenn (1968), p.82. Este artigo traz outras informações úteis sobre aspectos legais da indexação brasileira.

desestimuladas pela alta variação das receitas reais; e a especulação contra o cruzeiro em antecipação de uma desvalorização podia induzir à depreciação do câmbio, confirmando as expectativas (e validando os lucros). As razões para a resistência em abandonar a taxa fixa eram igualmente claras: a adoção de um sistema de minidesvalorizações antes que a inflação tivesse se estabilizado poderia facilmente alimentar expectativas inflacionárias e elevar os preços de insumos produtivos. Só depois que os aumentos de preços foram derrubados para aproximadamente 25% se pôde voltar a atenção à questão alocativa. O Brasil seguiu então o exemplo do Chile e Colômbia, países que haviam adotado uma taxa cambial ajustável. A diferença, no Brasil, foi de que, ao mesmo tempo, houve a concessão de amplos e generosos subsídios para as exportações e o governo conferiu alta prioridade à sua expansão.

Tais medidas se dirigiam principalmente para uma maior eficiência alocativa; a exceção era a correção monetária para títulos do governo, adotada para assegurar um financiamento do déficit que não fosse inflacionário. Contudo, no que diz respeito à política salarial, a intenção clara era combater a inflação. Sob um novo e engenhoso esquema de amortecer os reajustes salariais, o alvo era o salário real médio dos 24 meses precedentes, e não a restauração do pico salarial real à época do último aumento nominal.[48] Devido ao fato de a inflação ter se acelerado e, com isso, corroído progressivamente os salários médios reais, tal dispositivo reduziu de imediato o aumento nominal que seria exigido. Em segundo lugar, o critério empregado era a inflação projetada, e não a inflação (ou produtividade) *observada*. Com isso, a meta da política governamental, o retardamento das elevações de preços, podia ser antecipada nos acordos salariais correntes. Caso a inflação de fato se reduzisse conforme o planejado, ganhos salariais nominais menores se traduziriam em estabilidade real de renda. Adicionada de um incremento destinado a refletir aumentos de produtividade, introduzido em 1966, tal plano salarial seria em princípio capaz de reduzir pressões salariais inflacionárias e, ao mesmo tempo, aumentar os ganhos reais.

---

48. De início, em 1965, a fórmula salarial foi aplicada aos funcionários públicos federais e aos trabalhadores sujeitos ao salário mínimo; em 1966, foi estendida aos acordos do setor privado. Empresas individuais e trabalhadores podiam atingir acordos em outros termos, fato que explica o motivo pelo qual os salários médios podiam (como aconteceu) crescer mais depressa do que implicado pela fórmula. Há também pequenas discrepâncias entre a fórmula e o salário mínimo adotado. Os salários militares não se sujeitavam à fórmula; na verdade, subiram mais depressa do que os salários do funcionalismo civil.

Em termos algébricos, a fórmula dos salários era

$$W_{n+1} = 0,5\,(\overline{W}_n + \overline{W}_{n-1})(1 + r_{n+1})(1 + 0,5i^e_{n+i})p_n,$$

Onde

W_{n+1} = salário nominal a ser aplicado nos doze meses seguintes
$\overline{W}_n$ = salário real do ano anterior
r = taxa prevista de aumento de produtividade
i^e_{n+i} = taxa de inflação projetada
p_n = índice de preços no fim do período n.

Na prática, os salários reais recuaram, apesar do uso desta fórmula salarial. Devido ao fato de os componentes centrais da fórmula serem expectativas e não valores observados, a correção salarial não era indexada. Era possível conceder-se aumentos salariais nominais de qualquer magnitude julgada conveniente, pelo simples expediente de se assumir uma taxa apropriada de inflação futura. Em conseqüência de um achatamento considerável dos salários reais, em 1968 introduziu-se um elemento de automatização para compensar a subavaliação sistemática das elevações de preços que caracterizara a política salarial nos três anos precendentes. A fórmula nova era

$$W_{n+1} = 0,5\left[\overline{W}_n\left(\frac{1 + 0,5i_n}{1 + 0,5i^e_n}\right) + \overline{W}_{n-1}\right](1 + R_{n+1})(1 + 0,5i^e_{n+1})p_n,$$

em que i_n é a taxa real de inflação no período anterior à concessão do aumento. Esta fórmula restabeleceu como base para cálculo do novo salário o rendimento real que teria se verificado caso as expectativas de preços tivessem se realizado. Na ausência de uma estimativa precisa da inflação futura, a fórmula não garantia a estabilidade dos salários reais durante o período entre os reajustes salariais; mas projeções mais realistas interromperam a queda acentuada dos salários reais.

Mesmo com a adoção da nova fórmula nenhuma correção foi feita para compensar as perdas passadas; e, também, desde 1968 nenhuma estimativa adotada para corrigir erros de previsão quanto ao aumento de produtividade. Embora no início a subavaliação deliberada das elevações de preços tenha dominado os reajustes salariais, o cálculo mais preciso dessas elevações tornou mais significativo o termo referente à produtividade, em especial sob as condições de crescimento veloz experimentadas pelo Brasil a partir de 1968. Governados por essa fórmula, os salários reais inevitavelmente aumentavam menos que a produtividade, devido ao fato de se contarem os 24 meses precedentes para determinar a base salarial, em vez do período de um ano; mais importante, o aumento de produtividade por trabalhador era sistemática e continuamente subavaliado.

Com isso, na prática, a política salarial brasileira mostrou ser quase completamente discricionária. E o mesmo se pode dizer do restante do sistema de correção monetária. À medida que as eficiências alocativas previstas eram comparadas com as perdas imediatas de receitas governamentais e com as crescentes pressões de custos, um pragmatismo evidente conduzia com freqüência a atrasos na aplicação da correção monetária. Além disso, para atingir fins específicos, havia uma constante manipulação dos privilégios tributários, de outras dimensões dos custos do crédito e dos próprios fatores de correção. A indexação era, por si, um elemento de intervenção e, como tal, substituiu outras políticas.

Por exemplo, em sua aplicação a empréstimos imobiliários, a correção monetária atravessou amplas reformas. Em vez de um verdadeiro reajuste pelo índice de preços, ligou-se o pagamento do saldo devedor ao salário mínimo. Também se introduziram arbitrariamente mudanças nas taxas reais de juros, para reduzir o montante dos pagamentos de empréstimos; e tais mudanças foram acompanhadas de créditos correspondentemente menores aos fundos de pensão, que forneciam a maior parte dos recursos imobiliários. Em 1973, o governo elevou o imposto de renda a ser retido por conta de lucros provenientes de aceites, ao mesmo tempo em que o manteve em níveis mínimos no que tange a lucros de aplicações em títulos da dívida federal, letras hipotecárias e depósitos de poupança. Além disso, agora [1974] estipulou que só a correção monetária formal é sujeita a deduções de impostos, e que papéis com taxas nominais iniciais deixam de se enquadrar. Ambas medidas afetam significativamente a rentabilidade de aceites comerciais em relação a ativos alternativos; assim, a legislação tributária impôs uma "correção" diferencial.

Por fim, os reajustes realizados nos últimos anos deixaram de compensar completamente as mudanças nos níveis de preços. Títulos federais de maturação de 1 ano e rendimento nominal de 4% renderam na verdade 1,6%; dito de outra forma, em 1973, a correção monetária trouxe na verdade um reajuste de apenas 12,8%, em face de uma elevação de preços de 15,5%.[49] A despeito de tal ritmo de subida de preços, em 1973 o

---

49. Para a evolução de resultados e índices de preços, ver Banco Central (1974), p.77.

cruzeiro não foi desvalorizado. Não se aplicaram regras anteriores concernentes à desvalorização cambial, mesmo diante de melhorias nas contas corrente e de capital do balanço de pagamentos e de uma acumulação recorde, e indesejada, de reservas.

Considerando o fato de, ao menos em parte, as altas taxas de inflação terem sido reduzidas, passam a ter importância secundária os desvios em relação a uma compensação plena. No entanto, diante de taxas de inflação menores, amplia-se o papel desempenhado pela autoridade discricionária e pela intervenção do mercado. O mesmo ocorre com a própria escolha do índice: um tema discutido no Brasil é o acerto de se excluírem os serviços, dado que esse setor responde por mais de metade da renda. Em 1969, descontentamentos com as taxas de correção monetária implicadas pelo índice de preços no atacado forçou uma ampla reformulação do índice.

Dessa forma, o ponto é que, no Brasil, a adoção da indexação não estabeleceu de uma vez por todas uma regra que tenha tornado desnecessária a influência governamental na alocação de recursos e distribuição de renda. Afirmar que tenha feito isso significaria uma injustiça em relação à engenhosidade e capacidade de inovação dos formuladores de política brasileiros. E também não retrataria de forma precisa a dívida que o milagre do crescimento veloz e da redução da inflação tem em relação à intervenção consciente na economia. Tal conclusão se tornará mais clara na seção seguinte, que examina com mais detalhe as contribuições da indexação para as realizações brasileiras.

EFEITOS DA CORREÇÃO MONETÁRIA

Os proponentes da indexação sublinham o efeito favorável que exerce sobre o volume e alocação da poupança financeira e a proteção que oferece a aplicadores em renda fixa. Mas a indexação é também proposta como um auxílio para reduzir a inflação capaz de operar através de vários canais: o governo passa a poder utilizar a poupança voluntária no financiamento do déficit, em lugar de recorrer a créditos do banco central; consegue-se manipular as expectativas por meio da redução da diferença entre instrumentos remunerados por taxas de retorno reais e nominais; e taxas de juros reais mais altas podem conter o investimento e, assim, reduzir a demanda agregada.[50]

---

50. Uma discussão sumária a respeito das conseqüências presumíveis da indexação pode ser encontrada em OECD (1973).

Quaisquer que sejam as possibilidades teóricas, e apesar de algumas observações em contrário, a indexação teve pouca ou nenhuma influência na redução da inflação brasileira.[51] Quanto a isto, mesmo os defensores brasileiros mais ferrenhos da correção monetária são unânimes; eis uma amostra, do atual ministro da Fazenda:

Com respeito à inflação, sabe-se que, devido à neutralização das distorções inflacionárias que propícia, a correção monetária é também um fator de realimentação da taxa da alta de preços. É verdade que a correção permitiu uma venda significativa de Obrigações Reajustáveis do Tesouro para o público, servindo assim para amortecer a inflação do lado da demanda. Por outro lado, é provável que a extensão de realimentação tenha sido apreciavelmente aumentada pela ampla aplicação da correção monetária.[52]

Na verdade, foi só em 1966 que a venda de papéis governamentais teve volume suficiente para permitir ao governo ocupar-se simultaneamente do financiamento do déficit e da restrição monetária. Em 1964, o volume foi desprezível; em 1965, as vendas foram mais do que compensadas pelo excedentes da conta corrente do comércio internacional e pelo acréscimo correspondente de moeda de alto poder de expansão; e, em 1967, as vendas ao público foram menores do que os juros (corrigidos) e os pagamentos do resgates. Em anos mais recentes, o financiamento governamental dependeu pesadamente de títulos do Tesouro de curto prazo, vendidos com desconto e sem correção; tais títulos permitiam que as autoridades monetárias neutralizassem os efeitos sobre a oferta de dinheiro causados pelo acúmulo de cerca de US$ 6 bilhões em reservas internacionais entre 1968 e 1973.

---

51. Ver, por exemplo, Milton Friedman (1974): "Com isso, eles conseguiram reduzir a inflação gradualmente, de cerca de 30% em 1967 para cerca de 15% hoje, sem inibir o crescimento rápido; e podem mesmo conseguir levar gradualmente a inflação até próximo de zero". OECD (1973): "Tal sistema de correção monetária completa parece ter contribuído para permitir às autoridades brasileiras reduzir a taxa inflacionária do país drasticamente, sem impedir seu crescimento econômico" (p.34).

Na verdade, uma explicação melhor para o sucesso brasileiro é fornecida pela redução gradual dos déficits fiscais (representada na Tabela 1), juntamente com o aumento das importações e o controle de preços e salários. Ao proporcionar grandes dividendos de produtividade, a alta taxa de crescimento também foi um fator altamente significativo.

52. Mário Henrique Simonsen (1970), p.191.

Tabela 1 — Instrumentos e objetivos da política de estabilização, Brasil, 1963–73.

				Evolução porcentual anual			
Ano	Déficit federal (porcentagem do PIB)	Taxas de juros nominal anual[a] (%)	Meios de Pagamento[b]	Crédito bancários para o setor privado[b]	Salário mínimo real[c]	Produto Interno Bruto real	Índice de preços implícito para o PIB
1963	4,2	78,4	64,3	55,1	−8,8	1,5	78,0
1964	3,2	83,0	84,6	80,3	−0,1	2,9	87,8
1965	1,6	80,2	76,5	57,5	−6,1	2,7	55,4
1966	1,1	78,0	15,8	33,6	−7,3	5,1	38,8
1967	1,7	59,9	43,1	55,8	−3,7	4,8	27,1
1968	1,2	55,7	42,5	64,8	1,0	9,3	27,8
1969	0,6	57,4	32,6	43,2	−3,9	9,0	22,3
1970	0,4	54,3	26,7	34,4	−0,8	9,5	19,8
1971	0,2	54,3	31,3	45,5	−0,9	11,3	20,4
1972	0,2	49,0	33,5	45,1	2,8	10,4	17,0
1973	−0,1	44,4	46,8	45,4	3,8	11,4	16,5[d]

Fontes: Edições pertinentes de Conjuntura Econômica e Suplemento; Boletim do Banco Central do Brasil; Anuário estatístico; e Banco Central do Brasil, Relatório anual, 1962 (1973).
a. Taxa mensal de aceites para tomadores, composta para doze períodos; os valores de 1964 e 1963 são extrapolados a partir da taxa paga e emprestadores.
b. Variação dezembro a dezembro
c. Deflacionado pelo índice de custo de vida e adicionado de gratificações salariais. Usaram-se como base os salários no Estado da Guanabara.
d. Variação do índice de preços no atacado (a variação correspondente entre 1971 e 1972 foi de 18,5%).

Nos primeiros anos, o principal efeito da indexação foi introduzir taxas de juros reais positivas para poupadores e, a *fortiori*, para tomadores. Esses custos mais altos contribuíram para o aumento de preços; e, uma vez que as fontes de crédito não-bancárias tinham participação mínima e como o crédito bancária estava desestimulado, isso provocou duas recessões no Brasil, em meados de 1965 e no último trimestre de 1966. A primeira foi amenizada por uma expansão monetária parcialmente acidental, baseada nos fluxos comerciais; a segunda, por uma mudança significativa na política econômica, que ajudou a desencadear o crescimento econômico.[53]

---

53. Um relato mais elaborado das tentativas pós-1964 de lidar com a inflação pode ser encontrado em meu ensaio "Some reflections on post-1964 Brazilian economic policy", em Alfred Stepan (1973).

A Tabela 1 resume algumas das dimensões estatísticas pertinentes dos instrumentos e metas da política de estabilização. Entre 1964 e 1967, o governo conseguiu restringir o déficit de caixa e reduzir a velocidade de aumento dos salários; em 1966, aplicou uma restrição monetária severa. Como resultado, a inflação foi reduzida à metade da taxa de 1963 e, embora modesto, o crescimento do produto real *per capita* ao menos foi positivo. No entanto, os dados anuais referentes aos dois indicadores ocultam o verdadeiro estado da economia em março de 1967, quando o novo governo assumiu o poder. A economia se encontrava numa recessão profunda e havia ameaça de aceleração da taxa anual da inflação, que fora de 32% no primeiro trimestre.

Perante tais circunstâncias, tanto economistas ortodoxos quanto o FMI receitaram mais restrições e mais paciência, enquanto aqueles que haviam concebido a política econômica brasileira antes de 1967 apontaram para a luz no fim do túnel, bastando para isso que se mantivesse a fé. Mais atento às crescentes reclamações internas nos três anos subseqüentes ao golpe militar, o novo governo não seguiu o conselho externo. Em vez disso, aumentou o déficit; expandiu os meios de pagamento e, em particular, aumentou mais rapidamente os créditos ao setor privado; e, mesmo na ausência de um aumento maior de produtividade, adotou reajustes dos salário mínimo mais próximos ao índice do custo de vida. Deu-se início também a esforços para reduzir as taxas de juros nominais, por meio da redução das taxas de juros reais pagas por papéis governamentais e por intermédio de pressão diretas das autoridades monetárias exercidas sobre bancos comerciais e empresas financeiras. Embora tais esforços tenham sido apenas parcialmente coroados de êxito (a margem de intermediação permaneceu anormalmente alta), a maior disponibilidade de crédito — o que, talvez, era ainda mais importante do que o seu preço — foi suficiente para lastrear a continuidade da expansão. Em todo caso, o governo teve cuidado em permitir uma inflação suficiente para validar as taxas nominais altas.

Essas novas políticas tiveram sucesso admirável e ajudaram a compor o cenário para os níveis muito elevados de crescimento real de renda dos últimos anos. O sucesso foi possível porque, em 1967, a economia brasileira não era sujeita a excesso de demanda agregada ou a acertos salariais permissivos. Na verdade, o setor industrial apresentava um considerável excesso de capacidade e, como a Tabela 1 mostra, desde 1964 os salários reais tinham sido reduzidos de forma considerável. Em 1965, o déficit foi trazido a controle e, em, 1966, o aperto das rédeas na demanda de dinheiro conteve a produção do setor industrial, mas não os preços. A resistência é explicada por uma estrutura de mercado altamente concentrada e por importantes economias de escala nos ramos industriais estabelecidos durante a maré anterior de substituição de importações. Sob os condicionantes de duas recessões acentuadas, o comportamento dos preços se alterou, como testemunha a queda da inflação após 1964; mas o *trade off* entre a estabilidade de preços e o crescimento real da produção não era particularmente favorável, nem parecia que isso viria a acontecer. O novo governo preferiu aceitar a inflação, em nome de buscar um crescimento mais veloz da produção.

Esta segunda fase da experiência brasileira, cobrindo os sete anos entre 1967 e 1973, viveu uma redução apenas gradual da velocidade da inflação, e mais modesta do que havia sido conseguida no período 1964-67. Era claro o favorecimento do crescimento. Em 1968, a correção monetária passou a englobar a taxa de câmbio. Além disso, a indexação se tornou um instrumento mais flexível, mas com o intuito invariável de *conter*, e não de encorajar, taxas de juros reais mais elevadas. Sob esse aspecto, a política brasileira diferia significativamente da estratégia anti-inflacionária coreana, em que taxas de juros altas passaram a incidir sobre depósitos à vista, como meio de encorajar saldos maiores. No Brasil, a absorção cada vez maior de ativos monetários se deu menos por causa de efeitos de preços do que como conseqüência da necessidade de financiar um crescimento ulterior.

Outra parte importante desta segunda fase foi a intervenção governamental direta, para limitar os preços industriais. Em 1968 criou-se no Ministério da Fazenda um novo organismo destinado a revisar demandas por aumentos de preços; suas responsabilidades foram assumidas com seriedade. Pedidos de aumentos de preços tinham de ser submetidos ao órgão, que, nos casos mais importantes e delicados, contava com a participação do próprio ministro. Aumentos de preços tinham de ser justificados por aumentos comprovados de custos, entrando em consideração ganhos de produtividade. Tais controles eram muito mais rigorosos do que os aplicados — não sem sucesso — em 1965: as medidas anteriores tinham sido encaradas, na melhor das hipóteses, como expediente temporários; além disso, a obediência a tal controle era voluntária, sendo estimulada por incentivos fiscais e disponibilidade mais generosa de crédito.

Em resumo, depois de 1967, a ênfase se deslocou para políticas mais expansionistas e mais pragmáticas. Antes, a preocupação tinha se centrado não apenas na inflação, mas também — e até mesmo mais — em restabelecer o papel do mercado. Foi por isso que se tolerou a correção monetária desde o início, apesar da contribuição possivelmente negativa que teria para a batalha contra a inflação. A indexação e o reajustamento rápido de preços em áreas previamente controladas como aluguéis, serviços públicos e importações favorecidas representava um compromisso ideológico, e não decisões meramente técnicas. A tarefa que se colocava era reordenar o sistema, e políticas ortodoxas eram em parte usadas como dispositivo punitivo para estimular esse reordenamento, de modo que as políticas em si pudessem trabalhar com mais eficácia.

Embora a correção monetária tivesse sido estabelecida logo de início, suas conseqüências alocativas foram em grande medida adiadas até que a recuperação econômica estivesse bem lançada. O que importava inicialmente não era a poupança, mas as despesas. A estratégia brasileira pós-1967 repousou no excesso de capacidade industrial que persistia de um ciclo anterior, o qual havia se inspirado na substituição de importações e tinha atingido o auge no início dos anos 1960. Entre as atividades líderes da recuperação estavam a construção e a produção de bens de consumo duráveis — a primeira especialmente em 1967 e 1968, a segunda a partir de 1968. É notável observar que, embora ambos os setores sejam firmemente amarrados à intermediação financeira, a correção monetária não teve significação direta para nenhum dos dois. Os aceites eram sempre expressos em termos nominais, e o que atraía os investidores era a sua alta produtividade e curta duração. É claro que hipotecas tinham prazo mais longo, mas, como demonstrado na Tabela 2, até o final de 1973 os depósitos obrigatórios da seguridade social eram a fonte dominante de financiamento imobiliário. Portanto, enquanto a atenção se restringe ao curto prazo, a indexação não representou um fator significativo para a recuperação brasileira.

No longo prazo, em particular na medida em que as necessidades de investimentos aumentaram mais depressa do que o produto bruto, a indexação merece um crédito maior. A Tabela 2 indica claramente um notável e contínuo aumento dos ativos financeiros não-monetários a partir do final da década de 1960. Contudo, nem todo crescimento correspondeu a um aumento da poupança privada. Primeiro, ocorreu alguma substituição de outros ativos financeiros, inclusive moeda, em resposta a diferenciais das taxas de juros. Segundo, parte da poupança que, antes, era investida diretamente, foi canalizada através de intermediários; a inexistência prévia de um mercado hipotecário resultara em entradas elevadas e prazos curtos. Terceiro, muito possivelmente há alguma contabilização dobrado dos ativos mantidos em instituições financeiras. Além disso, uma alta proporção dos recursos financeiros foi simplesmente canalizada para compras de bens de consumo duráveis. Os aceites, que são o instrumento usado para esse fim, respondem por mais de um terço dos ativos.

Com isso, é difícil quantificar o efeito da indexação sobre a poupança agregada. É certo que o setor público também representou um fator importante no suprimento de recursos, o que fez recorrendo ao superávit das empresas estatais, ao controle sobre as dotações correntes e à criação de programas de contribuição compulsórios. Mas, independentemente de qual teria sido o efeito da poupança, a intensificação da intermediação foi, por si só, um fator significativo. Embora o crédito pudesse ser caro, ao menos havia segurança de que podia ser obtido. Não devem restar grandes dúvidas de que um mercado de capitais organizado fez muito para dissipar a incerteza e as ineficiências de anos anteriores.

Portanto, a correção monetária proporcionou um arcabouço no qual era possível que o crescimento acelerado gerasse os recursos necessários para se auto-sustentar. A visão que parecia tão distante em 1965, quando a indexação fora instituída para ativos financeiros, havia sido em parte — mas não totalmente — concretizada. A esperança de um mercado de capitais de longo prazo, no qual os bancos de investimentos figurariam de forma proeminente, não se materializou; tais bancos negociam principalmente empréstimos de capital de giro, com prazo inferior a dois anos. A correção monetária não foi suficiente. Em parte para compensar essa deficiência, e para reduzir as taxas de juros, após 1970 houve uma busca cada vez maior por empréstimos externos. Como o mercado de "eurodólares" apresentava na época taxas de juros bastante baixas, a oferta se mostrou particularmente ágil. Mas, devido a sua quantidade excessiva complicar a gestão monetária de curto prazo, tal dependência foi ativamente desencorajada na segunda metade de 1973. Ultimamente, em face dos elevados preços do petróleo, os empréstimos externos têm sido de novo bem vindos. Contudo, persiste o problema do financiamento para investimentos privados de longo prazo. Atualmente há esforços no sentido de introduzir debêntures, tanto conversíveis quanto fixas, como meio de encorajar a oferta de capital de longo prazo. Concederam-se abundantes incentivos fiscais; é ainda uma questão em aberto saber se eles terão tanto sucesso em induzir a resposta desejada quanto, no passado, conseguiram as medidas aplicadas à outra ponta do mercado.

Tabela 2 — Parte dos ativos financeiros em poder do público, Brasil, 1966-73.[a]

Tipos ativos	Milhões de cruzeiros							
	1966	1967	1968	1969	1970	1971	1972	1973
Monetários	10.946	15.664	22.377	28.234	35.434	46.033	63.814	93.897
Não-monetários, total	2.267	4.159	8.450	12.507	22.786	36.623	60.680	94.847
Depósitos de prazo fixo, total,	387	796	1.502	2.100	4.440	9.490	17.016	27.517
Não-indexados	246	327	447	162	157	171	213	170
Indexados	141	469	1.055	1.938	4.283	9.319	16.803	27.347
Depósito de poupança[b]	...	66	342	893	2.119	3.808	7.777	14.490
Títulos imobiliários	7	140	461	1.087	1.859	2.954	4.726	6.340
Títulos federais[c]	967	1.052	1.587	2.255	4.116	4.742	4.062	3.724
Letras do Tesouro[c]	...	...	...	...	496	1.239	4.794	5.911
Aceites	906	2.105	4.558	6.172	9.756	14.390	22.305	36.865
Depósitos do sistema de seguridade social	...	629	1.902	3.611	6.040	9.813	14.788	20.982
Variação dos ativos não-monetários como porcentagem do PIB	...	2,6	4,3	3,0	5,9	5,9	8,0	8,8

Fontes: Edições pertinentes de Conjuntura Econômica; e Banco Central do Brasil, Relatório anual.

a. Dados do final do ano.

b. Principalmente aplicado a hipotecas.

c. No poder de intermediários não-financeiros e companhias de seguros.

Um segundo sucesso claro da indexação foi no setor do comércio externo, no qual as exportações se desenvolveram a uma taxa anual média de 27% desde 1968. Embora a expansão das exportações de manufaturados tenha recebido muita publicidade, os produtos agrícolas não tradicionais tiveram um papel quase tão notável — nisso, a bem da verdade, foram ajudados pela elevação dos preços internacionais, mas por outro lado sem contar com o benefício dos amplos subsídios para exportações concedidos à indústria.[54] Sob o impulso da taxa cambial ajustável, e com uma capacidade de importação incrementada, nos últimos anos a economia brasileira é muito mais capaz de absorver o choque de preços mais elevados de petróleo do que a maioria dos demais países em desenvolvimento.

Por proporcionar oportunidades mais favoráveis para aqueles menos capazes de se defender contra a inflação, seria de se esperar que a indexação melhorasse a distribuição de renda. No entanto, pode ter sido aplicada propositalmente contra os salários, os resultados da correção monetária parecem ter sido bastante regressivos. Na primeira fase do controle inflacionário, o salário mínimo real recuou cerca de 16%, embora a *média* dos salários industriais reais tivesse se elevado em talvez 7% entre 1964 e 1967. A partir daí, enquanto o mínimo continuou relativamente constante e a média industrial cresceu, os salários reais médios subiram consideravelmente menos do que os ganhos de produtividade. Conforme medidos pelo Ministério do Trabalho, os salários reais médios no setor urbano, deflacionados pelo custo de vida, aumentaram apenas 12% entre abril de 1967 e abril de 1971, ao passo que o ganho de produtividade foi superior ao dobro disso. No setor industrial, os salários anuais médios deflacionados pelos preços industriais subiram mais depressa — 19% entre 1967 e 1971 — mas, comparada com um aumento na produção por trabalhador de pelo menos 32%, a recompensa não foi nem um pouco generosa. Foi apenas em 1972 que os salários acompanharam os avanços em produtividade; em 1973, excederam-se ligeiramente. Sob tais circunstâncias, a distribuição funcional de renda se alterou em favor do capital, e estudos sobre as parcelas da distribuição indicam um movimento paralelo em

---

54. As exportações de produtos industriais (definição estrita) aumentaram de US$ 130 milhões em 1968 para aproximadamente US$ 1 bilhão em 1973, ou seja, de 1% das exportações totais a 16%. No mesmo período, as exportações agrícolas não tradicionais se expandiram de aproximadamente US$ 400 milhões para mais de US$ 2,5 bilhões. (Cálculos baseados em estimativas iniciais para as exportações de 1973, em *Conjuntura Econômica*, fevereiro de 1974).

favor dos rendimentos mais elevados, como seria de se esperar. O governo finalmente admitiu esse ponto.[55]

Entretanto, ainda existe relutância em conceder que a política econômica teve papel nesse processo. A política salarial, em particular, é louvada pela eliminação dos conflitos e por garantir a paz industrial. Não obstante, sejam quais forem os méritos conceituais da fórmula original como dispositivo para controlar eqüitativamente as demandas salariais, fazendo-o de uma forma que se autojustifica, não se pode afirmar que tenha sido aplicada nesse espírito. A racionalização econômica se referia a excessos prévios do trabalho; "O pecado original do laborismo passado era a preocupação obsessiva com salários maciçamente altos. Estes estavam muito além da produtividade e do incremento de crescimento autorizados pela produção. O resultado natural dessa ilusão foi a aceleração do processo inflacionário".[56] Uma análise mais cuidadosa da espiral salários-preços não corrobora tal afirmação: os custos do salário real, incluindo todos os suplementos da seguridade social, recuaram 13% entre 1957-60 e 1962-63 e deveriam ter proporcionado margem para uma maior restrição de preços, em particular em face de um aumento concomitante da produtividade de cerca de 15%. Ocorre que o controle dos salários pelo governo militar recentemente instalado serviu também a uma função política. As classes trabalhadoras urbanas eram uma importante fonte de apoio para o regime populista que tinha acabado de ser derrubado.

Nem pode a associação entre educação e ganhos de renda isentar as decisões deliberadas das autoridades econômicas. Trata-se de uma tautologia presumir que o aumento de 52% da renda daqueles com formação universitária durante os anos 1960 e a estagnação salarial dos analfabetos significaria uma recompensa dos mercados a méritos devidos a diferenciais de capacitação. Na verdade, é possível demonstrar que tais resultados implicam fatores de deslocamento implausíveis para a demanda relativa, ou, em outras palavras, que as rendas relativas não refletiam meramente as produtividades marginais.[57] No fundo do espectro de renda, as empresas tiraram partido do ordenamento legal e da ausência de organizações tra-

---

55. Para uma discussão sobre este e outros assuntos relativos ao estado e à mudança da distribuição de renda no Brasil, ver meu "Brazilian income size distribution — Another look" (1973).

56. Roberto Campos, primeiro ministro de Planejamento, conforme citado em Octavio Ianni (1970), p.189.

57. "Brazilian Income Size Distribution — Another look", p.13-16.

balhistas para achatar os salários. No extremo superior, o pagamento de administradores e outros empregados assalariados provavelmente se ligava de perto aos lucros mais elevados que se auferiam, tendo-se criado empregos para absorver a oferta ampliada de trabalhadores educados.

Estes aspectos distributivos do milagre brasileiro não são menos reais do que as estatísticas de comércio exterior e do mercado de capitais. E também não é menor a sua relação com o sistema de correção monetária. Na primeira fase da política econômica pós-1964, "devido à subestimação da inflação continuada, [...a fórmula salarial] parece ter provocado um certo declínio dos salários reais entre 1965 e 1967, que, afinal de contas, representava a contrapartida da melhoria relativa que se pretendia garantir aos rentistas, às concessionárias de serviços públicos, aos portadores de títulos de renda fixa e aos demais beneficiários da inflação corretiva".[58] Depois disso, os ganhos de produtividade subestimados foram absorvidos por outros de maneira semelhante, enquanto a correção monetária podia ser manipulada à vontade para reduzir a taxa real de retorno das contribuições previdenciárias de 5 para 3%, ao mesmo tempo em que se mantiveram lucros reais elevados e concessões tributárias para os portadores de aceites.

Lições para os Estados Unidos?

Obviamente, o debate sobre a indexação nos Estados Unidos não será solucionado pela análise da experiência brasileira. Os méritos da indexação no contexto norte-americano, que é totalmente diferente, devem ser julgados pelo que ela pode proporcionar nos EUA. No entanto, é trivial que as instâncias de seu notável sucesso no Brasil são inaplicáveis à economia norte-americana.

No Brasil e em outros países latino-americanos, onde a taxa de inflação atingiu níveis de 40 e 50% e ainda superiores, a correção monetária era um expediente valioso — na verdade, necessário — para devolver algum significado alocativo às taxas de juros e de câmbio. Nos Estados Unidos, embora haja ameaça de se atingirem taxas inflacionárias de dois algarismo, os mercados de capitais não parecem sofrer seriamente de mau funcionamento. As taxas de juros se adaptaram aos aumentos de preços e, embora a sua adaptação não acompanhe completamente a inflação corrente, isso pode, em si, constituir uma medida da sabedoria do mercado. Não há motivo persuasivo

---

58. Simonsen (1970), p.184. Inflação corretiva se refere ao reajuste de aluguéis, tarifas públicas e assim por diante, conforme aplicado após 1964.

para que a inflação atual deva ser transformada em expectativas futuras conforme uma base exatamente proporcional. E as baixas taxas de juros não devem ser interpretadas na ausência de uma consideração a respeito das perspectivas insatisfatórias de ganhos do setor produtivo.

No cenário internacional, uma taxa cambial ajustável não parece constituir uma solução adequada para os problemas surgidos com o fortalecimento do velho sistema de taxas fixas de câmbio. Melhor seria uma taxa completamente flexível do que um ajuste automático amarrado a um conjunto arbitrário e mal medido de índices de preços comparativos. Ao operar sob taxas flexíveis, o mercado pode levar em conta os fluxos de capital e desempenho comercial — que não representam meramente um fenômeno de preços — na determinação da taxa. Até mesmo os brasileiros foram forçados a admitir isso em 1973, quando abandonaram ao menos temporariamente o automatismo em favor de decisões administrativas. Ademais, para os EUA, uma política de competitividade garantida presumida dificilmente se afigura como o caminho mais eficaz para uma cooperação internacional ampliada; já para um país na periferia do sistema comercial, as oportunidades são claramente maiores.

Em última instância, a experiência brasileira fornece duas lições. A primeira é que, perante taxas muito elevada de inflação, um país precisa recorrer as políticas que restabeleçam algum espécie de direcionamento alocativo racional. Para esse fim, e em particular caso se confie no mercado, uma indexação ampla podem ser altamente eficaz. Mas uma conclusão igualmente válida é que a indexação não é um instrumento neutro e mecânico. Mesmo se não fosse manipulada diretamente, como foi no Brasil, por seu próprio caráter a correção monetária disseminada não é um substituto para a intervenção governamental, mas um de seus instrumentos. Os seguintes exemplos são ilustrativos. Para fins tributários, a reavaliação de ativos equivale a uma depreciação mais acelerada; provisões para redução do capital de giro representam um gravame diferencial sobre ganhos de capital com estoques; e o ajuste automático das categorias do imposto de renda equivale a alterar as alíquotas marginais.

O resultado líquido de tais políticas é reduzir a estabilização "automática" inerente ao aumento da receita governamental proveniente da inflação no processo de manter uma neutralidade alocativa presumida. Mas essa neutralidade é certamente ambígua num mundo em que alíquotas marginais, impostos sobre ganhos de capital e escalonamentos de depreciação são regularmente alterados de modo a atingir certos objetivos.

Acresce que, ao aperfeiçoar a propagação de choques inflacionários exógenos, a indexação exacerba a necessidade de se empregarem outros instrumentos discricionários.[59] O recurso ao controle de preços no Brasil é um bom exemplo. Sob taxas de inflação relativamente baixas, há algo a ser dito em favor de não se agravar o fardo sobre as políticas convencionais fazendo-as também compensarem a correção monetária.

Nada disso pretende negar os benefícios potencias de se emitirem papéis indexados, ou de se removerem barreiras legais para contratos privados que incorporem tal correção. É perfeitamente possível que tais dispositivos sejam úteis. Sua adoção permitiria aos formuladores de política econômica responder com eficiência a expectativas díspares de inflação entre investidores e, por meio de tal discriminação, reduzir as taxas de juros nominais. Também se pode argumentar em favor de se adotar uma compensação parcial garantida para aumentos passados de preços como meio de aumentar a disciplina das negociações salariais. No entanto, mesmo com a melhor das intenções, uma correção monetária generalizada da inflação não consegue solucionar demandas distributivas conflitantes de uma forma totalmente imparcial. Uma característica da inflação norte-americana recente é a transferência de renda real para o exterior. A indexação não anula o mercado e o poder político de interesses organizados no sentido de evitar tais perdas e transformá-las em ganhos. E, na verdade, a experiência brasileira, por meio da caricatura que fornece dessa proposição, reforça vigorosamente esse ponto.

Discussão[60]

Willian Poole e outros comentaram a dificuldade de se formular um plano aceitável de indexação. Poole citou a experiência fracassada do governo israelense de indexar a dívida interna, no início dos anos 1950.

---

59. Quanto a isso, a experiência finlandesa é reveladora. Depois de desvalorizar o câmbio em 1967, "a elevação dos preços de importação e das rendas da exportação [...] ameaçou conduzir, através do encadeamentos de índices, a uma espiral inflacionária [...]". (OECD 1973, p.35-36). Em conseqüência, em 1968 o sistema foi cancelado. Como se observa freqüentemente, no Brasil o governo mostrou-se pronto a modificar a indexação quando esta entrava em conflito com outros objetivos. Atualmente, em face da ameaça de uma ressurgência inflacionária — os preços subiram mais no primeiro trimestre em 1974 do que no primeiro semestre de 1973 — é possível prever uma intervenção muito mais direta e uma correção monetária muito menor.

60. O que se segue são comentários feitos por participantes do seminário da Brookings Institution no qual o presente texto foi apresentado.

De início, empregou-se como base de indexação a taxa de câmbio e, depois, um índice de preços ao consumidor (IPC), mas nenhum dos dois cotou com aceitação ampla. O governo manipulou a taxa de câmbio e surgiram controvérsias sobre a formação do IPC e sobre se os preços ao consumidores deveriam ser subsidiados para evitar que a dívida tivesse de ser paga com juros mais elevados. Para Poole, controvérsias semelhantes seriam inevitáveis nos Estados Unidos e, como indício da volatilidade da questão, mencionou a oposição do trabalho a propostas de mudanças no IPC. Joseph Pechman acrescentou que a indexação escamoteia a questão básica, que é conseguir que o capital e o trabalho exercitem moderação para ajudar a aplacar a inflação. Uma fórmula de indexação projetada para reduzir a velocidade da inflação seria tão inaceitável para o trabalho quanto o controle de preços e salários.

Os aspectos distributivos da indexação receberam atenção considerável. Robert J. Gordon notou que a indexação seria um dispositivo atraente para distribuir o ônus da inflação, o qual, como afirmou, é hoje suportado principalmente por pequenos investidores. No entanto, outros questionaram se é possível identificar facilmente quem ganha e quem perde com a inflação. E Fishlow enfatizou que qualquer redistribuição associada à indexação precisaria ser deliberada, e não automática. A especificação do esquema de redistribuição é uma tarefa extremamente difícil, a qual, no caso brasileiro, conduziu à regressividade em nome de um aumento da eficiência alocativa. Marina Whitman observou que a inflação norte-americana recente teve como principais beneficiários estrangeiros e fazendeiros norte-americanos; nenhum sistema de indexação em particular poderia ter previsto inteiramente tal padrão de redistribuição. Em sua opinião, o argumento mais significativo em favor da indexação é que poderia eliminar distorções na formulação da política econômica que, de outra forma, seriam induzidas por uma inflação rápida.

Arthur Okun exprimiu a preocupação de que a indexação desencadearia uma espiral pressões inflacionárias. Ele sugeriu que uma indexação ilimitada simplesmente transmitiria choques desestabilizadores ao nível dos preços, ao passo que uma indexação parcial envolveria um compromisso entre a compensação por aumentos de preços passados e a agonia de uma inflação continuada. Porém, Gordon e William Nordhaus questionaram se a passagem rápida de um choque inflacionário como o de um aumento no preço do petróleo seria pior do que a passagem arrastada e variável que muitos modelos prevêem na ausência de indexação. Okun respondeu que o necessário seriam mais impedimentos à transmissão da inflação, de modo que choques não se transmitissem inteiramente em cascata ao longo da estrutura de preços e salários da economia.

John Kareken indagou por que a indexação não se desenvolveu mais amplamente pelos mercados privados. Poole observou que algumas formas de indexação — das hipotecas da Federal Housing Agency, por exemplo — haviam sido expressamente proibidas. Fishlow observou que algumas instituições financeiras da Califórnia indexaram hipotecas de uma forma limitada; no entanto, a oferta de indexação como meio de atrair depósitos era proibida. Okun sugeriu que políticas orientadas para a inflação — como o sistema de contabilidade LIFO ou esquemas de gatilho salarial — eram notavelmente incomuns devido ao fato de as pessoas preferirem acreditar na validade do dólar como padrão para transações e para a contabilidade.

Referências Bibliográficas

Banco Central do Brasil: *Relatório Anual*, 1973 (março de 1974).

FINCH, D.: "Purchasing Power Guarantees for Deferred Payments", *International Monetary Fund Staff Papers*, v.5 (1956-57).

FRIEDMAN, M.: *Newsweek*, v.83 (21 de janeiro de 1974).

IANNI, O.: *Crisis in Brazil*. Nova York: Columbia University Press, 1970.

JEVONS, W. S.: *Money and Mechanism of Exchange*. Appleton, 1898.

Organization for Economic Co-operation and Development, Comittee on Financial Markets: *Indexation of fixed-interest securities*. Paris: OECD, 1973.

ROSENN, K. S.: "Adaptations of the Brazilian Income Tax to Inflation", *Stanford Law Review*, v.21 (novembro de 1968).

SIMONSEN, M. H.: *Inflação: Gradualismo vs. Tratamento de choque*. Rio de Janeiro: APEC Editora, 1970.

STEPAN, A. (org.): *Authoritarian Brazil; Origins, policies, and future*. Yale University Press, 1973.

Algumas reflexões sobre a política econômica brasileira pós-1964[61]

O "milagre" brasileiro tem se candidatado a ocupar uma posição de honra entre as realizações lendárias da política econômica. As taxas de crescimento anual real entre 1968 e 1971 foram de 99% em média e a inflação parece ter estacionado num ritmo próximo a 20%. Tais resultados formam um contraste marcante com a queda na produção *per capita* verificado em 1963 e com a elevação de preços de 25% no primeiro trimestre de 1964. As perspectivas para o futuro imediato não são menos animadoras.

Essas realizações econômicas passaram a ser vistas não apenas como conseqüência direta da Revolução de 1964 e das reformas estruturais empreendidas a partir daí, mas cada vez mais como evidência da incompatibilidade entre as instituições políticas democráticas e um desenvolvimento econômico veloz, seja no Brasil, seja em outras partes. Semelhante interpretação se fortaleceu de forma especial pela aceleração da prosperidade que se seguiu ao Ato Institucional nº 5 de dezembro de 1968, que concentrou ainda mais o poder decisório. Não tardou para que o Ato fosse racionalizado pelos formuladores de política econômica como resposta às exigências do desenvolvimento econômico. O diretor da missão da AID ao Brasil perfilou-se implicitamente com essa visão em fevereiro de 1969:

---

61. Publicado originalmente em Alfred Stepan (org.): *Authoritarian Brazil: Origins, policies, and future*. New Haven e Londres: Yale University Press, 1973.

Gostaria de assinalar os úteis comentários de Samuel Morley, George Akerlof e Pedro Malan, sem no entanto comprometê-los com o que está aqui escrito; também, o indispensável auxílio de pesquisa de Astra Meesook.

Em termos de políticas econômicas gerais, eu diria que, no saldo, houve uma melhora; o ministro da Fazenda pode, agora, decretar coisas que, antes, precisavam passar pelo Congresso; eles têm emitido decretos a torto e a direito, e a maioria deles é boa.[62]

Os acontecimentos subseqüentes parecem apenas ter confirmado a precisão desse prognóstico inicial favorável.

Este capítulo examina de forma mais crítica as mudanças econômicas forjadas pela Revolução. Em particular, sugiro que o modelo de estabilização no qual o governo embarcou em 1964 se condicionava a uma análise inadequada da economia, bem como se caracterizava por inconsistências de implementação. Paradoxalmente, o sucesso que o modelo atingiu poderia ao menos em parte ser creditado ao resíduo do processo político que, em 1967, contribuiria para uma mudança de políticas econômicas. Ademais, o custo do programa de estabilização foi suportado por aqueles menos capazes disso: os pobres. Dizer que um tal programa experimentou um sucesso completo significa, no mínimo, uma confusão semântica.

Em segundo lugar, este capítulo examina as fontes e o caráter da prosperidade recente. Argumento que a volta a altas taxas de crescimento nos últimos anos se baseia parcialmente num ajuste cíclico retardado, a um desenvolvimento industrial prévio orientado para a substituição de importações. Como tal, a expansão presente não pode ser simplesmente extrapolada e nem seus desequilíbrios potenciais ignorados, apesar dos importantes avanços na execução da política econômica a partir de 1964.

O modelo econômico brasileiro de hoje é francamente capitalista, baseando-se no setor privado e em investimentos externo. Apesar disso, a maior eficácia do mercado, em particular do mercado de capitais, deve muito à intervenção governamental, na forma de incentivos fiscais e outras políticas. As decisões essencialmente políticas quanto ao volume de poupança e de investimento, a estrutura de distribuição de renda e o alcance da centralização do governo federal não podem ser ignorados. O arcabouço político favorável a uma solução de curto prazo para essas questões pode não ser igualmente venturoso no longo prazo. E as conseqüências para o desenvolvimento podem não vir a acompanhar o ritmo notável de crescimento do PIB.

---

62. Depoimento de William Ellis ante a Subcomissão de Assuntos Interamericanos da Comissão de Relações Exteriores da Câmara dos Deputados do Congresso dos EUA; 91º Congresso; 1ª sessão, 25 de fevereiro de 1969, p.580-1.

ESTABILIZAÇÃO DA INFLAÇÃO

A Revolução de 1964 assinalou uma oportunidade renovada e consideravelmente mais propícia para que os partidários brasileiros da ortodoxia econômica vendessem a sua mercadoria. Em três ocasiões anteriores — durante a breve passagem de Eugênio Gudin pelo Ministério da Fazenda, entre setembro de 1954 e abril de 1955; no programa de estabilização monetária inaugurado no final de 1958; e nos primeiros meses de governo Quadros, em 1961 — esforços no sentido de limitar a inflação pela restrição da demanda não haviam conseguido assegurar um apoio forte e sustentado por parte do Executivo. No primeiro caso, os inevitáveis protestos contra o aperto de crédito levaram à renúncia de Gudin depois de apenas seis meses no cargo, e ao alívio monetário subseqüente. O segundo episódio terminou com a renúncia do ministro da Fazenda Lucas Lopes, em agosto de 1959, em seguida à decisão de Kubitschek de interromper as negociações com o FMI. No último caso, o apoio oscilante de Quadros a Clemente Mariani, seu ministro da Fazenda, acabou por conduzir a uma emissão de moeda maior do que o planejado em agosto de 1961, imediatamente antes da renúncia dramática do presidente.[63]

Em contraste, a deterioração das condições econômicas em 1964 era tão evidente que Castello Branco virtualmente deu carta branca a Roberto Campos e Octávio Bulhões, os ministros da área econômica do novo governo. Acertadamente, sua primeira prioridade era a estabilização. A análise que faziam do processo inflacionário não constituía novidade; podia ser traçada diretamente aos primeiros esforços de Gudin, dez anos antes.

O processo inflacionário brasileiro resultou da inconsistência da política distributiva, concentrada em dois pontos principais:

a) em dispêndios governamentais superiores ao poder de compra, subtraídos do setor privado na forma de impostos e empréstimos públicos;

b) na incompatibilidade entre a propensão a consumir, resultante da política salarial, e a propensão a investir, associada à política de expansão de crédito às empresas.[64]

A resolução dessa inflação por excesso de demanda exigia uma redução correspondente dos déficits federais, o controle sobre a expansão do crédito ao setor privado e a limitação dos salários. A Tabela 1 expõe o registro da manipulação desses instrumentos e os resultados atingidos.

---

63. Uma discussão desses episódios, pode ser encontrada em Thomas Skidmore (1967).
64. Ministério do Planejamento (1964), p.28.

Tabela 1 — Instrumentos e objetivos da política de estabilização

Ano	Déficit de caixa da União (% do PIB)	Meios de pagamento[a]	Créditos bancários ao setor privado[a]	Salário mínimo	Custo de vida[a]	Índice de preços implícito no PIB	PIB
				Evolução porcentual anual			
1963	4,2	64,0	54,9	56,8	80,2	78,0	1,5
1964	3,2	85,9	80,3	91,7	86,6	87,8	2,9
1965	1,6	75,4	54,9	54,0	45,5	55,4	2,7
1966	1,1	15,0	35,8	30,6	41,2	38,8	5,1
1967	1,7	42,6	57,2	25,3	24,1	27,1	4,8
1968	1,2	43,0	62,7	21,6	24,5	27,8	9,3
1969	0,6	32,4	40,1	19,2	24,3	22,3	9,0
1970	0,4	26,7	38,1	20,0	20,9	19,8	9,5
1971	0,3	31,3	44,7	20,5	18,1	20,4	11,3

Fontes: *Conjuntura Econômica; Boletim do Banco Central do Brasil; Anuário Estatístico; Análise e Perspectiva Econômica.*

a. *Dezembro a dezembro.*

O que salta à vista é a rapidez e sucesso com que o governo operou sobre esses instrumentos escolhidos. Em 1966, o tamanho do déficit de caixa em relação ao produto interno bruto havia sido reduzido a quase um quarto da porcentagem que apresentara em 1963. Naquele mesmo ano, os meios de pagamento expandiram-se apenas 15% em termos nominais; os créditos bancários ao setor privado foram reduzidos de forma semelhante, ainda que não tão drasticamente. Após 1964, o salário mínimo passou a crescer a uma taxa marcadamente inferior à elevação dos preços, em especial se medida pelo custo de vida. Os resultados das políticas têm aparência ainda mais notável. Em 1966, a inflação havia sido contida a menos de metade da taxa de 1963, e o crescimento do produto real havia triplicado.

No entanto, essa crônica numérica esconde tanto quanto revela. Quando da mudança do governo, em março de 1967, havia poucos sinais da economia florescente e com expectativas inflacionárias definitivamente extirpadas que a Tabela 1 parece acarretar. Diferentemente disso, a produção industrial estivera em franco declínio ao longo da segunda metade de 1966 e continuava a derrapar no início de 1967. Nos primeiros três meses de 1967, a posição do caixa federal se encontrava em sério desequilíbrio: as despesas excederam a magnitude projetada em 52% e a liquidez privada se elevara a altos níveis devido a empréstimos do governo junto ao Banco Central. A principal realização dos dois anos de estabilização anteriores fora uma desacelaração contínua da inflação de preços, que passara de uma taxa trimestral de 12% no primeiro trimestre de 1966 a 8% nos três primeiros meses de 1967.[65] Contudo, não faltavam indícios de uma ressurgência da inflação.

Em resposta a essa condições preocupantes, o novo governo embarcou numa reversão quase completa das políticas seguidas anteriormente. Aumentou-se o déficit; promoveu-se uma expansão ainda mais veloz da oferta de dinheiro, em particular na forma de créditos ao setor privado; os reajustes do salário mínimo foram trazidos mais perto dos aumentos subseqüentes do custo de vida. Em reação a essa mudança de orientação, a economia experimentou uma recuperação, acompanhada de uma redução modesta da taxa inflacionária.

Embora bem-sucedido no âmbito no regime militar, o novo governo exibia assim o mesmo ceticismo em relação a políticas ortodoxas que se observava nos regimes civis anteriores. O processo político limitado da sucessão presidencial eleitoral havia servido para catalisar descontentamento e insatisfação econômica e para motivar alterações na política econômica. Desta vez, o emprego de uma terapia diferente produziu resultados favoráveis. Seja quais fossem os méritos do diagnóstico de exceso de demanda formulado em 1964, em 1967 ele se mostrava, na melhor das hipóteses, incompleto.

Para compreender por inteiro a heterodoxia pós-1967, é preciso antes examinar o fulcro do modelo ortodoxo conforme aplicado entre 1964 e 1967. O modelo ortodoxo tinha três dimensões. Um era a seqüência simples e direta de excesso de demanda de tipo keynesiano, conforme delineada acima. Nessa vertente, a demanda por moeda é encarada simplesmente como a soma de consumo, investimento e despesas governamentais. O consumo, por sua vez, depende positivamente dos salários e, negativamente, dos impostos. O investimento é uma função positiva dos empréstimos ao setor privado, afetada negativamente pelos impostos. Com isso, o nível dos preços é determinado pela relação entre tal demanda por moeda e uma dada capacidade real. Se a demanda por moeda cresce à mesma taxa da oferta real, os preços se mantêm estáveis. A inflação só pode então resultar de uma ampliação da demanda e, portanto, pode ser

---

65. Ver os dados correspondentes em *Conjuntura Econômica* e no *Boletim do Banco Central do Brasil.*

controlada pela manipulação dos fatores que a influenciam. As políticas indicadas para isso são o aumento de impostos, a redução dos salários reais e uma redução de empréstimos ao setor privado.

Tal formulação excluiu o papel especial desempenhado na geração da inflação pela oferta de moeda. As metas de expansão monetária do plano de estabilização do governo corrigiram a omissão: "As taxas de expansão da oferta monetária serão fixadas para cada um desses anos [1964, 65 e 66], taxas essas que deverão manter uma correlação razoável com os aumentos de preços".[66] O fundamento racional de tal política é a teoria quantitativa do dinheiro. Ativos monetários são proporcionais à renda monetária. Se há aumento da oferta de moeda, aqueles que o detêm o gastarão até que a renda se eleve para compensar o aumento. Uma vez que, de novo, a capacidade real é fixa, tal aumento de gastos reflete simplesmente preços mais elevados, e não um aumento da renda. Por sua vez, a oferta de moeda depende de forma crucial do tamanho do déficit governamental. E os empréstimos feito junto ao Banco Central são multiplicados de forma mecânica pelo sistema bancário comercial.

Havia ainda um terceiro mecanismo de determinação de preços implícito na política salarial adotada pelo governo. A importância da política salarial para as autoridades era confirmada por outras declarações além daquelas presentes no plano de estabilização. Os salários não influenciam apenas a demanda por consumo, mas também o custo de produção. Caso os preços se ajustem para compensar proporcionalmente a renda não-salarial, então a taxa inflacionária será exatamente igual à taxa nominal de aumento salarial. Portanto, aumentos salariais excessivos produzem inevitavelmente aumentos de preços. Conforme explicado por Campos no caso brasileiro:

O pecado original do trabalhismo passado era a preocupação obsessiva com salários maciçamente altos. Estes estavam muito além da produtividade e do incremento de crescimento autorizados pela produção. O resultado natural dessa ilusão foi aceleração do processo inflacionário.[67]

Esses três modelos refletem perspectivas ortodoxas alternativas, mas não mutuamente excludentes, a respeito do processo inflacionário. Da forma como se apresentam, eles conduzem evidentemente a uma sobredeterminação do nível de preços: temos três regras — e três políticas — diferentes para lidar com a inflação. Tal inconsistência pode ser superada

---

66. Ministério do Planejamento (1964), p.34.
67. Citado em Octavio Ianni (1970), p.189.

juntando-se as diferentes dimensões num modelo único mais amplo e permitindo-se diversas interações entre a oferta de moeda, a taxa de juros e a demanda monetária. Com validade apenas ligeiramente menor, e na medida em que as variáveis mais representativas dos modelos parciais são representadas no modelo ampliado, as alternativas podem ser empregadas para fixar limites inferiores e superiores para as mudanças de preços. Não se pode esperar muito na falta de um conhecimento firme a respeito dos parâmetros e em face da defasagem nos efeitos das políticas econômicas.

O que perturba não é, portanto, a inconsistência conceitual dos três modelos, mas a sua inadequação empírica. A interpretação de excesso de demanda tem muito a oferecer enquanto explicação do processo de inflação acelerada no início dos anos 1960, quando os déficits aumentaram descontroladamente. No entanto, há claras lacunas na análise do papel do setor privado nesse processo. A partir de 1959 e até os primeiros meses de 1964, o salário mínimo havia crescido menos que a produtividade. Os empréstimos bancários reais ao setor privado também haviam diminuído. Como, apesar disso, a inflação se acelerou, nenhum dos dois fatores merece a importância que lhes foi atribuída no plano de estabilização.

A formulação simplesmente monetária é igualmente questionável. Em primeiro lugar, no Brasil, a oferta de moeda é sujeita a influências mais complicadas do que o déficit de caixa. Outros determinantes importantes para o volume de moeda com alto poder de expansão incluem empréstimos do Banco do Brasil ao setor privado, o saldo das transações com café e o acúmulo de reservas cambiais. Tais emissões são multiplicadas pelo sistema bancário por um fator cuja dimensão é determinada por exigências oficiais quanto a reservas, por reservas voluntárias e pela demanda do público por dinheiro em espécie. Embora individualmente o déficit seja o fator que melhor se correlaciona com a expansão monetária, as outras influências têm importância vital em casos particulares. Por exemplo, o fracasso do programa de estabilização de Lucas Lopes pode ser atribuído em grande parte à política cafeeira, e não ao tamanho do déficit federal. A compra de estoques de café, realizada na segunda metade de 1959 em volume muito superior à receita proveniente da tributação das exportações do produto, levou a uma expansão monetária maior do que a provocada pelo déficit.

Tal mecanismo de oferta de moeda não era desconhecido dos formuladores da política econômica. Muito ao contrário, foi engendrado explicitamente como capítulo do próprio plano de estabilização. No entanto, quando de sua aplicação, o déficit se transformou no alvo principal da política econômica. Como resultado, embora o déficit federal tivesse sido substancialmente limitado e financiado pela emissão de títulos, em 1965 as compras de café e a aquisição de moeda estrangeira levaram à expansão monetária.

Uma segunda deficiência da abordagem simplesmente monetária, também aplicável aos demais modelos, é o pressuposto dos ajustes instantâneos de preços. É claro que ninguém acredita ingenuamente num mundo sem defasagens. O próprio programa de estabilização se definia como gradualista, exatamente porque se exige tempo para que despesas, produção e decisões sobre ativos se adaptem a circunstâncias novas. Enquanto isso ocorre, o produto real deixa de ser um dado e deixa de corresponder à plena capacidade. Uma redução substancial na taxa de crescimento do meios de pagamento, das despesas governamentais ou o congelamento salarial nominal levariam a conseqüências intoleráveis para a produção e o nível de emprego enquanto ocorresse o processo de ajuste. Apesar disso, e animado pelo AID e pelos organismos internacionais de crédito, no fim das contas o governo prestou muito pouca atenção à resistência inerente do sistema brasileiro de preços a políticas econômicas agregadas. Durante 1966, Campos permaneceu firmemente aplicado à perseguição de políticas restritivas em todas as dimensões. Nem por isso os preços deixaram de se elevar, numa taxa que foi o dobro da expansão monetária, e até mesmo em face de uma produção industrial em declínio alarmante.

Os técnicos econômicos de Castello Branco interpretaram esse resultado sinal de que às expectativas inflacionárias ainda tinha sido adequadamente revertidas. Os preços continuaram a se elevar porque os empresários não estavam convencidos de que a inflação deixara de ser um modo de vida. O remédio era desagradável, mas inevitável: a exposição à "decepção de mercado".[68] Confrontado com uma demanda reduzida pelas restrições governamentais, as expectativas acabariam por mudar definitivamente e a estabilização dos preços viria a se tornar realidade. Embora uma conseqüência negativa, o custo em produto real provavelmente se manteria baixo. De qualquer modo, isso seria mais do que compensado pelos benefícios de longo prazo.

Isso nos traz à questão central: os preços se mostravam recalcitrantes apenas devido ao surto de aceleração inflacionária ou as inflexibilidades

---

68. A expressão é de Mário Henrique Simonsen (1970).

decorriam mais fundamentalmente da própria estrutura da economia brasileira? Em particular, a continuidade das elevações de preços refletia parcialmente o aumento de custos dos insumos, criado pelo próprio processo de controle da inflação? Caso isso de fato tenha ocorrido — e o plano de estabilização dedicou atenção escassa à possibilidade — as conseqüências das políticas monetária e fiscal ortodoxas para a produção e o nível de emprego poderiam ser muito severas e, mesmo assim, sem garantias de que teriam sucesso.

Argumentei que, na verdade, operavam na economia brasileira forças poderosas que levavam à inflação de preços, mesmo na ausência de um excesso de demanda agregada. Mais importante, o setor manufatureiro se estruturava de uma forma que ficava muito longe da concorrência perfeita. Essa circunstância decorria, em parte, de economias de escala tecnológicas, ao longo de uma gama de produtos relevantes, que limitava a quantidade de empresas — em particular nos novos setores voltados à substituição de importações. Em parte, fora a concessão implícita de privilégios monopolistas que atraíra recursos a tais áreas.

Por sua vez, a presença de um poder de mercado propiciava, no curto prazo, a determinação de preços por meio de regras para o ajuste de custos. Também proporcionava condições para ajustes discretos e retardados de preços em reação a decisões de preços (e custos) de outros setores. Por fim, como observado acima, os custos médios tenderam a declinar, numa gama não desprezível de setores.

Tal combinação significava que a demanda monetária declinante não desencadeou as fortes pressões sobre os preços que seriam previsíveis num arcabouço concorrencial.[69] Tal seqüência seriam ajustes de preços, inclusive os de insumos, seguidos de alterações na produção. Na verdade, a experiência brasileira foi de manutenção de preços, acúmulo de estoques e aumentos de demanda por crédito, a qual tendeu a fazer as taxas de juros se elevarem e, com isso, os custos. Isso ajuda a explicar por que, apesar de uma acentuada redução dos salários reais — o único mercado em que a flexibilidade foi imposta —, o lado dos custos não produziu sinais inequívocos de favorecimento de uma contenção de preços.

Deve-se distinguir tal processo da análise da Curva de Philips, que se tornou familiar nos Estados Unidos e na Europa Ocidental. Nesse caso, o

---

69. Ver no Apêndice a este capítulo uma discussão mais técnica e mais detalhada das implicações dos modelos alternativos.

vilão é a demanda por salários reais por parte do trabalho. De modo a atingir a estabilidade de preços, os produtores precisam adotar expectativas de preços mais modestas, gerando com isso resistência a reivindicações salariais extravagantes. A redução da demanda e as restrições de créditos levam a redução da produção e a revisão das expectativas. Isso também cria desemprego, moderando assim as demandas salariais. Acordos salariais mais moderados proporcionam uma pausa nas pressões inflacionárias. Observe-se o papel que as reações dos empregados desempenham na seqüência. No Brasil, em contraste, a ênfase recai unicamente sobre as reações dos *empregadores* — pois a estabilização impôs de imediato uma redução dos salários reais absolutos. Embora os padrões de redução de produção e de nível de emprego sejam semelhantes e permaneça central o elemento das expectativas de preços, no caso brasileiro a assimetria inerente é o que responde, precisamente, por que era tão provável que as políticas convencionais tanto deixariam de produzir resultados satisfatórios quanto imporiam uma carga desproporcional ao trabalho.

A esta altura, convém reformular essas posições de um modo mais específico. Primeiro, é fácil determinar a concentração da produção industrial brasileira. No caso de certos produtos, como geladeiras, máquinas de lavar roupa, motores elétricos, implementos agrícolas e balanças, a participação das três maiores empresas situava-se tipicamente acima dos 80%.[70] Tal poder de monopólio parece caracterizar mais geralmente os setores de bens de capital e de bens de consumo duráveis. Mas mesmo em indústrias tradicionalmente voltadas para o consumidor, como as do fumo, das bebidas e dos alimentos, havia, e há, uma participação significativa de grandes empresas. Nesses três casos, pouco mais de 1% das empresas responde por uma parcela entre um terço e dois terços da produção total. É apenas nos setores têxtil, de vestuário, de couro, de madeira e de mobiliário que a estrutura se aproxima mais do modelo concorrencial; mesmo assim, é possível que essa conclusão tenha que ser revista no que tange a novas linhas de produtos.[71]

O comportamento dos fabricantes quanto à formação de preços em reação à redução de demanda corresponde ao que se poderia esperar de semelhante estrutura. As variações de preços e de quantidades por setor nos períodos 1955-58 e 1962-66 exibem, ambas, correlação negativa, res-

---

70. Tavares (1964), p.54.

71. Essas estatísticas de concentração setorial podem ser extraídas a partir do valor da produção classificado por tamanho da empresa, conforme reportado em IBGE (1966).

pectivamente de – 0,44 e 0,21.[72] Em outras palavras, as empresas que cresceram mais depressa foram as que menos aumentaram os preços. Caso os vilões fossem inequivocamente as restrições à capacidade e o excesso de demanda, seria de esperar uma relação positiva. A mesma correlação negativa é encontrada com base em dados independentes sobre o crescimento industrial do Estado de São Paulo para os dois primeiros trimestres dos anos de 1965/66 e 1967/68.[73] Presumivelmente, um crescimento rápido implicaria custos unitários reais menores, e, assim, menos inflação. Esse resultado pode ser relacionado ao importante papel desempenhado pela substituição de importações no desenvolvimento industrial da década de 1950. Quanto mais importante é a participação de novos produtos e processos, mais as economias de escala potenciais são capazes de compensar as pressões de demanda. Reciprocamente, taxas de crescimento menores têm maior probabilidade de se traduzirem em excesso de capacidade a preços mais elevados do em contenção de preços.

Em comparação com o mesmo período de 1966, durante a primeira metade de 1967 não houve uma relação positiva entre o nível de produção e as variações de preços. Esse foi, precisamente, um período de queda substancial na produção industrial; 14 das 16 observações de variação da produção real foram negativas. Aparentemente, é possível que a ortodoxia consiga se impor, mas apenas às custas de sérias reduções na atividade econômica. À medida que a capacidade de produção declina (e se cai o suficiente), é evidente que as remarcações de preços, e com isso a inflação, podem ser limitadas independentemente das economias de escala. No entanto, em 1966-67, a relação definida pela equação preço-produção foi altamente desfavorável. Conseguir-se uma taxa média de elevação de preços de produtos manufaturados de 20% implica uma redução média na produção industrial próxima a 40%. É evidente que tal função de reação de curto prazo exagera a insensibilidade dos preços em relação à demanda. A manutenção continuada de excesso de capacidade teria sem dúvida produzido maior moderação de preços, mas ainda assim não sem substanciais perdas intervenientes.

---

72. Os coeficiente de correlação foram calculados a partir de dados sobre preços e quantidades presentes em Samuel A. Morley (1971), p.190, 192. O valor de – 0,44 é significativo no nível de 5%, o de – 0,21 não. O relevante aqui, porém, não é meramente o nível de significância estatística, mas a recorrência do fenômeno em amostras e períodos distintos.

73. Estimadas pelo uso dos índices de vendas industriais reais em são Paulo, calculadas a partir dos valores nominais deflacionados pelo índice de preços. Os coeficientes de correlação são respectivamente de – 0,45 e – 0,41, o primeiro significativo, o segundo quase.

Até aqui, nossos resultados se relacionam ao comportamento dos preços industriais. Não se examinou a formação de preços nos setores agrícola e de serviços. Apesar disso, há razões para crer que nesses setores também abundam as divergências em relação à flexibilidade concorrencial. Embora dotada do sinal negativo que seria de se esperar, entre 1947 e 1968 uma correlação simples entre os excedentes agrícolas e as variações de preços de alimentos não se mostra estatisticamente significativa. O efeito é fraco. Um aumento de 1% na oferta para consumo interno provoca uma queda de apenas 0,3% no preço final ao consumidor. O efeito sobre os preços no atacado é o dobro disso.[74] A diferença é explicada pelo peso de uma estrutura de distribuição ineficiente e não competitiva.

Mesmo para os serviços a flexibilidade de preços não caracteriza um ambiente inflacionário. No curto prazo, o hábito toma lugar do poder do mercado. Os índices mensais do final dos anos 1950 até 1964 exibem uma descontinuidade pronunciada nos preços dos serviços. No início de cada ano, muitos preços eram reajustados automaticamente. Essa tendência altista era reforçada pela conexão estabelecida entre aluguéis e serviços públicos e outros índices, como o salário mínimo. Ao lado da oportunidade de elevação de preços que evidentemente sinalizava para os industriais, este último efeito tornava a época de reajuste salarial uma ocasião de aceleração inflacionária em todos os setores, sem que isso estivesse relacionado a pressões de custos. Após 1964, embora essa racionalização tivesse deixado de se fazer presente, outros sinais e desculpas podiam ser encontrados.

Essa evidência sugere fortemente a existência de uma inflexibilidade de preços abrangente e com raízes profundas. Na medida em que as condições da oferta no Brasil de 1966 eram elásticas em relação a um preço grandemente influenciado por remarcações de custo unitário, do modo como era conduzida a batalha contra a inflação não era apenas fútil, mas mesmo contraproducente. Entre os aspectos importantes do programa de estabili-

---

74. As duas regressões são da forma

$$\frac{P_{A_t} / P_{T_t}}{P_{A_{t-1}} / P_{T_{t-1}}} = a + b \left[\frac{\Delta O_t}{O_{t-1}} - 0,6 \frac{\Delta(Y / P)_t}{Y / P_{t-1}} - \frac{\Delta P_t}{P_{t-1}} \right]$$

Onde P_A e P_T são, respectivamente, os índices de preços agrícola e total; O_t é produção agrícola para consumo interno; Y/P, a renda per capita; e P a população. A elasticidade da demanda pressuposta é de 0,6. Os resultados numéricos para o componente alimentar do índice de custo de vida e para o índice de preços no atacado são, respectivamente:
$Y_1 = 1,00 - 0,0037X$, $R^2 = 0,09$; e $y_2 = 1,00 - 0,0075X$, $R^2 = 0,14$.

zação voltados à regulação da demandas encontravam-se maiores impostos indiretos e taxas de juros reais incrementadas. Como ambos eram transferidos na forma de elevação de preços, isso cancelava parcialmente os esforços de estabilização. Uma vez desaparecida a amplificação do excesso de demanda gerada pela falta de disciplina dos gastos governamentais, políticas agregativas ulteriores só poderiam provocar redução do crescimento. Acresce que o compromisso de se liberarem preços antes regulados no setor público, na habitação e nos insumos de importação na verdade entrava em conflito com a estabilização. Não apenas a "inflação corretiva" provoca uma alteração permanente dos preços (que antes era reprimida) como, ao contrário das expectativas ortodoxas, tais variações eram por sua vez amplificadas, estendidas e continuadas por políticas de preços em outros setores — tudo isso sem produzir os resultados na oferta desejados no curto prazo.

A decisão de ir em frente com tais reajustes por conta de seus efeitos alocativos é testemunho das verdadeiras prioridades do governo. Talvez ainda mais do que combater a inflação, o governo estava comprometido com a formação de um livre-mercado de fato no Brasil. Esse objetivo mais amplo ajuda a explicar a inconsistência aparente da política governamental em aplicar uma correção monetária generalizado, a qual necessariamente reforçava as forças inflacionárias. Mesmo durante o período Castello Branco, o objetivo principal não era a estabilização; era fazer com que o capitalismo de mercado funcionasse. Tais metas eram encaradas como mutuamente compatíveis no longo prazo — com desvantagem consistente para a estabilização.

De fato, na batalha contra a inflação, que se mostrou mais lenta e menos vitoriosa do que se planejara, o governo persistiu no emprego de políticas ortodoxas, em parte para mudar o sistema — embora a ineficiência dessas políticas fosse dolorosamente aparente em 1966. A tarefa prioritária era alterar o comportamento do mercado e a mentalidade que provocava resultados perversos, e não tentar atingir a estabilização por meio de uma acomodação. A ortodoxia foi o instrumento escolhido para impor a disciplina de um mercado declinante sobre aqueles que persistiam em se comportar da maneira tradicional. Não se tratava de um desafio fácil, mas enfrentá-lo significava muito, como perfeitamente percebido por Campos:

> Não é fácil mudar hábitos ou atitudes. Menos ainda quando esses hábitos e atitudes vêm de pessoas que lucram com a inflação. [...] O grande desafio que o governo e as classes empresarial e assalariada devem enfrentar é [...]

recriar as condições para que a livre-iniciativa consiga ter significado econômico e social em nosso país.[75]

O assunto ainda estava em dúvida no início de 1967. Até certo ponto, a culpa coube a erros na execução das políticas ortodoxas. A base monetária havia crescido substancialmente tanto em 1964 quanto em 1965, apesar de, publicamente, o governo afirmar o contrário. Os preços se elevaram de forma correspondente, mas sem produzir perspectivas favoráveis no setor real. Tal fracasso deveu-se a uma preocupação excessiva com o déficit de caixa do tesouro e a uma atenção por demais reduzida em relação a outros fatores causadores da expasão monetária. Parcialmente, constituiu também um estratagema deliberado, aplicado em 1965, para conter a ampliação da depressão industrial. Depois, em 1966, houve uma limitação reflexa e demasiado rigorosa do crescimento monetário. Como os preços se mantiveram inflexíveis, isso precipitou uma recessão inevitável. Uma política de restrições graduais e constantes teria fornecido um teste melhor da aplicabilidade da ortodoxia à experiência brasileira, bem como um veredicto mais claro a respeito de sua capacidade de produzir a vitória definitiva buscada por Campos.

Mas quanto a isso só se pode especular, pois a política econômica do novo governo Costa e Silva se baseava em outros princípios. Não podem restar grandes dúvidas quanto às suas intenções e execução. A diferença de pensamento do estrategista econômico do novo governo, Antonio Delfim Netto, foi caracterizada imediata e corretamente no *Quarterly Review of Brazil* de abril de 1967, publicado pela *Economist Intellegence Unit*: "O sr. Delfim disse que, nos últimos meses, seu [da inflação] caráter mudou, passando de uma inflação de demanda para uma inflação de custos. [...] O fato de que o sr. Delfim tenha afirmado publicamente que seria tolerável uma inflação de 15% [...] representa um desvio radical em relação ao objetivo declarado do governo anterior, de derrotar completamente a inflação" (p.6-7). A inflação de custos passava a ser encarada como realidade. As políticas agregadas foram amenizadas. O aumento do déficit e o aumento dos créditos ao setor privado conduziram a um crescimento considerável dos meios de pagamento. O *timing* da mudança de política é inequivocamente exibido pelos dados trimestrais a partir de abril. A quantidade total de dinheiro aumentou mais entre o final de março e o final de junho do que em todo o ano anterior; o mesmo ocorreu com os empréstimos priva-

---

75. De um discurso de Campos no Clube Nacional, abril de 1965, conforme citado por Octavio Ianni (1970), p.174.

dos. Em vez de reagir com medidas restritivas ao grande déficit do primeiro trimestre originado pelo pagamento de obrigações deixadas pelo governo anterior, o resultado foi virtualmente igualado no trimestre seguinte, por conta de uma continuidade nos gastos.

Mas a inflação não se acelerou; o que cresceu foi a produção real. A oferta aumentada de dinheiro foi absorvida pelos saldos exauridos, não apenas devido a reduções na taxa nominal de juros como, ainda, por causa da revisão das expectativas de crescimento. Em vez de extirpar o câncer da inflação, houve um reconhecimento ainda mais completo de sua continuidade, quando se estendeu a correção monetária à própria taxa de câmbio. O fenômeno da administração de preços e o potencial de seu controle foram aceitos explicitamente, quando da criação de um Conselho Interministerial de Preços sediado no Ministério da Fazenda. A partir daí, os preços do setor privado seriam sujeitos e um escrutínio permanente. Em contraste, a famosa Portaria 71 de Campos oferecia incentivos de mercado em troca da contenção de preços. Isso tinha potencial de funcionar, como aparentemente funcionou, no curto prazo. Em resumo, o novo governo se comprometeu implicitamente com um mundo em que havia inflexibilidade dos preços para cair e, também, para subir, exceto em face de fortes pressões de demanda. Num tal mundo, as expectativas inflacionárias seriam mais bem enfrentadas pelo crescimento do que por restrições.

A heterodoxia produziu resultados. A partir de 1967, a inflação se estabilizou no nível de 20% e a produção cresceu depressa. No entanto, tais resultados não anunciavam a solução definitiva com que Campos havia se comprometido. Ele não deixou dúvidas quanto a isso em seus comentários sobre a política governamental pós-1967, mesmo depois do sucesso de que estas foram revestidas.[76] Tal oposição fornece uma medida do conteúdo mais ideológico do que técnico das políticas econômicas brasileiras após 1964. Pois, apesar de toda a atenção focalizada sobre os novos e racionais tecnocratas que, presumivelmente, estariam formulando a política econômica de forma independente, suas decisões tinham, inevitavelmente, conotação política.

Na verdade, a própria transição da ortodoxia econômica para a heterodoxia foi conseqüência direta do processo político limitado que levou à sucessão presidencial de 1967. Três aspectos eram importantes. Primeiro, a escolha de um sucessor levantava simultaneamente entre os militares a

---

76. Ver a coletânia de artigos publicados em *O Globo* entre 1967 e 1968 em Roberto Campos (1969), em especial as p.309-18, 361-8 e 379-98.

questão da conveniência de se prosseguir na rota da restrição econômica. Segundo, embora indireta e predeterminada, a eleição foi acompanhada de uma campanha presidencial, numa imitação consciente do estilo mexicano. Inevitavelmente, isso propiciou oportunidade para que grupos internos de pressão expusessem os seus pontos de vista a respeito da política econômica. Organizaram-se seminários para orientar o novo presidente em questões econômicas, ocasião em que opções e escolhas puderam ser debatidas com seriedade. E, terceiro, era possível substituir os próprios ministros da área econômica anteriores sem desautorizar as suas políticas. A rigidez ministerial dotada conscientemente pelos militares podia ser rompida com legitimidade. Era possível combinar a mudança e a continuidade. Portanto, o recesso político imposto pela Revolução não representou a fórmula mágica para garantir o sucesso da estabilização. Ao contrário, a abertura limitada proporcionada pelo processo político de 1967 consiste numa parte significativa da história.

A substituição da ortodoxia pela heterodoxia foi uma das conseqüências da sucessão presidencial. Outra foi a diminuição das pressões externas e uma maior mobilização da opinião interna. Não constitui segredo que a política de Campos recebeu apoio entusiástico da AID e dos organismos internacionais de crédito, mesmo que esse apoio não tivesse se manifestado quando aos detalhes de sua execução. Este entusiasmo foi mais do que passivo. No período 1964-67, o Brasil só ficou atrás da Índia, do Paquistão e do Vietnã do Sul como beneficiários de ajuda externa oficial dos EUA. O principal contribuinte foi o programa de empréstimos da AID.[77] Por terem caráter genérico, concebidos para financiar as necessidades cambiais decorrentes das políticas econômicas governamentais, e uma vez que só eram desembolsados após revisões trimestrais, tais empréstimos envolviam necessariamente uma colaboração estreita entre planejadores brasileiros e norte-americanos. Ademais, devido ao fato de também estarem envolvidos adiantamentos do FMI, as negociações de empréstimos do programa e as revisões extrapolavam a participação norte-americana. A influência estrangeira se perfilava solidamente ao lado da ortodoxia

Como decorrência do fechamento do processo político interno e de se ter dado virtualmente carta branca a Campos e Bulhões, o governo militar optou também por aumentar a influência externa sobre o traçado da política econômica interna. É difícil avaliar quão significativas foram as pressões externas no traçado das decisões. Provavelmente, foram maiores do que a

---

77. Ver Carlos Díaz-Alejandro (1971).

maioria das autoridades brasileiras gostaria de admitir, mas também consideravelmente menores do que estrangeiros acreditavam. Mesmo se avaliação do aconselhamento externo fosse completamente correto, é improvável que tal desequilíbrio entre o acesso externo e interno aos formuladores de política pudesse durar muito. Na verdade, a opinião externa mostrou-se grandemente equivocada. Os acordos no âmbito do programa de ajuda não estimularam o desenvolvimento. O acúmulo de moeda estrangeira conseguido por meio dos acordos não foi dirigido para o financiamento de importações necessárias, mas para o pagamento de dívidas: a redução das taxas de crescimento reduziu consideravelmente a demanda por bens de capital e bens intermediários estrangeiros. Na prática, os empréstimos contribuíram para o realinhamento da dívida, em vez de servir como anteparo contra as conseqüências internas da estabilização. Também não houve disponibilidade de investimento externo significativo para reestimular a introdução de novos produtos e processos. Crescentemente, o problema era de demanda inadequada, não de recursos insuficientes. Apesar disso, em 1967 e no início de 1968, a influência estrangeira se alinhava quase unanimemente contra o desvio experimental em relação à ortodoxia dos anos Castello Branco. Pela primeira vez, houve atraso considerável nos desembolsos do programa, e se tornaram necessárias negociações prolongadas para satisfazer os funcionários da AID de que as novas políticas representavam uma continuidade da ênfase anterior na estabilização.[78]

Com o aumento de confiança em sua própria capacidade após ter conseguido retomar o crescimento, a equipe econômica que assumiu em 1967 não mais esteve tão próxima, nem tão dependente, da influência estrangeira. Há certa ironia nessa seqüência. Após 1964, a presença norte-americana no Brasil, se empenhou na restauração do processo constitucional e na participação eleitoral. Simultaneamente, contudo, pregava as virtudes de um programa de estabilização ortodoxo, cuja maior probabilidade de sucesso repousava sobre a continuidade das restrições políticas. Depois que a economia se recuperou, a influência norte-americana na esfera política se viu diminuída por sua própria inconsistência e inflexibilidade anteriores na esfera econômica.

Esta análise da política de estabilização sugere ser necessário rever o papel que se costuma atribuir ao apoio militar e ao hiato político pós-1964

---

78. Ver Subcomissão de Assuntos do Hemisfério Ocidental da Comissão de Relações Exteriores do Senado dos EUA, *United States policies and programs in Brazil*, 92º Congresso, 1ª sessão, p.188.

na debeleção da inflação brasileira. Não há dúvida de que, em 1963 e início de 1964, havia uma situação caótica, a exigir medidas executivas fortes. Mesmo a melhor das políticas de estabilização teria exercido pressões recessivas sobre o setor real. No entanto, parece que os esforços restritivos aplicados ao longo de 1967 foram às vezes mal gerenciados e, o que é mais fundamental, mal dirigidos. Coube à política fiscal suportar a maior parte da carga da redução da demanda agregada, enquanto o papel do controle monetário foi mais errático. Mesmo depois de ter ficado claro que tais instrumentos eram insuficientes, a fé em sua eficácia permaneceu inabalada — como se fosse preferível aceitar taxas mais lentas de atividade econômica e a estagnação da renda real para criar o tipo de economia e de sociedade em que tais políticas pudesse funcionar, em vez de atingir a estabilidade a custo mínimo.

Um instrumento particularmente abusado dessa forma foi a política salarial, que, como indicado na seção seguinte, teve implicações importantes na distribuição de renda e impôs custos desmesurados sobre os esforços de estabilização.

POLÍTICA SALARIAL E DISTRIBUIÇÃO DE RENDA

Quando o governo tomou posse em abril de 1964, eram muito limitadas as opções que se apresentavam na determinação da política salarial. Os servidores pressionavam por aumentos salariais imediatos. No setor privado, o salário mínimo dobrara em fevereiro, ainda sob o regime Goulart. Logo em seguida à transição, não era razoável esperar que os funcionários do governo tivessem tratamento inferior a esse. Os salários militares foram logo ajustados, e mais do que proporcionalmente (120%); os funcionários civis receberam um aumento de 100% em junho. Foi só mais tarde que o governo Castello Branco formulou sua política de contenção salarial, aplicada ao salário mínimo e ao setor público; em 1965 incluiu-se também a determinação salarial do setor privado. O princípio básico da política era a substituição dos ajustes anteriores, feito pelo pico, por uma inflação determinada pelo cálculo de intervalos. Em vez de um aumento no salário nominal concebido para recuperar o pico real instantâneo atingido no reajuste anterior, o novo salário, válido por um período de um ano, passou a reconstituir o salário real médio dos dois anos anteriores. Dado que a inflação vinha se acelerando e, assim, tinha corroído o salário real no início da década de 1960, a média era menor do que o pico.[79] Assim, a fórmula produzia reajustes menores dos salários nominais, o que se concebeu para reduzir pressões de custos sobre os preços; assim, o efeito pretendido já estava embutido na própria fórmula.

A implementação da política também exigia uma estimativa da inflação para os 12 meses seguintes, a qual, supostamente, o aumento do salário nominal seria calculado para compensar. Tal resíduo inflacionário, como era chamado, foi subestimado de forma consistente e deliberada. Dessa forma, os salários reais foram sistematicamente reduzidos entre 1964 e 1967, no caso do salário mínimo em 20% e um pouco menos para os salários industriais. Apesar das elaborações teóricas da formulação, conforme praticada, a política se configurou como de contenção salarial máxima.[80] Como conseqüência, o salário mínimo real médio percebido em 1967 era pelo menos 5% *inferior* a seu nível de 1955 — e isso apesar de benefícios adicionais como o décimo-terceiro salário, salário família e faci-

---

79. Uma formulação algébrica e gráfica pode ajudar a entender por que. Seja W_t o salário nominal no instante t, válido até $t + 1$, e seja P um nível de preços continuamente variável. Então, de modo a compensar a inflação entre t e $t + 1$, o ajuste pelo pico implicava um novo salário de W_{t+1}/P_{t+1} e, portanto, um aumento salarial nominal igual à taxa de aumento de preços:

$$W_{t+1}/W_t = P_{t+1}/P_t$$

O cálculo de intervalos, o salário reajustado é dado por $i = \dfrac{\sum_{i=-24}^{0} W/P_i}{24}$

Onde W e P_t são valores mensais correspondentes aos dois anos anteriores. Como, no momento do ajuste, W_t/P_t era necessariamente maior do que $\dfrac{\sum W_t P_t}{24}$ — porque W_t era fixo e P_t crescente — o aumento salarial nominal resultava menor. Em termos gráficos, os salários reajustados conforme cada caso podem ser representados da seguinte maneira:

80. Os dados sobre o salário mínimo estão expostos na Tabela 1. Para os salários industriais, ver Peter Gregory (1968). Quando deflacionados por um índice de preços industriais, os salários reais caíram menos; ainda assim, em 1968 eles ainda se encontravam em nível inferior ao de 1964.

litações de acesso ao fundo de aposentadoria. Mesmo apesar de a renda *per capita* ser um terço maior em 1967, doze anos de crescimento econômico nada significaram para os assalariados brasileiros não qualificados.

A base econômica para se agir de modo tão severo contra os salários era, para dizer o mínimo, frágil. No campo governamental, muitos defensores dessa política declaravam ser os salários um fator autônomo da aceleração inflacionária do final dos anos 1950 e início dos 1960. Eugênio Gudin, proeminente advogado da ortodoxia, escrevera, em 1961 (e continuaria a pregar depois):

> Isso significa que, no caso da inflação brasileira, i.e., da espiral salários-preços no Brasil, não foram aumentos de preços que determinaram reajustes salariais, mas, principalmente, *foi a elevação dos salários reais que fez os preços se elevarem.*[81]

Conclusões como essa baseavam-se na evidência de que, entre 1951 e outubro de 1961, o salário mínimo real havia crescido um pouco mais do que a renda *per capita*. No entanto, conforme ilustrado na Tabela 2, a discrepância havia sido modesta. Além disso, a força do argumento é ainda mais diluída pela presença de dois outros fatores. Sem dúvida a produtividade do setor urbano, no qual o salário mínimo se insere, cresceu mais depressa do que na economia como um todo. Assim, a divergência não significava necessariamente uma fonte de aumento de custos. Isso se dá mesmo quando se levam em conta por inteiro o crescimento dos encargos de responsabilidade dos empregadores, conforme calculado na Tabela 2. Mais significativamente, a evolução dos aumentos salariais durante os anos 1950 mostra que os grandes reajustes nominais de 1954 e 1956 não sofreram erosão substancial pela inflação. Ao longo de 1957, houve um deslocamento distributivo real em favor dos salários, conforme testemunhado pela parcela maior dos salários na participação da renda urbana. Assim, base de 1952 perde significado, a menos que se imagine um intervalo de adaptação dos empregadores implausivelmente longo.

A questão relevante é saber qual política para os salários nominais aplicada em 1956 teria sido consistente com uma inflação limitada e com o prosseguimento dos ganhos salariais. Para responder a isso, devemos tomar o ano civil de 1955 como base, após o aumento salarial de julho de 1954 ter se refletido em reajustes de preços. Supondo que o objetivo seja uma taxa anual de inflação de 15% ao longo dos 30 meses seguintes — o

---

81. Eugênio Gudin (1965), p.490.

Tabela 2 — Salário mínimo e renda *per capita*, 1952-64.
(1952 = 100)

		Salário mínimo real[a]	Custos reais do salário mínimo[b]	Renda *per capita*
Janeiro	1952	110		
	1952	100	100	100
	1953	88	87	100
Julho	1954	143		
	1954	106	99	106
	1955	116	116	110
Agosto	1956	150		
	1956	118	118	111
	1957	131	129	116
	1958	114	112	121
Janeiro	1959	159		
	1959	131	123	124
Outubro	1960	149		
	1960	114	119	133
Outubro	1961	151		
	1961	132	120	141
	1962	112	110	144
Janeiro	1963	138		
	1963	105	101	142
Fevereiro	1964	132		
	1964	103	111	142

Fontes: *Salários mínimos reais adaptados de Peter Gregory (1968), Tabela 5; custos reais do salário mínimo adaptados de Edmar Bacha* et. al. *(1972), Tabela 3.7.*

a. *Salário mínimo nominal no Estado da Guanabara, deflacionado pelo índice de custo de vida.*
b. *Salário mínimo no Estado da Guanabara acrescido de todos os pagamentos feitos pelo empregador, seja ou não ao empregado, deflacionado pelo índice de preços industriais.*

que representaria desaceleração moderada em relação à tendência corrente —, a solução é um salário mínimo de NCr$ 3,60 por mês, em termos correntes.[82] O nível de fato decretado em agosto de 1956 foi de NCr$ 3,80,

---

82. O cálculo pressupõe uma participação constante do trabalho na renda e uma parcela constante dos custos trabalhistas nos custos totais. Nessa hipótese, preços e salários se elevam com um diferencial cuja dimensão depende do aumento de produtividade no período. Assim, para uma inflação anualizada de 15%, os salários poderiam se elevar em 17,5% depois que seu nível anual de 1955 tivesse sido recuperado. Retomar aquele nível em agosto de 1956 implicaria um aumento de 20% dos salários nominais. Como os salários nominais seriam fixados de uma vez por todas, enquanto o objetivo seria uma média salarial real ao longo dos 30 meses

seguintes, o cálculo do ajuste se reduziria a: $\dfrac{I \cdot 2 + I \cdot 2(I \cdot I75)^{2 \cdot 5}}{2} = I \cdot 5$

cerca de 6% superior à cifra ótima. Assim, a política salarial era compatível com políticas monetária e fiscal concebidas para conter o impulso inflacionário. E, com efeito, ao longo de 1957 e durante boa parte de 1958, os aumentos de preços foram mantidos sob controle, a inflação se reduziu um pouco e o salário mínimo real teve uma média discretamente superior a seu nível de 1955.

Pelo mesmo padrão, o aumento percentual nominal idêntico concebido em janeiro de 1959 se aproxima, com margem equivalentemente reduzida, de um salário compatível com uma inflação de 15%. Desta vez, as conseqüências não foram as mesmas. O anúncio do aumento coincidiu com a implementação do programa de estabilização de Lucas Lopes, e o sinal que os empresários receberam, de ajustar seus preços de imediato e impunemente, complicou muito as coisa. Críticos da decisão salarial do governo apontaram para o aumento de preços de 10% em fevereiro como evidência de que teria sido excessivo. No entanto, o principal componente do aumento foram os alimentos, aqueles que são menos afetados pelo lado dos custos. A essa altura, é provável que se indicasse um aperto maior, mais por seu efeito psicológico do que real. O governo, porém, não conseguiu manter o pretendido, em grande medida devido às conseqüências fiscais e monetárias de uma aquisição anormal de estoques de café.

Com a aceleração da inflação em 1959 e 1960, que reduziu consideravelmente os salários reais, aumentaram as pressões em favor de um reajuste antecipado do salário mínimo nominal; transcorridos apenas 21 meses, foi o que aconteceu. A partir daí, apesar da concessão de maiores porcentagens de reajustes nominais e da abreviação de seu período de aplicabilidade, o salário mínimo real nunca mais atingiu seu nível de janeiro de 1959. Ele se atrasou progressivamente ante a espiral estonteante da inflação.

Os salários industriais seguiram um padrão um pouco distinto do salário mínimo. Eles ficaram bem atrás da variação da produtividade no período de 1955 a 1959 e, a partir daí, passaram a exibir uma tendência de recuperação. Os dados de 1963, em particular, refletem um aumento de 13% dos salários médios reais em relação a 1962. A militância cada vez maior dos sindicatos de trabalhadores, que encontrou um apoio governamental considerável, explica os resultados do início dos anos 1960. É difícil avaliar o impacto inflacionário autônomo que isso provocou, devido ao atraso anterior. E o resultado do setor manufatureiro, que representava uma porção pequena da força de trabalho, não pode ser extrapolado para as muitas atividades de serviços, em que o salário mínimo tinha impacto maior.

Esta análise sugere que a obstinação do novo governo quanto à necessidade de dar um fim à virulência da inflação de salários tinha uma base científica duvidosa. Escrevendo em época à virulência da inflação, e de forma menos polêmica e mais contemplativa, o próprio Gudin se mostra inclinado a concordar.

> A principal causa [da inflação] era o excesso de despesas federais em relação às receitas. [...] A respeito dos salários, também se pode afirmar que eles subiram com o crescimento do custo de vida *decorrente* dos déficits federais. Exceto pelo impulso salarial de 1954 (forçado por Goulart, durante o governo Vargas), as discrepâncias no ajuste do salário mínimo não foram importantes.[83]

Isso, no entanto, não significava uma defesa da política praticada para o salário mínimo. Em grande parte devido à modéstia dos ajustes e à incerteza quanto à sua duração, no início dos anos 1960 os aumentos salariais foram repassados mais do que proporcionalmente pelos empregadores. Em vez de defender o padrão de vida dos trabalhadores não qualificados frente à aceleração inflacionária, os aumentos nos salários nominais fracassaram totalmente em acompanhá-la. Portanto, é necessário distinguir a vantagem que os empresários tiraram dos aumentos de salários, para aumentar a sua participação na renda, de uma influência causal que uma participação salarial excessiva teria sobre o nível dos preços.

Não obstante, estabelecer-se uma ligação entre a inflação precedente e reivindicações salariais exorbitantes, bem como agir com base em tal convicção, ofereciam uma atração ideológica considerável. Em março de 1964, o grande temor era de uma sublevação populista iminente: "A perspectiva de uma ditadura sindical lança sua sombra sobre a comunidade nacional, contribuindo para o agravamento da inflação da qual o povo brasileiro tanto tem sofrido".[84] O governo poderia colocar-se em posição de seguir uma política econômica politicamente atraente, em antagonismo aos operários urbanos, e que se justificava sob o ponto de vista técnico.

Não é difícil imaginar as conseqüências de um tal programa. A Tabela 3 mede a variação observada na renda real entre 1960 e 1970 para três

---

83. Eugênio Gudin (1969), p.117 (grifo meu).

84. De um documento confidencial entregue ao presidente pelo chefe do estado Maior das Forças Armadas, general Pery Constant Bevilacqua, em 31 de março de 1964. Citado em Octavio Ianni (1970), p.138.

grupos diferentes: trabalhadores urbanos, rurais e empresários. Os dados derivam de duas amostragens populacionais comparáveis, uma do censo e a outra da Pesquisa Nacional por Amostra de Domicílios; as duas foram agrupadas em trimestres idênticos, de modo a evitar desvios sazonais.

Para nossos fins, duas conclusões básicas emergem. A primeira é a clara disparidade entre agosto de 1960 e o terceiro trimestre de 1969 nas trajetórias dos rendimentos de empresários e dos salários dos empregados no setor não agrícola. Enquanto o aumento destes últimos foi de 20% para todo o Brasil, os primeiros foram de 50% maiores. Os salários do setor não agrícola estão disponíveis para análise somente a partir de 1969. No entanto, como os salários cresceram mais depressa a partir de 1968, podemos inferir que, se disponível, a comparação seria pior em 1968 e ainda pior em 1967. Tal conclusão decorre do comportamento da renda de todos os empregados — disponível para 1968 —, depois que o total de 1960 é ajustado para refletir a mescla setorial posterior. Entre 1960 e 1968, os salários são essencialmente constantes. É possível obter uma imagem potencialmente mais precisa — devido à maior homogeneidade dos dados — restringindo-se as comparações aos Estados industriais da Guanabara, Rio de Janeiro e São Paulo. Encontramos aqui evidências igualmente dramáticas da redistribuição entre as classes urbanas. No caso de Guanabara e Rio de Janeiro, os empregados não agrícolas mostram um crescimento modesto, enquanto há um ganho evidente para empregadores e autônomos. Em São Paulo, a divergência entre as taxas de elevação de 20% e de 48% correspondem a médias nacionais. Em resumo, no setor urbano, a razão entre lucros e salários médios aumentou visivelmente entre 1960 e 1968; a partir daí, embora crescesse, não retomou seu valor de 1960. (ver tabela página ao lado)

A partir do movimentos anuais tanto do salário industrial médio quanto do salário mínimo, é razoavelmente certo que a maior parte do hiato ampliou-se entre 1964 e 1967, como conseqüência da política de estabilização. Isso é verdadeiro apesar do efeito corrosivo anterior que a inflação exercia sobre o salário mínimo real. Dados de distribuição não publicados, usado no cálculo das contas nacionais, reforçam essa impressão. Entre 1965 e 1966, a participação da renda do trabalho no setor urbano (apesar de alguma inclusão de alguma renda empresarial) declinou em mais dois pontos percentuais, uma mudança maior do que a observada em qualquer dos cinco anos precedentes, quanto se manteve estável, entre 59%

Tabela 3 — Renda média mensal: 1960, 1968-70 (1960 NCr$).

	1960 Agosto	1968 3º trim.	1969 1º trim.	1969 3º trim.	1970 1º. trim.
Brasil[a]					
Empregados agrícolas	2,6	—[b]	2,4	2,4	2,5
Empregados não-agrícolas	8,0	—	9,6	9,9	10,5
Todos os empregados	6,6				
	(7,3)[c]	8,1	8,6	8,9	9,4
Empregadores não-agrícolas					
e autônomos[d]	14,0	19,5	20,6	22,5	19,5
Guanabara e Rio de Janeiro					
Empregados agrícolas	3,0	—	3,1	3,0	3,3
Empregados não-agrícolas	11,0	—	11,8	11,6	12,1
Todos os empregados	10,1				
	(10,7)[c]	10,9	11,6	11,3	11,8
Empregadores não-agrícolas					
e autônomos[d]	18,3	22,6	29,0	27,1	24,5
São Paulo					
Empregados agrícolas	3,4	—	3,4	3,6	3,8
Empregados não-agrícolas	9,3	—	11,2	11,8	12,7
Todos os empregados	8,0				
	(8,9)[c]	9,7	10,4	11,3	11,9
Empregadores não-agrícolas					
e autônomos[d]	20,2	28,0	29,9	34,4	31,2
Nordeste					
Empregados agrícolas	2,0	—	1,9	1,9	1,9
Empregados não-agrícolas	4,8	—	7,3	7,4	7,6
Todos os empregados	3,6				
	(3,9)[c]	5,7	5,7	5,7	5,9
Empregadores não-agrícolas					
e autônomos[d]	6,6	10,2	11,6	13,0	10,0

a. *Exceto as regiões Norte e Centro-Oeste.*
b. *Um traço indica dado não disponível.*
c. *Total calculado com base nos pesos agrícola e não agrícola do terceiro trimestre de 1969*
d. *Exceto pesca, atividades extrativas e serviços pessoais.*

Fontes e método: Os dados expostos na Tabela 3 são provenientes de duas fontes, o Censo Demográfico de 1960 e a Pesquisa Nacional por Amostra de Domicílios (PNAD) de 1968-70.

As informações de 1960 são extraídas de uma amostra de cerca de 11 mil famílias, ao passo que a amostra do PNAD é de 4.641 domicílios.

Três problemas se apresentam ao se usar essas informações para fins comparativos: a comparabilidade dos subconjuntos populacionais em 1960 e depois; a comparabilidade da renda em termos reais; e a atribuição de rendas médias comparáveis para os grupos de renda superiores. Para verificar que os subgrupos definidos na PNAD e replicados na amostra de 1960 são comparáveis, calcularam-se as proporções da força de trabalho em cada categoria em duas datas. Os resultados foram os seguintes, no caso do total das três regiões:

	Censo de 1960	PNAD 1968
Empregados		
Agrícolas	13,5	10,7
Não-agrícolas	33,7	42,2
Empregadores		
Não-agrícolas	11,9	13,4

A ordem de magnitude das proporções se mostra adequada; a diferença principal é um aumento esperado na quantidade relativa de empregados no setor não agrícola.

Para lidar com a inflação, todas as faixas de renda nominal da PNAD foram convertidas para cruzeiros de 1960 pelo uso de um índice de custo de vida. O empregado dessa medida, e não, digamos, do índice de preços no atacado, parece mais adequado para a tarefa de determinar mudanças de bem-estar no intervalo de tempo considerado. O índice de custo de vida subiu um pouco mais depressa do que o índice de preços no atacado, devido a aumentos nos aluguéis e nos serviços públicos; tais efeitos do programa de estabilização devem ser incluídos. O índice usado foi o da Guanabara, disponível em Conjuntura Econômica. Observe-se que a escolha do índice é irrelevante para comparações entre grupos e afeta apenas marginalmente mudanças ao longo do tempo.

Para calcular a média das classes de renda superior a partir da amostragem da PNAD adotou-se um método consistente com aquele empregado para 1960. Partiu-se da relação linear logarítmica entre populações acumuladas com rendas maior do que x e se calculou a renda usando-se as duas últimas classes. Desse coeficiente, b, que é o expoente de uma distribuição de Pareto, obtém-se a média da classe superior, calculada como $\frac{b}{b-1}$ vezes o limite inferior da classe. No cálculo só se empregaram as duas últimas classes porque, para 1960, rejeitou-se a hipótese de uma distribuição de Pareto única abrangendo todo o espectro de renda. Ao contrário, a inclinação da extremidade superior é muito mais aguda, e o uso do mesmo coeficiente para todo o espectro de renda daria peso excessivo à média. A análise gráfica confirmou a mesma regularidade nos dados da PNAD. Na distribuição de empregados em 1968, a classe superior começa com níveis de renda substancialmente menores do que os de outros anos e, correspondentemente, engloba uma parcela maior da população. Isso, portanto, exigia o uso de um método diferente. Especificamente, presumiu-se que a classe de renda mais alta se distribuía da mesma forma do que no primeiro trimestre de 1969, período a respeito do qual havia disponibilidade de dados mais detalhados.

Por fim, dado que os empregados não agrícolas informaram rendas mensais e não anuais, o salário estimado foi multiplicado pelo fator 13/12. Isso dá conta do décimo-terceiro salário, obrigatório a partir de dezembro de 1962, e que, com toda probabilidade, não aparecia nos salários declarados. Outros benefícios diretos são pagos mensalmente, e devem se refletir nas rendas. Excluíram-se aumentos nos benefícios indiretos pagos pelos empregadores a fundos de aposentadorias e pensões, porque uma boa parte deles compensa outros benefícios de seguridade gozados anteriormente.

O conceito de renda empregado na amostragem da PNAD, e mantido para 1960, é a renda monetária auferida. A renda real é maior do que a renda monetária, e mais bem distribuída, em particular no setor agrícola, em que é significativa a população que produz para o auto-consumo. Tais ajuste, que são necessários para qualquer comparação de divergências setoriais, foram realizados quando do estudo da distribuição de renda de 1960. Para comparações em intervalos mais curtos, como aqui, envolvendo subgrupos populacionais homogêneos, as grandezas monetárias são um substituto razoável.

e 60%.[85] Infelizmente, não há dados referentes a anos mais recentes. Tal declínio de participação fornece um desmentido adicional à alegação de que salários reais menores teriam sidos compensados na forma de um aumento correspondente nas oportunidades de trabalho; as estatísticas do emprego industrial também não sustentam o argumento.

Cabe ainda uma observação adicional quanto à distribuição salarial interna. A partir de outros dados independentes, sabemos que, entre os empregados industriais, entre 1962-63 os operários (diferenciados do pessoal administrativo assalariado) experimentaram quedas mais acentuadas em seus salários reais, e tiveram ganhos menores em 1968 e 1969. Mesmo entre os trabalhadores da produção houve alguma tendência de crescimento em diferenciais interindustriais, na comparação entre os segmentos têxtil, de alimentos etc., e os setores mais dinâmicos de produção de bens de consumo duráveis e bens de capital.[86] A Tabela 3 também permite observar que as diferenças regionais de salários se ampliaram a partir de 1968, sendo que anteriormente havia se estreitado. Tais circunstâncias ajudam a explicar por que o aumento de renda real dos trabalhadores urbanos após 1967 pode ter sido associado a um aumento da desigualdade em seu próprio seio.[87] As limitações salariais que persistiram após 1967 parecem ter sido mais eficazes no caso dos trabalhadores não qualificados do que dos mais qualificados.

O resultado líqüido dos diversos deslocamentos entre classes e dentro das classes parece ser um aumento dramático da desigualdade na distribuição de renda para os trabalhadores não agrícolas entre 1960 e 1970. Calculado diretamente a partir dos censos decenais desses anos, o coeficiente de Gini aumentou de 0,49 para 0,56, o que representa uma variação bastante substancial para um período de tempo tão curto. A medida dessa desigualdade crescente é representada vividamente pela parcela estimada da renda auferida pelas camadas superiores da distribuição: 5,8% dos empregados assalariados em atividades não agrícolas em 1960 receberam

---

85. Dados disponíveis em Carlos Langoni (1970), p.163.

86. Tais dados sobre o nível salarial médio e sua distribuição após 1966, oriundos dos Industrial Registers, se encontram publicados no Anuário estatístico do IBGE.

87. Para os trabalhadores urbanos, os coeficientes de Gini dos períodos 1º trimestre de 1969-3º trimestre de 1969-1º trimestre de 1970 são positivos para São Paulo e Guanabara; para o Nordeste e para o Brasil como um todo, ao menos um é positivo. De forma ainda mais significativa, exceto no Nordeste, em todas as regiões o valor do 1º trimestre de 1970 é entre 4% e 10% maior do que no ano anterior, e o Nordeste se caracteriza por pequena mudança na média.

29,8% da renda monetária; em 1970, os 5,8% equivalentes receberam 37,9%.[88] É difícil absolver a política de estabilização (e as políticas subseqüentes) desse resultado.

A Tabela 3 se refere não apenas à renda urbana mas, também, aos salários agrícolas. Sua estagnação a partir de 1960, e mesmo após 1961, constitui uma segunda constatação significativa. Tem sido às vezes argumentado que, pelo menos, a redução dos salários urbanos reais teve uma contrapartida positiva na melhoria das condições no campo, e numa redução do diferencial de renda. De acordo com os índices disponíveis, novas políticas, como por exemplo a de preços mínimos garantidos, de fato parecem ter alterado a balança em favor do setor rural. Contudo, os dados expostos aqui não evidenciam nenhum efeito contínuo sobre a sorte dos trabalhadores agrícolas, exceto em São Paulo — e, neste caso, a taxa é inferior ao ganho dos empregados não agrícolas.

Outras evidências corroboram e ampliam essa conclusão. Conforme calculados em *Conjuntura Econômica*, os salários agrícolas percebidos se mostram constantes em termos reais desde a sua tabulação inicial, em 1966, até 1970.[89] A tabulação preliminar do censo de 1970, deflacionada pelo custo de vida, não indica, na década, qualquer aumento da renda monetária média daqueles dedicados a atividades agrícolas — incluindo-se proprietários, meeiros, administradores e trabalhadores. Mas enquanto a média permaneceu constante e, até, a desigualdade medida pelo coeficiente de Gini tenha se reduzido ligeiramente, o extremo superior da distribuição conta uma história diferente: em 1970, 0,55% da força de trabalho remunerada ficou com 10,7% da renda; em 1960, uma parcela de 0,95 quase o dobro, ficara com 13,4%, uma participação proporcionalmente menor.[90] Embora, a inclusão de renda em espécie tivesse o efeito de aumentar a média em ambas as datas, e a consideração da presença de trabalhadores familiares alterasse um pouco a distribuição, a validade do resultado básico não é sensível a tais ajustes. Aparentemente, nem os tra-

---

88. Os coeficientes de Gini do texto excluem a parcela da população que era economicamente ativa mas declarava renda nula. A inclusão de trabalhadores em atividades familiares não muda muito a deterioração calculada: o coeficiente passa de 0,50 para 0,58. O resultado do texto parece mais apropriado, pois em 1970 não se faz distinção entre quem não declara renda e quem declara renda nula. Para discussões adicionais sobre a distribuição de renda de 1960 e 1970 ver Fishlow (1972), p.391-402.

89. Ver *Conjuntura Econômica* (julho de 1971), p.84-106.

90. Estes resultados estão discutidos em Fishlow (1972).

balhadores rurais nem qualquer outro grupo — exceto os proprietários de grande porte — conseguiram melhorias significativas em sua renda na década.

Essas conseqüências distributivas não podem ser ignoradas numa avaliação das realizações econômicas pós-1964. Em vez de receber medalhas por seus princípios engenhosos, a política salarial, conforme aplicada, mereceria uma recepção bem mais reservada. A queda dos salário urbano real durante a estabilização fornece uma medida aguda do grau de insucesso do governo em atingir as suas metas inflacionárias. Tal margem facilitou as coisas para o governo e, no final das contas, ajudou a controlar a inflação. Mas não se pode ignorar o custo social da política e sua justificativa técnica limitada, em especial porque a queda dos salários reais entre 1964 e 1967 não levou a um aumento do emprego, e tampouco existem evidências de reações significativas de lá para cá.[91]

A ausência de uma atividade política formal era necessária para que se prosseguisse na perseguição de tal estratégia de estabilização. Uma compressão salarial dessa ordem seria impossível num regime mais livre. Mas isso não significa que o sucesso da estabilização tivesse dependido exclusivamente da redistribuição de renda. Outras opções estavam presentes. Uma ação mais direta e vigorosa sobre os preços em 1964 e 1965 teria proporcionado um poderoso instrumento político adicional. Da mesma forma, caso se tivessem exercido restrições maiores sobre os gastos militares, as pressões fiscais teriam sido aliviadas, liberando incentivos tributários de maior monta para estimular a atividade econômica.

Esta última alternativa tecnicamente factível situava-se fora de questão, devido à necessidade de unificar a única entidade política significativa que restava no país, as Forças Armadas. Portanto, a importância dos aumentos salariais dos militares era considerável, não sendo de surpreender que Castello Branco os tenha incluído entre os objetivos primordiais da Revolução em um de seus discursos na Escola Superior de Guerra:

---

91. Para o período 1949-69, Edmar Bacha dá conta de elasticidade significativas, porém pequenas, na determinação do emprego pelo custo do trabalho. O valor foi de 0,24% para a indústria como um todo. Observe-se, também, que no período de 1966-69, quando os custos se elevaram devagar, o aumento previsto no nível de emprego era substancialmente maior do que o verificado. Isso significa que a política de contenção salarial não conseguiu criar muito mais oportunidades de trabalho. Ver Edmar Bacha (1972).

> A política do governo revolucionário tem sido a de apoiar a reorganização do poder nacional; de reestruturar a economia e as finanças do país;[...] e de ajustar os salários das Forças Armadas.[92]

A prioridade desse objetivo não diminuiu diante do aumento veloz dos salários militares que se dera anteriormente. Em 1961, as despesas com o pessoal militar representaram apenas um quarto da folha salarial do governo; nos dois anos seguintes, eles se elevaram a cerca de 45%. Depois, em 1964 e 1965, passaram a mais da metade da folha salarial total. Em 1965, os salários militares representavam 1,3% do PIB.[93] A realocação de prioridades não era temporária. A participação militar nas despesas do orçamento chegou a crescer 25% em 1968. (De 1957 a 1963, sua participação declinara de 29,2% para 15,2 %.)[94] A ideologia da Revolução produziu as suas próprias pressões inflacionárias, em tudo semelhantes às que se originavam anteriormente das negociações políticas em torno do orçamento. A novidade era a capacidade de impor restrições orçamentárias em outros lugares, arbitrar interesses divergentes por imposição e seguir políticas salariais restritivas apesar de sua impopularidade.

ACELERAÇÃO DO CRESCIMENTO ECONÔMICO

Até aqui, nossa preocupação tem sido o programa de estabilização propriamente dito. O que se seguiu a isso, ou seja, o crescimento notável desde 1968 até o presente, e as evidências de mudança institucional disseminada, não foi ainda retratado. No entanto, mais do que a redução da inflação, tem sido o histórico recente o motivo da proeminência internacional que a experiência brasileira merecidamente ganhou. Há uma crença generalizada de que, junto com as reformas introduzidas anteriormente por Campos, a maior capacidade de acomodação de Delfim Netto às realidades brasileiras proporcionou uma base firme para a continuidade do desenvolvimento. Contudo, cinco anos não constituem uma tendência secular, mesmo para aqueles afetados por miopia. Portanto, é útil situar as realizações recentes numa perspectiva mais ampla.

---

92. Aula inaugural de Castello Branco na Escola Superior de Guerra, março de 1965, citada em Octavio Ianni (1970), p.173.

93. FGV, Centro de Estudos Fiscais (1967).

94. Calculado a partir da distribuição de despesas orçamentárias, conforme informado pelo *Anuário Estatístico*. Portanto, dotações não cobertas pelo orçamento aprovado não estão incluídas.

O modelo econômico brasileiro que atualmente se desenvolve é francamente capitalista em sua inspiração. Sua força motriz é o comportamento individual, guiado por sinais do mercado. O papel do governo é a um tempo aperfeiçoar os mercados e intensificar os sinais. As duas áreas que atraíram as maiores atenções têm sido o mercado de capitais e o comércio exterior. Ambas são centrais para a atual estratégia. A intensificação da intermediação financeira é essencial para a alocação não coercitiva de poupança nacional adequada a taxas de crescimento mais elevadas. Os incentivos às exportações e a receptividade em relação aos investimentos estrangeiros criam um suprimento constante de moeda estrangeira para adquirir importações.

Em resposta aos estímulos das deduções tributárias a investidores em ações e das concessões de impostos a empresas que levantavam capital dessa forma, houve um desenvolvimento acelerado do mercado de papéis nos últimos anos. No ano fiscal de 1970-71 o índice dos preços de ações quadruplicou; e, em julho de 1971, um manual técnico para investimentos no mercado de capitais compôs a lista dos livros mais vendidos. Agora, a queda recente dos preços eliminou a euforia anterior, mas não amorteceu grandemente o volume de transações. Embora o capital novo levantado pela subscrição de ações exiba um crescimento muito menos pronunciado do que a simples transferência de ativos, essa fonte externa de investimentos financeiros tem hoje, claramente, alguma importância.[95] Recentemente, o governo concebeu novos incentivos tributários para encorajar tanto uma maior "democratização" do capital, através da pulverização das ações, como a consolidação das empresas nacionais para reforçar sua competitividade com o investimento estrangeiro.

A revitalização do mercado acionário e das instituições a ele associadas não representa a única inovação financeira. A criação e rápido crescimento do Banco Nacional da Habitação é também importante como fonte de poupança e determinadora de investimentos. A característica especial do banco é sua base crescente de receitas, financiada por contribuições compulsórias ao sistema reformado de seguridade social, oriundas de impostos sobre a folha de pagamento. Tais recursos são, por sua vez, destinados ao financiamento de construções habitacionais, a quais responderam muito bem à disponibilidade de fundos. Apesar disso, devido ao fato de os pedidos de

---

95. Para um bom tratamento das políticas governamentais dirigidas à formação de um mercado de capitais operante, ver David Trubek (1971).

financiamento terem ficado atrás da acumulação de poupança, em suas fases iniciais a contribuição mais importante do banco foi financiar o déficit federal de caixa por meio da compra de títulos do governo.

Assim, um dos pilares da política econômica é o estímulo à poupança privada, tanto voluntária quanto compulsória, o que se faz por meio de diversos mecanismo. Mesmo o recente Programa de Integração Social, um canal nominalmente redistributivo, é imaginado para aumentar a poupança privada numa média de 7,5% ao longo dos próximos cinco anos.[96] Outra prioridade governamental é a ênfase sobre as exportações como mecanismo de financiar as necessidades de divisas internacionais. Os exportadores de produtos manufaturados recebem concessões generosas, em grande parte na forma de abatimentos de impostos. Uma estimativa recente calcula que o efeito total desses incentivos é de permitirem um preço de exportação que chega a ser 40% inferior ao preço interno, sem detrimento dos lucros. Esse diferencial se deve mais ao componente de subsídio inerente nos abatimentos do que a uma simples isenção de impostos indiretos.[97] Em resposta a isso, as exportações de produtos manufaturados se aproximaram de US$ 500 milhões em 1971; em 1972, continuaram a crescer espetacularmente. Hoje, as exportações de manufaturados correspondem a cerca de um quinto das exportações totais, enquanto em 1964 respondiam por menos de 5%. A política de desvalorização cambial contínua, de modo a acompanhar a inflação interna, reduziu consideravelmente o risco de perdas para todos os tipos de exportações; sem dúvida, isso contribuiu para uma participação mais agressiva nos mercados internacionais.

A atitude perante o influxo de capitais externos, que suplementa a poupança interna e satisfaz necessidades de câmbio, também tem sido positiva. A entrada líquida de capital tem crescido continuamente desde 1965; em 1971, um total de muito mais de US$ 1 bilhão representa metade da moeda estrangeira gerada pelas exportações. Indicações preliminares sugerem que o ingresso será muito maior em 1972. Uma parte conside-

---

96. Este é o aumento percentual da poupança supondo-se que a taxa privada de 1970 permaneça constante. Ver Affonso Celso Pastore e José Roberto Mendonça de Barros (1972).

97. De início, a política para as exportações meramente isentava as vendas para o exterior de impostos sobre o faturamento. Isso propiciava condições de concorrência mais eqüitativas. A partir de 1968, a política foi ampliada de modo a incluir subsídios na forma de deduções que, atualmente, podem chegar a atingir 30% do valor do produto. Ver Carlos von Doellinger, *et al.* (1971).

rável do capital ingressante foi usado para fortalecer as reservas internacionais, as quais eram estimadas em US$ 2,4 bilhões em meados de 1972. Por seu turno, a acumulação de reservas facilitou uma estrutura de prazos mais vantajosa para a dívida externa. Os empréstimos de curto prazo diminuíram firmemente desde 1968, quando representavam o principal meio de fechar o déficit em conta corrente. À medida que a credibilidade creditícia do Brasil cresceu, em todos os três últimos anos o endividamento de médio e longo prazos tem sido o principal instrumento de participação estrangeira.

De forma consistente com o compromisso de proeminência do setor privado, nos últimos anos a participação do governo na economia tem sido contida. Embora tal participação não tenha experimentado uma redução significativa — ao menos em 1969, o último para o qual há disponibilidade de dados das contas nacionais —, sua composição se alterou. Em comparação com o consumo do setor privado, o do governo é hoje inferior aos níveis pré-revolucionários, ao passo que os investimentos aumentaram. Assim, o governo continua a ser uma força poderosa na demanda por recurso, e tem sustentado a demanda agregada por meio de seus gastos com infra-estrutura. Contudo, à medida que a formação de capital se recuperar, como ocorreu em 1970 e 1971, esse papel governamental presumivelmente diminuirá, da mesma forma que ocorreu no terreno do consumo. A observação perfunctória, bem como uma estrutura de crescimento industrial orientada para os bens de consumo duráveis, decerto sugere que, agora, o setor privado se transformou no principal fator de expansão.

Tal modelo de desenvolvimento capitalista não escapou a críticas da esquerda. Em primeiro lugar, foi contestado pelo espectro inevitável da estagnação, provocado pelo subconsumo.[98] Esse argumento, que remonta principalmente a Celso Furtado, constitui uma variação sobre o tema original de Malthus em sua famosa correspondência com Ricardo. Uma distribuição desigual de renda dá origem a demandas de um tipo especial, neste caso bens de consumo duráveis, cuja a produção é intensiva de capital. Essas proporções de fatores reduzem as oportunidades de emprego — a elasticidade da substituição é limitada — e ratificam a concentração de renda existente. Como a parcela reduzida de consumidores no mercado deve, logo satisfazer seus gostos, a demanda por tais produtos não pode

---

98. Celso Furtado (1968), no livro *Um projeto para o Brasil* (Rio de Janeiro: Saga, 1968), traz uma versão atualizada de seus pontos de vista, seguida mais recentemente por *Análise do modelo brasileiro* (Rio de Janeiro: Civilização Brasileira, 1972).

crescer continuamente. Num ambiente econômico dessa natureza, a poupança potencial resultante dos ricos não pode ser utilizada porque, não conseguindo visualizar um mercado vigoroso para seus produtos, os investidores não enxergam motivo para expandir. Com isso, o desenvolvimento capitalista resulta inevitavelmente limitado, a menos que uma distribuição de renda crescentemente dualista consiga compensar a tendência ao subconsumo. O início dos anos 1960 no Brasil e na maior parte da América Latina foi interpretado nesses termos; com algumas modificações, até mesmo a prosperidade atual é encarada de maneira semelhante.

Deixando de lado a contradição inerente ao vigor recente da economia brasileira, que é agora insatisfatoriamente tirado do cenário como conseqüência da maior desigualdade da distribuição de renda, os pressupostos básicos e *permanentes* da abordagem do subconsumo não são muito convincentes. Os estudos empíricos sobre o consumo brasileiro não fornecem evidências de uma queda rápida da elasticidade da demanda por bens de consumo duráveis à media que a renda cresce. Como ocorreu em outros países, os objetivos específicos dessa demanda podem ser transferidos de aparelhos de rádio e televisão para automóveis e assim por diante, mas isso não ocorre de forma tão abrupta e tão definitiva que criasse uma estagnação *permanente*. Em vez disso, com a imobilidade dos recursos no curto prazo, pode haver uma tendência na direção de uma instabilidade cíclica. No longo prazo, o aumento da renda agregada, mesmo mantendo constante a desigualdade presente, tipicamente contribuirá para uma expansão do mercado para esses bens de consumo, ao permitir que aqueles de renda mais baixa tenham acesso a ele pela primeira vez. A descontinuidade aguda que, presumidamente, evitaria que isso acontecesse não se reflete nos fatos.[99] Além disso, na medida em que se conseguem meios de conseguir financiamento favorável para a aquisição de bens duráveis, o tamanho do mercado recebe impulso novo e permanente. E, de fato, novos intermediários financeiros foram criados para desempenhar tal papel no Brasil, exatamente como se desenvolveram nos Estados Unidos na década de 1920. O

---

99. Tais conclusões decorrem de meu estudo sobre os padrões de consumo durante os anos 1960, que se baseou primariamente em dados coletados pela Fundação Getúlio Vargas, mas que também incluíram a demanda por automóveis ao longo do tempo. Os estoques de bens de consumo duráveis possuídos por diferentes classes de renda no Rio em 1968 exibem uma grande continuidade. Todo tipo de bem de consumo durável, incluindo automóveis, é representado assim que a renda familiar passa dos dois salários mínimos. Ver COCEA (1970), p.61. Espero publicar tais resultados em breve, no contexto de uma exposição e crítica mais extensa da posição subconsumista.

crescimento veloz da produção automobilística brasileira, que nos últimos anos se deu a taxa superiores a 20%, se relaciona com a difusão da demanda, reforçada pela disponibilidade de crédito. Embora aumentos dessa ordem não possam ser extrapolados, também não se pode prever que o mercado deixará de acompanhar o ritmo no futuro devido a uma elasticidade de renda no longo prazo menor do que a unidade.

Existe outra avenida de ataque (contudo contraditória com a anterior) que também se usa com freqüência para rejeitar a viabilidade do crescimento brasileiro voltado para o mercado. Devido ao tamanho limitado do mercado, argumenta-se que deseconomias de escala acabarão inevitavelmente por aumentar, à medida que forem introduzidos produtos mais complexos, com demanda correspondentemente menor. Isso implica razões de produção de capital cada vez maiores. Portanto, o crescimento se tornará cada vez mais caro em termos de poupança. Essa perspectiva situa na deficiência de poupança um limite para altas taxas de crescimento, ao passo que a crítica anterior invoca o subconsumo, embora ambas muitas vezes sejam mencionadas simultaneamente. Esta crítica concebe o crescimento como ocorrendo pela introdução de novos produtos a um ritmo acelerado. Para uma economia tão grande quanto a brasileira, não há muitas evidências de que tais deseconomias crescentes ao longo do tempo sejam a regra. Acresce que um dos atributos importantes do estilo atual é sua maior abertura. Não há motivo para que a substituição de importações prossiga como no passado. Os produtos que o Brasil não consiga produzir com eficiência podem ser importados. Por esses motivos, a perspectiva de uma redução do crescimento por esse lado não é particularmente ameaçadora.

Ambas análises tentam relacionar a desigualdade da distribuição de renda e a limitação do mercado à estagnação. É possível que o desejo esteja originando a idéia. Sem dúvida, e necessariamente, uma maior desigualdade traz consigo uma gama diferente de produtos e de serviços e, assim, uma estrutura de crescimento diferente. É possível que o padrão resultante não seja socialmente desejável, ou mesmo que não maximize a taxa de crescimento. Mas a desigualdade não impede o crescimento por conta de contradições internas inevitáveis, tanto quanto a sustentação do crescimento não pressupõe a desigualdade.

Ante a expansão brasileira recente, muitos abandonaram sua adesão anterior a essa variantes da abordagem subcosumista em favor de uma interpretação alternativa. Para eles, o modelo atual de desenvolvimento é "fascista-colonialista", auto-sustentável mas igualmente repressivo e subordinado ao imperialismo norte-americano.[100] Contudo, tal designação ignora as implicações completas da elevação veloz das exportações nos últimos anos, elevação essa que continua a ser central na atual estratégia de crescimento. O aumento das exportações constitui uma forma de *reduzir* significativamente a dependência em relação aos EUA. Elas neutralizam as pressões para a importação de capital para equilibrar o balanço de pagamentos. Proporcionam a moeda estrangeira necessária para amortizar dívidas passadas, sem tornar necessário o recurso a *swaps* e outros influxos de capital de curto prazo potencialmente desestabilizadores. Permitem a aplicação de seletividade na aceitação de investimentos estrangeiros e a ênfase sobre a transferência de tecnologia como sua *raison d'être*. Encorajam a concorrência entre países avançados, que assegura uma distribuição mais eqüitativa dos ganhos decorrentes do comércio internacional. Observe-se que o impulso recente sofrido pelas exportações foi acompanhado de um declínio dramático da participação dos Estados Unidos no comércio brasileiro e de uma diversificação significativa em termos de composição.

As exportações de produtos manufaturados contam com vantagens especiais. Elas são capazes de criar uma maior descentralização decisória e uma maior dependência das empresa multinacionais em relação a políticas nacionais. Filiais da mesma empresa internacional podem encontrar-se em situação concorrencial umas com as outras no mercado mundial, independentemente das intenções iniciais. Mesmo quando as diretrizes da matriz conseguem suprimir tal possibilidade, a concorrência continua entre firmas diferente, cuja a capacidade de concorrer depende do país em que a produção se dá. No que tange ao crescimento veloz que as exportações brasileiras experimentam ultimamente, a principal parcela se deve a empresas internacionais, e é dirigida ao mercado latino-americano.[101] Resta saber se essa experiência inicial conduzirá a uma penetração continuada e mais agressiva nos mercados dos países industrializados.

As exportações industriais também proporcionam uma porta de entrada para os ventos da concorrência, que, com demasiada freqüência, estão ausentes de mercados nacionais monopolistas. As empresas mais eficientes se beneficiam do aumento da demanda externa em relação às menos eficientes. Assim, um processo de seleção natural, menos doloroso

---

100. Ianni (1970) desenvolve o seu raciocínio nessa linha.

101. Carlos von Doellinger (1971).

do que aquele que decorre de importações concorrenciais, mas igualmente eficaz, pode ser capaz de aumentar a produtividade média da economia. A necessidade de acompanhar o ritmo de crescimento da eficiência no estrangeiro para resguardar mercados fornece um estímulo a mudanças tecnológicas que pode ser mais poderoso e seguro do que a concorrência limitada que se dá no interior das fronteiras nacionais. Também exerce uma pressão sobre as políticas nacionais que pode ajudar a manter o crescimento da produtividade.

É claro que muito depende da manutenção da orientação exportadora e da factibilidade de se manterem as taxas de crescimento recentes. Na falta de fluxo crescente de receitas cambiais não é possível manter compromisso com um modelo de economia aberta. Pois, embora no curto prazo os influxos de capital possam fazer esse papel, a capacidade de amortizar a dívida e de pagar o seu serviço depende de receitas provenientes da exportação. Em particular, é isso o que está ocorrendo agora, pois uma parcela muito maior das entradas de capital tem sido financeira, e não na forma de participação acionária. Não foi senão em 1969 que os investimentos privados diretos recuperaram o nível que tinham nos anos 1950 e início dos 1960. No entanto, eles diminuiram outra vez nos dois anos seguintes. As despesas totais em instalações e equipamentos das subsidiárias de empresas norte-americanas permaneceram constantes de 1968 até 1970, após se recuperarem de suas quedas anteriores. As projeções de 1972, baseadas nos relatórios de firmas individuais, indicam comprometimentos futuros muito maiores, sendo concebível que o investimento direto ganhe proeminência outra vez.[102] Mesmo que isso venha a acontecer, as obrigações decorrentes da dívida externa ainda exigiriam exportações em bom volume. Em julho de 1972, avaliava-se que a dívida era de US$ 7,8 bilhões, tendo quase dobrado em três anos. Os números líquidos, obtidos descontando-se o grande aumento das reservas necessárias para financiar o crescente déficit da conta corrente, ainda mostram um incremento de US$ 1,6 bilhão desde 1969.

A promoção das exportações é uma política particularmente consistente com os múltiplos objetivos do governo. Proporciona uma margem

---

102. Projeções recentemente publicadas sobre os investimentos de fábricas norte-americanas que operam no Brasil indicam que os projetos de investimentos crescerão de US$ 181 milhões reais em 1970 para US$ 386 milhões em 1972. *Suveys of Current Business 51* (setembro de 1971: p.29). As projeções baseadas em levantamentos anteriores se demonstraram razoavelmente precisas.

de confiança para assegurar a investidores potenciais que seus empréstimos poderão ser pagos. Ao mesmo tempo, cultiva simpatias nacionais, tanto porque demonstra a capacidade da indústria brasileira de competir internacionalmente quanto porque reduz a dependência em relação ao financiamento externo. Não se podem desprezar esses pendores nacionalistas, como é demonstrado pela manutenção de altos preços para o café apesar da oposição dos Estados Unidos, pela insistência em manter uma limite de 200 milhas para as águas territoriais e pela condução do projeto da Transamazônica apesar da desaprovação dos organismos internacionais de crédito. Tais pendores representam limitações potenciais a determinadas opções da política, como o aumento da dependência em relação à poupança externa, o que pode alterar significativamente o caráter capitalista e aberto da estratégia presente.

Mais adiante, comentarei esse tema de forma mais detalhada. Antes de fazer isso, e considerando que essas críticas ao modelo econômico brasileiro não me convencem, gostaria de focalizar uma fragilidade potencial que tem sido em grande parte ignorada. Trata-se da capacidade da economia de manter seu impulso atual sem sofrer uma interrupção cíclica.

Os processos cíclicos têm recebido pouca atenção nas economias em desenvolvimento, principalmente porque se pressupõe a persistência da demanda agregada. No entanto, as variações experimentadas pelo crescimento brasileiro na última década sugerem que pode ser adequado encarar o *boom* econômico atual em tal contexto. O desenvolvimento recente se caracteriza de três períodos diferentes de crescimento real: 1957-62, 1963-67 e 1968. O primeiro corresponde a um crescimento industrial vigoroso (com média anual de 9,3%), orientado para a substituição de importações. O segundo mostra a influência dominante a política anti-inflacionária, uma redução da formação de capital e uma desaceleração dramática da expansão industrial (2,4%); foi precisamente tal experiência que originou a crença de que a diminuição das possibilidades de substituição de importações levaria à estagnação. Por fim, o crescimento tem se acelerado desde 1968, igualando-se de novo aos incrementos velozes do fim dos anos 1950 e início dos 1960.

Há mais nesse padrão do que perturbações inevitáveis provocadas pelo acirramento da inflação, pelo aumento do déficit do balanço de pagamentos e pelas políticas colocadas em prática para lidar com isso. Por sua própria natureza, o processo de substituição de importações reforça a suscetibilidade do mercado a influência cíclicas. A substituição de importações, seja por atender a demandas reprimidas. Com isso, tais atividades experimentam taxas iniciais de crescimento mais altas do que as possíveis no longo prazo. É claro que isso é verdadeiro em relação a produtos novos de maneira geral, para os quais a difusão de conhecimentos sobre o produto e a queda de preços produzem um efeito equivalente àquele que a demanda reprimida tem sobre os substitutos de importações. É isso que fornece a base para as curvas logísticas de crescimento de empresas individuais, conforme observado em economias desenvolvidas. Contudo, a analogia não se dá de forma exata. Em primeiro lugar, devido ao fato de o mercado já estar bem instituído, a substituição de importações envolve tipicamente investimentos iniciais muito maiores do que aqueles que acompanham a introdução de novos produtos. Assim, a substituição de importações respondem por uma participação maior na formação de capital do que novos produtos. Ademais, no caso específico do Brasil, as necessidades de capital das indústrias implantadas — de bens de consumo duráveis e de bens de capital — já se situavam acima da média devido à sua tecnologia moderna e às economias de escala a ela associadas.

Em segundo lugar, virtualmente por definição, a substituição de importações é um processo que se dá por pacotes. O estímulo proporcionado por medidas políticas que tornam a produção doméstica mais atraente faz com que muitas atividades novas sejam iniciadas num intervalo de tempo curto. Há de novo aqui um paralelo com as inovações de maneira geral, como assinalado por Schumpeter, mas, de novo, os incentivos específicos aos substitutos de importados tendem a exagerar o fenômeno. Por fim, e talvez o mais importante, em economias em desenvolvimento que promovem a substituição de importações é muito menos provável encontrar a flexibilidade dos recursos em reação a sinalizações de preços e a precisão da política governamental — que são, ambas, necessárias para enfrentar as tendências cíclicas que são inerentes ao processo. A concomitância da inflação e de problemas no balanço de pagamentos mascaram a dificuldade até que se torne tarde demais; é mais provável que surjam políticas agregadas do que políticas voltadas para a retificação dos desequilíbrios e rigidez que caracterizam de forma inerente as ondas de crescimento industrial.

Tal modelo parece ter sido executado no Brasil em sua inteireza. O *boom* dos investimentos na substituição de importações do final da década de 1950 foi logo seguido, no início dos anos 1960, por uma desaceleração do crescimento da produção e uma redução dos incentivos aos investimentos. As altas taxas de crescimento anteriores se transformaram num padrão de comparação continuamente inatingível, em relação ao qual o presente era avaliado. Devido ao fato de boa parte do investimento mais novo se relacionar entre si — os produtos substitutivos finais usam insumos que, por sua vez, são substitutivos de importações —, o efeito cumulativo foi amplificado. Uma vez que o financiamento de grande parte disso era estrangeiro, a crise do balanço de pagamentos se intensificou. A consciência sobre um excesso de capacidade considerável foi se disseminando cada vez mais à medida que as taxas de crescimento deixavam de se manter — assim como detentores de ações de crescimento percebem múltiplos de preço/lucro acima de 50% somente quando as cotações dos papéis param de subir. Assim, em 1961, a taxa de crescimento do investimento em bens de capital (à diferença de investimento em construção) já havia diminuído perceptivelmente em relação ao ritmo de 1957-60, mesmo antes que o aumento de produção tivesse caído. Quando, em 1962, a taxa de expansão de novo permaneceu em decepcionantes 4%, houve um reforço adicional à falta de dinamismo do setor industrial.[103]

A presença desse pano de fundo cíclico, compreendido inadequadamente, dificultou a formulação da política, terminando por fazê-la fracassar. As despesas governamentais continuaram a pesar cada vez mais na conta corrente e os déficits, crescendo cada vez mais, tiveram conseqüências inflacionárias, e não propiciadoras de crescimento, porque o setor real estava se readaptando a uma estrutura de demandas diferente após o primeiro surto de substituição de importações. Então, com a aceleração da inflação, houve tentativas periódicas de usar políticas monetárias e fiscais restritivas. Elas não funcionaram contra as expectativas inflacionárias que se haviam acumulado e, ao se mostrarem ineficazes, foram seguidas por uma nova rodada de estímulos voltados para compensar os efeitos negativos de curto prazo sobre a produção, originados pela estabilização. Compondo o problema, havia ainda a necessidade de restringir as importações e limitar a renda interna, devido às obrigações com o serviço da dívida adquirida para financiar o processo de substituição de importações. Aconteceu o pior de todos os mundos — um crescimento real cada vez menor, uma inflação cada vez maior e um déficit insolúvel no balanço de pagamentos.

---

103. Para dados não publicados sobre a decomposição dos investimentos em seus componentes principais, ver Carlos Langoni (1970), Tabelas 66-68. As informações sobre investimentos setoriais, que seriam de fato necessárias para testar o modelo cíclico, não estão disponíveis.

Após 1964, e por motivos associados tanto às políticas anti-inflacionárias quanto à sobrecarga da acumulação de capital anterior, a economia só cresceu lentamente. Em 1965, o investimento em equipamentos foi inferior ao nível de 1961. a proporção do investimento total no produto caiu para 12%, dos quais a parcela principal coube ao componente público. Conforme discutido anteriormente, era precisamente em tal situação que uma política monetária expansionista e consistente, se conduzida de forma adequada, poderia levar a aumentos no produto real sem conseqüências proporcionais sobre os preços. Esse foi o curso que se acabou por seguir em 1967, tendo contribuído para o início de uma recuperação que tem continuado até o presente.

Um aspecto essencial desse crescimento recente tem sido uma razão baixa entre capital marginal e produção. Embora o investimento tenha crescido mais depressa do que o produto, estima-se — sem base estatística sólida — que, hoje, sua proporção em relação ao produto não ultrapasse 20%. Assim, ainda estão por vir aumentos substanciais na capacidade de produção, que sem dúvida servirão de base para a continuidade da expansão no futuro próximo. A questão crucial é saber se, desta vez, se conseguirá evitar o aumento da dívida externa e uma acumulação excessiva de capital.

Mesmo na ausência de desequilíbrios introduzidos pela substituição de importações, há ainda uma variância notável na sorte dos diversos componentes do setor manufatureiro. As vendas industriais de São Paulo, cuja elevação global se deu na casa dos dois dígitos em 1970, variavam setorialmente de –1% a 45%! Os automóveis continuaram com sua expansão, ao passo que os eletrodomésticos reagiram a seu forte crescimento de 1969, mantendo-se desta vez estáveis. Os alimentos cresceram perto da média de 13,1%, mas vestuário e calçados não cresceram. Nos resultados nacionais, a variância não é menor.[104] A presença de taxas a um tempo altas e variáveis não permite desconsiderar a sensibilidade dos investimentos privados em relação a influências cíclicas. E também, não se pode desprezar casualmente uma dívida que exige amortização e serviço num montante que corresponde a um terço das receitas de exportação. Tais cuidados têm encontrado poucos defensores no presente ambiente de euforia; a decolagem está muito mais em moda do que os ciclos. Mas, dez anos atrás, na crista do rápido crescimento do parque industrial brasileiro,

---

104. *Visão*, 14 de fevereiro de 1971, p.154; *Conjuntura Econômica* (fevereiro de 1972), p.28-36.

quem teria se aventurado a apontar que a economia possuía as fraquezas estruturais que se tornariam evidentes mais tarde?

No entanto, dado que os recursos e informações do governo permitem uma prontidão muito maior para reagir a tais tendências, e devido ao fato de que as políticas fiscal, monetária e comercial subjacentes serem muito mais sólidas, desta vez aponto para uma fonte de dificuldades mais provável. Cresce no horizonte o problema de se dispor de poupança adequada para satisfazer as necessidades de investimentos. Até este momento, o crescimento tem sido barato, contando com excesso de capacidade herdado do passado. A sapiência econômica tem consistido no estímulo à demanda, e não na austeridade. Contudo, de modo a sustentar taxas de crescimento continuadas de 9% ou 10%, serão necessárias taxas de poupança muito mais altas do que, historicamente, têm sido conseguidas no Brasil. Hoje, parecem ser mais necessárias magnitudes de 25% do que os 15% da década de 1950. Essa poupança só pode surgir do adiamento do consumo atual ou do aumento de dependência em relação a fontes externas.

Os elementos básicos da estratégia governamental para atrair recursos privados têm sido aperfeiçoar o mercado de capitais e propiciar retornos razoáveis aos poupadores; as contrapartidas no setor público são a adequação fiscal e a limitação do consumo orçamentário. Na medida em que haja resposta da poupança interna, o julgamento político implícito a respeito da divergência de interesses entre as gerações presente e futura, inerente às políticas atuais, provavelmente atrairá pouca atenção. No entanto, caso essa reposta não ocorra, o palco será ocupado por essas prioridades e pela questão da distribuição de renda. O debate parece já ter começado. Os instrumentos aparentemente técnicos aplicados para gerar poupança interna têm importantes implicações distributivas. Ao decidir quanto a poupar, o governo pode escolher entre aumentar as fontes privadas ou públicas. Ao encorajar as primeiras, consegue oferecer taxas de juros mais elevadas para indivíduos ou incentivos para empresas; ao promover as segundas, pode optar por impostos mais altos ou menos serviços públicos. O que resulta são configurações de riqueza e distribuições de benefícios do crescimento muito distintas. O que se esconde por trás do véu da economia durante o crescimento veloz não tardará a revelar o seu caráter político verdadeiro, assim que os problemas aparecerem.

A dependência em relação a fontes de poupança externas não resolverá o problema de forma adequada, por isso inevitavelmente reativará aspirações nacionalistas para as quais as atuais políticas de crescimento das exportações e de maior limitação ao influxo de capitais têm dado respostas eficazes. E o governo já teve de responder a seus críticos. A poupança externa também exporá a economia a uma importante fonte de instabilidade, situação que já foi experimentada há uma década. Estrategistas econômicos do atual governo têm consciência do papel agravante que, no passado, foi desempenhado pelo serviço da dívida. O Banco Central montou uma unidade especial para manter monitoramento permanente do déficit. Tomaram-se medidas para restringir os influxos de curto prazo. Até aqui, a carga da dívida ainda não foi ponderada; mas as entradas de capital também não se transformaram em uma fonte significativa de poupança. Observe-se, além disso, que o capital externo substituiu apenas parcialmente o interno; um dólar de investimento externo não adiciona um dólar à poupança total, pois há desvio de alguma acumulação doméstica potencial em direção ao consumo. As obrigações da dívida podem crescer sem que haja efeito proporcional sobre o crescimento.

Portanto, a descontinuidade do aumento de poupança propiciada pelo crescimento contínuo a taxas elevadas quase inevitavelmente exigirá decisões que extrapolarão o terreno técnico. A atual estrutura política pode não ser flexível o suficiente para reagir com adequação. O fracasso em confrontar e mediar entre alternativas poderá facilmente permitir uma ressurgência da inflação como mecanismo temporário de equilíbrio. A correção monetária amplificará e sustentará esse surto. O compromisso com soluções que piorem ainda mais a distribuição de renda, como incentivos fiscais ainda mais atraentes, poderia evitar esse espectro, mas é possível que isso não seja mais factível. Há indícios de que o governo Médici começou a reconhecer que o bem estar não é apenas uma questão de relativos, mas também de absolutos. Para aqueles que se encontram na base da distribuição de renda, não e difícil que um aumento imediato por meio de redistribuição seja melhor do que uma parcela pequena do total, mesmo que este último cresça rapidamente. Em 1960, um quarto de *famílias* brasileiras tinham renda anual (incluindo entradas em espécie) de menos de US$ 420; dez anos depois, a proporção não é muito menor, apesar do crescimento experimentado no entretempo.

Embora até agora pareçam ter tido sucesso na conciliação de interesses divergentes, as políticas atuais na verdade não são adequadas para a tarefa de compensar as conseqüências distributivas de um aumento ponderável da poupança privada. É improvável que o Programa de Integração Nacional (PIN), também conhecido em sua feição original como projeto

Transamazônica, consiga uma contribuição mais do que marginal para o problema da pobreza no Nordeste. Imaginado para atrair o agricultor pobre do Nordeste e, assim, enfrentar simultaneamente o problema da grave disparidade regional e da situação especial dos sem-terra e dos pequenos proprietários, o PIN representa uma volta irônica à estratégia de emigração de Furtado. Trata-se de um reconhecimento de que foi limitado o sucesso do programa de incentivos 34/18. Ao admitir deduções de até 50% nas obrigações tributárias contra a aplicação de investimentos em empreendimentos industriais (e, depois, também agrícolas) no Nordeste, esse programa mobilizou recursos substanciais. Porém, dada sua própria natureza, a indústria moderna não conseguiria, por si mesma, resolver os problemas da região, mesmo com taxas de crescimento acima de 10%. As oportunidades de empregos criadas foram limitadas e a população predominante agrícola continuou a exibir níveis de produtividade incompatível com rendas razoáveis.

Na verdade, o crescimento e prosperidade dos últimos anos conseguiram apenas agravar o contraste regional. Os dados da Tabela 3 mostram, de um lado, que desde 1968 a renda não agrícola cresceu em relação à renda agrícola e, de outro, que a expansão recente tem sido mais benéfica para São Paulo do que para o Nordeste. Durante anos de recessão no Centro-Sul, os investimentos foram mais rápidos no Nordeste; provavelmente, o diferencial de renda sofreu uma redução modesta. Hoje, contudo, a tendência parece ter voltado a se reverter, como indicado também pelos dados sobre emprego.[105]

Cabe duvidar seriamente da eficiência da colonização como solução para esses problemas preocupantes. A quantidade de famílias a ser deslocada na fase inicial se situa meramente na casa dos milhares, enquanto se avalia que o excedente do Nordeste seja de centenas de milhares. Permanecem em dúvida o custo da realocação, a qualidade da terra e a própria capacidade de o programa atrair grandes quantidades de migrantes. Por seu lado, o PIN é financiado parte por um redirecionamento de 30% dos incentivos fiscais existentes. Assim, seja qual for o seu impacto, até certa medida será diluído por uma redução compensatória dos recursos destinados ao Nordeste e à região amazônica.

Ao mesmo tempo, os estados e municipalidades do Nordeste foram particularmente atingidos pela redução do Fundo de Participação à meta-

---

105. *Visão*, 14 de fevereiro de 1971, p.171-74, com base na pesquisa Nacional por Amostra de Domicílios.

de, ocorrida no início de 1969. Originalmente, isso havia sido instituído para distribuir 20% das receitas tributárias federais. Como a divisão entre os estados era inversamente proporcional à produção, o Nordeste havia sido beneficiado. Ademais, embora todas as municipalidades dos país recebessem suas cotas com base na população, a contribuição relativa que a distribuição dos fundos federais fazia ao Nordeste era maior, devido à receita menor gerada por seus municípios. Além de reduzir o montante total de recursos tornados disponíveis por essa via, o governo condicionou mais de perto as despesas estaduais e municipais à execução de planos federais.

Subjacente à redução do fundo esteve o desejo de aumentar os recursos à disposição do governo federal e, assim, enfrentar pressões inflacionárias. Também se alegou que teria havido desperdício nas despesas públicas — carros novos para prefeitos e praças iluminadas nos municípios.[106] Tal centralização carrega consigo importantes ramificações políticas. Se as prioridades e decisões alocativas locais deixam de ser importantes, o mesmo ocorre com a aquilatação do sentimento local. Essa tendência atingiu sua expressão mais saliente na escolha direta de governadores por parte do presidente. A atrofia do sistema político torna ainda mais difícil conseguir a redistribuição regional. Enxergado a partir do centro, o objetivo facilmente se transforma na maximização do crescimento total, com redução das simpatias quanto a preocupação regionais. Até mesmo o PIN, que fora concebido para melhorar as disparidades regionais, retirou recursos de organismos regionais.

O problema fundamental do Nordeste, o qual ainda não foi abordado de forma satisfatória, é uma agricultura pouco produtiva. Esforços sérios para promover a reforma agrária na zona da mata ainda são neutralizados. Uma melhor distribuição de renda e uma produção maior são compatíveis na medida em que trabalhadores sem terra e minifundiários conseguem aumentar a sua produtividade. Apesar disso, o governo não parece disposto a introduzir insumos modernos — fertilizantes, sementes, conhecimento técnico — na escala necessária. Tomadas em seu conjunto, as políticas de preços mínimos garantidos, crédito agrícola e melhoria na comercialização provavelmente beneficiaram os fazendeiros mais ricos, em detrimento dos

---

106. A relutância em aceitar a soberania do consumidor nesse contexto oferece um contraste gritante à disponibilidade em aceder às compras individuais de automóveis. Não é completamente óbvio que, seja como efeito demonstrativo, seja por pura satisfação, a introdução de iluminação em praças deixe de representar um aumento importante no bem-estar.

mais pobres. Resta ainda ver como o programa Proterra, implementado recentemente, alterará a perspectiva. Esse novo programa de reforma agrária, combinado com modernização agrícola, foi projetado especialmente para o Nordeste, e será financiado por 20% dos incentivos tributários antes aplicados em tentativas de investimento no setor privado. Assim, terá à disposição recursos que faltavam a tentativas anteriores de reforma. No entanto, é possível questionar se a intenção é, de fato, um comprometimento sério. O ministro da Agricultura deixou claro que essa política não se dirige ao proleriado rural: "O principal objetivo do Proterra é criar empresas rurais de porte médio capazes de revitalizar a agricultura regional, e não distribuir terra entre trinta milhões de nordestinos".[107] Para os demais, resta a duvidosa perspectiva da migração para a Amazônia.

Outro importante instrumento redistributivo do governo é o Programa de Integração Social (PIS). Seu objetivo é melhorar as condições dos trabalhadores urbanos. Criou-se um fundo financiado por empregadores — inicialmente por meio de redução de impostos —, do qual os trabalhadores possuirão cotas proporcionais a seus salários e anos de serviço. Em determinadas ocasiões especiais — casamento, construção de uma casa, aposentadoria, invalidez e morte — o trabalhador pode efetuar saques do fundo. Avalia-se que a captação líquida do fundo será de mais de US$ 500 milhões em 1974, continuando a crescer a partir daí.[108]

Se há questões legítimas a levantar quanto à capacidade de o PIS tratar adequadamente a disparidade regional, as dúvidas são ainda maiores quanto à eficácia do PIS de melhorar a desigualdade na distribuição de renda. Em primeiro lugar, o fundo se destina a gerar superávit ao longo de seus primeiros anos de operação, contribuindo, portanto, com poupança forçada em vez de aumentar o consumo. Mesmo uma liberação recente para o acesso dos trabalhadores aos seus fundos provavelmente não alterará esse fato. Portanto, quaisquer aspectos redistributivos serão postergados, ao passo que os efeitos da política salarial estão sendo sentidos no presente. Observe-se, também, que as contas do fundo se relacionam aos salários segundo uma relação positiva, e não negativa. Trabalhadores mais bem pagos e mais experientes recebem mais. Um esquema de imposto de renda negativo equalizador implicaria exatamente o contrário. Assim, o PIS representa um suplemento aos esquemas existentes de seguro social,

---

107. De uma entrevista com Luiz Fernando Cirne Lima a *O Globo*, 24 de setembro de 1972. Citado em David Goodman e Roberto Cavalcanti de Albuquerque.

108. Pastore e Barros (1972), p.127.

e não um dispositivo de redistribuição. Acresce que ele está longe de incidir apenas sobre o capital, como se apregoa. De início, é em grande parte financiado por reduções nas receitas do governo provenientes de impostos sobre vendas, supondo-se que as empresas não repassarão o abatimento, mas o usarão para pagar as suas cotas do fundo. Dessa forma, a redistribuição é limitada à transferência de todos os consumidores ao subconjunto daqueles que ganham com o fundo. Ao longo do tempo, é possível que venha a ser financiado parcialmente por lucros, mas nesse caso devesse atentar para outra anomalia — o custo do emprego aumentará, implicando um nível de emprego menor, sem aumento na renda do trabalhador.

Essa nova legislação é bastante modesta quando comparada com outras políticas governamentais orientadas para o crescimento, e que trabalham em favor da continuidade na concentração de renda. Os incentivos que incidem sobre o imposto de renda são o melhor exemplo. Ao concederem isenções cujos valores variam com a renda, fazem com que a operação do imposto se torne menos progressiva: é óbvio que aqueles que pagam pouco, ou nada, não recebem vantagens. Ao usar tais incentivos para canalizar recursos privados para o mercado de capitais ou, mesmo, para o Nordeste, em vez de fornecer diretamente poupança pública, o governo garante fluxos futuros de renda para aqueles cujas rendas atuais são as maiores.

De modo geral, a posição do governo tem sido de favorecer os lucros como fonte da poupança necessária para financiar a formação de capital. Inicialmente um instrumento antiinflacionário, a contenção salarial se tornou cada vez mais útil para essa finalidade mais ampla, à medida que a expansão se acelerou. A subestimação do componente relativo à produtividade na fórmula salarial (da mesma forma que a discrepância anterior entre o resíduo inflacionário e expectativas razoáveis) funciona contra o quinhão do trabalho, mesmo num período de elevação salarial. Essa política de rendas é eficaz porque o movimento trabalhista brasileiro deixou de existir e não pode protestar, e porque a medida do sucesso passou a ser o crescimento, e não o bem-estar.

Não deve causar surpresa que um governo centralizado e comprometido com o desenvolvimento capitalista tenha feito pouco no que tange a políticas distributivas sérias. Um papel essencial de um sistema político livre e amplo é contrabalançar os excessos do livre mercado, por meio da definição de prioridades populares. Em sua ausência, os interesses das massas são ignorados em favor de objetivos e instrumentos — que, como vimos, são implicitamente políticos — impostos por outros. Não foi ignorância ou a falta de patriotismo que fez com que a maioria dos trabalhadores mais letrados da Guanabara e de São Paulo exprimissem a sua oposição ao governo, quando a oportunidade se apresentou. Foi uma preocupação legítima com os seus interesses imediatos, desde 1964 tão pouco considerados. Embora uma realização notável, a expansão também precisa ser medida por aqueles que perdem e ganham.

Existe uma crença generalizada de que um Brasil modernizado e capaz de crescer com rapidez exigiria a estabilidade política propiciada pelo regime militar. Do mesmo modo que, aparentemente, a estabilização ortodoxa era necessária para combater a inflação, a centralização e a concentração de renda estão sendo consideradas hoje como essenciais para o desenvolvimento. Contudo, da mesma forma que hoje compreendemos que a oferta de moeda é capaz de estimular a produção e não os preços, e que é possível tolerar taxas de inflação de 20%, talvez venhamos a perceber que instituições políticas capazes de exprimir prioridades e escolher instrumentos podem ser necessárias para a transformação do crescimento em bem-estar. Ao gerar o consenso que se faz necessário para confrontar com sucesso o problema de se manterem altos investimentos e altas taxas de poupança, uma participação mais ampla pode constituir uma contribuição para a própria sustentação do crescimento.

A fonte mais provável dos capitais indispensáveis para isso é o próprio governo. Tal potencial é atestado pela expansão das rendas do governo federal e pelo superávit orçamentário atual. O mesmo quanto aos recursos controlados pelas empresas estatais. A manutenção de altos níveis de impostos pode fornecer uma alavanca para aliviar ao menos os abusos mais gritantes da desigualdade: uma redistribuição bem feita de 5% do produto seria capaz de resgatar todas as famílias situadas abaixo do nível de pobreza. Poupanças governamentais diretas não comprometem a riqueza privada em detrimento de uma futura distribuição de renda. E, no entanto, não é fácil imaginar que quantidades tão elevadas de recursos sejam canalizadas para o mercado, para que este faça com eles o que preferir. Inevitavelmente, a austeridade social traz consigo a necessidade e a oportunidade da valorização social. Por meio dessa adaptação, o modelo brasileiro pode vir a se tornar um milagre não apenas em termos de crescimento capitalista e expansionista mas, também, de elevações consistentes de renda tanto para os ricos quanto para os pobres. Até aqui, essa realização não se deu.

Apêndice

Este apêndice expõe de forma mais precisa os modelos ortodoxo e heterodoxo da inflação discutidos no texto. Os modelos são idênticos, exceto pela descrição que fazem do mecanismo de determinação de preços. Ambos incorporam a mesma equação de equilíbrio do mercado monetário:

$$\frac{M}{P}\left(Y, i, \frac{P*}{P}, \frac{Y*}{Y}\right) = \frac{M\left(G - T, R, B \cdot B, Caf\right)}{P} \tag{1}$$

A demanda por moeda é função da renda real (Y), da taxa de juros monetários (i), da expectativa da taxa de inflação $\left(\dfrac{P*}{P}\right)$ e do crescimento real da renda $\left(\dfrac{Y*}{Y}\right)$. A taxa de inflação entra porque seus efeitos podem não se refletir completamente na taxa de juros. A expectativa sobre a taxa de crescimento de renda é relevante porque saldos são adquiridos na antecipação de despesas futuras, as quais, por sua vez, dependem da renda futura. O suprimento normal da moeda é determinado pelo déficit governamental ($G - T$), pela aquisição de reservas de câmbio (R), pela participação relativa dos empréstimos do Banco do Brasil (B · B) e pela conta do café (Caf). A natureza da relação funcional agrupa as reservas necessárias em poder dos bancos comerciais, sua disponibilidade de emprestar e as vendas líquidas de títulos de financiamento da dívida. Uma condição de equilíbrio é que a demanda real por saldos monetários iguale a oferta real.

A equação 2 exprime a demanda por bens no sistema:

$$Y = f\left(G/P, T/P, r, \frac{M}{P}\right) \tag{2}$$

Dado que o consumo reage de forma previsível em relação à renda, a demanda agregada em termos reais depende das variáveis exógenas de despesa, das despesas governamentais (G/P) e do investimento. Este último não comparece explicitamente, mas através da inclusão da taxa real de juros (r), da qual depende. O nível de impostos reais (T/P) é incluído porque influencia o tamanho da renda disponível, e portanto do consumo.

Por fim, o nível de saldos monetários reais $\left(\dfrac{M}{P}\right)$ aparece devido ao impacto que tem sobre as despesas. A demanda cresce com o aumento do nível de tais saldos. Isso descreve o mecanismo pelo qual elevações na quantidade de dinheiro se traduzem em elevações de gastos.

A equação 3 liga a taxa nominal de juros (i) e a taxa real de juros (r), por meio da taxa de inflação esperada:

$$i \; = \; r \; = \; \frac{P \, *}{P} \cdot \tag{3}$$

A equação 4a introduz a diferença crucial entre as duas variantes de inflação. Trata-se da equação de oferta do produto. Em sua versão clássica, ela é simples:

$$Y = Y_f. \tag{4a}$$

A demanda é igual à oferta total de emprego, que por sua vez é determinada exogenamente pelo tamanho da força de trabalho, pelo estoque de capital e pelo caráter da tecnologia.

A segunda versão da equação 4, relevante para a alternativa heterodoxa, trata a oferta de modo diferente. Ela a torna completamente reativa à demanda, com os preços variando de acordo com a margem sobre os custos unitários:

$$P \; = \; g\!\left(\frac{Y}{Y_f}, \; \frac{P \, *}{P}, \; r\right) \cdot h\!\left(w, \; i, \; T, \; c\right) \tag{4b}$$

Assim, o nível de preços P é algum múltiplo dos custos salariais unitários (w), dos custos financeiros (por simplicidade medidos aqui pela taxa nominal de juros (i), pela carga tributária unitária (T) e pelos custos de insumos estrangeiros (c).

A margem sobre os custos é determinada por três variáveis. A primeira delas é a capacidade de utilização (Y/Y_f). Seu papel é dual. Em níveis elevados, o preço é influenciado positivamente por pressões óbvias de demanda e, portanto, de oportunidades de lucros. Mas isso sofre certa influência das economias de escala. Tudo contado, deve-se esperar uma variação positiva. Em níveis baixos de utilização da capacidade, essas duas forças agem em oposição e, outra vez levando-se tudo em conta, há provavelmente uma tendência negativa. A taxa de inflação esperada $\left(\dfrac{P \, *}{P}\right)$ se associa diretamente ao fator de margem — quanto maior a expectativa de elevação futura de preços, tanto maiores serão os preços cobrados hoje em relação aos custos. A terceira variável, a taxa de juros real, influencia o modo como a capacidade entra. A taxa de juros real, que mede o custo do capital de giro, entra na própria determinação daquilo que constitui a capacidade plena de produção, uma vez que a disponibilidade de estoques influencia a escala de produção potencial. O resultado se segue da substituição imperfeita de outros fatores de produção. Assim, uma demanda real dada, sob altas taxas de juros, se traduzirá em maior pressão sobre os preços e tenderá a induzir margens maiores. Tal fenômeno explica, em parte, a resistência dos preços em 1965 e 1966, anos em que houve conversão para altas taxas de juros.

Esses dois diferentes conjuntos de equações possuem, ambos, as mesmas variáveis endógenas: P, r, i e Y. Nesta versão simplificada, as expectativas são expressas exogenamente. É claro que, na verdade, a inflação passada influencia as antecipações presentes e dá origem a um processo cumulativo. Uma vez que nosso objetivo é focalizar as diferenças entre ortodoxia e heterodoxia, tal extensão é desnecessária aqui.

A Figura 1 apresenta, na forma de um diagrama, os aspectos essenciais dos sistemas de equações, permitindo-nos contrastar o seu funcionamento. A dependência da demanda agregada em relação a r está traçada no segundo quadrante. Fixadas as despesas governamentais e um balanço real, a demanda decresce com r, devido ao declínio do investimento. Quanto mais altos forem os balanços reais e as despesas governamentais, a curva se desloca para uma nova posição, mais acima. No terceiro quadrante, a demanda monetária, $\dfrac{M}{P}$, é traçada em relação a i, como o produto fixado. À medida que i cresce, $\dfrac{M}{P}$ decresce, e sua recíproca, representada no gráfico, cresce. Note-se que a diferença entre r e i reflete a taxa de inflação esperada, $\dfrac{P*}{P}$. O quarto quadrante traz a oferta monetária, aqui apresentada como variável exógena. Nesta representação, a variação nos meios de pagamento é medida pelo ângulo da reta; à medida que se move mais para perto do eixo P, a quantidade cresce.

Por fim, no primeiro quadrante temos as equações de oferta. A equação do sistema ortodoxo é de fácil representação: trata-se, simplesmente, de uma reta horizontal na altura $Y = Y_f$. Não há relação inerente entre Y e P, exceto aquela que emerge indiretamente da situação de equilíbrio. A equação de oferta alternativa estabelece explicitamente essa relação. Vemos que o preço se eleva apenas ligeiramente ao longo de um grande intervalo de produção e, depois, se torna elástico em diferentes níveis de capacidade, dependendo da taxa de juros real.

As diferenças essenciais entre os dois sistemas podem ser vistas examinando-se conseqüências da restrição monetária. Começamos com uma situação de pleno emprego, com alguma inflação. Agora a oferta de dinheiro é reduzida, para manter as elevações de preços sob controle. Necessariamente, o equilíbrio anterior se altera. Um impacto imediato é um crescimento tanto de moeda quanto da taxa de juros real (enquanto P ainda não muda) e de uma redução da demanda acompanhando a redução dos balanços monetários reais. Até este ponto, a descrição é a mesma para ambos os sistemas. As diferenças aparecem quando os preços começam a se ajustar. No esquema ortodoxo, a conseqüência final de tais pressões é forçar uma queda do nível de equilíbrio dos preços para P_1, o único compatível com o pleno emprego (No processo, as experiências inflacionárias também podem se alterar, reduzindo com isso a margem entre i e r, mas isso não é mostrado na figura.).

Contudo no modelo heterodoxo, P se reduz muito menos, e isso às expensas do produto real, de modo que o novo equilíbrio é atingido em preços mais altos, P_2, e a uma renda mais baixa, Y_2, em comparação com os resultados ortodoxos. Esse novo equilíbrio é atingido como resultado de deslocamentos adequados na função de demanda agregada e na demanda por dinheiro, até que se atinja um novo alinhamento compatível. O primeiro *round* reduziu a demanda, e a configuração final de equilíbrio é mostrada na figura.

Observe-se que, se o sistema de fato se comporta como representado pelo segundo conjunto de equações, e se são aplicadas políticas ortodoxas, não se conseguem atingir resultados totalmente satisfatórios. Pode-se apenas esperar que a própria equação de determinação de preços se altere, devido a mudanças de expectativas ao longo do tempo. Logo, uma política ortodoxa *pode* funcionar, caso a equação de preços, no primeiro quadrante, possa ser deslocada para a esquerda e tornada mais elástica. É nesse sentido que a política ortodoxa é um instrumento desajeitado e caro, mas ainda possivelmente eficaz. A política heterodoxa também se focaliza na equação de preços, mas com mais atenção a controles diretos; é geralmente mais tolerante em relação à inflação residual que possa resultar. Não tem disponibilidade para aceitar a combinação entre preços altos e menor produção, que pode caracterizar a aplicação continuada de medidas ortodoxas num mundo heterodoxo até que as expectativas sejam suficientemente alteradas.

Esta interpretação do problema da política de estabilização após 1964 precisa competir com outra, que atribui a defasagens o papel de principal vilão da peça.[109] Nessa alternativa, a restrição monetária se impõe de forma um tanto mais lenta do que suposto originalmente, e isso com alguma oscilação. Mas ela acaba por funcionar, e sua ineficácia temporária nada tem a ver com a natureza do comportamento da formação de preços. Os dados não conseguem discriminar satisfatoriamente entre esses efeitos, em particular quando se levam em conta instabilidades das próprias funções. De qualquer modo, a política governamental pós-1967 tem sido fortemente

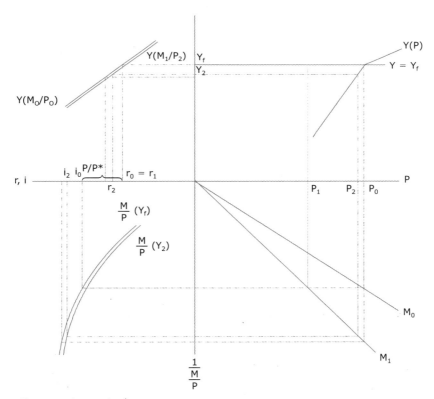

- - - - Equilíbrio inicial com pleno emprego.
- - - - Deslocamento inicial correspondente à redução na oferta de dinheiro.
- - - - Equilíbrio final no modelo ortodoxo.
- - - - Equilíbrio final no modelo heterodoxo.

---

109. Ver Robert Mundell (1965).

influenciada pela crença na inflação de custos; a política foi praticada conforme essa crença. O modelo heterodoxo desenvolvido aqui pode, portanto, ser considerado como uma formalização daquilo que os últimos planejadores imaginam ser a economia, da mesma forma que o modelo ortodoxo reflete as crenças básicas dos assessores de Castello Branco.

Referências Bibliográficas

BACHA, E.: *Encargos trabalhistas e absorção de mão-de-obra*, Relatório de Pesquisa n.12. Rio de Janeiro: IPEA/INPES, 1972

CAMPOS, R.: *Ensaios contra a maré.* Rio de Janeiro: APEC Editora, 1969

Centro de Estudos Fiscais: *O setor público federal na economia brasileira*, v.2. Rio de Janeiro: Fundação Getúlio Vargas, 1967

Companhia Central de Abastecimento do Estado da Guanabara (COCEA): *Resultados da pesquisa sobre consumo alimentar e orçamentos familiares no grande Rio.* Rio de Janeiro, 1970.

DÍAZ-ALEJANDRO, C.: "Some Aspects of the Brazilian Experience with Foreign Aid", em *Trade, Balance of Payments, and Growth* (org. J. N. Bhagvati *et al.*). Amsterdã: North Holland Publishing Company, 1971.

DOELLINGER, C. von: "Exportações Brasileiras: Diagnóstico e Perspectivas", *Pesquisa e Planejamento 1* (junho de 1971).

_____.: *Exportações dinâmicas brasileiras.* Rio de Janeiro: IPEA/INPES, 1971.

FISHLOW, A.: "Brazilian size distribution of income", *American Economic Review* 62 (maio de 1972).

FURTADO, C.: *Um projeto para o Brasil.* Rio de Janeiro: Saga, 1968.

_____.: *Análise do modelo brasileiro.* Rio de Janeiro: Civilização Brasileira, 1972.

GOODMAN, D. E. e ALBUQUERQUE, R. C.: "Economic Development and Industrialization in a Backward Region: The Brazilian Northeast", a aparecer em forma de livro.

GREGORY, P.: "Evolution of Industrial Wages and Wage Policy in Brazil, 1959-1967", relatório não publicado da AID, setembro de 1968.

GUDIN, E.: *Análise de problemas brasileiros, 1958-1964.* Rio de Janeiro: Agir, 1965.

_____.: "The chief characteristics of the postwar economic development of Brazil", em Howard S. Ellis (org.): *The Economy of Brazil.* Berkeley: University of California Press, 1969.

IANNI, O.: *Crisis in Brazil.* Nova York: Columbia University Press, 1970.

Instituto Brasileiro de Geografia e Estatística: *Produção Industrial*, 1966.

LANGONI, C. G.: "A Study in Economic Growth: The Brazilian Case". Dissertação de PhD, Universidade de Chicago, 1970.

Ministério do Planejamento e Coordenação Econômica: *Programa de ação econômica do governo, 1964-1966*. Rio de Janeiro, 1964.

MORLEY, S. A.: "Inflation and Stagnation in Brazil", *Economic Development and Cultural Change* 19 (janeiro de 1971).

MUNDELL, R. A.: "Growth, stability and inflationary finance", *Journal of Political Economy* 73 (abril de 1965).

PASTORE, A. C. e BARROS, J. R. M.: "O Programa de Integração Social e a mobilização de recursos para o desenvolvimento", *Estudos Econômicos* 2, n.4 (1972).

SIMONSEN, M. H.: *Inflação: Gradualismo vs. Tratamento de choque*. Rio de Janeiro: APEC Editora, 1970.

SKIDMORE, T. E.: *Politics in Brazil, 1930-1964*. Nova York: Oxford University Press, 1967.

TAVARES, M. C.: "The growth and decline of import substitution in Brazil", *Economic Bulletin for Latin America* 9 (março de 1964).

TRUBEK, D.: "Law, Planning and the Development of the Brazilian Capital Market", *Bulletin of the Institute of Finance*, Graduate School of Business, Universidade de Nova York, n.72-73 (abril de 1971).

Algumas reflexões sobre desempenho e política econômica na América Latina[110]

Existe um ponto de vista cada vez mais disseminado de que o desenvolvimento da América Latina no pós-guerra tem apresentado defeitos graves. O sucesso marcante que vários países asiáticos conseguiram na expansão baseada nas exportações, em particular a Coréia e Taiwan, tem um grande peso nessa avaliação. Além disso, esse exemplo comparativo dos benefícios da orientação para o exterior constitui um forte apoio para o corolário de que a causa principal do fracasso latino-americano seria a predileção pela substituição de importações que a região apresenta.

Angus Maddison estabelece relação entre as duas coisas. "O desempenho da América Latina no crescimento econômico desde 1973 foi terrível [...] tem havido [...] uma certa continuidade nas atitudes da política econômica desde os anos 1930, e a ordem internacional liberal criada pelos países da OCDE, e que influenciou a política econômica na Ásia, passou virtualmente ao largo da América Latina.[111]

Balassa e colegas vão mais adiante. Eles enfatizam que os choques externos na região não foram desproporcionais, e usam o ajuste problemático da América Latina à crise da dívida para enfatizar três deficiências mais fundamentais: uma orientação para dentro, a falta de incentivos apropriados à poupança e ao investimento e o papel excessivo do Estado.

---

110. Publicado originalmente em Tariq Banuri (org.): *Economic liberalization: No Panacea.* Nova York: Oxford University Press, 1991.

111. Angus Maddison (1985), p.53.

Eles receitam remédios que enfatizam a liberalização do comércio e a confiança nos sinais do mercado.[112]

Em outra influente análise comparativa, Jeffrey Sachs da mesma forma rejeita os diferenciais de choques econômicos e a vulnerabilidade em relação à dívida, mas também exclui o envolvimento governamental, para concluir que "as diferenças mais importantes parecem situar-se no manejo da taxa de câmbio e no regime de comércio. Tomadores latino-americanos e asiáticos diferiam não apenas nos montantes que tomaram de empréstimo como, também, no uso que fizeram desses empréstimos. Muito simplesmente, os países latino-americanos não usaram os empréstimos estrangeiros para desenvolver uma base de recursos de bens comercializáveis, especialmente indústrias voltadas para a exportação, que fosse adequada ao serviço futuro da dívida".[113] Seu foco muda, então, para os determinantes políticos da inadequação das políticas econômicas latino-americanas, atribuindo o papel principal à maior influência rural que há na Ásia em relação à América Latina.

Neste capítulo, abordarei três temas que figuram centralmente nessa análise da deterioração latino-americana. Primeiro, argumentarei que o desempenho "lamentável" da América Latina tem sido exagerada. Dois fatores contribuem para esse fenômeno: a seletividade da comparação, que confronta a região inteira com os países asiáticos de melhor desempenho; e a inclusão do período pós-1980, quando a renda latino-americana declinou em termos absolutos. Além disso, a gravidade relativa dos choques externos não pode ser desconsiderada como motivo importante para desempenho latino-americano menos satisfatório. Segundo, um gerenciamento deficiente da taxa cambial e da política comercial não foi crucial para o mau desempenho, como tem sido frisado. Na verdade, durante o período crítico em que a América Latina registrou o maior declínio em relação à sua tendência, as políticas de taxa de câmbio na região eram agressivamente favoráveis às exportações. O compromisso anterior com a supervalorização como instrumento de industrialização centrado na substituição de importações, e a perda conseqüente de parte das exportações, já tinha em grande parte ficado para trás nos anos 1970. O aumento dos volumes exportados após 1979 foi maior em relação à Ásia do que haviam sido anteriormente.

---

112. Balassa *et al.* (1986).
113. Jeffrey Sachs (1985), p.525.

Em terceiro lugar, os determinantes políticos subjacentes às reações da política econômica e da estratégia de desenvolvimento latino-americanas vão além da distinção urbano-rural acentuada por Sachs. Imperativos políticos debilitam o Estado intervencionista latino-americano, limitam a sua autonomia e diminuem a sua capacidade de reagir à crise da dívida, embora no Estado asiático tais imperativos resultem em fortalecimento. A desregulação e a privatização, simplesmente, não constituem a solução otimizadora; esse papel cabe à reconstrução de um Estado voltado para o desenvolvimento.

Desempenho Econômico Latino-americano

A Tabela 1 expõe algumas características do desempenho de países da América Latina, Extremo Oriente e Sul da Ásia. Os objetivos de interesse são taxas de crescimento, inflação e dívida. É clara a queda muito mais íngreme experimentada pelas taxas de crescimento latino-americanas no período. Partindo de uma desvantagem muito pequena em relação aos países do Extremo Oriente em 1965-73, a margem se amplia nos anos 1970, como o primeiro choque do petróleo. Mas a diferença real aparece após 1980 e a crise da dívida, houve queda do produto latino-americano em termos absolutos. Nesse período mais recente, a distância é de 6,2 pontos percentuais na média ponderada. Sem prestar atenção especial à profundidade dessa depressão latino-americana pós-1980, diferenciais na taxa de crescimento calculados ao longo de períodos mais amplos deixam escapar muito do quadro. De fato, dificilmente se poderia dizer que a América Latina teve um desempenho "lamentável" no período 1965-80; e a melhoria foi marcante nos resultados de 1950-65.

Além disso, é igualmente significativa a disparidade aparente entre países latino-americanos no que tange a taxas de crescimento do produto. Argentina, Chile e Peru têm desempenho consistentemente ruim, antes e depois de 1980; por outro lado, Brasil, Colômbia e México se comportam bem melhor. A heterogeneidade é tal que, até 1980, as diferenças nas médias simples entre América Latina e Extremo Oriente não são estatisticamente significativas. Expresso de outro modo, os países latino-americanos com melhor desempenho poderiam ser confundidos com países do extremo Oriente. Portanto, é preciso ter cuidado nas generalizações: caso fossem incluídos os países de menor porte da Ásia e América Latina, uma maior variabilidade se tornaria aparente.

Tabela 1 — Desempenho econômico comparativo.

	Taxas de crescimento do PIB			Inflação			Dívida externa/ PIB			Serviço da dívida/ exportações		
	1960-70	1970-80	1980-85	1960-70	1970-80	1980-85	1973	1983	1985	1973	1983	1985
América Latina												
Argentina	4,2	2,2	−1,4	21,7	130,8	342,8	0,17	0,68	0,80	0,28	0,44	...
Brasil	5,4	8,4	1,3	46,1	36,7	147,7	0,15	0,48	0,51	0,23	0,54	0,35
Chile	4,5	2,4	−1,1	33,2	185,6	19,3	0,31	1,03	1,42	0,12	0,55	0,44
Colômbia	5,1	5,9	1,9	11,9	22,0	22,5	0,23	0,28	0,43	0,20	0,38	0,33
México	7,2	5,2	0,8	3,6	19,3	62,2	0,16	0,61	0,58	0,34	0,43	0,48
Peru	4,9	3,0	1,6	10,4	30,7	98,6	0,14	0,73	0,88	0,29	0,34	0,16
Venezuela	6,0	5,0	1,6	1,3	12,1	9,2	0,28	0,46	0,66	0,18	0,29	...
Mediana	5,1	5,0	1,1	11,9	30,7	62,2	0,17	0,61	0,66	0,23	0,43	0,35
Média ponderada	5,7	5,8	0,4	24,7	47,9	277,7	0,18	0,56	0,61	0,26	0,46	0,31
Extremo Oriente												
Indonésia	3,9	7,6	3,5	...	20,5	10,7	0,36	0,29	0,43	0,07	0,13	0,25
Coréia	8,6	9,5	7,9	17,4	19,8	6,0	0,35	0,55	0,58	0,19	0,21	0,21
Malásia	6,5	7,8	5,5	−0,3	7,5	3,1	0,10	0,39	0,62	0,03	0,06	0,27
Filipinas	5,1	6,3	−0,5	5,8	13,2	19,3	0,18	0,40	0,81	0,19	0,22	0,19
Taiwan	9,8	5,4	6,2	3,5	12,2	3,3	0,11	0,14	0,08	0,04	0,05	0,04
Tailândia	8,4	7,2	5,1	1,8	9,9	3,2	0,09	0,25	0,47	0,13	0,21	0,25
Mediana	7,4	7,7	5,3	3,5	11,5	4,6	0,18	0,34	0,52	0,10	0,17	0,23
Média Ponderada	6,9	8,0	4,9	7,8	14,8	7,7	0,23	0,34	0,25	0,12	0,15	0,30
Sul da Ásia												
Bangladesh	3,7	3,9	3,6	3,7	16,9	11,5	0,06	0,38	0,43	0,02	0,15	0,17
Índia	3,4	3,6	5,2	7,1	8,5	7,8	0,14	0,11	0,19	0,20	0,10	0,13
Paquistão	6,7	4,7	6,0	3,3	13,5	8,1	0,66	0,31	0,38	0,15	0,28	0,30
Sri Lanka	4,6	4,1	5,1	1,8	12,6	14,7	0,22	0,44	0,62	0,13	0,12	0,15
Mediana	4,1	4,0	5,1	3,5	13,0	9,8	0,18	0,34	0,40	0,14	0,13	0,16
Média ponderada	3,9	3,7	5,2	6,2	9,6	8,3	0,19	0,15	0,24	0,18	0,12	0,16

Fontes: Banco Mundial 1982, 1987 para crescimento de taxas e inflação.
Tabela de Débitos 1986-87 para débito e serviço de débito.

Quanto à inflação, há uma clara diferenciação entre a América Latina, de um lado, e o Extremo Oriente e o Sul da Ásia, de outro; de novo, contudo, isso numa intensidade crescente. A vulnerabilidade latino-americana em relação à inflação não era pronunciada até que os países tivessem de lidar com os choques do petróleo e com ajustes significativos no balanço de pagamentos. As próprias alterações de preços relativos exigidas, incluindo a desvalorização cambial, se transformaram prontamente em aceleração inflacionária, por meio dos arranjos formais ou informais de indexação que caracterizam economias com inflação alta. Entre esses preços relativos, situa-se de forma proeminente a taxa de juros real, pois o setor público usa a dívida interna para captar recursos destinados ao serviço da dívida externa. Entretanto, a inflação tem um componente inercial forte, e seu nível absoluto é um índice enganoso da distorção interna e de distorções alocativas. A restrição monetária e fiscal convencional não funciona quando se trata de reduzir esse tipo de inflação. Tal incompatibilidade se tornou uma dificuldade essencial na implementação dos programas de estabilização do FMI em muitos dos países da região.

A uniformidade que transparece da Tabela 1, e que está na base de outras medidas de desempenho econômico, é a dependência muito maior que, nos anos 1970, a América Latina exibe em relação ao endividamento externo. Com exceção parcial, mas não completa, da Colômbia, os demais países se endividaram numa profundidade muito maior do que em qualquer outro lugar do mundo. A razão ponderada dívida/PIB triplicou entre 1973 e 1983, e a razão serviço da dívida/exportações, que já era alta, quase dobrou. A tabela também exibe o conservadorismo do Sul da Ásia e a sua inelegibilidade para obter empréstimos bancários. Também aparecem as diferenças de reação no Extremo Oriente: note-se, em particular, a disparidade muito grande entre as dependências coreana e taiwanesa em relação ao financiamento externo.

Quando, nos anos 1970, se deu aos países latino-americanos a oportunidade de aproveitar o aumento de disponibilidade de empréstimos bancários, eles a aproveitaram de forma substancial. De início, virtualmente todos os países obtiveram empréstimos para se ajustarem aos preços mais elevados do petróleo. O México e o Peru ainda não tinham saldo líquido positivo na exportação de petróleo; inicialmente, a Venezuela não obteve empréstimos e, ao contrário, depositou seu superávit no estrangeiro. Tais decisões quanto a empréstimos acompanhavam os sinais do mercado: as taxas de juros reais mundiais eram baixas e mesmo negativas, em particular quando comparadas aos índices de preços de exportação. Os países também se conformaram a limitações estruturais para o realinhamento imediato de suas economias internas; era preciso tempo para se ajustarem. Por fim, a dívida era consistente com uma política de continuidade, e não de ruptura abrupta, uma continuidade que parecia especialmente atraente para governantes que buscavam legitimar seu poder.[114]

Para os países maiores, em especial México e Brasil, tal acesso à poupança externa se tornou fonte de dependência. A posterior redução da transferência de recursos, quando novos empréstimos passaram a ser neutralizados pelo serviço da dívida, foi um fator importante para a elevação da demanda por empréstimos. À medida que o pagamento de juros crescia junto com a acumulação da dívida, uma transferência real de recursos podia ser obtida por um endividamento ainda maior, subscrevendo alto níveis de investimentos e altas taxas de crescimento. De modo a aceder às preferências bancárias por garantias públicas, cada vez mais os tomadores passaram a ser empresas estatais. Com isso, o papel do setor público se expandiu, como parte integrante da dependência em relação à poupança externa.

No geral, a estratégia funcionou. O fracasso posterior obscurece a apreciação da época, de que havia justificativa para o alto volume do fluxo. Durante esse período dos anos 1970, a razão de investimentos dos tomadores latino-americanos aumentou, e as taxas de crescimentos continuaram altas. A análise das funções de consumo mostra que a propensão marginal de poupar a partir de empréstimos externos era, em geral, igual ou maior do que a renda interna.[115] Portanto, na margem, havia uma substituição previsível da poupança doméstica. Contudo, quanto a isso, não parece ter havido nenhuma diferença entre a Indonésia e Coréia, de um lado, e o Brasil e o México, de outro.

Não parece, tampouco, que os países asiáticos tenham sido poupados de enganos no que diz respeito a investimentos públicos. Na Coréia, houve muitas críticas ao apoio que se deu à substituição de importações nas indústrias pesada e química. A partir de 1973 disparou-se um pesado programa de investimentos nessas indústrias, financiado em grande parte por empréstimos estrangeiros e créditos do banco central, e que foi perseguido com vigor até 1979. Para decepção dos planejadores que tinham concebido tal reestruturação industrial, a estratégia de desenvolvimento se deparou com uma pletora de dificuldades de financiamento, engenharia, qualidade e comercialização.[116]

---

114. Ver Fishlow 1985a, 1986.

115. Para estimativas de consumo a partir do produto e do capital externo, ver Fishlow 1985b, p.105-6.

116. Park 1986, p.1028.

Três fatores complicaram o desempenho latino-americano posterior. O primeiro foi um endividamento exagerado, que começou a se tornar evidente em 1979-80. O endividamento era de dois tipos. Argentina e Chile passaram a depender cada vez mais de empréstimos externos implementar as suas políticas internacionais monetárias de combate à inflação e de liberalização comercial; agora a supervalorização passou a ser um instrumento de não-estruturalistas, dependendo de influxos significativos para ser sustentada. Além disso, o México e a Venezuela, beneficiários da segunda subida dos preços do petróleo, abusaram do acesso fácil a crédito. O México tomou empréstimos para sustentar um programa ambicioso de crescimento acelerado; a Venezuela se permitiu expandir os gastos públicos ao mesmo tempo que os investimentos privados se contraíam. Nos quatro países, a consideração motivadora não era mais o ajuste do balanço de pagamentos. Não foi por acidente que, em todos os países menos o Chile, a saída de capitais logo se transformou num importante contrapeso à entrada de novos empréstimos. O excesso de empréstimos não conseguiu ser absorvido por meio de um aumento das importações; as saídas de capital equilibravam a conta. Se existem argumentos em favor do *loan pushing*, é nesses países que pode ser encontrado.

O segundo complicador era que, mesmo na ausência de choques externos, a abertura assimétrica da América Latina para a economia internacional já era inquietante em 1978. A dívida tinha se ampliado muito mais depressa do que as exportações. Observe-se, na Tabela 1, que, em 1973, os países latino-americanos tinham começado com uma razão serviço da dívida/exportações, muito maior do que os países asiáticos. Na altura de 1978, esse indicador aumentara cerca de 40%. Em economias tão fechadas, tamanha dependência em relação a influxos de capital trazia perigos; teria sido necessário um esforço enorme para realocar recursos de modo a pagar o serviço da dívida acumulada, mesmo se o ambiente econômico internacional não tivesse sofrido deterioração. A responsabilidade não coube apenas ao estilo de desenvolvimento latino-americano, voltado para dentro, mas, em medida até maior, à sua combinação com o endividamento externo.

Em terceiro lugar, após 1980 intervieram violentos choques externos, provando a vulnerabilidade latino-americana. Eles são destacados na Tabela 2. Quatro efeitos são medidos em relação a um padrão de continuidade da economia internacional. O primeiro é o efeito sobre a balança comercial, derivado da comparação da evolução dos preços de exportação e de importação no período 1977-79 com os anos 1981-83. O segundo é a elevação das taxas de juros reais entre os dois períodos. O terceiro é o impacto que a redução de crescimento da OCDE teve sobre o volume de exportações dos países em desenvolvimento. O quarto é a mudança da disponibilidade dos bancos comerciais em emprestar, medida na forma da mudança na razão entre o fluxo normal de capital e o produto bruto. Note-se que considero que as restrições ao acesso ao mercado de capitais representou um choque, o que de fato foi, e não um meio de ajuste.[117] Da Tabela 2 resultam duas conclusões principais. A primeira é que, nas economias latino-americanas, com exceção da Colômbia, os efeitos da taxa de juros e da oferta de capitais se fizeram sentir mais fortemente do que os efeitos da balança comercial e da recessão. O motivo é claro: taxa de juros e oferta de capitais dependem da razão dívida/PIB, ao passo que a balança comercial e recessão dependem da relação exportações/PIB. As economias mais abertas do Extremo Oriente foram agravadas pela deterioração das condições de comércio, ao passo que, devido à sua dependência em relação à dívida, os países latino-americanos eram mais sensíveis a mudanças nos mercados financeiros. Mas, precisamente por essa razão, os mercados financeiros permaneceram abertos para os países do Extremo Oriente, compensando o choque comercial e facilitando o ajuste. Isso não era verdade para os países da América Latina, que haviam se apoiado no mercado de capitais, e não no comércio, para se ajustarem ao primeiro choque. E, quando veio o segundo choque, já não havia mais escolha.

Isso explica porque é enganosa a medida convencional que relaciona os choques ao PIB, a qual mostra um grande sofrimento por parte dos países asiáticos. Este é o segundo ponto, que é crítico. Se a deterioração do balanço de pagamentos — que é o que os choques medem — deve ser ajustada pela conta comercial, então as conseqüências sobre o crescimento serão exibidas com precisão muito maior por meio da relação entre os choques e as exportações. É fácil ver por que. Seja ΔBP a soma dos choques e façamos com que a variação no balanço de pagamentos seja compensada por mudanças nas importações. Dividindo então por Y, e igualando a

---

117. Esses efeitos derivam de uma análise direta de recursos de mudanças na balança de pagamentos: $\Delta BP = P_x\Delta X + X\Delta P_x - M\Delta P_m - D\Delta i + Cap$; onde os termos tem seus significados comuns. Excluído são mudanças em importações como uma conseqüência de ajuste interno; mudanças no débito, porque eles são multiplicados por taxas de juros, fazem somente uma pequena contribuição.

Sachs considera somente interesses e termos de efeito de comércio, excluindo o efeito de recessão. Balassa (1984), em suas decomposições, permite pelo impacto da recessão em um volume de exportação, mas hipoteticamente um mercado constante divide mais que importa a elasticidade (aumento) de impostos. Nem permite pelo choque associado da troca de estoque de capital. Balassa considera a conta capital exclusivamente como um meio de ajuste. Mas se o efeito vier como estoque e for grande, o tratamento lógico é classificar como um choque.

razão das importações marginais à média (e igual à razão das exportações), podemos escrever que o crescimento exigido para haver acomodação aos choques é igual à razão convencional, relativa ao PIB, multiplicada pelo inverso da relação exportações/produto: $\Delta Y/Y = (\Delta BP/Y)\,(Y/Y)$.[118] Em outras palavras, em economias fechadas, o impacto de uma determinada queda de renda real sobre o crescimento é muito maior. Isso simplesmente reflete o fato de que, para economia fechadas, são necessárias variações

Tabela 2 — O impacto dos choques externos, 1981-1983.

	Preços de importação e exportação[a]	Taxas de juros[b]	Recessão da OCDE (razão em relação ao PIB)[c]	Ofertas de capitais[d]	Total[e]	Total[f] (razão em relação às exportações)
América Latina						
Argentina	0,006	−0,025	−0,009	−0,047	−0,075	−0,64
Brasil	−0,044	−0,022	−0,005	−0,022	−0,093	−1,37
Chile	−0,097	−0,034	−0,016	−0,026	−0,173	−0,80
Colômbia	−0,057	−0,004	−0,012	0,023	−0,050	−0,31
México	0,018	−0,035	−0,008	−0,020	−0,045	−0,42
Peru	−0,001	−0,039	−0,017	0,027	−0,030	−0,13
Venezuela	0,131	−0,034	−0,020	−0,162	−0,085	−0,31
Extremo Oriente						
Coréia	−0,068	−0,027	−0,022	−0,011	−0,128	−0,43
Filipinas	−0,076	−0,012	−0,014	−0,027	−0,129	−0,70
Indonésia	0,141	−0,012	−0,018	0,021	0,132	0,53
Malásia	−0,047	0	−0,038	0,112	0,027	0,05
Tailândia	−0,087	−0,007	−0,016	−0,004	−0,114	−0,52
Taiwan	−0,154	−0,004	−0,038	0,014	−0,182	−0,35

Fontes: Preços de importação e exportação: Comissão Econômica para a América Latina; FMI.
Taxas de juros: *World debt tables*, OCDE.
Taxas de crescimento e fluxos de capital da OCDE: FMI, ADB.
a. Efeito dos preços: variação percentual do índice de preços de exportação vezes a razão exportações/renda em 1977-79 menos a variação percentual do índice de preços de importação vezes a razão importações/renda em 1977-79.
b. Efeito das taxas de juros: variação da taxa de juros nominal implícita na dívida de médio e longo prazos, ajustada pela variação do índice de preços no atacado dos EUA entre 1977-79 e 1981-83 vezes dívida líquida/PIB em 1980. (Dívida líquida expressa em dólares, dividida pelas estimativas de PIB do Banco Mundial em *World development report*, 1982.)
c. Efeito da recessão na OCDE: variação da taxa de crescimento da OCDE entre 1977-79 e 1981-83 vezes uma elasticidade do volume importado de 1,5%, tomada como média trianual, vezes a razão exportação/renda, 1977-79.
d. Efeito da oferta de capitais: razão entre o influxo de capital, exceto financiamentos excepcionais e ajustados para compensar erros e omissões, e a renda de 1981-83 menos a razão em 1977-79.
e. Soma de todos os efeitos.
f. Soma de todos os efeitos em relação ao PIB vezes a razão exportações/ PIB, 1977-79.

---

118. A derivação é direta: $\Delta PB = \Delta M$. Dividindo por ΔY, $\Delta BP/\Delta Y = \Delta M/\Delta Y$. Seja a propensão marginal igual à média e igualemos as importações às exportações. Então, $\Delta BP/\Delta Y = X/Y$.

de renda muito maiores para produzir a mesma queda nas importações. Assim, era mais fácil para as economias asiáticas se ajustarem devido a seu comércio maior, mesmo sem levar em conta sua maior possibilidade de usar a expansão das exportações em lugar da contração das importações. Quando o choque total é relacionado às exportações, em lugar do produto bruto, quase todos os países latino-americanos (bem como as Filipinas) emergem claramente como vítimas equivalentes, ou ainda mais sérias, da deterioração da economia internacional. Além disso, o tamanho relativo do choque das exportações se mostra mais informativo a respeito das conseqüências para o crescimento reduzido no período 1981-83 do que o tamanho do choque do PIB. Enquanto a relação entre mudanças no crescimento entre 1970-80 e 1980-83 e o tamanho do choque relativo ao produto bruto é estatisticamente insignificante, o choque das exportações entra significativamente, mesmo depois da introdução de uma variável *dummy* regional.[119]

Acima de tudo, o catastrófico para o desempenho latino-americano foi a necessidade de cuidar imediatamente do desequilíbrio nas contas externas. Os países tomaram emprestado demais em relação a sua capacidade de curto prazo de se ajustarem a variabilidade do ambiente externo. Quando a crise chegou, as importações tiveram de ser desproporcionalmente reduzidas, às custas da produção e do crescimento da renda. Entre 1981 e 1983, as importações se reduziram em US$ 40 bilhões, mais de 40% em volume; em comparação, o declínio de 4% na produção reflete um amortecimento significativo do impacto potencial.

POLÍTICAS COMERCIAIS E DESEMPENHO

Até aqui, a discussão se deu sobre os problemas particulares enfrentados pelos países latino-americanos no início dos anos 1980, derivados de

---

119. As regressões relevantes são (as respectivas estatísticas t aparecem entre parênteses):
$G = -2,44 - 3,27D + 4,26GS$; $R^2 = 0,54$
$\quad\quad (3,41) \quad (3,82) \quad\quad (0,81)$
$G = -2,36 - 2,60D + 1,89XS$; $R^2 = 0,64$
$\quad\quad (4,95) \quad (3,09) \quad\quad (1,91)$
onde G é a diferença nas taxas de crescimento entre 1970-80 e 1980-3; D é uma variável auxiliar para a região da América Latina; GS é a razão entre o choque total e a renda; e XS é a razão entre o choque e as exportações. Os dados são extraídos das Tabelas 1 e 2.

Uma forma funcional alternativa, que leve em conta inclinações diferenciais para cada região, repete o melhor comportamento em relação ao impacto sobre as exportações, embora a inclinação para os países asiáticos se torne estatisticamente insignificante. Não há, virtualmente, diferenças na porcentagem das variâncias entre os efeitos constantes e com inclinações regionais.

sua integração assimétrica na economia mundial, que os tornou vulneráveis a queda internacional a partir de 1981. Esta seção examinará o outro lado da alta relação dívida regional/exportações: um desempenho comercial deficiente. Argumentarei que, durante a década de 1970, políticas comerciais melhores praticadas na América Latina conduziram a um desempenho melhor, e que, nos anos 1980, se exerceram esforços ingentes para seguir a receita da desvalorização real como forma de aliviar os efeitos do ajuste. O volume de exportações na verdade se expandiu, mas não o suficiente para assumir muito da carga da contração das importações.

O comprometimento latino-americano com a substituição de importações como rota para a industrialização atingiu o seu ápice nos anos 1950, quando as razões de importação se reduziram drasticamente e as políticas comerciais foram direcionadas conscientemente contra as exportações. A sobrevalorização cambial taxou o setor de exportações primárias e, simultaneamente, distribuiu as divisas resultantes para produtores de bens manufaturados, que se tornaram capazes de importar a baixo do preço bens de capital e outros insumos. Contudo, no início dos anos 1960, esse modelo atingiu o fim de sua eficácia. Problemas no balanço de pagamentos e a aceleração da inflação sinalizavam um reforço dos desequilíbrios externo e interno. Tanto teóricos da dependência quanto economistas ortodoxos passaram a considerar que as políticas comerciais deixavam a desejar. Nem sequer o incremento do influxo de capitais propiciado pela Aliança para o Progresso conseguiu evitar a crise econômica e a instabilidade política em muitos países.

A partir de meados da década de 1960, os países latino-americanos lutaram com a necessidade de modificar as suas políticas, da mesma maneira que muitos dos países do Extremo Oriente. A solução foi encontrada em taxas cambiais ajustáveis, subsídios para exportações, taxas de câmbio duplas, zonas francas, investimentos públicos e uma multiplicidade de outros meios de reduzir o desestímulo às atividades de exportação, em particular de produtos não-tradicionais. Embora não tão espetacular quanto o aparecimento dos novos países industriais asiáticos, o desempenho exportador da América Latina também melhorou nos anos 1960, permitindo um crescimento mais veloz do produto. Mas havia uma diferença fundamental na perspectiva a respeito do mercado de exportações, que continua até hoje. Para a América Latina, já industrializada e com renda e salários mais elevados, o mercado de exportações nunca foi concebido como base para o crescimento do setor industrial; sua função era prover moeda estrangeira, havendo ainda uma dependência pesada em relação a exportações de insumos básicos. Para os novos países industriais asiáticos, o mercado externo orientou o investimento industrial doméstico, de início na produção de bens intensivos de mão-de-obra, compatíveis com salários baixos, e mais tarde de outros tipos de bens. As exportações eram o instrumento da industrialização.

Nos anos 1970, apesar da maior dependência da América Latina quanto a empréstimos, a nova atenção às exportações teve continuidade. Enquanto no período 1970-80 os países em desenvolvimento de renda média experimentavam um crescimento mais lento das exportações do que no período 1960-70, o crescimento das exportações se acelerou em todos os principais países latino-americanos, exceto Venezuela e Colômbia.[120] Sob a pressão da crise do início dos anos 1980, realizou-se um esforço ainda maior. Entre 1980 e 1983, o México aumentou o seu volume de exportações a uma taxa maior do que a Coréia e Taiwan; além disso, Argentina, Brasil e Chile tiveram desempenho melhor do que a Indonésia, Malásia, Tailândia e Filipinas.[121] Infelizmente, em face de movimentos adversos de preços, tal esforço se traduziu em pouco rendimento, e tardio. Valores unitários de exportação para o hemisfério Ocidental recuaram 26% de 1980 a 1987, comparados com 18% para a Ásia, e menos para a Coréia e Taiwan, cujas exportações são mais industrializadas.

A Tabela 3 fornece uma decomposição das mudanças nas exportações entre 1962-64 e 1980-82 para vários países. Nela as mudanças observadas nas exportações (em dólares deflacionados por deflatores SITC de dois dígitos) são decompostas em três fontes: crescimento do comércio mundial, efeitos de composição calculados impondo-se uma participação de mercado fixa no âmbito de cada categoria e um efeito competitivo residual, associado a participações de mercado variável.[122]

Esses cálculos exibem três pontos principais. Primeiro, em ambos os períodos são evidentes os desempenhos excepcionais de Coréia, Taiwan e Malásia, com participações de mercado crescentes (mas o Brasil não fica muito atrás). Segundo, a mudança na contribuição da competitividade entre os dois períodos é compartilhada por todos os países, exceto a Índia e o Paquistão. Argentina e México se afastam de grandes reduções na participação de mercado para conseguir ganhos semelhantes aos de Indonésia, Filipinas e Tailândia. Terceiro, os efeitos de composição são uniformemente negativos para os países latino-americanos. Taiwan e Coréia se singula-

---

120. Ver Banco Mundial (1982), Tabela 8, p.124-5.

121. FMI (1985).

122. A decomposição da variação do comércio em dólares constantes é $q = s\Delta Q + (\Sigma s_i \Delta Q_i - s\Delta Q) + (\Sigma Q_i \Delta S_i)$, onde '$\Sigma$' é a somatória; s corresponde a participações nas exportações, o índice i são classes SITC e Q exportações mundiais. O primeiro termo mede a contribuição do crescimento do mercado mundial, o segundo o efeito da composição das *commodities* e o terceiro o resultado do aumento da competitividade.

rizam por se beneficiarem do aumento de participação no mercado mundial com exportações industriais; outros países do Extremo Oriente também sofrem as conseqüências de uma participação grande em insumos básicos de exportação de crescimento lento. Poucos países conseguiram evitar o recuo recorde da balança comercial nos anos 1980, mesmo praticando políticas comerciais imparciais.

Os melhores resultados comerciais da América Latina associaram-se de forma geral a uma melhor administração da taxa de câmbio. As evidências apresentadas por Sachs sobre a mudança real na taxa de câmbio entre 1976-78 e 1979-81 apresenta pequenas diferenças entre América Latina (excluindo Argentina) e a Ásia.[123] Em vez de constituir um instrumento de política empregado para conseguir uma transferência setorial interna de recursos reais, ou um meio de conter a inflação interna, a função primordial da taxa de câmbio era medir a rentabilidade relativa das exportações e dos substitutos de importações em comparação a produtos não-comercializáveis. Tal função não era exercida isoladamente em relação a outras políticas governamentais, incluindo-se não apenas restrições comerciais e subsídios como, também, investimentos públicos. Paradoxalmente, a estratégia monetarista internacional e liberal de alguns países do Cone Sul era claramente retrógrada, ao retornar a uma sobrevalorização consciente à

Tabela 3 — Decomposição das variações comerciais.

País/fonte da variação	1962-64 a 1970-72		1970-72 a 1980-82	
	US$ milhões[a]	%	US$ milhões[a]	%
América Latina				
Argentina				
Crescimento do comércio mundial	1439,2	567,3	1190,5	113,4
Composição[b]	−717,7	−282,9	−225,8	−21,5
Competitividade	−467,8	−184,4	85,3	8,1
Total	253,7	100,0	1050,1	100,0
Brasil				
Crescimento do comércio mundial	1463,7	98,2	2064,4	68,7
Composição[b]	−758,0	−50,9	−483,1	−16,1
Competitividade	784,6	52,7	1424,0	47,4
Total	1490,2	100,0	3005,3	100,0

123. Ver Sachs (1985), Tabela 6, p.41. A conclusão de Sachs é distinta, mas parece depender mais das margens do mercado paralelo do que das taxas de câmbio reais, em especial quando se excluem os países do Cone Sul. Mas isso mede a gravidade da crise, e não o desalinhamento das taxas. O Brasil, que estava prestes a entrar num boom de exportações, apresenta as maiores margens; as menores ficam com a Venezuela, francamente sobrevalorizada.

Tabela 3 — (Continuação)

País/fonte da variação	1962-64 a 1970-72		1970-72 a 1980-82	
	US$ milhões[a]	%	US$ milhões[a]	%
Chile[c]				
Crescimento do comércio mundial	...	...	192,7	43,7
Composição[b]	...	...	−54,6	−12,4
Competitividade	...	...	302,5	68,7
Total	...	...	440,5	100,0
México				
Crescimento do comércio mundial	1439,2	502,0	1190,5	97,9
Composição[b]	−717,7	−250,3	−225,8	−18,6
Competitividade	−467,8	−163,2	85,3	7,0
Total	286,7	100,0	1216,0	100,0
Extremo Oriente				
Indonésia[d]				
Crescimento do comércio mundial	734,7	169,1	819,1	46,7
Composição[b]	−296,5	−68,2	−503,9	−28,8
Competitividade	−3,7	−0,9	1437,1	82,0
Total	434,6	100,0	1752,3	100,0
Coréia				
Crescimento do comércio mundial	95,1	9,4	767,9	12,7
Composição[b]	−19,1	−1,9	36,2	0,6
Competitividade	935,8	92,5	5262,7	86,7
Total	1011,7	100,0	6066,8	100,0
Malásia[e]				
Crescimento do comércio mundial	580,3	101,6	886,1	48,9
Composição[b]	−305,0	−53,4	−396,9	−21,9
Competitividade	296,1	51,8	1323,6	73,0
Total	571,4	100,0	1812,9	100,0
Filipinas				
Crescimento do comércio mundial	737,1	269,1	709,5	144,6
Composição[b]	−387,7	−141,5	−273,6	−55,8
Competitividade	−75,5	−27,6	54,8	11,2
Total	273,9	100,0	490,6	100,0
Taiwan				
Crescimento do comércio mundial	354,0	20,1	1470,6	26,0
Composição[b]	−66,1	−3,8	110,3	2,0
Competitividade	1474,7	83,7	4072,1	72,0
Total	1762,6	100,0	5652,9	100,0

Tabela 3 — (Continuação)

País/fonte da variação	1962-64 a 1970-72		1970-72 a 1980-82	
	US$ milhões[a]	%	US$ milhões[a]	%
Tailândia				
Crescimento do comércio mundial	531,0	330,4	485,7	32,7
Composição[b]	−290,9	−181,0	−136,7	−9,2
Competitividade	−79,4	−49,4	1137,0	76,5
Total	160,7	100,0	1486,0	100,0
Sul da Ásia				
Índia				
Crescimento do comércio mundial	1749,1	656,3	1380,3	306,2
Composição[b]	−318,6	−119,5	−48,0	−10,6
Competitividade	−1164,0	−436,8	−881,5	−195,5
Total	266,5	100,0	450,8	100,0
Paquistão[f]				
Crescimento do comércio mundial	412,2	217,1	438,0	179,7
Composição[b]	−150,7	−79,4	−137,5	−56,4
Competitividade	−71,6	−37,7	−56,8	−23,3
Total	189,9	100,0	243,7	100,0

Fontes: ONU, *International trade statistics yearbooks; Statistical yearbook of the Republic of China; Trade of China.*
a. Dólares de 1970 deflacionados por valores unitários pelo emprego de categorias SITC de um dígito.
b. Empregaram-se seis categorias: SITC 0 + 1; 2 + 4; 3; 5; 6 + 8 − 68; 7.
c. Não há dados para 1963-64, 1982.
d. SITC 68% para 1964, com razões de 1963.
e. Os dados de 1962-64 incluem apenas os de 1964.
f. O primeiro período corresponde a 1963/4° trim. a 1970/1° trim.; o segundo período é 1972-1980/2° trim., usando-se apenas dados do Paquistão Ocidental.

custa da alocação deficiente de recursos. O Brasil, mais restritivo, evitou que o fluxo de capitais prejudicasse a estrutura produtiva e conseguiu maior crescimento industrial e das exportações.

Embora reconhecendo a importância de uma melhor política cambial, é importante não exagerar a influência de tais sinais de mercado tomados isoladamente. Em um trabalho anterior, referi-me à falta de qualquer associação entre variações observadas no volume de exportações e imperfeições da taxa de câmbio durante a década de 1970-80 numa amostra de países em desenvolvimento.[124] O *World Development Report* do Banco Mundial para

---

124. Ver Fishlow (1985c), p.139-41, onde também se analisa criticamente a hipótese de crescimento baseado em exportações.

1986 agora menciona novas evidências para o período 1960-83, mas de novo isso não parece resistir muito bem a um exame detalhado. Trabalhando com esse conjunto de dados, verifico que o desalinhamento da taxa de câmbio e sua variabilidade fornecem uma explicação apenas limitada para o desempenho das exportações; além disso, os resultados são muito sensíveis à escolha da amostra. Assim, a variância do crescimento das exportações explicado por desalinhamentos da taxa de câmbio situa-se sempre substancialmente abaixo da explicação por crescimento *per capita*; para o primeiro caso, o R^2 ajustado (para os 24 países da amostra do Banco) é 0,39; segundo caso, 0,12, com coeficientes de variabilidade e desalinhamento da taxa de câmbio estatisticamente não-significativos. Ao se introduzir a relação de investimentos nas regressões, isso leva a sua dominação pelo desalinhamento da taxa de câmbio, tanto em termos de significação estatística quanto de importância quantitativa. Por fim, basta excluir a Coréia do Sul da amostra para que o desalinhamento do câmbio peca seu poder explicativo. A realidade está muito distante da conclusão confiante do Banco: "um aumento de 10% do desalinhamento da taxa real de câmbio associa-se a um crescimento do PIB 0,5 ponto percentual menor e a um crescimento das exportações 1,8 pontos percentuais inferior ao que teria se verificado caso o aumento de desalinhamento não se desse.[125]

A Tabela 4 apresenta evidências adicionais. Ali são expressos os resultados de uma análise de regressão conduzida relacionando-se desvios das participações nas exportações em relação ao "normal" (i.e ajustadas em relação à população e nível de renda de cada país) a desvios das taxas de câmbio pela paridade do poder de compra e sua variância ao longo do tempo, bem como à participação de produtos manufaturados nas exportações totais; são focalizados países latino-americanos e asiáticos. Apresentam-se resultados de cortes para três datas, 1962/4º trim., 1970/2º trim. e 1980/2° trim. Para o primeiro e segundo períodos, o desalinhamento da taxa de câmbio é medido em relação á paridade de poder de compra de 1970-72; para o terceiro período, em relação a 1984 (após desvalorizações). Tais regressões são suplementadas levando-se em conta variações entre painéis sucessivos da Tabela 4; a variação dos salários reais é agora acrescentada como variável adicional.

---

125. Banco Mundial (1986), p.31-2. Minha análise estatística usa os dados do estudo introdutório de Cavallo *et al.*, "Real Exchange State Behavior and Economic Performance in LDCs", *World Development Report.*

Tabela 4 — Resultados de regressão resulta (valores *t* entre parênteses).

Corte

| Período[a] | Número de observações[b] | Variáveis independentes | | | R² |
		Desvio da taxa de câmbio (%)	Desvios SD/ Taxa de câmbio	Participação na exportação de manufaturados	
Agrupado	47	−0,079 (1,23)	−0,406 (1,23)	0,042 (0,35)	0,01
Inicial	15	−0,140 (1,70)	−0,094 (0,26)	0,012 (0,04)	0,00
Intermediário	16	−0,080 (0,88)	−0,180 (0,25)	0,030 (0,15)	−0,16
Final	16	−0,115 (0,26)	−1,430 (1,06)	0,096 (0,40)	−0,02

Variações entre cortes

| Período[a] | Número de observações[c] | Variáveis independentes | | | | R² |
		Variação nos desvios da taxa de câmbio	Variação no SD	Variação na partição em exportações de manufaturados	Variação do salário real	
Agrupado	23	−0,072 (0,24)	−0,263 (1,14)	−1,17 (0,56)	3,56 (1,14)	0,02
Inicial — Intermediário	10	0,354 (1,57)	0,107 (0,10)	−3,18 (2,81)	−9,11 (1,65)	0,35
Intermediário — Final	13	−1,340 (1,37)	−0,465 (0,85)	−0,12 (0,09)	8,78 (2,19)	0,16

Fonte: Ver o texto.

a. Período inicial: média de 1962-64; intermediário, 1970-72; final, 1980-82.

b. O grupo de países inclui Argentina, Brasil, Chile Colômbia, Equador, México, Peru, Uruguai, Venezuela, Índia, Indonésia, Coréia, Malásia, Paquistão, Filipinas, Tailândia. (NB: não há dados para a Indonésia no período inicial.).

c. Grupo formado como acima, menos Uruguai (inicial), Venezuela (inicial), Indonésia, Malásia, Tailândia.

Os resultados da Tabela 4 mostram que, embora os desvios da taxa de câmbio média tenham o sinal correto, não são estatisticamente significativos para explicar as diferenças na orientação quanto às exportações. O mesmo ocorre com a variabilidade dos desvios, que reflete a descontinuidade da política cambial; e também com a concentração na exportação de produtos industrializados. Essa constatação se reproduz em todos os três períodos, como também nos resultados agrupados, não constituindo, assim, uma aberração. Parte da diferença com relação a outros estudos se deve ao emprego de participações na exportação já corrigidas em termos da influência da população e da renda. Se o tema é o efeito da política cambial sobre a orientação comercial, este método parece preferível a se usar o crescimento das exportações como variável dependente.

Os resultados não melhoram muito na análise das variações mostradas na Tabela 4. A principal novidade é a reversão do papel dos salários reais. No intervalo 1962/4º trim. — 1970/2º trim. há alguma indicação de que um crescimento mais lento dos salários reais contribui para uma participação nas exportações maior do que o normal: trabalho barato contribui para a competitividade. Mas, no segundo período, há uma correlação positiva. Ganhos de produtividade acima da média produzem um desempenho comercial favorável e tornam compatível o crescimento salarial. Pode ser que buscar na taxa de câmbio um meio de reduzir custos do trabalho, em vez de fazê-lo por meio de mais investimentos e aumento de eficiência, seja a maneira errada de conduzir a política econômica.

O ponto da Tabela 4 é que generalizações abrangentes sobre a importância de política de câmbio não emergem clara e uniformemente dos dados. As estruturas produtivas importam na determinação do custo comparativo, como ocorre com outras políticas, incluindo intervenções extra-mercado. Enquanto em meados dos anos 1970 a Coréia amarrou o won ao dólar, sua taxa de câmbio se valorizou em 13%, porque os preços internos subiram mais do que nos seus parceiros comerciais; apesar disso, o volume das exportações se elevou em 23% ao ano. No mesmo período, 1975-78, a taxa de juros real do Peru sofreu depreciação de quase 70%; o volume das exportações aumentou, mas numa taxa mais baixa, de 15% ao ano. Quanto mais especializado é o produtor, e mais dependente de *commodities* primárias, menor o efeito da taxa de câmbio nos lados da oferta e da procura.

Depois que a grande desvalorização real nos Estados Unidos ativou uma resposta comercial limitada, talvez tenha ficado menos difícil sustentar o ponto de vista de que tudo depende da taxa de câmbio. A inegável competitividade dos novos países industriais do Extremo Oriente não implica que a responsabilidade por esse fato derive exclusivamente de uma política cambial agressiva. Na verdade, a ausência de uma relação estreita entre taxas de câmbio e desempenho explica em parte a tendência latino-americana de usar o instrumento para outros fins: caso o efeito fosse automático, positivo e negativo, então haveria mais disciplina.

Não há dúvida de que o Extremo Oriente tem sido mais orientado para o exterior do que a América Latina, e que, em medida muito maior, tem confiado na demanda de exportação para estimular a sua industrialização. Essa, porém, não é a única rota para o crescimento acelerado. Observe-se, na Tabela 1, que após 1980 os países do Sul da Ásia aparecem com as taxas de crescimento mais elevadas, embora não sejam orientados para a exportação. Eles escaparam do declínio na economia mundial que levou a uma deterioração perceptível no desempenho do Extremo Oriente. Outros, neste volume,[126] discutem essa variedade de opções; de minha parte, em *South*, janeiro de 1987, ocupei-me brevemente da oportunidade de uma estratégia de crescimento adequada sob o ponto de vista das exportações.

No fim, a questão do desenvolvimento tem como fulcro a combinação certa entre intervenção e mercado. Para compreender por que a América Latina não tem conseguido sustentar o crescimento econômico nos últimos anos requer uma focalização no papel do Estado e nos constrangimentos políticos que incidem sobre suas atividades.

O Papel do Estado

Até recentemente, a economia do desenvolvimento tratou principalmente dos limites do mercado e da necessidade de intervenção. Externalidades e descontinuidades fizeram com que as taxas de retorno privadas e sociais divergissem, passando a exigir realinhamentos públicos conscientes. Perspectivas diferentes quanto a estratégias de desenvolvimento se ocuparam de generalizações a respeito de onde as divergências eram maiores e de que tipos de políticas seriam as mais eficazes: investimentos social, industrialização, educação, tecnologia agrícola etc.

Na última década, houve uma reversão das opiniões. Hoje, o que está em voga é o liberalismo e as virtudes do mercado. Exatamente no instante em que os cientistas políticos estão trazendo o Estado de volta, os economistas urgem a imposição de limites rígidos às atividades do setor público. Fazem isso com base no sucesso do extremo Oriente e no fracasso latino-americano. Balassa *et al.* são claros: "Um fator central que deu impulso [...] à gravidade da crise econômica e social dos anos 1980 foi o papel abrangente e velozmente expansivo do Estado na maior parte da

---

126. Ou seja, no livro que incluía originalmente este artigo. (N.T.)

América Latina".[127] Economistas também aconselham restrições ao papel do Estado com base em novas teorias. As proposições convencionais de Smith a respeito das virtudes da mão invisível e das distorções causadas pela intervenção tem sido suplementadas por acréscimos importantes de três tipos.

Um deles é a distorção de alocação que acompanha a busca por renda. A intervenção cria um excedente; os agentes individuais dispenderão recursos para colocar as mãos nesse excedente, bem como para mudar as regras. Como primeira aproximação, a atividade improdutiva igualará o custo real da distorção, duplicando a perda econômica e impondo uma alta penalidade sobre a política estatal ativa. Tais custos de intervenção ligam-se à literatura da escolha pública (*public choice*), de James Buchnan e Gordon Tullock,[128] estendida e aplicada ao comércio e desenvolvimento por Kruger, Bhagwati, Srinivasan e outros.[129]

A segunda linha de ataque à intervenção governamental é a sua suscetibilidade de favorecer a distribuição em detrimento do crescimento. Mancur Olson enfatizou como o problema do oportunismo (*free-rider problem*) contribui para a distorção institucional. Os custos de organizar grupos pequenos e com interesses auto-centrados são menores, e seu potencial de ganho é maior, do que aqueles associados a finalidades públicas, globais. Para atingir os seus objetivos, a coalizões distributivas têm de usar seu poder de lobby para influenciar a política governamental ou seu poder impositivo para influenciar o mercado... "Alguém precisa administrar as regulações cada vez mais complexas que resultam disso [...] Isso aumenta a escala da burocracia e do governo".[130]

A terceira modalidade crítica se enraíza na aplicação histórica que Douglas North faz da literatura sobre direitos de propriedade. O papel correto para o Estado é estabelecer e defender regras para o controle sobre ativos, de modo a estimular transações eficiente; infelizmente, aqueles que governam seguirão seus próprios programas de maximização de renda, mas estreitos, em detrimento potencial de tal eficiência. Eles podem ser forçados a conceber uma estrutura de direitos de propriedade que favoreça poderosos grupos de apoio; ou os custos de recolher impostos podem fazê-los adotar um conjunto ineficiente de direito de propriedade. "Jun-

---

127. Balassa *et al.* (1986), p.24.
128. Ver, por exemplo, Buchanan e Tullock (1962).
129. Ver Srinivasan (1986) para um tratamento útil da abordagem neoclássica.
130. Olson (1982), p.69, 71.

tas, essas duas limitações respondem pela grande disseminação de direitos de propriedade ineficazes. Com efeito, uma estrutura de direitos de propriedade que maximize as rendas do governante (ou da classe dominante) conflita com aquela que produziria o crescimento econômico".[131]

As três vertentes de economia política neoclássica compartilham a ênfase na distorção alocativa que deriva de prioridades distributivas derivadas da concorrência na esfera política. Os interesses encastelados e aqueles que competem pelo espólio derrotam até mesmo as boas intenções do Estado. Aquilo que é eficiente no mercado econômico, reduzindo lucros e assegurando o custo mínimo, se torna esbanjador na arena política, na medida em que a perspectiva de obter ganhos privados leva a atividades socialmente improdutivas e a um conjunto equivocado de direitos de propriedade.

As três vertentes da economia política neoclássica optam igualmente pela redução da intervenção governamental. Para aqueles que escrevem na tradição da busca por renda, a solução é a liberalização e a eliminação da renda. Nas palavras de James Buchanan: *Se, porém, a ação governamental se estende significativamente para além dos limites definidos pelo Estado mínimo ou protetivo, se, como tem feito numa escala abrangente,[132] passa a interferir no processo de ajuste de mercado, a tendência à erosão ou dissipação das rendas recebe oposição e, em pouco tempo, pode ser bloqueada.[133]* Em nome de tal eficiência, pode ser necessário adotar medidas duras: *Um governo corajoso, impiedoso e, talvez, antidemocrático, é necessário para repelir esses novos grupos de interesses.[134]* Uma vez isso feito, presumivelmente o pluralismo pode ser restabelecido no Estado minimalista.

Olson é mais otimista a respeito das perspectivas de um consenso democrático capaz de fazer exatamente a mesma coisa: *[o governo] pode simplesmente rejeitar qualquer legislação ou regulação voltada para atender interesses localizados e, ao mesmo tempo, pode aplicar rigorosas leis antitruste para qualquer tipo de cartel ou conspiração que empregue seu poder para conseguir preços ou salá-*

---

131. North (1981), p.28. A posição de North é ambígua. Quando desencadeado, o seu Estado é perfeitamente capaz de remediar economias externas. Sua intervenção é perfeita. Por outro lado, os indivíduos privados também se organizam coletivamente e são capazes de reduzir os custos das transações, uma vez que os direitos de propriedade tenham sido corretamente alocados pelo Estado.

132. Buchanan se refere aqui ao governo Jimmy Carter. (N.T.)

133. Buchanan (1980), p.9, citado em Srinivasan (1986).

134. Lal (1983), p.33.

rios acima do nível competitivo.[135] Com sua ênfase histórica e positiva, e com sua simpatia em relação à ação estatal construtiva, North é menos incisivo. Apesar disso, a literatura sobre direitos de propriedade da qual ele parte é clara. Sempre há possibilidade de reorganizar os direitos de propriedade privada de tal forma a fazer com que as decisões do indivíduo sejam corretas; isso define o papel correto e minimalista do Estado.

De forma não muito diferente do marxismo ortodoxo, a economia política neoclássica é, de fato, uma teoria do não-Estado, focalizando-se quase exclusivamente nas reações de indivíduos privados e de grupos que competem por vantagens. O Estado é uma caricatura, condenado a fracassar em seus esforços de implementar seus programas de desenvolvimento, mesmo quando isso chega a ser admitido. Toda transferência de recursos promovida pelo Estado é relegada ao papel de distributivismo improdutivo, mesmo quando tal realocação de recursos esteja no coração do processo de desenvolvimento. Restrições quantitativas podem contribuir diretamente para investimentos e lucros do setor industrial, em lugar de ganhos de terceiros. Às vezes é necessário usar instrumentos não-ótimos. O mundo contrafatual da escola neoclássica é o de uma concorrência de mercado harmoniosa, como se os mesmos interesses que se apresentam no reino político se conformassem humildemente e como se as soluções de mercado não concentrassem poder e prejudicassem a eficiência.

A literatura contribui indicando como as intenções do Estado poderiam ser checadas e limitadas. Sob esse ponto de vista, constitui um saudável contrapeso às meras suposições a respeito da capacidade do Estado intervir positivamente. Como confessou a Comissão Econômica para a América Latina: "Durante boa parte dos anos 1960 e 1970, supôs-se que nos países da América Latina o Estado de fato tivesse em posição de representar o papel que lhe fora atribuído pela estratégia de desenvolvimento e transformação econômica". E "as principais escolas de pensamento econômico na América Latina, inclusive a CEPAL, nunca dedicaram muito esforço para analisar o Estado".[136]

A abordagem neoclássica também fornece um contrapeso útil para a posição extremada adotada por Chalmers Johnson em sua discussão a respeito do desenvolvimento japonês, que enfatiza a eficácia estatal; a ineficiência econômica é relegada a segundo plano. Mas, como enfatiza a

---

135. Olson (1982), p.236.
136. Maddison (1986), p.53, 54.

literatura sobre busca por renda, a ineficiência também pode conduzir a ineficácia, na medida em que recursos adicionais são desperdiçados na busca da conquista do espólio provocado pela distorção.[137] Mais geralmente, a ineficiência debilita o Estado, reduzindo sua fonte de recursos. Nem sequer grupos favorecidos manterão apoio contínuo frente à estagnação da renda. Em face de um Estado cuja eficácia passa a se limitar a domínios mais restritos, os objetivos iniciais precisam ser modificados ou abandonados. Johnson transforma o problema de economia política de estimular o desenvolvimento econômico num problema exclusivamente político.

No entanto, a principal deficiência da abordagem neoclássica é seu fracasso em esclarecer quais seriam as condições nas quais o Estado poderia desempenhar um papel positivo. Além de criar regras (minimalistas) para fortalecer o mercado, não existe aconselhamento de política econômica. E também não há orientações sobre como criar e manter apoio político, mesmo em favor da liberalização, exceto no que tange o recurso à tutela autoritária. Há demasiadas evidências a respeito de tipos diferentes de ação estatal no curso do desenvolvimento econômico, tanto vitoriosos quanto fracassados, para que uma tal política econômica teórica possa bastar. Um tema central do desenvolvimento tardio é que não pode ser dispensado casualmente; e, mesmo aceitando a conclusão de que em países tem havido intervenção excessiva, resta a necessidade de estabelecer prioridades sobre o que o Estado deveria fazer ou não fazer, e sobre a necessidade de implementar tais prioridades.

As experiências latino-americana e asiática dão oportunidade para o aprendizado.[138] Os casos do Extremo Oriente foram encarados como protótipos de Estados desenvolvimentistas com alto grau de autonomia e, conseqüentemente, com a capacidade de escolher e implementar uma estratégia de crescimento econômico isenta da diluição nas mãos de uma miríade de interesses privados conflitantes. Tal autonomia era parcialmente fruto de uma preocupação predominante com a segurança nacional, até mesmo com a sobrevivência da sociedade. Uma reforma agrária significativa e uma equalização de renda removeram da pauta as preocupações quanto à desigualdade, permitindo uma concentração de atenção

---

137. Johnson (1982), p.19ss.

138. Ver Haggard (1986) para uma resenha abrangente da literatura recente sobre o papel do Estado no Extremo Oriente e na América Latina.

sobre a acumulação. A identidade nacional estava garantida pela ameaça externa; a penetração de capital estrangeiro era limitada pelo fato do setor industrial ser intensivo de trabalho e pelo apoio do Estado às empresas nacionais.

A burocracia estatal era focada e protegida. Como empregador, o setor público não constituía a última opção, e também não era debilitado por falta de acesso a recursos. Na Coréia e em Taiwan, influxos de ajuda externa tiveram de início uma importância central. Depois, quando estes cessaram, o Estado se beneficiou do aumento de receitas à medida que se acelerava o crescimento do produto. Políticas públicas consistentes e dotadas de credibilidade reduziram a incerteza do setor privado e encorajaram o investimento.

Todas essas características ajudaram a promover a mudança de estratégia no início da década de 1960, que passou da substituição de importações para uma orientação exportadora. A expansão veloz do comércio internacional proporcionou um mercado crescente para os novos países industriais asiáticos à medida que as exportações japonesas se tornaram mais sofisticadas. A promoção das exportações era uma estratégia de industrialização capaz de funcionar em economias pobres, e pobres em recursos. O Estado desenvolvimentista latino-americano assumiu outra forma, enfatizando a industrialização pela substituição de importações. Isso ocorreu por dois motivos. Primeiro, a Grande Depressão despertara um ceticismo compreensível em relação às oportunidades do comércio internacional e de uma ordem liberal. Os anos 1930 também tinham sido um período de crescimento industrial em muitos países. Segundo, a promoção das exportações nos países da região que contavam com riqueza de recusos traduziu-se necessariamente numa ênfase sobre o setor primário e no fortalecimento da elite rural tradicional, cuja influência seria supostamente reduzida pela industrialização. O que se imaginava ser necessário para América Latina era uma classe média urbana nova e modernizadora.

Incentivos estatais e uma tecnocracia burocrática nova desempenhariam um papel proeminente na transformação consciente da sociedade. O poder continuado da elite rural latino-americana e não sua fraqueza, como na versão de Sachs, determinou a escolha da taxa cambial e a adoção de instrumentos de política comercial para taxar o setor rural e, simultaneamente, redistribuir o resultado às novas indústrias. As políticas comerciais não se ocupavam de comércio, mas de incentivos à produção interna e ao financiamento. O Estado era intervencionista e capaz de estabelecer metas nacionais, mas lhe faltava o poder político para implementá-las por inteiro. Portanto, a ordem do dia eram técnicas indiretas. Isso significava prevenção quanto às exportações e, também, uma necessidade de usar o imposto inflacionário para financiar o investimento de uma infra-estrutura que se expandia. No final dos anos 1950, o resultado líquido nos países grandes da região foi um crescimento impressionante na produção industrial, aceleração da inflação e problemas de balanço de pagamentos. Nos países menores, limitações decorrentes do tamanho do mercado reduziram o âmbito de uma transformação efetiva; os esforços de criar um mercado comum regional falharam.

Na América Latina nos anos 1960, seguiu-se uma maior atenção às exportações, como discutido na primeira parte deste artigo. Mas a situação de riqueza de recursos e de renda mediana de boa parte da região continuava a fazer com que o mercado externo significasse um foco duvidoso para uma estratégia de desenvolvimento orientada para a industrialização. As exportações eram necessárias para aliviar os constrangimentos do balanço de pagamento, e não para proporcionar uma fonte de demanda para a indústria doméstica. Tal função era tão verdadeira para o Brasil, com seu desempenho exportador mais favorável, quanto para outros países. E influiu sobre os governos militares latino-americanos tanto quanto fizera em relação aos governos civis que aqueles substituíram, nos anos 1960. O Estado desenvolvimentista latino-americano permaneceu olhando para dentro, não apenas como expressão de seu compromisso autônomo para com a industrialização, mas também como resultado da ascensão de uma sociedade urbana organizada em torno dos setores industrial e público. O nacionalismo era uma ideologia unificadora, à qual sempre se apelou. Na América Latina, o nacionalismo foi igualado ao protecionismo, mesmo apesar do fato de que o tipo de industrialização latino-americano, centrado em bens de consumo duráveis, exigisse grandes investimentos estrangeiros. O protecionismo significava apoio a empresários e trabalhadores industriais e um setor de serviços manejado por trabalhadores de escritório. Tais interesses domésticos e a continuidade de uma tradição política e constitucional diluíram a capacidade tecnocrática do Estado definir uma estratégia de desenvolvimento independente.

À medida que a industrialização se dava nos anos 1960, havia excesso de prioridade. Muitos grupos diferentes faziam sentir a sua pressão. Com a concessão de subsídios a uma quantidade cada vez maior de grupos, houve um cancelamento dos efeitos de uma distribuição real. A única conseqüência foi um dreno fiscal maior. A burocracia não só refletiu essas divisões como sobrepôs a elas a sua própria falta de unidade. Multiplicaram-se as empresa estatais, com reivindicações próprias quanto a recursos — internos e externos. A conseqüência líquida foi a diminuição da eficiência dos investimentos, não só do setor público mas também do privado.

Ao mesmo tempo, a questão distributiva atingiu nova proeminência na região, em parte por causa do interesse de Banco Mundial, em parte porque representava um escoamento legítimo para o programa populista que havia sido reprimido no passado. A desigualdade latino-americana situava-se nos níveis mais elevados da escala internacional. Garantias mornas de uma curva de Kuznets, segundo a qual a distribuição de renda melhoraria com o aumento da renda, eram inadequadas. Havia o problema de uma pobreza disseminada em meio à abundância: a questão distributiva era mais fundamental do que a busca por rendas ou as coalizões de interesses. E essa questão não tinha uma solução imediata, ou simples.

Assim, a tarefa do Estado desenvolvimentista latino-americano era mais complicada do que no Extremo Oriente. Com freqüência, expectativas frustradas têm exagerado os esforços estatais em estimular o crescimento, evocando ao mesmo tempo respostas mais divisionistas da sociedade. Ao mesmo tempo, a capacidade do Estado tem sido consistentemente mais limitada. Déficits fiscais e o recurso a um imposto inflacionário fornecem uma medida dessa fraqueza. Não é de admirar que os recursos externos tivessem sido encarados com a solução ideal, uma vez que se dirigiam predominantemente ao setor público. Num sentido mais amplo, tais recursos também evitaram a escolha entre o crescimento do consumo e o aumento da poupança interna necessária para manter taxas de crescimento elevadas. Uma estratégia arriscada era preferível a outra, de ajuste imediato, cuja implementação poderia não ser possível.

Uma marca da política econômica latino-americana tem sido seu caráter heterodoxo. O Estado tem sido encarregado de atingir metas múltiplas, mas para isso foi munido de instrumentos apenas limitados. Os agentes econômicos não apenas são céticos quanto à eficácia da política como também erigiram defesas para suas rendas relativas. Os meio de conciliação tentados são a novidade e a freqüência da ação. Note-se que, mesmo quando os países do Cone Sul se voltaram para a liberalização, fizeram-no de uma forma especial e extremada, que dependeu de reações internacionais para impor a disciplina interna. E o fizeram de forma incompleta, mesmo em meio à repressão militar.

A solução correta para lidar com o problema da recuperação econômica da América Latina não é a aplicação uniforme de remédios ortodoxos: isso significaria extrair a lição errada do Extremo Oriente, enfocando de forma estreita instrumentos específicos de política como a taxa de câmbio, a taxa de juros e outros. Igualmente, importaria em ignorar as evidências de que o ajuste realizado sob os auspícios do FMI é inadequado. A pergunta certa é como reconstruir um Estado desenvolvimentista latino-americano capaz de implementar as políticas certas constantemente, e não apenas registrar os preços certos. Não basta apenas o direcionamento do Estado, pois às vezes ele foi também excessivo. Mas direcionar-se a um Estado mínimo é tratar dos sintomas em vez da doença. Reformas precisam contar com uma base doméstica num consenso sustentável no seio da sociedade. É esse o desafio para as novas democracias da região, um desafio que se apresenta em dobro devido às exigências urgentes postas pela crise da dívida.

Uma Palavra Final

Os desempenhos econômicos cada vez mais diferentes do Extremo Oriente e da América Latina nos anos 1970 e 1980 fornecem uma experiência valiosa, da qual podem tirar proveito não só acadêmicos como, também, aqueles que formulam a política econômica. O desafio é conduzir as inferências direito.

Isso significa formular corretamente a comparação entre o crescimento de longo prazo e os efeitos dos choques externos. Também significa um olhar cuidadoso para o modo como as forças de mercado têm funcionado no estímulo ao crescimento das exportações, bem como para a convivência de se adotar indiscriminadamente um modelo de desenvolvimento voltado as exportações. Acima de tudo, contudo, envolve necessariamente uma compreensão mais sistemática da base político-econômica de uma estratégia de desenvolvimento. Deixou de ser suficiente conduzir a discussão em torno do tema de saber se os Estados asiáticos são intervencionistas ou não, ou mesmo sobre como esse intervencionismo atua: também precisamos entender quais políticas econômicas são eficazes e possíveis em ambientes diferentes, e como contribuem para a alteração do espaço político.

Referências Bibliográficas

BALASSA, Bela, e MCCARTHY, F. Desmond (1984) "Adjustment Policies in Developing Countries, 1979-83", Washington, DC: World Bank.

_____ (1986) "Prices, Incentives, and Economic Growth". In B. Balassa and H. Hiersch eds., *Economic Incentives*, London: Macmillan.

Banco Mundial (1982, 1986) *World Development Report*, Washington, DC.

BUCHANAN, James M., e TULLOCK, Gordon (1962) *The Calculus of Consent: Logical Foundations of Constitutional Democracy*, Ann Arbor, Mich.: University of Michigan Press.

FISHLOW, Albert (1985 a) "Coping with the Creeping Crisis of Debt". In Wionczek, ed., *Politics and Economics of External Debt Crisis*, Boulder, Colo.: Westview.

_____ (1985 b). "Revisiting the Great Debt Crisis of 1982". In K. Kim and D. Ruccio, eds., *Debt and Development in Latin America*, Notre Dame, Indiana: Notre Dame University Press.

_____ (1985 c). "The State of Larin American Economics", Ch. 5 In Inter-American Development Bank., *Economic and Social Progress in Latin America*, Washington, DC.

FMI (1985) *International Financial Statistics Yearbook* (annual), Washington, DC.

HAGGARD, Stephan (1986) "The Newly Industrializing Countries in the International System", *World Politics*, 38-2: 343-70.

LAL, Deepak (1983) *The Poverty of Development Economics*, Cambridge, Mass.: Harvard University Press.

MADDISON, Angus (1985) *Two Crises: Latin America and Asia, 1929-1938 and 1973-1983*, Paris: OECD Development Centre.

_____, ed. (1986) *Latin America, the Caribbean and the OECD*, Paris: OECD Development Centre.

SACHS, Jeffrey (1985) "External Debt and Macroeconomic Performance in Latin America and East Asia", *Brookings Paper on Economic Activity*, 2: 523-64.

SRINIVANSAN, T. N. (1986) "Neoclassical Political Economy, The State and Economic Development", New Haven: Yale University (Mimeo).

NORTH, Douglass C. (1981) *Structure and Change in Economic History*, New York: W. W. Norton.

OLSON, Mancur (1982) *The Rise and Decline of Nations*, New Haven: Yale University Press.

PARK, Yun Chul (1986) "Foreign Debt, Balance of Payments, and Growth Prospects: The Case of the Republic of Korea, 1965-1988", *World Development*, 16/1: p.99-119.

O Estado latino-americano[139,140]

O papel do Estado no desenvolvimento latino-americano atravessa uma reavaliação fundamental. Enquanto os cientistas políticos têm trazido o Estado de volta, os economistas têm se esforçado por tirá-lo de cena.[141] Aparentemente, o lado vencedor foi o da redução da intervenção governamental. Pressupostos anteriores a respeito dos benefícios claros de um direcionamento público já não orientam a estratégia de desenvolvimento da maioria dos países da região. Em vez disso, as proposições centradas nas vantagens da liberalização do mercado e da privatização de empresas estatais exibem nova vitalidade. Parece ter emergido um novo consenso quanto a um papel reduzido para o Estado na América Latina, reforçado pelas tendências liberais em ascensão nos países industrializados e pela rejeição do planejamento central do bloco socialista.

Esse debate é central para a economia do desenvolvimento enquanto um campo específico, a ponto de Deepak Lal identificar o seu falecimento com um novo reconhecimento da importância das "distorções criadas por um dirigismo irracional, politicamente induzidas e, portanto, longe de serem inevitáveis".[142] Contudo, na América Latina tal reconsideração assume um significado especial, por duas razões. Primeiro, o modelo de industrialização conduzida pelo Estado e baseado na substituição de impor-

---

139. Publicado originalmente em *Journal of Economic Perspectives* 4, n.3, 1990, p.61-74.

140. Agradeço às úteis sugestões substantivas e estilísticas dos editores — Carl Shapiro, Joseph Stiglitz e Timothy Taylor — e o apoio das Fundações Rockefeller e MacArthur e do IBER.

141. Evans, Rueschmeyer e Skocpol (1985).

142. Deepak Lal (1985), p.53.

tações é identificado com a região. Raul Prebisch e a Comissão Econômica para a América Latina (1950) eram os defensores mais proeminentes dessa nova estratégia de desenvolvimento pós-II Guerra Mundial, algo ainda apreciado por muitos latino-americanos. Segundo, os países da região experimentaram uma ruptura acentuada com as tendências passadas de crescimento dos anos 1980, tendo experimentado ao longo da década um declínio cumulativo médio da renda per capita de cerca de 10%. Há forte ímpeto em favor de uma nova abordagem.

Este ensaio enfoca os motivos que estão por trás do novo compromisso com a redução da participação estatal. Em particular, sugiro que o ímpeto vem menos e uma nova convicção ideológica quanto às virtudes do mercado do que de políticas macroeconômicas ineficazes, praticados nos anos 1980. O principal problema confrontado pelos países da região é um desarranjo fiscal, e não uma ineficiência maciça, resultante de má alocação de recurso. A América Latina não é a Europa Oriental, onde a reforma se traduz na eliminação do monopólio da propriedade estatal e da estrutura de comando centralizada. Os países latino-americanos aderiram ao capitalismo de mercado, mas o fizeram sem que, nos últimos anos, tivessem experimentado os seus efeitos mágicos. É a competição entre as explicações micro e macroeconômicos que ilumina o fato de, por baixo de uma concordância aparente a respeito da redução do papel do Estado, esconder-se a continuidade das divergências de perspectiva na região.

Mãos Visíveis e Invisíveis

Pelo menos ao longo do início da década de 1970, a economia do desenvolvimento se definia principalmente como subterreno, devido a ênfase que atribuía às imperfeições do mercado e ao potencial da intervenção governamental de melhorar a curva de Pareto. Dedicava-se atenção especial à questão de como o governo poderia buscar externalidades dinâmicas e explorar divergências grandes entre taxas de retorno de investimento privadas e sociais. A crença era de que os mercados privados conduziram a soluções inferiores, caso deixados a si próprios. Afinal de contas, a confiança histórica nos mercados não reduzira os desníveis de desenvolvimento.

O Banco Mundial deu a tal perspectiva o rótulo de "interesse público".[143] É possível separar diversos componentes. Primeiro, existe o proble-

---

143. Banco Mundial (1988), p.49.

ma de suprir bens públicos e infra-estrutura onde a reação do mercado leva a uma oferta inadequada ou monopólios naturais. Segundo, existem outras falhas de mercado devidas a externalidades, informação imperfeita e assim por diante. Terceiro, há necessidade de que a política do Estado determine níveis apropriados de acumulação de capital, uma vez que as gerações futuras não estão bem representadas nas preferências privadas. Por fim, mas não menos importante, a concentração de poder e riqueza privados constitui um motivo para a correção do Estado, em nome da justiça social e da igualdade. Tudo isso se combina num papel ativo e positivo para o Estado na produção direta de bens e serviços, na administração de rendas e despesas e na regulação da atividade privada.

No contexto específico da América Latina, a teoria da industrialização por substituição de importações cultivou quase todos esses princípios. Um dos pilares da abordagem era a convicção de que sinais de mercado estáticos superistimariam os lucros provenientes de exportações primárias, devido à deterioração potencial dos termos de troca. A ênfase de Prebisch em uma tendência inevitavelmente negativa soava verdadeira, poucos anos após o declínio nos preços de commodities durante a Grande Depressão. Do lado interno do mercado, taxas privadas de retorno subestimariam as vantagens do investimento na indústria ao negligenciar as poupanças advindas de se evitarem importações caras, os benefícios das externalidades tecnológica e de capacitação do trabalho e as conseqüências de decisões coordenadas quanto à produção. Decisões de consumo individuais, em especial em face de grandes disparidades na distribuição de renda, não resultariam em uma taxa de poupança apropriada. As obrigações políticas do governo não se limitariam a oferecer *shadow prices* apropriados por meio de restrições comerciais e subsídios creditícios e tributários, mas também empreender um investimento complementar em infra-estrutura e em setores estratégicos e aumentar a acumulação global de capital.

Para alguns dos países latino-americanos de maior porte, principalmente o Brasil e o México, as políticas de substituição de importações eram compatíveis com uma industrialização acelerada e altas taxas de crescimento agregado. De 1953 a 1973, o Brasil e o México tiveram ampliada a sua parcela da renda regional de 43 para 54%, o que refletia suas taxas de crescimento relativamente mais altas. Para outros países, os resultados foram deficientes. O quinhão da renda regional dirigido à Argentina e ao Chile recuou de 27 para 19%.[144]

---

144. Cepal (1978).

Contudo, mesmo onde a estratégia de substituição de importações funcionou, foi à custa de desequilíbrios crescentes em três dimensões críticas. Primeiro, uma sobrevalorização do câmbio induzida pela política econômica teve efeito discriminatório contra as exportações, em especial de produtos não tradicionais, tornando mais precário o balanço de pagamentos e o acesso a importações essenciais. Segundo, um aumento nas despesas governamentais não foi compensado por um aumento da arrecadação tributária, dando assim lugar a déficits maiores, financiados principalmente pela aceleração da inflação. Terceiro, com freqüência a ênfase na industrialização aconteceu ao custo de um desenvolvimento agrícola inadequado, que deixou bolsões significativos de pobreza rural e prejudicou o desenvolvimento de um amplo mercado interno.

A estratégia de substituição de importações era deliberadamente desequilibrada e, em conseqüência, não apresentava viabilidade permanente, mesmo quando inicialmente favorável. O sucesso de sua implementação exigiria adaptações oportunas para estimular as exportações, aumentar a renda e sustentar aumentos na produtividade agrícola. Poucos países conseguiram agir tão bem. A primeira crise de desenvolvimento da região após 1945 ocorreu no início dos anos 1960, comprovada pelo agravamento do problema do balanço de pagamentos e por pressões inflacionárias crescentes, questões essas que afligiram muitos países.

As restrições externas e os déficits fiscais motivaram esforços renovados de aumentar influxos de recursos públicos. A criação do Banco Interamericano de Desenvolvimento e a formação da aliança para o Progresso propiciaram ajuda no financiamento de reformas estruturais. Estas ainda se orientavam predominantemente à economia interna, e segundo o espírito da intervenção pública. O planejamento econômico era situado como exigência nacional e, devido a suas origens políticas, a Aliança enfatizou a reforma agrária e a maior igualdade de renda.

Foi só em meados dos anos 1960, sob tensões contínuas e, às vezes, sob a égide militar, que começou a ocorrer uma aceitação mais ampla da importância dos sinais de mercado e surgiram oportunidades para uma maior expansão das exportações. Assim, a substituição de importações não era uma doutrina monolítica ou imutável. Quando, no final dos anos 1960 e anos 1970, quando começou a surgir uma literatura profissional crítica quanto ao estilo latino-americano de intervenção estatal pró-substituição de importações,[145] a realidade (e a crítica local) já se fizera sentir.

---

145. Os pioneiros na literatura crítica foram Little, Scitovsky e Scott (1970). Observe-se, porém, que em 1964 o *Economic Bulletin for Latin América*, da Cepal, publicou dois artigos contendo críticas ao excesso de protecionismo, reconhecendo o fim do modelo de substituição.

Tomando a América Latina como um todo, o crescimento econômico se acelerou de 5,2% por ano na década de 1958-65 a 6,4% em 1965-75; o aumento proporcional no desempenho per capita foi a cifra muito mais dramática de 50%. Os países que conheceram mais sucesso puderam sustentar uma grande presença pública ao mesmo tempo em que deram mais espaço aos sinais do mercado e às oportunidades proporcionadas pela expansão dos mercados internacionais. Durante esse período, o desempenho das exportações e o acesso a importações surgiram como os determinantes mais significativos para as taxas de crescimento nacionais.[146]

Até mesmo o choque do petróleo pôde ser suportado, mas às custas do aumento do endividamento externo e da deterioração da política econômica interna num ambiente externo mais difícil. Após 1973, o crescimento regional desacelerou, embora continuasse mais elevado do que o resultado de outras regiões. A verdadeira precariedade da situação latino-americana só se tornou aparente quando o segundo choque do petróleo coincidiu com uma alta abrupta das taxas de juros reais e da recessão da OCDE. Os países tinham escolhidos um novo estilo de ajuste por meio do endividamento, em vez de seguir cegamente o modelo intervencionista e de substituição de importações — e a escolha foi má. A integração assimétrica na economia mundial, realizada não por exportações mas por fluxos financeiros, pagou um preço pesado. Após 1982, quando virtualmente cessaram os influxos voluntários de capital, a única possibilidade imediata era a redução drástica das importações e da renda. O resto da década se caracterizou por grandes transferências de renda que, na maioria dos países, foram acompanhadas por altas taxas de juros reais, déficits volumosos financiados pela dívida interna, aceleração da inflação e estagnação econômica.[147]

Esta Grande Depressão dos anos 1980, enfatizada pelo sucesso asiático, dirigiu as atenções para as deficiências estruturais. Os organismos internacionais de crédito, aos quais quase todos os países vieram a recorrer, condicionaram a liberação de seu dinheiro a um maior compromisso com a liberalização. Planos de auxílio quanto ao fardo da dívida, tanto o de Baker quanto o de Brady, exigiram evidências de ênfase sobre o setor privado. Ao mesmo tempo, uma política mais aberta e um calendário eleitoral regular na maioria dos países latino-americanos asseguraram o aumento do debate interno e pressionaram por uma redefinição do papel do Estado.

---

146. Cardoso e Fishlow (1989), p.14.
147. Fishlow (1986, 1988).

O resultado foi uma nova ênfase nas virtudes da mão invisível. Tal comprometimento recebeu o apoio adicional por duas emendas teóricas ao argumento padrão sobre a eficiência de Pareto. Em primeiro lugar, a literatura da busca por renda enfatizara a distorção adicional criada pela atividade de "busca por lucros diretamente improdutiva", em resposta a oportunidades originadas pela intervenção governamental.[148] Em segundo lugar, tem havido uma ênfase especial na orientação externa como fonte chave do bom desenvolvimento econômico. Um corolário costuma ser também freqüentemente acrescentado, implícita ou explicitamente: mercados internos liberalizados e importações mais livres são necessárias para garantir a competitividade exigida para o crescimento das exportações.[149]

Apesar de sua proeminência, nenhuma dessas novas críticas à intervenção estatal é decisiva. Elas não eliminam a existência das externalidades e imperfeições que justificam o ativismo político. O enfoque na busca por renda destaca corretamente a importância do modo de implementação da intervenção, mas em muitos casos só se levam em consideração os custos das reações, excluindo-se os benefícios da ação pública. Mesmo tais custos são muitas vezes assumidos sem que se levem em conta mecanismos institucionais como leilões e alocação de subsídios condicionada a desempenho, os quais podem fazer muito para reduzir o peso morto. O modelo de busca por renda postula um éden concorrencial estático como alternativa contrafactual, em vez da realidade dos interesses privados poderosos e dos sinais de preços inadequados.

Se conseguiu algo, a moderna teoria econômica reforçou uma visão mais cética do *laissez-faire*. Mercados incompletos, informação imperfeita, interações estratégicas, problemas de agente principal, custos de transações e racionalidade condicionada ocupam grande parte da literatura sobre microeconomia. Stiglitz (1988) vê essa nova teoria como o elemento unificador para resolver questões de desenvolvimento. Economias de escala, economias externas e trajetória dependente ocupam hoje o coração da nova economia do crescimento.[150]

O atrativo da orientação externa é sua base empírica. Os cálculos sobre proteção efetiva e a ligação estatística, freqüentemente reproduzida, entre o desempenho das exportações e o crescimento econômico, empres-

---

148. Bhagwati (1982); Krueger (1974).

149. Para um resumo dos argumentos concernentes à orientação externa, e para referências mais amplas, ver Krueger (1985) e Balassa (1989).

150. Arthur (1988); Shleifer (1989).

tam apoio à crítica da política dirigista. Duas observações acauteladoras precisam ser expressas quanto a tais constatações. Os dados não falam em uníssono com respeito às virtudes da orientação externa; e a contribuição da liberalização para o crescimento das exportações permanece sujeita a dúvidas.

Com freqüência, níveis elevados de proteção efetiva exageram a ineficiência produtiva real; reformas tarifárias não são seguidas de fracassos maciços e de uma realocação significativa de recurso. Três motivos fazem com que os estudos seccionados múltiplos, que demonstram impacto favorável das exportações no desempenho agregado, não se mostrem completamente satisfatórios.[151] Em primeiro lugar, há o problema da casualidade. A melhoria da produtividade leva a uma maior competitividade, mas o contrário também se dá. Na maioria dos casos, os países não satisfazem ao critério de casualidade de Sims-Granger. Em segundo lugar, pode ser que a fonte de melhora de desempenho seja atribuída em excesso ao arcabouço utilizado na função de produção; existem fortes evidências de que o acesso às importações é igualmente importante, se não o mais importante. Isso significa que, em parte, as exportações contam pelos ganhos em moeda estrangeira, não por seus benefícios alocativos. Em terceiro lugar, o impacto favorável do crescimento das exportações é mediado por sua forma; a industrialização impulsionada pelas exportações é diferente da especialização em exportações baseadas em recursos naturais.

Este não é um argumento contra a exploração maior possível das oportunidades proporcionadas pelo mercado internacional. Sem dúvida, os países da América Latina exageraram nos benefícios de uma focalização no mercado interno. Mas isso não transforma a ênfase nas exportações numa alternativa universalmente apropriada. Pode não ser factível conseguir-se um crescimento nas exportações de 10 a 15% ao ano. Em vez de um processo tão ambicioso de desenvolvimento liderado por exportações, para muitos países o objetivo deveria ser uma estratégia de exportações adequada, em que a diversificação constante manteria o ritmo de crescimento do produto e originaria a moeda estrangeira necessária. Diferentemente das inferências econométricas segundo as quais haveria uma elasticidade de 0,6 entre crescimento da produção e crescimento das exportações, modelos computáveis de equilíbrio geral resultam num efeito muito menor, da ordem de 0,1.[152] Há menos em jogo.

---

151. Fishlow (1989).
152. Chenery, Robinson e Syrquin (1986), p.321-22

Contudo, uma questão ainda mais crítica é quanto à relação entre sinais de mercado e o sucesso na penetração das exportações. Taxas de câmbio supervalorizadas são prejudiciais. Mas pode não ser suficiente alinhá-las na ausência de outras políticas complementares que encorajem o investimento e a mudança tecnológica. A reação à taxa de câmbio não depende apenas da capacidade empresarial, mas da flexibilidade da estrutura produtiva. O objetivo não é, isoladamente, acertar os preços, mas perseguir políticas consistentes durante tempo suficiente para que ocorra a transformação da produção. A liberalização do sistema financeiro e comercial pode ser conseqüência de uma industrialização conduzida com sucesso, em vez de causa de eficiência concorrencial.

Em resumo, ninguém ainda conseguiu mostrar que o fracasso da intervenção governamental suplante necessariamente as falhas de mercado. Pelo contrário, é disseminada a convicção de que uma ação estatal efetiva consiste numa característica subjacente ao bom desempenho econômico asiático voltado para o exterior. Como muitos outros, o artigo de Westphal apresentado neste simpósio[153] argumenta que a Coréia e Taiwan não tiveram sucesso nas exportações devido a simples liberalização, mas antes como resultado de uma estratégia de desenvolvimento, conduzida pelo Estado. Também na América Latina, previamente à lamentável década passada, o contínuo crescimento econômico brasileiro e mexicano era associado ao planejamento e à implementação tecnocráticos.

Mesmo considerando que houve falhas de implementação na América Latina, esse é um argumento em favor de corrigi-las, e não de buscar uma política menos boa de *laissez-faire* na presença de externalidades que podem ser exploradas para acelerar o desenvolvimento econômico. Paradoxalmente, o mesmo arranjo de poderosos interesses privados comemorado pela literatura da busca por renda e dela derivada exige um estado forte para administrar a reforma. Na ausência da capacidade do Estado, a concentração do mercado, o poder político e outras imperfeições podem fazer com que o *laissez-faire* seja a pior das escolhas.

Do Desempenho Satisfatório à Estagnação: O Déficit como Causa

O argumento em favor da mudança do papel do Estado na América Latina precisa vir do lado do fracasso macroeconômico, não de uma alo-

---

153. Isto é, a mesma ocasião em que este artigo foi apresentado. (N.T.)

cação setorial deficiente e debilitadora. Apesar de muitos países terem apresentado uma maior presença pública durante os anos 1970, as evidências indicam que já tinha havido maior, e não menor, atenção para os sinais do mercado e para a competitividade internacional. Apesar da eloqüência do relato de Hernando De Soto[154] sobre o mercantilismo sufocante peruano, a maré de estruturalismo esteve na defensiva. Na maior parte da região, é plausível argumentar que a busca por renda fosse menos predominante nos anos 1970 do que fora nos anos 1950, e o desempenho das exportações melhorou durante a década. Conforme o banco Interamericano de Desenvolvimento, mesmo nos terríveis anos 1980, "[a atividade] exportadora cresceu muito mais depressa do que o resto da economia. [...] [Ela] cresceu 32,3% entre 1980 e 1987, enquanto o resto da economia só cresceu 7,4%".[155]

O verdadeiro vilão da peça é a inadequação fiscal.[156] Isso tornou mais difícil para os países latino-americanos realizarem um ajuste efetivo ao ambiente econômico externo menos favorável dos anos 1980, A elevação das taxas de juros mundiais e uma dívida externa inicialmente alta se refletiram em aumento das despesas públicas. Para os países da região, o serviço da dívida externa se elevou aproximadamente 3% do PIB em 1977-78 para até 8% em 1984, antes de cair para cerca de 6%, no início dos anos 1980.[157] Uma vez que boa parte da dívida era pública ou garantida pelo poder público, isso contribuiu para elevar os custos relativos a juros, que passaram a atingir parcelas significativas das despesas públicas: no caso de grandes devedores, os montantes eram um quinto e até mais. Os países que conseguiram atingir superávits de exportações necessários para efetuar os pagamentos enfrentaram um problema de transferência interna: como o setor público endividado iria conseguir a moeda estrangeira?

A resposta estilizada é por meio do aumento do financiamentos interno, por meio de um déficit crescente. Apesar de alguma redução nas despesas governamentais não destinadas a pagamentos de juros, em especial voltada para o investimento, não ocorreu uma compensação completa. Conseqüentemente, os países enfrentaram déficits crescentes e, ao mesmo

---

154. De Soto (1989).

155. BID (1989), p.4.

156. Ver Reisen e von Trotsenburg (1988) e Easterly (1989) para um tratamento recente do problema fiscal e outras referências extensas. Há dificuldade considerável em reunir os dados abrangentes comparáveis a respeito do setor público consolidado que são necessários para a análise.

157. Banco Mundial (1984, 1989).

tempo, menos acesso a financiamentos externos; esteve aí a dimensão da crise. No agregado, os déficits governamentais latino-americanos (depois de alguma correção do componente inflacionário dos pagamentos de juros) se elevaram de 4% do produto nacional em 1980 para níveis de 7 a 8%, no período 1981-87.[158] Para o Brasil, há disponibilidade de dados comparáveis de longo prazo, segundo os quais os déficits governamentais (excluindo o componente do Banco Central) se elevaram de um equilíbrio aproximado no início dos anos 1970 a 5%, e mais, no início dos anos 1980.

As opções que se apresentavam para financiar esse déficit eram aumentar a dívida interna real ou a imposição de um imposto incidente sobre a intermediação financeira: o imposto inflacionário sobre a base monetária, somado a efeitos indiretos por meio da exigência de reservas e controles de crédito. Para muitos países, na ausência de um mercado de capitais desenvolvido, o único recurso foi a aceleração da inflação; para outros, principalmente o Brasil e o México, o aumento da dívida interna figurou de modo proeminente. Nenhuma das duas constituía uma solução viável. À medida que os agentes privados se protegiam contra o imposto inflacionário, taxas de inflação cada vez mais altas se tornavam necessárias, estendendo-se possivelmente para muito além do ponto de máxima arrecadação tributária. E, à medida que a dívida interna exercia pressão sobre as taxas de juros internas, não só o investimento privado era expulso pelo estatal como os próprios pagamentos de juros se elevaram segundo taxas mais rápidas do que as receitas. No fim, o déficit financiável compatível com uma inflação estável tendeu a diminuir, mesmo em face de uma aumento do déficit. A aceleração da inflação corroeu a arrecadação tributária, seja diretamente, devido ao efeito Tanzi-Olivera,[159] seja indiretamente, pelo aumento dos incentivos em favor da evasão, para compensar reduções na riqueza. A indexação garantia que as taxas passadas de inflação se reproduziriam no futuro.

Sob tais condições, a deterioração do desempenho econômico da América Latina não constitui nenhum grande enigma. Do lado da oferta, o investimento recuou; a demanda era reprimida, para tentar reduzir a inflação. A incerteza era alimentada pela variabilidade considerável das magni-

---

158. Cepal (1989).

159. As conseqüências da inflação na erosão do recolhimento de impostos devido à defasagem da receita recebeu proeminência e justificação em Tanzi (1977). Aqueles mergulhados na tradição latino-americana costumam dar reconhecimento à descoberta independente e anterior do economista Julio Olivera.

tudes reais, à medida que a inflação se acelerava. O gerenciamento público fracassou entre esforços de estabilização por meio da fixação da taxa de câmbio e dos preços do setor público, de um lado, e da liberalização de preços para reduzir subsídios e déficits de empresas públicas, de outro.

Em 1985, ao exceder todos os limites anteriores, a inflação se tornou necessariamente a principal preocupação de vários países. O conjunto de circunstâncias especiais provocou uma resposta heterodoxa, a primeira de uma série cuja manifestação mais recente foi o programa brasileiro de março de 1990. Nas várias formas que assumiram em diferentes países, tais planos têm muito a dizer sobre o problema fiscal crítico e o papel do Estado na América Latina.

Os primeiros planos foram o Plano austral, argentino, e o Plano cruzado, brasileiro, lançados respectivamente em 1985 e 1986. Eles partiram de uma teoria de inflação inércia. Ambos interromperam mecanismos de indexação que institucionalizavam o ajuste pela inflação passada; os salários foram fixados em níveis nominais que correspondiam à sua média real ao longo de um período anterior. Ambos prometeram políticas monetárias e fiscais mais rigorosas. Em ambos, os preços foram ancorados a uma taxa de câmbio desvalorizada e mais realista. Novas unidades monetárias foram introduzidas e preços e salários foram congelados, para criar uma desinflação instantânea. Ambos foram lançados de forma abertamente política por presidentes civis e, inicialmente, ambos receberam um apoio amplo.

Após sucessos iniciais, os dois planos não tardaram a descarrilar, à medida que o controle sobre preços e salários se enfraqueceu e a inflação reprimida se tornou aberta. Apesar de uma série de novos programas parciais lançados no mesmo espírito, a inflação recrudesceu. Na Argentina, quando a especulação derrotou todas as tentativas de estabilização, foi necessário adiantar a posse de um novo presidente, em 1989; e, no Brasil, a inflação excedeu 70% por mês no início de 1990, nos últimos meses de um governo debilitado.

Em contraste, o plano de estabilização boliviano, posto em prática em 1985, e o esforço mexicano, iniciado em 1987, tiveram até agora mais êxito e prosseguem em operação. O primeiro, lançado sob condições de hiperinflação e dolarização, baseou-se em uma desvalorização considerável e numa subseqüente fixação da taxa de câmbio para ancorar a estabilidade de preços. O plano mexicano se estruturou em torno de uma política de rendas negociada, para manter a inflação em níveis mais baixos de elevações de preços e salários, com a taxa de câmbio servindo também como âncora. Em ambos, buscou-se na liberalização das importações um desestímulo externo às elevações de preços internos.

O que caracteriza de modo especial ambos programas de estabilização vitoriosos é uma disciplina fiscal subjacente muito maior e uma restrição de demanda mais rígida do que no Argentina ou no Brasil. Na Bolívia, houve demissões significativas nas empresas estatais (na Comibol, companhia estatal de mineração, o número de empregados caiu de 30 mil para 7 mil) e uma redução dos salários reais do setor público. As receitas provenientes de uma tributação maior sobre o petróleo subiram nitidamente no curto prazo, enquanto reformas de alcance mais longo têm procedido de modo mais lento. Em 1987, no México, o superávit primário (excluindo o pagamento de juros) já se aproximava de 5% do produto bruto; tanto em 1988 quanto em 1989, o superávit continuou a crescer.[160]

A teoria das expectativas racionais tem representado um guia enganoso, em sua implicação de que a inflação pode ser debelada a custos modestos, algo por demais atraente aos ouvidos latino-americanos. Dedicou-se atenção demasiada à variação das expectativas e ao estabelecimento da credibilidade de taxas de câmbio fixas e da contenção monetária, e pouca atenção à necessidade de corrigir o desequilíbrio fiscal subjacente. A orientação futura da teoria funciona melhor quando há memória de uma estabilidade anterior. Na América Latina, o padrão-ouro foi menos a regra do que a exceção; as altas taxas de inflação do pós-guerra apagaram qualquer residual.

Experiências prévias com o monetarismo internacional do Chile e na Argentina, no fim dos anos 1970, fracassaram devido à crença indevida em uma âncora cambial e na automaticidade de fluxos internacionais adaptativos. Embora mais drástica ante uma inflação que se elevava aos quatros dígitos, a heterodoxia posterior na Argentina e no Brasil reteve — ao menos até o último esforço brasileiro — um receio profundo da recessão como contrapartida da estabilização. O que as experiências boliviana e mexicana sugeriam é que o controle da inflação está longe de poder ser feito sem custos. A conversão instantânea para uma convicção na estabilidade de preços futuros era menos importante do que uma economia branda, que desencorajasse aumentos nos salários e nos preços. Reservas externas e, mesmo a coordenação explícita podiam ajudar, mas no fim a credibilidade foi conquistada do modo mais duro.

---

160. Ciemex-Wefa (1990).

A lição é clara. Para se estabelecerem prioridades de gastos e impor a contenção exige-se um Estado eficiente, e não apenas a confiança no mercado. A inflação é sintoma de falta de comando. Fórmulas mágicas não funcionam. Elas obscurecem a falta de consenso subjacente nos países latino-americanos e a mobilização ineficaz da opinião da elite, que tornaram impossível elevar os impostos no início da crise da dívida ou lidar de forma adequada com a deterioração do equilíbrio fiscal nos anos 1950 e 1960. O financiamento externo e a proliferação do setor público esconderam a real fraqueza do Estado durante a década de 1970.

É possível que, hoje, a privatização esteja emergindo como outra panacéia. A promessa é que satisfaça às necessidade de maior financiamento interno, de redução dos gastos públicos e de atingir maior eficiência produtiva, tudo ao mesmo tempo. Interesses tanto internos quanto externos encontram facilidade em criticar burocracias infladas e empresas estatais inchadas. Porém, um olhar mais atento aconselha cautela.

Em primeiro lugar, os objetivos podem ser incompatíveis. Onde o motivo dominante é o financiamento imediato devido à pressão dos déficits governamentais, as empresas vendidas serão as mais bem administradas, reduzindo receitas líquidas futuras. Há uma *trend off* entre o presente e o futuro, e não lucro puro. Não é provável que a venda na bacia das almas de empresas públicas perdulárias levante muitos recursos. Ao registrar o resultado como renda em vez de forma financeira o déficit produz uma impressão demasiadamente favorável dos benefícios.

Em segundo lugar, a venda dos perdedores perpétuos só conseguirá reduzir a carga futura de subsídios públicos caso a política macroeconômica for mais bem conduzida. Normas de trabalho permissivas, controle de preços e altos níveis de endividamento ajudam a explicar os maus resultados. Dois desses fatores não operam ao nível da empresa, e nem mesmo salários e nível de emprego são fixados de forma completamente independente pelas firmas privadas. A mudança do controle não representa, por si só, uma diferença crucial. Além disso, note-se que a reestruturação da dívida de modo a tornar as empresas mais atraentes para novos donos transfere os pagamentos de juros futuros para outra rubrica da conta governamental.

Em terceiro lugar, pode ser que as promessas de aumento de eficiência pela privatização sejam exageradas. Não é fácil medir a eficiência produtiva em atividades paraestatais, porque os resultados do fluxo de caixa podem se distorcer. O próprio crescimento acelerado das empresas estatais durante os anos 1970 — multiplicado por um fator de 2 e 3 vezes em vários países latino-americanos — ligou-se menos a uma estratégia abrangente de expansão em setores chaves do que ao financiamento de lacunas do balanço de pagamentos. Quer dizer, os governos latino-americanos usaram empréstimos garantidos para tais empresas como meio de aumentar o fluxo de capitais e obter acesso a moeda estrangeira. As empresas estatais permaneceram com as obrigações financeiras específicas, aumentadas em termos reais pela desvalorização e por taxas de juros mais elevadas, embora às vezes sem nenhuma contrapartida em termos de investimentos real. Este problema é multiplicado mais adiante pela tendência generalizada de considerar que o controle dos preços públicos é um modo de conter a aceleração da inflação. Novos proprietários privados podem não ser gerentes melhores. O que pode contar mais do que a propriedade é a maior exposição a forças competitivas, possivelmente pela liberalização de importações, quando o mercado doméstico é pequeno.

Em quarto lugar, faz diferença quem compra e como a compra é feita. Caso haja concessão de créditos para financiá-las, o déficit público se reduz, mas o mesmo não ocorre com a demanda total. Se a riqueza privada experimenta mais concentração pela aquisição de novos ativos, as pressões sobre as autoridades por tratamento especial aumentam, em vez de diminuir. É interessante observar que os detentores da dívida externa resistem à conversão em participação em empresas públicas; eles preferem usar conversões para ativos mais atraentes.

Em suma, o profundo problema do déficit na América Latina e suas sérias conseqüências secundárias não admitem solução fácil. A crise da dívida dos anos 1980 frisou a fragilidade do Estado e sua incapacidade de reagir a um ambiente externo menos favorável. Cada vez mais, a questão não é apenas a redução da dívida, mas o redesenho do Estado latino-americano. Em última análise, o plano Brady, de redução da dívida da América Latina, oferece ganhos limitados tanto fiscais quanto no balanço de pagamento.

O Redesenho do Estado Desenvolvimentista Latino-Americano

Dois modelos de redesenho do estado concorrem entre si. Um começa por despojar as funções públicas, confiando-as ao setor privado e ao mercado. O outro começa enfrentando o desafio central do déficit público e por definir uma nova estratégia de desenvolvimento. Sua congruência parcial em algumas particularidades não apenas cria uma falsa impressão de consenso como leva a uma política econômica inconsistente. Pois, enquanto o primeiro dá prioridade à redução do Estado e ao corte de despesas, o outro requer um estado mais forte e o poder de comando sobre os recursos.

Embora as instituições multilaterais pareçam favorecer uma liberalização imediata e abrangente, juntamente com contenção agregada, as evidências em apoio de tal abordagem são limitadas, em particular onde os mercados têm funcionado. Essa terapia de choque promete demais, depressa demais. É preciso reduzir a inflação rapidamente quando se atinge níveis estratosféricos, mas esse é só um primeiro passo. O sucesso inicial pode ajudar a restabelecer a confiança, mas também pode promover uma euforia fora de lugar, em conflito com o pré-requisito institucional da responsabilidade fiscal, que está no coração da governança e do desenvolvimento econômico efetivos.

Os países da região se comprometeram com mudanças, mas a maioria tende ao segundo modelo. Fazem isso porque o liberalismo ainda não é encarado como uma doutrina atraente e por existir a necessidade de oferecer uma perspectiva desenvolvimentista para um povo cada vez mais frustrado. O "milagre chileno" de Pinochet não é um ideal que os latino-americanos desejem emular. A visão de Vargas Llosa, de um Peru radicalmente transformado e democratizado através da desregulação, é a exceção que prova a regra — e não foi aprovada nas urnas. O México de salinas, mesmo enquanto se dirige para uma maior integração na economia mundial e para uma vinculação mais estreita com os Estados Unidos, retém um papel público forte e ativo. Além disso, sob a liberalização comercial mexicana existe uma lógica macroeconômica poderosa: as importações amorteceram as pressões inflacionárias, e há necessidade de atrair capitais para fazer frente a perspectiva de uma restrição cambial.

A convergência para um Estado mais forte independe da origem política e dos *slogans* de campanha eleitoral. O peronista argentino Menem professa o liberalismo de Manchester, enquanto o conservador brasileiro Collor adota o confisco de riqueza. As emergências econômicas dão origem a medidas fortes, bem como a um reconhecimento crescente de que o Estado é a um tempo grande demais e fraco demais. O controle sobre a inflação não terá sucesso duradouro, a não ser que haja um aumento das receitas públicas ao lado de uma redução de despesas. Pode-se ter esperança de que essa lição está sendo aprendida, e que o assessoramento externo reforçará as predisposições internas.

Uma vez atingido, o equilíbrio macroeconômico não ganhará, por si só, o desenvolvimento econômico. A duração da crise intensificou e recompensou a precaução no setor privado. O papel central, e crítico, do setor público é reiniciar e sustentar o crescimento econômico. Primeiro, o aumento do investimento público é essencial para a elevação do investimento privado; a deterioração da infra-estrutura e a falta de serviços públicos adequados reduziu os lucros privados. O aumento das despesas também envia o importante sinal de que a emergência fiscal foi superada. Segundo, há necessidade de despesas sociais na melhoria da educação e da saúde, como também programas ampliados dirigidos aos pobres. As evidências disponíveis indicam que houve aumento significativo da desigualdade e da pobreza como contrapartida da estagnação e da aceleração inflacionária dos anos 1980. A estabilidade política exige mais do que o reconhecimento retórico desse fato. Terceiro, o setor público precisa melhorar seu desempenho na regulação e na alocação de subsídios, ainda que se dispa de algumas de suas atividades produtivas e liberalize o comércio. Monopólios naturais em mãos privadas precisarão ser vigiados; a atividade financeira não pode permanecer desacompanhada; investimentos privados prioritários terão de ser encorajados. Nos países em desenvolvimento, a política industrial começa por saber o que aconteceu no passado; ela não precisa ser e, especialmente no caso dos países menores, não deve ser, sinônimo de ênfase no mercado interno.

Em resumo, ainda existe um papel muito construtivo para o Estado, fundado na teoria e na prática. Executar esse papel com eficácia exige uma coalizão nova de apoio político, baseada em realidades novas e velhas: um financiamento externo grandemente reduzido e a necessidade de aumento da poupança interna, em especial no próprio setor público; um mercado internacional de produtos manufaturados ampliado e mais concorrencial, baseado na difusão de tecnologia e na importação de bens de capital; limitações à base tributária interna; e uma desigualdade de renda inaceitavelmente alta em toda região. A transformação política é um componente fundamental do redesenho do Estado; a democratização é só um começo.

Com seu enfoque primordial nas desigualdades e sua predisposição por um Estado muito ativista e voltado para dentro, o populismo não é o principal impeditivo de tal transformação na maior parte da América Latina.[161] A inflação descontrolada enfraqueceu a atração do populismo. A oposição a políticas eficazes não veio de organizações de massa; o pobre não fala com uma voz única, ou muito alta. Os sindicatos estão divididos e são hoje menos poderosos do que nos anos 1960. em quase todos os países, os salários reais sofreram declínio significativo.

As forças bloqueadoras foram outras. Um tem sido a ausência de uma estrutura partidária efetiva. Outra, um setor privado mais interessado na garantia de benefícios do que em correr riscos, e confortável com uma presença estatal que garantia transferências e ordem sem ameaças vindas de baixo. Os tecnocratas puderam satisfazer a essas demandas enquanto contavam com abundância de recursos; a diminuição destes foi acompanhada da queda de qualidade de suas políticas.

Os tecnocratas foram responsabilizados pelo fracasso, enquanto em alguns olhos o setor privado emergiu como o salvador do futuro. A conversão para uma visão estreita, orientada para o mercado, arrisca descartar um processo de três décadas de sofisticação crescente da administração pública latino-americana. Os burocratas não vestem apenas chapéus pretos. Alguns contribuíram com políticas imaginosas e defenderam o interesse nacional contra interesses privados poderosos, interessados apenas na busca de vantagens. O fulcro da questão não é simplesmente excluir o Estado, mas trazer de volta, de forma mais positiva, o setor privado e a sociedade civil.

O desafio para os países da região é formidável. Não existem receitas simples. O Estado desenvolvimentista asiático não pode ser copiado. Aquele tipo de corporativismo no qual a autoridade é mais centralizada, os recurso estão prontamente disponíveis no Estado e as pressões da desigualdade de renda são menos salientes, mostrou ser muito mais funcional do que o estilo latino-americano de tentar prover a todos. As perspectivas para o desenvolvimento econômico na região durante a próxima década e mais além dependem do resultado do processo de redesenho do Estado, que se realiza agora. Quanto mais esse processo demorar para dar frutos, mais as forças acumuladas da erosão econômica da última década tornarão o sucesso mais difícil de atingir.

---

161. Ver Sachs (19899) e Dornbusch e Edwards (1990). Ambos artigos chegam perigosamente próximos de identificar tautologicamente o fracasso macroeconômico com o populismo. É óbvio que reivindicações por salários nominais reforçam a inflação e prejudicam a estabilização. No entanto, o que se precisa é de uma análise cuidadosa da força especial das demandas salariais e de seus canais de pressão sob regimes populista, em comparação com outros regimes; e um olhar cuidadoso para determinar se os salários foram o fator casual decisivo no desencadeamento do desequilíbrio macroeconômico inicial.

Referências Bibliográficas

ARTHUR, B.: "Self-reinforcing mechanisms in economics". In Anderson, P., K. Arrow e D. Pines (orgs.), *The economy as an Evolving Complex Systen*. Redwood City: Addison-Wesley, 1988, p. 9-31.

BALASSA, B.: "Outward orientation", em Chenery, Hollis e T. N. Srinivasan (orgs.), *Hqndbook of development economics*, v.2. Amsterdam: North-Holland, 1989, p.1645-1689.

Banco Interamericano de Desenvolvimento: *Economic and social progress in Latin America*, 1989.

Banco Mundial: *World Debt Tables, 1983-84*. Washington, D.C.: Banco Mundial, 1984. *World Bank Development Report*, 1988. Nova York: Oxford University Press, 1988. *World Debt Tables, 1989-90*. Washington, D.C.: Banco Mundial, 1990.

BHAGWATI, J.: "Directly unproductive profit-seeking activities", *Journal of Political Economy*, 1982, 902, 988-1002.

CARDOSO, E. e FISHLOW, A.: "Latin American economic development: 1950-1980", NBER Paper, n.3161, 1989.

CHENERY, Hollis, S. ROBINSON e SYRQUIN: *Industrialization and Growth: A Comparative Study*. Oxford: Oxford University Press, 1986.

CIEMEX-WEFA, Mexican Economic Outlook, março de 1990.

Comissão Econômica para a América Latina: *The economic development of Latin América and its principal problems*. Nova York: Nações Unidas, 1950.

_____. *Economic Bulletin for Latin America*, 1964.

_____. *Series Históricas del Crescimento de America Latina, Santiago*, 1978.

_____. *America Latina: La politica fiscal en los años ochenta*, Serie Politica Fiscal, v.2. Santiago: 1989.

DE SOTO, H.: *The Other Path*. Nova York: Harper and Row, 1989.

DORNBUCH, R. e EDWARDS, S.: "Economic crises and the macroeconomics of populism in Latin America", *Journal of Development Economics*, 1990, no prelo.

EASTERLY, W.: "Fiscal adjustment and deficit financing during the debt crisis", em Hussain, I. e Diwan, I. (orgs.), *Dealing with the Debt Crisis*. Washington, d.C.: Banco Mundial, 1989, p.91-113.

EVANS, P., RUESCHMEYER, D. e SKOCPOL, T. (orgs.): *Bringing the State Back In*. Cambridge: Cambridge University Press, 1985.

FISHLOW, A.: "Latin American adjustment to the oil shocks of 1975 and 1979", em Hartlyn, J. e Morley, S. (orgs.), *Latin American Political Economy*. Boulder: Westview, 1986, p.54-84.

_____. "From crisis to problem: Latin American debt 1982-87", In Wesson, R. (org.), *Coping with the Latin American Debt*. Nova York: Praeger, 1988, p.7-18.

_____. "Latin American export strategy in the 1990s", mimeo, Banco Interamericano de Desenvolvimento, 1989.

KRUEGER, A.: "The political economy of the rent-seeking society", *American Economic Rivew*, junho de 1974, 64, p.291-303.

_____. "Import substitution versus export promotion", *Finance and Development*, 1985, *22*, p.20-23.

LAL, Deepak. *The Poverty of Development*. Cambridge: Harvard University Press, 1985.

LITTLE, I., SCITOVSKY, T. e SCOTT, M.: *Industry and Trade in Some Developing Countries: A Comparative Study*. Oxford: Oxford Univesity Press, 1970.

REISEN, Helmut, e TROTENSBURG, Axel von: *Developing Country Debt: The Budgetary and Transfer Problem*. Paris: OCDE, 1988.

SACHS, J.: "Social conflict and populist policies in Latin America", NBER Working Paper, n.2987, 1989.

SHLEIFER, A.: "Externalities an an engine of growth", mimeo, Universidade de Chicago, 1989.

STIGLITZ, J.: "Economic organization, information, and development", em Chenery, Hollis e Srinivasan, T. N. (orgs.), *Handbook of Development Economics*, v.1. Amsterdam: North-Holland, 1988, p.59-71.

TANZI, v.: "Inflation, Lags in Collection and the real value of tax revenue," IMF *Staff Papers*, 1977, *24*, p.154-167.

O estado da economia latino-americana[162]

Já se vão trinta e cinco anos desde que a Comissão Econômica para a América Latina publicou sua análise abrangente sobre o desenvolvimento econômico da região. A ocasião marcou a inauguração oficial da abordagem estruturalista, que ganhou impulso e sustância durante a década de 1950. No final da década, a ênfase da Cepal na industrialização interna havia sido incorporada à maioria dos países latino-americanos.

A região foi permeada por um consenso incomum, seja pelo método de análise, seja pela estratégia de desenvolvimento por ele implicado. A ortodoxia persistiu entre uma geração pequena e mais velha de economistas treinados na tradição européia. Embora durante os anos 1950 os organismos internacionais defendessem os princípios de uma economia universal, os estruturalistas heréticos mantiveram o prumo e conquistaram adeptos entre simpatizantes acadêmicos estrangeiros.

Tal predominância de pensamento e de política econômica não sobreviveu à crise do modelo de substituição de importações do fim dos anos 1950 e início dos 1960. O retrocesso econômico da região foi grave. Como observado pelo relatório da comissão sobre o período pós-guerra: "Tal tendência declinante se generalizou após 1955; no final da década, havia levado muitos países latino-americanos à estagnação e, em alguns deles, a

---

162. Publicado originalmente em Comissão Econômica para a América Latina: *Economic and social progress in Latin America*. Washington, D.C.: 1985.

uma redução dos níveis absolutos de renda real *per capita*".[163] Tentativas de realizar ajustes em políticas estruturalistas não demonstraram ser muito eficazes. Mesmo a mobilização de recursos externos oficiais, de início através do recém-fundado Banco Interamericano de Desenvolvimento e depois sob a égide da Aliança para o Progresso, não produziu uma solução. Também não ocorreu uma nova rodada de inovações intelectuais capaz de adequar a doutrina estruturalista às novas realidades.

Em vez disso, a inadequação de seus diagnósticos fez com que o estruturalismo passasse a ficar cada vez mais sob ataque. Devido a seu conteúdo redistributivo, o reformismo provocou uma reação política de intensidade crescente, reforçada pela deterioração do desempenho agregado da economia. Uma oposição conservadora pediu uma economia mais conservadora e menos engrandecimento do Estado. Em meados da década de 1960, governos militares substituíram a liderança civil na Argentina e no Brasil em nome da liberdade privada e do anticomunismo, prometendo o fim da inflação e o início de um crescimento econômico saudável.

Ao mesmo tempo, cresceram as críticas à doutrina estruturalista partidas da esquerda. Estas refletiam a frustração que decorria da implementação inadequada e incompleta de reformas abrangentes e dos problemas recalcitrantes do balanço de pagamentos, que a substituição de importações não havia resolvido. Tais críticas se incorporaram numa perspectiva de dependência que, simultaneamente, rejeitava a nova ortodoxia econômica e a nova repressão política. Da mesma forma que o estruturalismo, a abordagem da dependência extraiu sua inspiração da análise histórica e da experiência regional. Contudo, era também mais abrangente na descrição que fazia da sociedade capitalista periférica, além de bastante pessimista a respeito das perspectivas de desenvolvimento.

O desvio significativo seguinte da análise econômica foi, em grande parte, produto da mudança de circunstâncias nos anos 1970. O choque do petróleo de 1973-74 quadruplicou o preço do produto e inaugurou um período de ampliação dos fluxos de capital e de condições econômicas internacionais mais variáveis. Enquanto em certos países, principalmente no Brasil, isso levou a uma ressurgência da substituição das importações, em outros, como a Argentina e o Chile, o que ganhou proeminência foi o monetarismo internacional, em detrimento da ortodoxia tradicional. O dinheiro não apenas contava, como o crédito interno se transformou no principal determinante do balanço de pagamentos.

---

163. Cepal, p.1.

Essa abordagem teórica acabou por cair vítima da Grande Depressão latino-americana do início dos anos 1980, mesmo no Chile, onde os seus proponentes tinham mais força. Apesar disso, a mesma abordagem monetarista é incorporada nos programas de estabilização do fundo Monetário Internacional que, hoje, são aplicados virtualmente a todos os países da região. Tais pacotes são necessariamente mais ecléticos do que teoricamente puros, mas eles também transformam o gerenciamento do crédito interno no instrumento central para abordar o desequilíbrio externo.

Enquanto a perspectiva do FMI influência hoje as políticas de estabilização de curto prazo na região, existe um análogo de longo prazo quase tão poderoso. Essa estratégia orientada para o exterior prega as vantagens de uma orientação exportadora e voltada para o setor privado. Argumenta-se que acertar os preços é uma condição necessária e suficiente para que o comércio internacional se torne um motor confiável para o crescimento e o desenvolvimento. Adaptada a partir do sucesso do modelo asiático, a estratégia corresponde a uma inversão completa em relação à abordagem estruturalista da substituição de importações centrada no Estado, que nascera na América Latina.

Assim, o pensamento a respeito do desenvolvimento sofreu uma fragmentação desde a vaga inicial do estruturalismo, há três décadas. Apesar disso, sob o impulso da crise atual, e apesar do contínuo e saudável debate sobre política econômica que se fere em muitos países, também se enxergam sinais de uma nova convergência. De modo a fornecer uma compreensão a respeito dos antecedentes dessa perspectiva emergente, começarei com as características principais dos quatro modelos econômicos que têm dominado o pensamento econômico latino-americano durante toda uma geração: o estruturalismo, a dependência, o monetarismo internacional e o crescimento liderado pelas exportações.[164] Identifico quatro questões que o pensamento econômico da América Latina aborda segundo uma perspectiva cada vez mais convergente. À guisa de conclusão, estendo a discussão para incluir a economia política da estratégia de desenvolvimento.

---

164. Como a presente discussão é necessariamente curta, limitarei a atenção às questões de desempenho agregado, em detrimento da literatura mais ampla voltada para campos específicos, como a organização industrial, migrações e mercados de trabalho, instituições financeiras etc. Uma vez que minha preocupação principal é a base teórica para a política econômica, e não a história do pensamento, também evito deliberadamente referir-me às contribuições individuais de muitos autores, seja latino-americanos, seja outros.

ESTRUTURALISMO[165]

Foram três as formas importantes com que o estruturalismo introduziu emendas no modelo de crescimento econômico ortodoxo de pleno emprego conduzido pela acumulação de capital. Uma foi a especificação do equilíbrio macroeconômico; a segunda, a caracterização das relações econômicas subjacentes; a terceira, a definição do papel do Estado.

A novidade macroeconômica central foi a atenção sobre o câmbio. O determinante crítico para o crescimento econômico em países periféricos seria o câmbio, e não a poupança interna. Para tais economias, as receitas de exportação poderiam ser insuficientes para comprar as importações críticas das quais depende o crescimento continuado. A realocação de recursos para o setor exportador poderia não ajudar necessariamente, pois os produtos primários enfrentam uma demanda inelástica, tanto em relação ao preço quanto à renda. Assim, a dependência em relação ao comércio para obter produtos industriais via intermediação de exportações primárias poderia ser menos eficiente do que desenvolver um setor industrial interno. Vantagens comparativas estáticas que indicassem a especialização em produtos primários poderiam ser mais guias para a eficiência dinâmica.

Em acréscimo à oportunidade de empregar poupança interna potencial, a estratégia de industrialização fornecia um atrativo adicional. Considerava-se que a manufatura seria o setor que englobaria tecnologia avançada e progressiva. Os ganhos do aumento de produtividade poderiam ser internalizados e tornados independentes da evolução adversa da balança comercial; pois, diferentemente das expectativas teóricas clássicas predicadas nos retornos decrescentes, a experiência histórica era invocada para argumentar em favor da deterioração dos termos de troca dos produtores de matérias-primas, e não de sua melhoria. Mais tarde, as virtudes da capacitação tecnológica interna e da melhoria da habilitação da força de trabalho foram acrescentadas como fontes de economias externas ulteriores, justificando a prioridade conferida ao setor industrial.

Contudo, caso esse resultado desejado se tornasse realidade, seria necessário erigir barreiras contra importações concorrenciais. A função da política comercial não seria equilibrar temporariamente o balanço de pagamentos, mas reestruturar permanentemente os preços relativos internos em favor do setor industrial. O modo de dirigir o superávit agrícola

---

165. Para discussões sobre o estruturalismo latino-americano ver, entre outros, Albert Hirschman (1961) e (1968), bem como Werner Baer (1972).

para o investimento industrial era uma balança comercial interna desfavorável ao setor exportador. Nos casos em que não se pudesse empregar diretamente a tributação para isso, concebiam-se distorções de mercado. Tais distorções atingiam uma estrutura tarifária diferenciada. Ao lado da exclusão de produtos concorrenciais estava a concessão de subsídios a insumos importados complementares. Como resultado, o investimento necessário para produzir internamente substitutos de importações poderia ser tornado mais lucrativo.

No plano microeconômico, o estruturalismo enfatizava as descontinuidades e imperfeições. O setor agrícola era singularizado como um gargalo importante. Os preços relativos eram considerados ineficazes para a realocação de recursos, devido a uma estrutura fundiária concentrada e a uma tecnologia atrasada, dotada em resposta a uma força de trabalho artificialmente barata, amarrada à terra. Tal sistema de exploração da terra herdado do passado constituía, portanto, um obstáculo ao fornecimento dos maiores volumes de alimentos exigidos por uma força de trabalho urbana aumentada; ele era mais adequado a exportações tradicionais de produtos primários.

Também se identificavam outras limitações do mercado. A ausência de coordenação durante estágios anteriores de industrialização significava que as oportunidades de investimentos no setor industrial nem sempre seriam aproveitadas por investidores que mirassem o lucro privado. Uma vez que aos produtores privados se concederiam privilégios especiais, como forma de induzir investimentos, sua posição protegida encorajaria formação de preços com margens ampliadas, e não uma reação concorrencial. Além de imperfeições, havia a simples lentidão da resposta comportamental privada. Por exemplo, poupadores privados poderiam não ser confiáveis no que tange reações a incentivos na forma de taxas de juros definidas de modo a expandir a base de fundos disponíveis para a acumulação de capital.

Tais condições micro e macroeconômicas militariam em favor de uma presença estatal forte. O Estado era chamado a definir e implementar ativamente uma estratégia econômica, em vez de aceitar o papel passivo advogado por Adam Smith em *A riqueza das nações*. Isso constituía o terceiro desvio decisivo da economia estruturalista. O desenvolvimento seria conseqüência de planejamento, e não uma evolução natural. A visão geral do Estado era invocada para tomar o lugar da orientação proporcionada por mercados imperfeitos. O desejável seria um planejamento consciente e abrangente. O Estado governaria a acumulação de capital, seja para infra-estrutura, seja para grandes projetos industriais. O Estado deveria operar empresas públicas em atividades que estivessem além da capacidade de empresários privados. O Estado reformaria e regularia o setor privado.

O estruturalismo era uma teoria latino-americana de desenvolvimento a longo prazo. Incidentalmente, era também uma teoria macroeconômica de curto prazo que negava a eficácia das políticas ortodoxas monetária, fiscal e cambial, empregadas para o combate à inflação. A redução na demanda nominal induziria reduções primordialmente na produção e não uma diminuição de preços. O aperto do crédito e taxas de juros mais elevadas seriam simplesmente repassados aos preços pelas firmas, mesmo que a escassez de capital de giro as forçasse a restringir a produção. A redução das despesas governamentais não pressionaria as empresas privadas, mas levaria a uma contração do investimento complementar e, assim, da produção agregada. A desvalorização cambial não corrigiria um desequilíbrio no balanço de pagamentos por encorajar mais exportações e menos importações, mas só conseguiria alimentar a inflação interna.

O estruturalismo era menos explícito quanto àquilo que se poderia fazer no curto prazo para compensar os choques inevitáveis, tanto internos quanto internacionais, aos quais as economias em desenvolvimento estão sujeitas a reforma e a transformação estrutural podiam ser invocadas para o desenvolvimento a longo prazo, mas isso era menos persuasivo no curto prazo. O que saiu disso foram duas reações consistentes. A primeira foi uma tolerância oficial à inflação que era maior na América Latina do que em outras regiões; a base para isso situava-se não apenas nos postulados do estruturalismo como, também, na longa experiência do século XIX com taxas de câmbio não conversíveis. A segunda foi uma dependência maior em relação ao controle de preços e a outras práticas de reprimir a inflação, quando esta ameaçava outros objetivos. Isso mascarava os sintomas, mas não a realidade do desequilíbrio interno.

Durante a década de 1950, o estruturalismo ganhou proeminência na vasta maioria dos países da América Latina. Tratava-se de um diagnóstico que parecia estar de acordo com a experiência recente dos anos 1930 e 1940. Quando, em reação à crise da Grande Depressão, os países aplicaram controles comerciais e restrições cambiais e expandiram a demanda interna, o resultado foi uma recuperação rápida, liderada pelo setor industrial. Durante a guerra, a escassez induziu o surgimento de uma nova capacidade manufatureira e a continuidade da proteção da capacidade industrial antiga. Em contraste, as reservas cambiais acumuladas com os superávits comerciais amealhados durante o conflito se evaporaram rapidamente com o fim das hostilidades e a volta de um comércio internacional mais livre. Logo aconteceu uma escassez de dólares e uma redução da capacidade de importar, tornando-se aparente que os Estados Unidos não pretendiam fazer coisa alguma a respeito, ao menos no que se referia à América Latina. O Plano Marshall, voltado para a Europa, demonstrou amplamente as prioridades e preocupações norte-americanas. A América Latina se viu forçada a lutar por si mesma, tendo sido aconselhada a confiar no capital privado para consegui-lo.

Enquanto a análise econômica parecia se confirmar, em especial descontando-se o *boom* dos preços de *commodities* propiciado pela guerra da Coréia, suas implicações políticas também se mostravam atraentes para as elites modernizadoras. O estruturalismo reforçava o poder e o prestígio dos industriais urbanos, em face da oligarquia rural. Não apenas as exportações de produtos primários sofriam tributação implícita pelas políticas comercial e de câmbio, como padrão desigual de controle da terra foi submetido a ataque direto, por constituir uma barreira à continuidade da expansão do setor industrial.

Embora os interesses rurais pudessem levar a melhor contra a reforma agrária, como aconteceu na maioria dos países, mostravam-se muito mais vulneráveis ao favorecimento relativo concedido à indústria. A orientação pela indústria também agradava às novas lideranças políticas, desejosas de fortalecer a sua autoridade. Por um lado, era mais fácil implementar um programa de expansão industrial, e este produzia um impacto público mais evidente, do que um esforço descentralizado no sentido de aumentar a produtividade agrícola. Por outro, a atração nacionalista do aumento de autossuficiência fortalecia a capacidade de desviar as pressões salariais exercidas por trabalhadores urbanos desejosos de melhorar a sua posição.

Assim, a estratégia de substituição de importações foi amplamente preferida em relação à alternativa de devolver as rédeas ao mercado internacional e aos interesses agrícolas que se beneficiavam dele. Não se tratava de um modelo capaz de durar muito. Ele provocava deliberadamente distorções, com fim de induzir reações desejadas, mas não levava em conta de forma adequada as conseqüências indiretas e indesejadas da intervenção. Três delas são especialmente importantes: o desequilíbrio progressivo das contas externas; o aumento dos desequilíbrios setoriais; e o componente inflacionário de um crescimento mais veloz.

O paradoxo central da substituição de importações — advogado porque permitia aos países fugir à restrição cambial — é sua tendência de provocar uma vulnerabilidade cambial ainda maior. Em primeiro lugar, taxas de câmbio supervalorizadas influenciam de modo adverso a oferta de exportações futuras. De início, foi possível penalizar o setor agrícola porque a oferta era inelástica no curto prazo, mas depois os produtores se ajustaram e passaram a evitar safras exportáveis. Com isso, evitaram a tributação e contribuíram para a estagnação das exportações. Na verdade, o sucesso da substituição de importações na América Latina só foi possível porque sua implementação inicial se deu durante um período de preços incomumente favoráveis para *commodities*, induzidos pela guerra da Coréia; o resultado foi uma renda excedente que pôde ser tributado sem produzir efeitos no balanço de pagamentos, o que propiciou a viabilidade de estratégia.

Em segundo lugar, ao mesmo tempo em que desencorajava as exportações, a substituição de importações produziu uma dependência maior em relação às importações. À medida que importações concorrentes passaram a produzir internamente, as importações complementares que restaram se tornaram ainda mais essenciais. A interrupção de seu fornecimento prejudicaria a produção interna. Ademais, uma vez que um país ultrapassasse a fase mais fácil da substituição de importações — e muitos o conseguiram durante o início dos anos 1950, devido à sua industrialização prévia —, as exigências de importações complementares poderiam muito bem vir a crescer.

Os problemas de balanço de pagamentos resultantes no anos 1950 foram em parte solucionados por investimento estrangeiro direto. Influxos de capital ajudaram a compensar a estagnação das exportações e a resistência à compressão das importações. Havia ainda uma vantagem adicional. Investimento externo aplicado ao setor industrial permitiu-lhe empregar tecnologia avançada para produzir os bens modernos que contavam com grande demanda nos centros urbanos em ascensão. A importância do investimento estrangeiro, e o papel cada vez mais crítico que foi forçado a desempenhar, constitui uma conseqüência imprevista, e irônica, de uma estratégia proposta com base na auto-suficiência interna.

É possível que esforços de promover novas exportações pudessem também ajudar a reduzir a lacuna no balanço de pagamentos, mas poucos países estavam preparados para exercê-los. Alguns fizeram experiências com taxas de câmbio múltiplas, que favoreciam as exportações não tradicionais, ao mesmo tempo em que gravavam as *commodities* tradicionais. No geral, tais iniciativas não lograram sucesso. Isso aconteceu em parte porque a oferta interna não reagia a incentivos modestos, que não chegavam a configurar um comprometimento firme com a promoção das exportações. Os países latino-americanos também enfrentaram obstáculos internacionais. Embora o comércio mundial tenha retomado o crescimento rápido durante os anos 1950, passara a se orientar para a troca de produtos manufaturados entre países industriais, e não para os velhos padrões do comércio Norte-Sul. Os preços dos produtos primários caiu em relação ao seu pico, atingido durante a guerra da Coréia. Embora as exportações de todos os países em desenvolvimento que também eram importadores de petróleo tivessem se elevado em 5% por ano em volume entre 1955 a 1963, seu poder real de compra aumentou apenas 2% ao ano. Os países latino-americanos não demonstravam comportamento inteiramente idiossincrático ao manter sua crença na substituição de importações.

Além de causar problemas no balanço de pagamentos, as políticas de substituição de importações provocaram sérios desequilíbrios setoriais. Enfatizou-se a produção industrial em detrimento da agrícola, com três conseqüências. A primeira foi que a produção de alimentos não acompanhou a demanda urbana. Apesar disso, uma preocupação com a inflação, bem como custos salariais urbanos crescentes, impediram que os preços relativos viessem a refletir tal inadequação e, possivelmente, corrigi-la. Em vez disso, as rendas urbanas se beneficiaram em relação às rendas rurais, o que afetou de modo adverso a igualdade da distribuição de renda. Em segundo lugar, a indústria intensiva de capital absorveu quantidades de trabalhadores menores do que as disponibilizadas pelo crescimento rápido da população e pela migração para as cidades. O outro lado da modernidade e da alta produtividade do trabalho era uma grande quantidade de empregos que pagavam pouco. Em terceiro lugar, o que dominou as preocupações com a eficiência foram objetivos físicos. Era mais importante construir e operar uma siderúrgica do que calcular suas vantagens comparativas. Considerações sobre custos de oportunidade foram minimizadas e a substituição de importações pura e simples foi perseguida, como se prêmios sobre o câmbio fossem infinitos.

O terceiro desequilíbrio básico da substituição de importações era fiscal. Quando os recursos reais iniciais transferidos do setor agrícola começaram a se esgotar, o Estado se viu cada vez mais premido a subsidiar com seus próprios recursos os contínuos investimentos na indústria. As receitas se viam limitadas por isenções e abatimentos tributários, bem como pela limitação da capacidade de impor e recolher impostos. Ao mesmo tempo, havia uma veloz expansão das despesas, de modo a satisfazer as necessidades da estratégia de industrialização. O governo aumentou a sua participação na economia, não só para prover capitais complementares como, também, para absorver o desemprego urbano potencial. O governo era o empregador de última instância. O déficit fiscal refletia uma disparidade crescente entre comprometimentos e recursos disponíveis para satisfazê-los.

A monetização de tal déficit constitui o prelúdio da inflação por excesso de demanda. As elevações de preços geraram uma taxa de inflação que ajudava a financiar taxas de investimentos elevadas e crescentes. Mas, por sua vez, a aceleração da inflação agravou o problema externo, com uma supervalorização ainda maior da taxa de câmbio, ao mesmo tempo em que limitou o apetite dos empresários privados pelo investimento produtivo. Os trabalhadores também não tardaram a reconhecer a redução do salário real que decorreu da incapacidade de os pagamentos nominais acompanharem a inflação. Por outro lado, tentativas de conter o processo inflacionário originaram quedas de produção não acompanhadas de um progresso paralelo na contenção dos preços. A inflação se tornou um fenômeno de transferência de custos insensível aos esforços no sentido de reduzir a demanda. Em última análise, sem capacidade de tributar e de restringir o consumo, o Estado só conseguia desempenhar o papel de acumulador de capital estimulando a inflação.

Ao lado dos ganhos em termos de produtividade industrial conseguidos ao menos pelos países maiores, no fim da década de 1950 criou-se uma crise de substituição de importações. Para os países menores ela foi especialmente rigorosa; no caso deles, foram maiores os custos do desvio com respeito à acomodação às regras do mercado. Para todos, os resultados favoráveis de crescimento viram-se manchados por dificuldades que não havia sido completamente previstas. Comprometidos com uma visão em particular, os planejadores não conseguiram modificar a estratégia ao longo do tempo, à medida que a implementação de suas reformas de base foi se tornando mais problemática e suas conseqüências econômicas indiretas mais negativas.

Os estruturalistas acabaram por reconhecer a necessidade de amplificar as políticas que perseguiam, quando não alterar o diagnóstico subjacente. Três opções se apresentaram:

Uma era uma substituição de importações que abrangesse toda a região. Maior liberalização do comércio entre países da América Latina pôde criar um desvio de comércio das importações competitivas e aumentar a quantidade de moeda estrangeira disponível para adquirir importações complementares dos países industriais. Enquanto houvesse um crescimento recíproco do comércio, todos os países poderiam expandir as suas respectivas importações e exportações para a região de uma forma equilibrada, aliviar as pressões relacionadas à moeda estrangeira e gozar dos benefícios de uma maior especialização. Mas, na prática, a teoria não funcionou. Embora os países grandes pudessem exportar manufaturas para os menores, o que eles exportaram principalmente foram produtos primários; com isso, houve uma simples alteração da fonte de suas receitas, mas não do montante. Apesar do apoio manifestado no nível presidencial e do sucesso em conseguir suporte norte-americano, a idéia de um mercado comum jamais constituiu uma solução relevante.

Uma segunda opção eram novos influxos de capital oficial, para suplementar as rendas do governo e aliviar a carência de moeda estrangeira. Essa política levou à fundação do Banco Interamericano de Desenvolvimento e, mais tarde, constituiu uma parte central da Aliança para o Progresso. No entanto, tal política também fracassou. No início, houve malentendidos quanto à quantidade de dinheiro público disponível e quanto à sua condicionalidade. Mais tarde, mudanças nas finalidades da aliança retiraram a qualificação dos objetivos estruturalistas para obter apoio financeiro.

A terceira opção era mais radical. Aqueles que a advogavam atribuíam a crise da substituição de importações à timidez de sua implementação. O peso que se atribuíra ao setor privado fora excessivo, e ao setor público, insuficiente. Havia se dado atenção demasiada às restrições do balanço de pagamentos e pouca atenção à reforma estrutural. Tal ponto de vista foi precursor da perspectiva da dependência. Essa transição ocorreu rapidamente quando governos reformistas mudaram de mãos, como aconteceu com muitos.

Mas a opção que levou a melhor foi outra. Em meados da década de 1960, o Brasil e a Argentina retornaram a uma maior ortodoxia econômica, sob a tutela de regimes militares. Mas, devido ao fato de a industrialização já ter deixado a sua marca, não se cogitou de voltar ao *statu quo* antes. A característica marcante da ortodoxia latino-americana nos anos 1960 foram a estabilização de curto prazo por meio de instrumentos monetários e fiscais e uma atenção mais pronunciada aos sinais do mercado internacional, para o longo prazo. O crescimento ganhou prioridade sobre considerações distributivas. As reformas poderiam esperar, a mesmo que fossem essenciais para a eficiência e a acumulação.

O modelo burocrático-autoritário apresentava mais novidades em sua política do que em sua economia. Não se tratava de promoção das exportações ao estilo asiático. Não se tratava de monetarismo, seja da variedade nacional, seja, mais tarde, da internacional, embora se desse uma atenção maior à política monetária e às taxas de juros do que anteriormente, e uma consideração maior aos mercados financeiros. Não se tratava de uma reorientação para a agricultura e para a produção de primários, para aproveitar vantagens competitivas naturais. Acima de tudo, não se tratava de um retorno à proeminência do setor privado e a uma limitação severa à participação pública na economia. Em poucas palavras, a economia pós-substituição de importações, que se tornou especialmente proeminente no Brasil mas mostrou vestígios em outros países, foi um capitalismo de Estado que não alterou de forma radical o arcabouço de substituição de importações que herdara. Em um ambiente internacional mais favorável, a ortodoxia procurou remediar alguns dos excessos de sua predecessora.

TEORIA DA DEPENDÊNCIA[166]

Baseada num método histórico-estrutural, a teoria da dependência é muito mais uma contribuição à análise sociopolítica do que um modelo econômico. Originalmente, decorre do emprego da posição no sistema internacional como determinante do comportamento de classe.

Ganhou terreno na década de 1960, como resposta às deficiências da teoria da modernização, bem como às limitações observadas na industrialização por substituição de importações. A teoria da dependência contrapôs-se de frente à ressurgência da ortodoxia e sua orientação externa.

A perspectiva da dependência incorpora três proposições econômicas. A primeira é o princípio da desigualdade do câmbio. A segunda, as conseqüências adversas do investimento externo privado. A terceira, a desarticulação da economia capitalista periférica devido ao padrão de consumo distorcido, copiado dos países industriais avançados.

No âmbito de uma teoria marxista do valor, o câmbio desigual se segue diretamente das grandes disparidades entre economias desenvolvi-

---

166. Ver Gabriel Palma (1978) pra uma resenha sobre a teoria da dependência.

das e em desenvolvimento. Os baixos salários reduzem artificialmente os preços das exportações produzidas nos países em desenvolvimento, o que resulta em benefício dos compradores, e não dos vendedores. A idéia básica é familiar. Em termos neoclássicos, pode ser expressa como uma divisão desfavorável dos ganhos proeminentes do comércio, seja como resultado de oferta excessiva de trabalho, seja de elasticidades de demanda por importações dos países de renda alta. Com isso, o comércio pode empobrecer, em vez de enriquecer. Sob tais condições, é um equívoco permanecer na economia internacional. Só os grupos de elite ganham, constituindo isso a explicação que a análise da dependência oferece para a longa persistência dessas relações comerciais desvantajosas.

Mercados de capitais abertos reforçam os custos de mercados de bens abertos. O investimento direto proporciona uma oportunidade para que as empresas multinacionais persigam suas estratégias globais à custa de preocupações nacionais. Em vez de uma coincidência de interesses, há conflito, e, junto com uma colaboração interna de classe, o poder maior da empresa estrangeira tende a prevalecer. Mais tarde argumentou-se que, para perseguir seus objetivos, o capital estrangeiro tipicamente se associa ao capital interno, ou ao próprio Estado. A análise da dependência enxergava a falha fatal da política de substituição de importações na concessão de tratamento favorável a firmas estrangeiras, embora revestida de uma roupagem nacionalista. O que estava em jogo era mais do que lucros estáticos: os dependistas sustentavam que não pode haver desenvolvimento autônomo enquanto a tecnologia for fornecida de fora e não houver criação interna.

A terceira característica do crescimento capitalista dependente seria seu caráter desequilibrador. É possível que a produção industrial cresça, em vez de estagnar, mas apenas como resultado de uma concentração de renda que sustente a demanda por bens modernos. Contudo, para grandes parcelas da população desempregada e sem demanda efetiva, as necessidades básicas deixam de ser satisfeitas. É possível sustentar um crescimento agregado, mas apenas às custas de uma distribuição de renda desigual e, possivelmente, cada vez mais desigual. Gargalos externos são, principalmente, conseqüência do conteúdo altamente importador de tais estruturas distorcidas de produção e consumo, e não de exportações insuficientes.

A teoria da dependência tem sido criticada de forma aguda pela inadequação da interpretação que oferece para o desenvolvimento econômico latino-americano durante o século XIX.[167] Tal debate não será retomado aqui. Para nossos objetivos, são mais relevantes as dúvidas projetadas sobre a perspectiva da dependência do sucesso exportador asiático. Afirmações sobre a inevitabilidade dos efeitos adversos do mercado internacional e dos movimentos de capital na América Latina precisam ser qualificadas. A crise da dívida latino-americana contrasta com o crescimento continuado de muitas economias do Extremo Oriente. Acresce que Taiwan e a Coréia têm experimentado melhoria em sua distribuição de renda. Modelos econômicos que parecem descrever a região devem também ser confrontados com experiências comparativas.

No entanto, o que desejo enfatizar aqui é o papel especial que a ligação distribuição-consumo-produção desempenha na perspectiva da dependência. Embora tal ligação seja implícita na doutrina estruturalista, uma elaboração mais completa foi deixada para os críticos dependentistas.

Apesar de não apresentar lacunas de natureza teórica, o relacionamento depende fundamentalmente da sensibilidade quantitativa da estrutura de consumo em relação à distribuição de renda, o impacto decorrente no comércio externo e o aumento de produtividade inato ao padrão de produção resultante. Poucas evidências foram reunidas em favor de efeitos benéficos muito grandes.[168] Tentativas de atribuir o alto crescimento da produção industrial brasileira no final da década de 1960 e início da de 1970 à deterioração da distribuição de renda não se mostraram persuasivas. Por outro lado, a experiência não valida plenamente as expectativas nos casos do Chile de Allende e da Nicarágua sandinista, onde, num certo sentido, pode se considerar que a teoria tenha sido aplicada positivamente. Alterações na distribuição de renda e uma orientação voltada para a satisfação de necessidades básicas não aliviaram o problema do balanço de pagamentos; ao contrário, foram acompanhadas de uma elevação do déficit comercial. Uma estrutura de produção que permaneceu impedida de reagir aos preços se viu impossibilitada de satisfazer ao excesso de demanda por muitos bens de consumo; a inflação, tanto aberta quanto reprimida, se acelerou. Embora tais experiências tenham tido duração limitada e tenham sido afetadas de modo adverso por pressões políticas externas — o que, portanto, dificilmente permitiria que fossem decisivas —, os proble-

---

167. Platt (1980). Ver também, no mesmo lugar, os comentários de S. Stein e B. Stein e a resposta de Platt.

168. Ver, por exemplo, Berry (1981) e outros de caso mencionados nessa fonte. Para uma análise excelente do Brasil, ver Bonelli e Vieira da Cunha (1983).

mas de gerenciamento econômico que foram encontrados nos dizem alguma coisa sobre a validade das posições teóricas subjacentes.

A ênfase sobre os padrões de consumo influenciados pela distribuição de renda e pelos efeitos demonstrativos internacionais configuram uma atenção inadequada às necessidades de capital e aos determinantes da mudança tecnológica. Ela conduz a uma confiança falsa na capacidade de escapar aos determinantes do balanço de pagamentos sem aumento das exportações. Torna fácil demais a compatibilização entre os objetivos de melhorar as condições de vida dos pobres e de promover a acumulação e o crescimento. Da mesma forma que a teoria da modernização aprendeu que nem todas as boas coisas vêm juntas, os analistas da dependência talvez tenham exagerado a compatibilidade entre os objetivos desejados de uma maior igualdade e de um crescimento autônomo e sustentado por meio de um desenvolvimento voltado para o interior.

Monetarismo internacional[169]

Como muitas inovações modernas da teoria econômica, o monetarismo internacional corresponde a uma redescoberta dos clássicos — neste caso, do mecanismo do fluxo de moeda metálica de David Hume. Suas proposições subjacentes enfatizam os condicionantes impostos pela integração na economia mundial; neste sentido, compartilha-se com a teoria da dependência uma aceitação do papel crucial desempenhado pelas inter-relações internacionais. Em sua forma mais simples, bastam três preposições, duas delas comportamentais. A primeira é a lei do preço único: em todos os países, os mesmos bens custam o mesmo (descontando-se pequenas barreiras naturais decorrentes de custos de transporte e a potencialmente grande barreira das restrições comercias). Numa encarnação mais agregada, trata-se da suposição de paridade de poder de compra: a taxa da inflação interna é igual à inflação mundial mais a depreciação da taxa de câmbio. O segundo pressuposto é a existência de uma relacionamento estável entre a demanda por dinheiro e a renda. Isso assegura que mudanças na oferta de dinheiro transbordam para os gastos e para a determinação da renda. A terceira equação necessária para resolver o modelo é uma identidade monetária: a oferta nacional de moeda é igual à soma entre as reservas internacionais e o crédito interno.

---

169. Uma coleção de ensaios sobre a abordagem monetarista do balanço de pagamentos pode ser encontrada em FMI (1977). Ver também Whitman (1975).

Com isso, num mundo de preços e salários flexíveis e taxas de câmbio fixas — ou seja, o padrão ouro —, a oferta de moeda é endógena e auto-corretiva. Um excesso de crédito interno dá origem a demanda interna, a um nível mais baixo de exportações e, com o tempo, à perda de reservas. Isso acaba por provocar contração da oferta de dinheiro e, assim, disciplina a elevação inicial de demanda e de preços e restabelece o equilíbrio comercial. Os arranjos monetários constituem uma superestrutura; a taxa real de crescimento é determinada pela acumulação subjacente de capital. A demanda é enfrentada automaticamente pelas mudanças na oferta de moeda, as quais são suficientes para corrigir problemas temporários no balanço de pagamentos. Se, por exemplo, os preços das exportações caem e as rendas diminuem, isso causa perda de reservas, contração da oferta monetária e redução dos preços e salários internos, levando a um novo equilíbrio de pleno emprego compatível com o saldo externo. A renda real resulta diminuída devido à mudança exógena nos termos de troca, mas isso não pode ser evitado.

Portanto, para as economias de pequeno porte, o papel da política econômica é reforçar a abertura e a flexibilidade dos preços. A tarifação deve ser substancialmente eliminada, removendo com isso impedimentos à equalização internacional dos preços e encorajando uma realocação de recursos compatível com as vantagens comparativas. Além disso, o setor público deve ter sua abrangência limitada, para assegurar uma amplitude maior para as decisões privadas; suas rendas e despesas devem ser mantidas em equilíbrio, de forma a evitar o das obrigações governamentais sobre o crédito interno. Por fim, devem-se acolher investimentos e empréstimos estrangeiros para compensar a escassez relativa de capital interno e para trazer as taxas internas de juros à paridade com os níveis internacionais. Caso contraída pelo setor privado, a dívida externa não deve constituir problema, porque é determinada por um cálculo de lucros; e não é inflacionária, porque um aumento de demanda interna é acompanhada por um aumento das importações. Se as saídas de capital se tornassem excessivas, as reservas acabariam por se esgotar, o que causaria redução automática da demanda interna e redução do déficit da conta corrente. O teste final da adequação da política doméstica é o balanço geral de pagamentos; a evolução das reservas sinaliza ajustes e, simultaneamente, os coloca em movimento.

Os leitores haverão de reconhecer na teoria não apenas um ideal de livro didático, mas a inspiração da estratégia de estabilização e desenvolvimento do cone sul no final da década de 1970. O objetivo da aplicação inicial era reduzir a inflação interna. O modo de consegui-lo era um reajuste pré-especificado e descrente da taxa de câmbio, empregando a lei do preço único. Uma vez que tivesse caído, a inflação seria mantida baixa por uma taxa de câmbio fixa. O livre comércio e os movimentos de capital garantiriam a estabilização e, ao mesmo tempo, garantiriam o desenvolvimento.

O monetarismo internacional não funcionou conforme a propaganda. Na Argentina, seus resultados foram um fracasso espetacular: um peso hipervalorizado, sustentado por uma grande elevação da dívida externa, contribui para uma especulação financeira sem rédeas e para a estagnação do setor industrial. O Brasil passou por um flerte fugaz e parcial com a teoria; no início dos anos 1980, a taxa de câmbio foi prefixada, com o objetivo de funcionar como um instrumento chave para alterar as expectativas inflacionárias. Não foi o que aconteceu. Em vez disso, foi necessária uma grande desvalorização e um aumento concominante da inflação interna para compensar a supervalorização resultante da tentativa. Foi no Chile que a abordagem monetarista experimentou sua materialização mais perene e de maior sucesso. O ano de 1980 já chegara e os proponentes da teoria ainda se mostravam convictos de que o crescimento da economia chilena persistiria e que o ajuste às condições internacionais adversas seria rápido e sem custos excessivos. No fim, a renda per capita do Chile caiu de 11% entre 1981 e 1984 e o país apresentava a maior relação dívida/renda entre os devedores do hemisfério.

Tais resultados refletem três importantes limitações da análise monetarista internacional: uma aplicação ao curto prazo daquilo que, na melhor das hipóteses são condições de equilíbrio de longo prazo; uma atenção insuficiente aos componentes do balanço de pagamentos e uma preocupação exclusiva com resultados agregados; e uma focalização no equilíbrio macroeconômico, em vez de no desenvolvimento econômico. Essas questões serão discutidas brevemente na seqüência.

A paridade do poder de compra e a proporcionalidade entre a oferta de moeda e a renda nominal são relacionamentos que só se verificam de forma aproximada no longo prazo. Uma taxa de câmbio fixa de fato exige que os países mantenham seus níveis de preços alinhados ao longo do tempo, da mesma forma que grandes aumentos na oferta monetária se associam a altas taxas de inflação e moedas não conversíveis. Mas, em especial nas condições dos países em desenvolvimento, é algo muito diferente confiar nesses relacionamentos e numa reação instantânea e numa flexibilidade perfeita de preços e salários para ajustar automaticamente o balanço de pagamentos no curto prazo. Como os países aprenderam da pior forma, a taxa de câmbio certa não se materializou, seja durante a expansão, seja durante o declínio.

Um motivo importante para a supervalorização das taxas de câmbio e para a desconsideração da questão é a preocupação exclusiva do monetarismo internacional com a posição final das reservas e na confiança em que a sabedoria do mercado provocará a alocação correta entre os déficits de conta corrente e os superávits da conta de capitais. A simetria não procede. É possível que grandes entradas de capital em resposta a diferenciais entre taxas de juros mantenham taxas de câmbio que prejudiquem o desenvolvimento de uma capacidade exportadora sustentável e, assim, a capacidade de pagar dívidas em algum momento. Com os fluxos de capital estabelecem correntes de pagamentos futuras, são afetadas de forma inerente por uma dificuldade potencial; isso é marcante quando os empréstimos são de curto prazo, as taxas de juros se reajustam a cada seis meses e a oferta continuada de capital é incerta. Aquilo que parece ser uma posição forte do balanço de pagamentos, conforme medida pelas reservas, pode sofrer deterioração veloz devido a uma atenção inadequada aos componentes do balanço.

Não só monetarismo global assume ares de grandeza desmesurada em sua abordagem holística do balanço de pagamentos como também ignora a composição setorial da economia. O que o autoriza a fazê-lo é a garantia de equilíbrio perceptivo por parte da taxa de câmbio. Infelizmente, aquilo que é correto sob perspectiva estreita da posição do balanço de pagamentos no curto prazo não é, necessariamente, o correto para o longo prazo. Apesar disso, proíbe-se a intervenção da política econômica para proteger a atividade interna, mesmo em face da possibilidade de ocorrerem mudanças irreversíveis na estrutura produtiva. Na prática, em sua aplicação ao Cone Sul, a abordagem monetarista equivaleu a um favorecimento dos serviços em detrimento de produtos comercializáveis e, em particular, de manufaturados. A indústria ficou exposta a uma nova concorrência vinda de fora e se viu impossibilitada de competir. A resposta eram serviços. O problema é que estes não constituem uma fonte independente de desenvolvimento econômico. Eles reagem de forma passiva a rendas mais elevadas provenientes de outras fontes; não impulsionam a economia ou proporcionam uma base para aumentos crescentes de produtividade; e não garantem o fluxo constante de exportações necessário para, no futuro, realizar os pagamentos do serviço da dívida e pagar por importações complementares.

Esses são fundamentos para o ceticismo quanto à adequação da ênfase peculiar ao monetarismo internacional. Eles também se aplicam, em parte, aos programas de estabilização do FMI, que compartilham segmentos do mesmo arcabouço analítico.

Contudo, o FMI modifica o monetarismo internacional de duas formas importantes. A primeira é que aceita a possibilidade de a desvalorização real constituir fonte de realocação de despesas, bem como de sua redução, por meio da diminuição da renda real. O monetarismo internacional ortodoxo insistiria na futilidade da desvalorização e, em vez disso, centraria a atenção exclusivamente sobre a restrição interna. O reconhecimento de que a desvalorização tem um lugar corresponde a uma preocupação maior com o estado específico da conta corrente. E, de fato, os programas do FMI limitam explicitamente o acesso público aos mercados de capitais externos, forçando de modo deliberado que o ajuste se dê na conta corrente. A segunda modificação é que o FMI reconhece a existência de uma defasagem no ajuste, e que dos mercados internos não são perfeitos. Os programas reconhecem explicitamente — embora talvez de forma insuficiente — o papel do financiamento internacional como adjunto necessário à austeridade interna.

Apesar de tais emendas, a receita de estabilização do FMI sofre da insistência num diagnóstico de excesso de demanda em todos os países e em qualquer tempo. O que pode ser apropriado ao México em 1982 enquanto país exportador de petróleo que enfrenta problemas de dívida e balanço de pagamentos não é igualmente aplicável a importadores de petróleo da região ou, talvez, sequer ao próprio México em 1985. As condições da oferta são também, uma parte central da história, em especial na América Latina. Elas operam de três maneiras importantes. Em primeiro lugar, há defasagem significativas entre reduções de despesas num setor e aumento de produção em outro. Em segundo lugar, a administração da demanda por meio de taxas de juros reais e taxas de câmbio realinhadas também afetam os objetivos de produção e preços das empresas. Quando a escassez de capital operacional e de insumos importados se faz sentir, a produção se reduz e os preços se elevam, compensando o aumento de custos. Acresce que, como os custos financeiros correspondem a uma parcela grande e crescente do déficit fiscal, as contas governamentais também pode deteriorar. Por fim, cortes no setor público recaem de forma desproporcional sobre a formação de capital. Investimentos privados complementares também se reduzem e, com isso, a oferta futura.

Em outras palavras, a desinflação é mais complicada do que uma simples redução de demanda, e mão é tão central para a melhoria do balanço de pagamentos, conforme insiste o modelo analítico do FMI. É até possível que sejam incompatíveis: as mudanças nos preços relativos exigidas para estimular um superávit comercial provavelmente exercerão pressões inflacionárias. Portanto, na prática, os programas do Fundo têm objetivos irrealistas, e isso parece ser deliberado. Nas palavras de um integrante da equipe do banco: "Em geral, programas de políticas corretiva deveriam mirar reduções na taxa de inflação que sejam percebidas como significativas — mesmo se não parecem particularmente realistas —, de modo a influenciar as expectativas na direção correta".[170] Mas isso não engana ninguém. Tudo o que acontece é uma combinação inadequada entre a continuidade da elevação dos preços e o excesso de capacidade, ao lado da expectativa de que a estabilização não pode prosseguir.

CRESCIMENTO LIDERADO PELAS EXPORTAÇÕES[171]

A estabilização sob a orientação do FMI é uma política de curto prazo. O crescimento liderado pelas exportações consiste numa estratégia de desenvolvimento de longo prazo, que advoga a integração completa à economia internacional. A demanda internacional é altamente elástica e permite uma fonte confiável de crescimento sustentado. De modo a penetrar nos mercados mundiais, tudo o que os países em desenvolvimento precisam fazer é seguir os sinais das vantagens comparativas, de modo a explorar seus custos mais baratos. Tal estratégia exige limitações à intervenção do setor público e um alinhamento correto dos preços. As taxas de câmbio não podem ser sobrevalorizadas, como acontece inevitavelmente quando há proteção contra importações. As taxas de juros precisam ser positivas em termos reais, e não negativas, e não devem subsidiar a industrialização intensiva de capital voltada à substituição de importações. Os salários reais devem ser determinados pela competitividade internacional, e não por decreto: é comum que problemas de balanço de pagamentos decorram de reivindicações salariais indisciplinadas.

---

170. Manuel Guitian, em Killick, p.95.

171. Duas resenhas sobre política-econômica em países em desenvolvimento que concluem advogando uma orientação para o exterior são Bela Balassa (1981) e Anne Krueger (1984).

Essa teoria não constitui novidade, aproximando-se do *laissez faire* do século XIX. O que deu a tal abordagem um peso especial nos últimos anos tem sido o sucesso dos países do Extremo Oriente. As exportações têm constituído um ingrediente importante em seu veloz crescimento de renda. Mesmo apesar de a economia mundial se encontrar em estado problemático desde o primeiro choque do petróleo, aqueles países conseguiram manter a sua expansão, a despeito de uma maior vulnerabilidade a choques comerciais. As economias comprometidas com tal estratégia orientada para o exterior evitaram uma crise de dívida como a que limitou o crescimento latino-americano. É uma idéia que funciona.

Conforme resume um dos defensores da promoção das exportações: "três pontos principais emergiram da experiência dos países que optaram pelo crescimento liderado pelas exportações. Primeiro, suas notáveis taxas de crescimento foram associadas à rápida expansão das exportações; segundo, em todo os países em que foi possível estabelecer contraste entre o desempenho anterior e posterior às mudanças de política, foi claro que a taxa de crescimento se elevou agudamente depois da adoção das estratégias orientadas para a exportação; e, terceiro, a continuidade das altas taxas de crescimento indica que as políticas orientadas para o exterior criaram efeitos dinâmicos na economia [...]".[172] Cabem dois conjuntos de observações. O primeiro liga-se à possibilidade de generalização da estratégia; o segundo, aos meios de implementá-la.

O crescimento pelas exportações não consiste num caminho universal para o sucesso. Para começar, há uma falácia de composição. Se todos os países em desenvolvimento tentassem seguir a estratégia ao mesmo tempo, a concorrência resultante reduziria o ganho de todos. Aqueles que chegassem mais tarde tenderiam a obter menos ganhos por seguir a política do que aqueles que o tivessem precedido — isso se daria de forma ainda mais clara caso sucessos anteriores provocassem respostas protecionistas de países importadores. O que conta não são taxas de crescimento espetacularmente elevadas por si mesmas, mas a vantagem diferencial quando se faz comparação com uma alocação alternativa de recursos. Se para competir as exportações precisarem ser vendidas a preços menos lucrativos, o mercado externo se transforma numa fonte de dinamismo menos atraente.

---

172. Anne Krueger (1985), p.20.

Os ganhos provenientes do comércio tampouco são lineares. À medida que as economias se tornam progressivamente mais abertas, os benefícios marginais diminuem. A diferença em eficiência doméstica entre exportar e importar a última unidade comercializável é menor do que aquela que existe entre exportar e importar a primeira. Quando as exportações passam a representar altas proporções da renda nacional, os benefícios marginais passam a depender exclusivamente da dinâmica da mudança de produtividade nos setores exportadores, e não dos ganhos estáticos vindos do comércio. Para países grandes, os retornos decrescentes ocorrem muito mais cedo. Vale a pena lembrar que o Japão exporta apenas 15% de seu produto bruto. Mais não significa necessariamente melhor.

Muita coisa depende, também, da composição do comércio. Há uma diferença entre os países ricos em recurso da América Latina e os países de baixos salários e escassez de recursos do Extremo Oriente. As exportações asiáticas de produtos manufaturados intensivos de trabalho são consistentes com um nível de emprego crescente e com uma maior igualdade de renda. Na América Latina, a promoção indiscriminada de exportações pode vir a incrementar as rendas em detrimento da participação dos salários e, na verdade, pode vir a prejudicar o surgimento de exportações não tradicionais.

Ademais, um alto grau de abertura não significa uma benção indiscutível. Isso torna a economia mais suscetível a choques externos. Uma resposta interna eficaz exige uma considerável flexibilidade interna de preços e uma mobilidade de recursos também apreciável. Caso isso não esteja presente, uma estratégia de integração internacional aparentemente ótima pode se mostrar inferior. A crise da dívida latino-americana decorre, em parte, da integração internacional assimétrica da região. Era mais fácil abrir os mercados de capitais do que estabelecer as bases de um crescimento sustentado das exportações; uma coisa substituiu a outra.

Caso seja interpretada adequadamente, a análise empírica produz uma visão mais cautelosa do que se pode esperar do crescimento baseado nas exportações para uma amostra ampla dos países em desenvolvimento. Conforme escreve corretamente Balassa:

> "[...] o crescimento do PIB coreano teria sido 37% menor caso o crescimento de suas exportações tivesse igualado a média dos países considerados. Para Taiwan, a proporção correspondente seria de 25%. No extremo oposto,

a elevação do PIB do Chile, da Índia e do México teria sido respectivamente 14, 12 e 8% maior se esses países tivessem praticado taxas médias de crescimento das exportações."[173]

No entanto, a escolha de casos tão extremados exagera o verdadeiro impacto de um crescimento mais veloz das exportações. Tipicamente, esse efeito situa-se entre 0,1 e 0,2 ponto percentual do crescimento agregado para cada ponto percentual do crescimento das exportações, com uma elasticidade menor quando se incluem outras variáveis causais. Assim, num estudo recente, a introdução isolada do volume de exportações revela uma elasticidade de 0,2: quando se acrescenta a taxa de crescimento dos investimentos, esta exibe uma influência quatro vezes maior do que o crescimento das exportações — que, agora, se reduz a 0,07 — e o grau da explicação total se eleva de modo marcante.[174] E, quando se considera também a influência independente do crescimento agrícola, seu efeito é quase seis vezes maior do que o aumento das exportações, e exibe significação estatística maior.[175] O crescimento das exportações não é o único determinante.

Entretanto, tais exercícios estatísticos não testam realmente a hipótese de crescimento liderado pelas exportações. Isso exige o cálculo da relação entre o desempenho agregado e a medida com a qual a taxa de crescimento das exportações supera o crescimento total. Na ausência de tal especificação, não há relação estatística significativa. Quer dizer, as histórias de sucesso da Coréia e de Taiwan, com uma expansão das exportações mais veloz do que o crescimento da produção para o mercado interno, são *sui generis* e não se repetem numa amostragem mais ampla de países em desenvolvimento.[176]

Além disso, a relação simples observada entre o crescimento do produto e o aumento das exportações incorpora, em parte, o argumento estruturalista quanto à relevância das importações: as exportações são também uma variável interveniente, que reflete um aumento da disponibilidade de moeda estrangeira para a aquisição de importações. Levando-se

---

173. Bela Balassa (1978), p.187.

174. Ver Anne Krueger (1983), p.41-46 e R. Argawata, p.55.

175. Tal regressão, da mesma forma que aquelas subseqüentes no texto, emprega a amostra e os dados de Argawala (estatísticas t entre parênteses; R^2 é ajustado para graus de liberdade).

$$Gy = 2,06 + 0,84Ga + 0,15Gx \qquad R^2 = 0,58$$
$$ (3,6) \quad\;\; (4,8) \qquad (3,2)$$

176. $Gy = 5,2 + 0,08(Gx - Gy) \qquad R^2 = -0,01$
$$ (11,4) \;\; (0,8)$$

em conta a mesma amostra do Banco Mundial, de 31 países em desenvolvimento na década de 1970-80, a substituição do volume de exportações pelo volume de importações no papel de variável causal aumenta de modo marcante o grau de explicação estatística; R^2 cresce de 0,29 para 0,48; seu coeficiente indica que um ponto de crescimento adicional nas importações vale 0,33 ponto de crescimento do produto, enquanto a contribuição das exportações é de 0,21 ponto percentual. Tomados isoladamente, nenhum desses dois fatores representa uma explicação adequada. Quando se incluem tanto o volume de exportações quanto o de importações na mesma equação, cada um deles se mostra estatisticamente significativo e positivo; mas o volume de importações tem significação estatística muito maior, e apresenta um coeficiente de 0,27, ao passo que para o volume de exportações este é de 0,10.[177]

O ponto desses cálculos estatísticos é mostrar que, tanto quanto a substituição de importações, a orientação para as exportações não constitui uma panacéia. Isso não significa negar que, às vezes, pode ser aconselhável adotar uma estratégia voltada para o exterior. Mas isso não exclui a substituição de importações eficiente como uma opção por vezes preferível para se obter uma aceleração do crescimento. Não há substituto para uma análise caso a caso de políticas de desenvolvimento apropriadas.

Uma segunda objeção fundamental á insistência quanto ao crescimento liderado pelas exportações é sua aversão excessiva à intervenção estatal. Ao enfatizar os efeitos adversos que as distorções de preços exercem sobre o crescimento, esta perspectiva teórica tem a intenção clara de situar em descrédito a perspectiva "estruturalista": "Sua abordagem enfatizava o papel do governo, e não dos mercados. [...] Pressupunha-se, ainda, que o governo [...] seria capaz de implementar o programa necessário de mobilização e de alocação de recursos por meio de imposições administrativas".[178] A conclusão de que as distorções importam, e que decorrem principalmente da intervenção do Estado, valida a ênfase neoclássica de se obter o correto alinhamento dos preços.

Uma afirmação central, e recorrente, é que tais distorções produzem uma influência estatisticamente significativa, e negativa, sobre a taxa de

---

177. $Gy = 3,5 + 0,33 Gm$ $R^2 = 0,46$
    (7,9)   (5,1)

    $Gy = 3,4 + 0,10 Gx + 0,27 Gm$ $R^2 = 0,50$
    (8,1) (1,8)   (3,8)

178. Agarwala, p.3-4.

crescimento. Isso recebeu proeminência no relatório do Banco Mundial de 1983: "A taxa média de crescimento foi de 7% ao ano — 2 pontos porcentuais maior do que a média geral. Países com distorções altas tiveram média de crescimento de cerca de 3% ao ano, 2 pontos percentuais abaixo da média geral".[179]

Contudo, tal conclusão não se sustenta muito, mesmo se examinada superficialmente. O componente com maior influência no índice geral de distorção é a distorção da taxa de câmbio. Seja quando tomada isoladamente, seja em conjunto com outros componentes, uma taxa de câmbio incorreta explica a proporção mais elevada da variância na taxa de crescimento agregado. Seu efeito é central. Claramente, se a distorção da taxa de câmbio fosse uma influência importante para o mau desempenho, seu impacto deveria se fazer sentir por um volume de exportações menor. Ao contrário, porém, a relação entre o crescimento do volume de exportações e o índice de distorção da taxa de câmbio não é estatisticamente significativa! Com efeito, o R^2 calculado é de 0,01, não sendo remotamente próximo a um nível de explicação aceitável. Seja qual for o modo como o índice calculado de distorção da taxa de câmbio influência o crescimento, aparentemente isso não se dá via exportações.[180] Outro índice de distorção setorial propício a teste é aquele que diz respeito à agricultura. O crescimento agrícola também não se associa á distorção medida dos preços agrícolas.[181]

Não se pode menospresar facilmente tais constatações setoriais. Seria difícil argumentar que se está medindo corretamente distorções, quando elas deixam de exercer influência onde são mais relevantes. Minha conclusão é outra: que a análise estatística não é "um argumento poderoso [...] em favor de se evitarem altas distorções de preços no comércio, nos mercados financeiros e quanto a produtos não comercializados no exterior".[182] Ao contrário, os resultados tão festejados do Banco Mundial fundamentaram-se num índice de distorção dotado de conteúdo analítico limitado.

É obvio que esses resultado não justificam uma política de promoção arbitrária da distorção de preços. Mas também não pretendo me limitar à conclusão fraca de que a intervenção seletiva pode ajudar a produzir pre-

---

179. Banco Mundial (1983), p.61.

180. $Gx = 5,3 - 1,1\ DXR$ $R^2 = -0,01$
       (2,0)   (0,8)

181. $Ga = 3,8 - 0,44DA$ $R^2 = 0,01$
       (4,5)   (1,1)

182. Agarwala, p.46

ços corretos onde o mercado não o faz; quanto a isso existe substancial concordância conceitual, se não operacional. A proposição mais fundamental é que a correção dos preços precisa ser decidida em referência a uma estratégia abrangente de desenvolvimento, e não independentemente desta. Em muitos países latino-americanos, a supervalorização do câmbio durante a fase inicial do período de substituição de importações, no início da década de 1950, desempenhou um papel positivo. Isso permitiu transferir para o setor industrial parte dos lucros adicionais auferidos pelas exportações agrícolas que se beneficiavam do *boom* de preços de *commodities* durante a guerra da Coréia. Em contraste, no final da década de 1970, a supervalorização do câmbio inerente à estratégia do Cone Sul para redução da inflação provou-se desastrosa. O que está em questão é quão apropriadas são as estratégias.

Conceber políticas certas é mais do que alinhar preços. O realinhamento correto da produção pode exigir incentivos que exageram os sinais do mercado. Com freqüência, a eficiência é conseqüência eventual de distorções que funcionam: essa é a história típica de quem chegou mais tarde e teve sucesso em seu desenvolvimento econômico. Nos anos 1970, taxas de juros negativas para o crédito não prejudicaram a industrialização de produtos para exportação; no final da década de 1970, altas taxas de juros reais não ajudaram a evitar o desvio de recursos para aplicações especulativas e improdutivas. Existem evidências substanciais de que o sucesso coreano e taiwanês liderado pelas exportações não emanou de um envolvimento estatal neutro, mas de estratégias intervencionistas coerentes.

QUATRO QUESTÕES PRINCIPAIS

Ideologias econômicas concorrentes têm composto uma parte central da experiência moderna de desenvolvimento latino-americano. Hoje, o debate sob o impulso do mais grave declínio na atividade econômica desde a Grande Depressão. A renda per capita da região caiu cerca de 10% no início dos anos 1980. Para alguns países, os níveis de produção industrial se encontram onde estiveram dez ou mais anos atrás. Um ingrediente novo, e benvindo, da discussão é a volta de governos civis e o processo de redemocratização que se dá em muitos países. Por fim, devido à ubiqüidade dos programas de estabilização, os pontos de vista do Fundo Monetário Internacional contam com uma audiência grande e cativa ao longo da região.

Frente a tais influências, parece que um neo-estruturalismo pragmático tem ganho influência. Suas características podem ser ilustradas fazendo-se referência a quatro questões principais que se antepõem aos formuladores de política econômica: a dívida externa, a inflação, a distribuição de renda e o papel do Estado.

Como se sabe, a dívida da América Latina é desproporcionalmente alta em relação á exposição de outras áreas em desenvolvimento. Em conseqüência, a partir do início da década de 1980, os países da região se viram forçados a realizar ajustes inéditos, de modo a compensar os efeitos adversos das altas taxas de juros internacionais, da recessão industrial e da oferta limitada de capitais. Uma transferência de 5 a 7% do produto bruto para o serviço da dívida exigiu uma transferência interna de recursos reais equivalente para o setor público, o qual, na maioria dos países, é o principal devedor.

Até aqui, e apenas com poucas exceções, os pagamentos foram feitos, apesar de representarem uma carga que corresponde ao dobro do nível de indenizações relativas à I Guerra Mundial, que a Alemanha julgou intolerável. Houve pouco apoio a moratórias unilaterais ou à rejeição da continuidade dos relacionamentos econômicos internacionais. Apesar da antiga tradição regional de estratégias de desenvolvimento voltadas para o interior, ocorreu uma aceitação quanto à necessidade de haver mais exportações e menos importações. Os superávits comerciais do Brasil e do México atingiram níveis recorde.

Contudo, tais realizações, obtidas numa base emergencial, não significam que os resultados comerciais possam ser extrapolados mecanicamente. Existe pouco entusiasmo por uma continuidade indefinida da atual transferência de recursos para fora da região, mesmo sob condições de crescimento do comércio mundial que tornassem viáveis os superávits de exportações. Existem motivos válidos para a resistência. Um é que as políticas necessárias para efetuar as transferências contradizem o objetivo de estabilização das pressões inflacionárias. A desvalorização, exigida para sustentar a competitividade das exportações, adiciona-se aos custos e, assim, realimenta a inflação. Além disso, a necessidade de o setor público extrair grandes volumes de recursos da economia também contribui para a inflação, devido a esforços do setor privado no sentido de defender sua renda. O corte nos gastos governamentais internos não consiste numa solução atraente, por ser afetado pelo risco do exagero, provocando com isso uma queda da produção, e não dos preços. Financiar os déficits pela dívida em vez de imprimir dinheiro é, a grosso modo, equivalente a imprimir ainda mais moeda, devido aos pagamentos explosivos de juros que precisariam ser feitos subseqüentemente.

Em segundo lugar, os recursos transferidos decorreram primordialmente à custa do investimento. A tentativa de apenas reprimir o consumo não se revelou possível. Existe resistência a declínios adicionais no padrão de vida. Mas a tentativa de pagar o serviço da dívida no presente prejudica a capacidade de continuar a pagar no futuro. Exportações futuras exigem aumentos de capacidade hoje. No entanto, países que estão sendo forçados a transferir prematuramente proporções tão elevadas de sua poupança não podem investir.

Nem a estabilização de curto prazo nem uma estratégia de desenvolvimento de longo prazo voltada para o exterior respondem adequadamente ao problema. Caso se persigam imediatamente e com alta prioridade objetivos ligados ao balanço de pagamentos, é provável que gerem mais inflação e menos investimento. Confiar em altas taxas de crescimento das exportações para induzir novos fluxos de capitais e, assim, reduzir a dimensão da atuais transferências de recursos, ignora os efeitos paralisadores que o desequilíbrio interno exerce sobre os emprestadores potenciais. A posição majoritária na América Latina apóia a continuidade dos entendimentos com o FMI e das negociações com os bancos, mas também insiste na importância de um alívio das obrigações para a dívida externa como condição necessária para uma recuperação econômica.

Segundo esse ponto de vista neo-estruturalista emergente, o problema da inflação se relaciona em muitos países ao gerenciamento da dívida externa e, mais geralmente, a choques que emanam da economia internacional. Existe uma continuidade em relação à doutrina estruturalista na negativa da eficácia de políticas monetária e fiscal ortodoxas. Mas há também uma mudança. Não se consideram mais toleráveis taxas de inflação de mais de três algarismos na Argentina e Bolívia, e de cerca de 200% no Brasil e no Peru. Elas provocam instabilidade e incerteza quanto às rendas reais e ameaçam os segmentos da população impotentes para se protegerem. Distorcem os incentivos econômicos e prejudicam a atividade produtiva.

As experiências com os programas de estabilização do FMI tampouco reforçaram um pendor por maior austeridade, sequer nos meio conservadores. Seja qual for seu sucesso em fortalecer o balanço de pagamentos, ele não se reproduziu no combate à inflação. Mesmo no caso de devedores bem comportados como o México e o Brasil, o progresso tem se mostrado limitado. Embora se possa argumentar que, na prática, as políticas convencionais não foram aplicadas com rigor, existe mais simpatia na região do que nos centros financeiros internacionais quanto aos motivos pelos quais isso parece nunca se dar.

Existe uma consciência crescente de que as economias latino-americanas caracterizadas por inflação alta e indexação (formal e informal) exigem mais do que uma reação monetarista ou uma tolerância estruturalista. Um livro recente traz um exemplo do novo pensamento sobre a questão.[183] Ainda mais marcante é o esforço de aplicação de alguns dos princípios na luta contra a aceleração inflacionária Argentina, no âmbito de um acordo com o FMI. Embora apresentem como fulcro a reforma e o controle monetário e receitem o controle fiscal, tais abordagens também reconhecem que a inflação é sintomática de fatores de demanda incompatíveis. Logo, uma política de rendas constitui um componente crítico de um pacote antiinflacionário eficaz, apresente-se ela na forma de controles de preços e salários, de esquemas de conversão de moeda ou de um pacto negociado explicitamente. Embora a prioridade que se confira à inflação continue a ser um divisor de águas ideológico, da mesma forma como ocorria nas controvérsias dos anos 1950, hoje existe mais consenso a respeito desse ponto crucial do que no passado.

O mesmo vale quanto à distribuição de renda. Apesar de o ajuste de curto prazo ter monopolizado as atenções, e embora a preocupação com a igualdade pareça ter amainado, o tema permanece inevitavelmente importante na América Latina, devido à pobreza generalizada e a desigualdade dramática. Na verdade, é muito possível que as desigualdades de renda tenham se agravado, devido à estagnação e declínio dos últimos anos. Em muitos países, houve grandes quedas dos salários reais, apesar do aumento dos retornos a detentores privados de ativos, que constituem um grupo reduzido. Contudo, apesar da magnitude provável dessas alterações distributivas, as quais ainda não foram estudadas e documentadas, não tem havido apoio a políticas populistas simplistas, no sentido de se proceder a grandes aumentos salariais nominais de modo a compensar perdas. Fizeram-se sacrifícios, e estes continuam a ser considerados aceitáveis, na condição de haver expectativas razoáveis de que levarão a mais do que o enriquecimento de terceiros.

---

183. J. Wiliamson (1985).

Existem limites. Os salários reais não podem permanecer residuais para sempre. Os governos reconheceram essa realidade e não têm insistido cerradamente na redução salarial ou na eliminação de subsídios a preços, mesmo quando aconselhados nessa direção. Há sabedoria nessa amenização da austeridade. Aparentemente, haveria poucos benefícios na estabilização caso esta se desse ao preço de participações de renda incompatíveis, que, mais tarde, se traduziriam por novas pressões inflacionárias. E também não é mais possível montar estratégias de desenvolvimento em que a precedência absoluta seja do crescimento, e nas quais a distribuição ocorra mais tarde. Essas são algumas das lições aprendidas pelos astutos, e apoiadas pelo novo ambiente político da região.

O teste que se aproxima é a capacidade de alocar os benefícios de uma retomada do crescimento de modo a respeitar as preocupações distributivas, mas sem sucumbir a elas. Nesse meio termo emergente, existe espaço para que as políticas públicas influenciem o perfil de produção em nome de objetivos de emprego, bem como de atacar os excessos da pobreza e do desemprego.

Isso nos traz a uma questão estratégica final que, em certa medida, inclui as demais — o papel do Estado. Talvez devido à experiência do cone sul, a credibilidade do *laissez faire* na América Latina é hoje menor do que já foi, e que parece continuar a ser entre alguns economistas de agências internacionais. Contudo, há também menos fé no dirigismo e no poder que o governo teria de sempre intervir com sucesso. Nos últimos anos, os proponentes de estratégias de desenvolvimento voltadas exclusivamente para os mercados não têm sido os únicos a criticar o desempenho do setor público. Poucos defenderiam hoje a proliferação dos subsídios, das isenções tributárias, das regulações arbitrárias, das empresa estatais e a expansão dos gastos dos governos centrais que se verificaram durante o ápice dos influxos de capital dos anos 1970. E, já há algum tempo, a América Latina não tem manifestado uma crença generalizada de que o planejamento detalhado deva suplantar as decisões do mercado.

O clima na região não favorece estratégias de desenvolvimento que descartem o papel do Estado, mas se inclina para a reconstrução de um Estado desenvolvimentista eficaz. Não é uma tarefa simples conciliar os objetivos e reivindicações divergentes que a nova voz da sociedade civil exprime em muitas partes da região. Já se foram os dias da aliança entre capital estrangeiro, capital interno e tecnocracia estatal. É preciso forjar novos laços de cooperação entre o Estado e os setores produtivos, não só o capital como também o trabalho. É preciso definir uma nova delimitação para a presença do Estado, e é necessário encontrar uma nova capacidade de gerar superávits públicos.

Embora seja uma tarefa difícil, há amplo comprometimento na América Latina quanto à necessidade de domar e usar mais produtivamente a intervenção governamental. Isso se traduz numa maior seletividade e descentralização da autoridade; em acesso confiável a recursos reais, em vez de medidas inadequadas, que provoquem outros desequilíbrios; numa atenção à política macroeconômica, bem como a pressões de custos que reproduzem altas taxas de inflação; em um crescimento adequado das exportações, de modo a reduzir as limitações de crescimento oriundas do balanço de pagamentos: as exportações constituem um meio, e não um fim, importante para regular a oferta de moeda estrangeira e não como indutoras do dinamismo industrial; e em aceitar a integração aos mercados financeiros internacionais enquanto estes compensarem a vulnerabilidade a choques internos e externos, e não os induzirem.

Esses são alguns dos elementos centrais do novo pensamento econômico da região. O neo-estruturalismo emergente recombina novas perspectivas teóricas, em vez de reinventá-las. Ele aprendeu com a sucessão de modelos e de estratégias de desenvolvimento que prometiam o sucesso. E, talvez, acima de tudo, reflete as realidades políticas: tanto os novos governos civis quanto os antigos consideram atraente esse pragmatismo e flexibilidade. Uma estratégia de desenvolvimento abrange mais do que modelos técnicos.

ECONOMIA POLÍTICA

Apesar de as abordagens teóricas aos principais problemas econômicos da região darem sinais de convergência, persistem diferenças evidentes. E, provavelmente, elas continuarão a se manifestar, apesar do aumento das pesquisas e do acúmulo de evidências empíricas. Não haverá concordância geral quanto a alguma descrição objetiva dos relacionamentos econômicos subjacentes. Pontos de vista diferentes e contraditórios continuarão a ser expressos.

No fim das contas, a estratégia que se decidir implementar dependerá de considerações políticas, e não da consistência econômica. Por sua vez, tais implementações afetarão não apenas os resultados, mas as próprias relações subjacentes. É isso o que faz da economia aplicada uma serva da política, e não uma ciência pura.

Tal caracterização contradiz a teoria de política econômica de Jan Tinbergen, que ainda é popular. Conforme essa formulação, a teoria econômica e a econometria produzem um único modelo subjacente, que especifica a interação das variáveis econômicas, incluindo-se nisso a reação aos instrumentos da política econômica. A tarefa da política é escolher como solução preferível um dos resultados possíveis, fazendo-o sopesando objetivos como crescimento, estabilidade de preços, distribuição de renda etc. Valores só entram explicitamente na escolha de pesos na função objetiva.

A realidade não é tão arrumada. As relações econômicas comportamentais subjacentes não são conhecidos com certeza. Hipóteses contraditórias persistem por longo tempo e raramente se conciliam de forma completa com as evidências históricas. Informações adicionais modificam a apresentação de posições mantidas com vigor, mas raramente conduzem a seu abandono: um exemplo notável são as idas e voltas da controvérsia entre monetaristas e keynesianos durante os últimos 1950 anos. Na ausência da experimentação pura, existem bons motivos para o ceticismo. As evidências não são decisivas quando todos os demais fatores não são mantidos constantes. A ideologia — que consiste num sistema de crenças dada como premissa — serve para identificar a estrutura implícita na massa de dados históricos gerados sob uma multiplicidade de condições. É por isso que alguns chilenos admitem que as políticas de Allende podem ter fracassado, embora não refutem o arcabouço teórico subjacente; e é também por isso que outros afirmam confiantemente que o monetarismo global continua válido, mas foi impedido de funcionar pela desvalorização cambial de 1981.

A subidentificação é endêmica, não apenas devido à complexidade dos sistemas econômicos mas também porque as próprias políticas econômicas influenciam as respostas comportamentais. Essa é uma das reflexões valiosas da nova escola econômica das expectativas racionais. Ela postula a incapacidade de se realizar previsões com base nas evidências passadas à medida que se passa de um regime de política econômica a outro, uma vez que as reações observadas nos agentes econômicos são adaptações às expectativas quanto aos efeitos das intervenções efetuadas pelas políticas. Isso se aplica de forma especial ao ambiente da América Latina, que é sujeito a mudanças freqüentes e, às vezes, dramáticas, em suas estratégias de desenvolvimento.

Alguns desses proponentes vão mais além e insistem em que o setor privado é capaz de antecipar com perfeição a eficiência da intervenção governamental, conseguindo assim compensá-la. Assim, por contribuir para as expectativas inflacionárias, o crescimento rápido da oferta monetária leva a taxas de juros maiores, e não menores. Contudo, a atribuição de um papel importante às expectativas não implica a sua racionalidade. O público nem sempre está certo, ou é onisciente. Quando eficientes, os formuladores de política econômica também formam e jogam com as expectativas, em vez de se verem limitados por elas. As expectativas proporcionam um grau de liberdade adicional e bem-vindo, permitindo a execução de políticas que evitem concessões indesejadas, mesmo quando os princípios econômicos convencionais sugerem que não funcionarão. Perón, e outros antes dele, perceberam a irrelevância das evidências passadas muito antes que os economistas acadêmicos tivessem descoberto o preceito. O preceito continua a ser invocado.

Num mundo complicado adicionalmente pelo conhecimento imperfeito quanto a variáveis exógenas como taxas de juros internacionais, demanda mundial, condições de comércio, desequilíbrios na oferta interna etc., o processo de Tinbergen se inverte. Os líderes políticos escolhem um modelo específico e os assessores econômicos que acreditam nele, em parte para racionalizar a aplicação de certos instrumentos. Os valores emergem não apenas na escolha dos fins, mas também dos meios. O que diferencia entre as diferentes ideologias não são tanto os objetivos — todas concordam quanto a ser desejável um crescimento sustentado e eqüitativo —, ou mesmo seus pesos. O debate se dá quanto aos instrumentos de política econômica. Estes corporificam as ideologias e são os símbolos em relação aos quais o público reage.

No entanto, nem todas as políticas funcionam, não importa quão habilmente sejam vendidas. A inflação não cede, apesar da austeridade; a produção interna de bens de consumo não aumenta de forma marcante, apesar de aumentos da participação salarial; as necessidades de importações não diminuem, apesar do investimento na indústria interna; as exportações não explodem, apesar da desvalorização cambial. Os princípios econômicos desapontam os formuladores de políticas não porque sejam sempre compulsórios, mas porque o são apenas ocasionalmente. Além disso, quando se consegue evitá-los por tempo suficiente, o sucesso pode se autoproduzir. É essa a promessa dos modelos de todos os tipos — tanto monetaristas globais quanto populistas.

O luxo da experimentação não é ilimitado. Quanto mais aberta a economia, mas imediatos e mais restritivos se mostram os desequilíbrios internos, e mais rapidamente os seus efeitos se fazem sentir no balanço de pagamentos. Correspondentemente, a heterodoxia é mais arriscada e mais rara nas economias pequenas e abertas. Em consonância, não é de surpreender que os populistas enfatizem uma orientação para o interior, e não para o exterior. O isolamento melhora a capacidade de elevar os salários nominais e de aumentar os gastos públicos. Reciprocamente, as posições conservadoras costumam começar pela prioridade aos sinais do mercado internacional para guiar a disciplina interna que impõem.

Essas considerações também explicam por que os regime militares parecem simpatizar com pacotes rigorosos de estabilização. A preferência não decorre de uma crença firme no ajuste automático do mercado. Os instintos militares são em favor do intervencionismo. Contudo, é conveniente para as lideranças militares racionalizarem a repressão política em nome de uma flexibilidade necessária de preços e salários. O objetivo não é conseguir adaptar-se a uma dada estrutura econômica, mas uma reconstrução radical da sociedade civil. A queda da renda real se torna, então, símbolo de sucesso da política econômica, porque mostra determinação em manter o curso até que o modelo econômico subjacente se torne aplicável.

Num ambiente mais livre, porém, a estabilização é, quase sempre, sujeita a um debate intenso. Isso aborrece especialmente os técnicos internacionais, que estão convencidos de que a sua abordagem é a única correta. Tolera-se a política apenas enquanto explique as políticas econômicas exigidas, mas não para modificá-las. O fracasso na redução da inflação e na retomada do crescimento é atribuído a uma implementação inadequada, e não a um diagnóstico falho. E o sucesso medido segundo determinados indicadores — por exemplo, o balanço de pagamentos —, em que é mais fácil de ser atingido porque em detrimento de outros objetivos, é invocado para justificar a adoção daquelas políticas.

Entretanto, uma persistência canina não constitui uma virtude invariável, seja o modelo heterodoxo ou ortodoxo. Nem sempre se devem desconsiderar sinais. Eles não apenas dizem da correção técnica da teoria, mas também têm conseqüências políticas. A estabilização é um projeto político-econômico cuja probabilidade de atingir sucesso é maior por meio de respostas adaptativas do que pela rigidez ideológica. Uma das lições deste apanhado sobre a economia latino-americana é que modelos econômicos técnicos não são infalíveis, mesmo quando muito em moda. Outra lição é que a escolha e a implementação de qualquer modelo possui inevitavelmente um forte componente político, que é melhor reconhecer explicitamente. Uma terceira é que o impacto das políticas econômicas é mais previsível num contexto político estável: a rigidez não deve ser das políticas econômicas, mas do ambiente subjacente.

Estas observações me permitem concluir num tom de otimismo cauteloso. Embora dê vazão a demandas crescentes e inconsistentes, a redemocratização latino-americana pode contribuir para a adoção de políticas econômicas consistentes e consensuais, por meio da institucionalização da legitimidade e da promoção da flexibilidade pragmática. Governos representativos fortes podem evitar as tentações dos consertos rápidos, sem, ao mesmo tempo, ignorar as informações sobre a adequação das políticas econômicas experimentadas. O pensamento econômico da América Latina está à altura da tarefa; resta a esperança de que as capacidades internas no plano político e o clima internacional se mostrem igualmente propícios.

REFERÊNCIAS BIBLIOGRÁFICAS

AGARWALA, R.: "Price distortions and growth in developing countries", *World Bank Staff Working Papers*, n.757.

BAER, W.: "Import substituting industrialization in Latin America", *America Research Review* VIII, n.1, 1972.

BALASSA, B.: "The process of industrial development and alternative development strategies", Princeton Essays in *International Finance*, n.141 (1981).

_____. "Exports and economic growth: Further evidence", *Journal of Development Economics*, junho de 1978.

Banco Mundial: *World Development Report*, 1983.

BERRY, R.: "Redistribution, demand structure and factor requirements: The case of India", *World Development*, v.9, n.7 (1981).

BONELLI, R. e CUNHA P. Vieira da: "Distribuição de renda e padrões de crescimento: um modelo dinâmico da economia brasileira", *Pesquisa e Planejamento Econômico*, v.13, n.1 (1983).

Comissão Econômica para a América Latina: *The Economic Development of Latin América*.

Fundo Monetário Internacional: *The monetary approach to the balance of payments*. Washington. D.C.: FMI, 1977.

HIRSCHMAN, A. O. (org.): *Latin America Issues*. Nova York: The Twentieth Century Fund, 1961.

_____. "The political economy of import substituting industrialization in Latin America", *Quarterly Journal of Economics*, fevereiro de 1968.

KILLICK, T. (org.): *Adjustment and Financing in the Developing World.*

KRUEGER, A.: *Trade and employment in developing countries*, v.3. Chicago: University of Chicago Press, 1983.

_____. "Comparative advantage development policy twenty years later", In M. Syrquin *et al.* (orgs.), *Economic structure and performance: Essays in honor of Hollis B. Chenery.* Nova York: Academic Press, 1984.

_____. "Import substitution *versus* export promotion", *Finance and Development*, v.22, n.2 (1985).

PALMA, G.: "Dependency: A formal theory of underdevelopment or a methodology for the analysis of concrete situations of underdevelopment?", *World Development*, v.6, n.7-8 (1978).

PLATT, D. C. M.: "Dependency in Nineteenth-Century Latin America", *Latin America Research Review* xv, n.1 (1980).

WHITMAN, M.: "Global monetarism and the monetary approach to the balancer of payments", *Brookings Papers on Economic Activity*, 1975, n.3.

WILIAMSON, J.: "Inflation and indexation: Argentina, Brazil and Israel". *Institute of International Economics*, 1985.

Tempos difíceis: a América Latina nas décadas de 1930 e 1980[184]

A experiência da Grande Depressão foi central para a formulação da política econômica latino-americana no período posterior à II Guerra Mundial. As vigorosas políticas de substituição de importações implementadas na região nas décadas de 1940 a 1950 refletiam tanto a continuidade de uma estratégia defensiva vitoriosa, implementada nos anos 1930, quanto a conversão a uma nova abordagem teórica. Os anos 1930 foram uma década que testemunhou um comprometimento declinante com o comércio mundial enquanto motor de crescimento e a emergência de um papel mais ampliado para a demanda interna, sob os auspícios de um Estado mais atuante.

Nos anos 1980, e pela primeira vez desde 1945, os países da América Latina passam de novo por uma reversão da atividade econômica. O produto interno bruto regional *per capita* de 1988 foi mais de 6% inferior a seu nível de 1980. Ainda mais notável é a disseminação do declínio. Dos 23 países cujos dados são exibidos na *Preminary Overview of the Latin América Economy* (Comissão Econômica para a América Latina e Caribe, 1980-87), todos menos quatro — Barbados, Chile, Colômbia e República Dominicana — mostram a queda da produção *per capita*. Perdeu-se uma década de desenvolvimento, mais ainda no caso alguns países.

---

184. Publicado originalmente em Carl-Luwing Holtfrerich (org.): Interaction in the world economy: Perspectives from international economic history. Nova York, Londres, Toronto, Sydney e Tóquio: Harvester Wheatsheaf, 1991.

Esse resultado, que contrasta vivamente com a adaptação a uma deterioração ainda mais séria do ambiente econômico externo durante os anos 1930, levou alguns a especular a respeito de outra lição aparente da Grande Depressão. Será que a inadimplência, que ocorreu persistente e disseminadamente na América Latina naquela época, contribuiu para um resultado mais positivo? Esse tema for abordado recentemente de modo explícito em dois artigos muito úteis.[185] Aqui, procurarei integrar alguns desses resultados em uma visão comparativa mais ampla dos dois declínios, ampliando contribuições anteriores.[186]

Neste capítulo, enfatizo três pontos. O primeiro é a origem diferente do colapso econômico latino-americano nos dois períodos. Na década de 1930, o declínio foi causado pela deterioração dos ganhos com as exportações, a qual teve contribuições tanto das quantidades quanto dos preços; nos anos 1980, o aumento das taxas de juros e uma redução dos influxos de capitais foram fatores muito mais proeminentes na indução de uma crise de balanço de pagamentos. O segundo é o papel diferente que o ajuste da conta comercial desempenhou para restabelecer o crescimento da renda. Nos anos 1930, devido a preços de exportação mais altos e à recuperação do volume depois de 1932, o comércio exterior representou um papel positivo, apesar do protecionismo e da contração de renda dos países industriais. Nos anos 1980, as exportações não foram tão vigorosas, com deterioração dos termos de troca e um crescimento errático do volume. Unido às necessidades permanentes de pagar o serviço da dívida, o padrão recente exigiu uma compressão continuada das importações. O terceiro ponto é a diferença de suscetibilidade à carga da dívida. Na década de 1930, a parcela das receitas de exportações que precisava ser orientada ao pagamento da dívida era menor, comparada ao anos 1980. Além disso, o clima externo e interno permitia um *default* parcial, que dava lugar ao crescimento rápido das importações necessário para subscrever a recuperação econômica. Nos anos 1980, os formuladores de política econômica não conseguiram até agora replicar a capacidade de sustentar a expansão das importações e o investimento novo por meio do alívio das obrigações externas.

Essas diferenças se traduzem em circunstâncias que, nos anos 1930, eram mais favoráveis a uma dinâmica interna de expansão industrial e a

---

185. Eichengreen e Portes (1988), construído sobre pesquisa anterior, incluindo Eischengreen e Portes (1986) e Skiles (1988).

186. Um tratamento comparativo anterior da Grande Depressão é Díaz-Alejandro (1983). Thorp (1984); ver também Maddison (1985) traz uma discussão abrangente da experiência da grande Depressão na América Latina.

um papel mais proeminente do setor público. Uma vez ocorrida a aguda contração inicial do comércio, e depois que o impacto doméstico decorrente foi compensado pelo aumento da produção, a recuperação comercial reforçou a demanda. Nos anos 1980, devido à sua conexão com a dívida, as restrições externas foram mais rigorosas e com impactos de mais longo alcance. Em particular, houve uma nova combinação entre inflação, déficits do setor público e crescimento lento, a qual não encontrou, até aqui, uma solução eficaz.

Nos anos 1980, a importância do serviço da dívida enquanto determinante do desempenho tem levado a esforços vigorosos por parte dos países latino-americanos para reduzir a transferência de recursos. Na seção final, discuto as propostas atuais para o alívio da dívida, contra o pano de fundo das discussões e procedimentos seguidos no anos 1930.

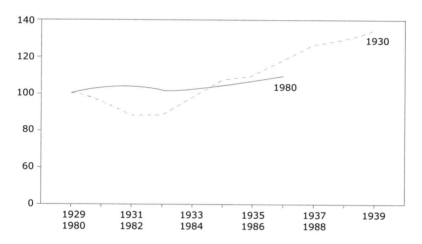

Figura 1. Produto Interno Bruto de países latino-americanos (1929 = 100; 1980 = 100). *Fonte:* Tabela 1.

Origens do declínio

O gráfico da Figura 1 exibe o desempenho produtivo da região nos dois períodos. É imediatamente aparente que o declínio após 1929, e a recuperação subseqüente, foram muito mais pronunciados do que nos anos 1980. O padrão recente é muito mais raso e mais persistente do que a trajetória em v da Grande Depressão. Observe-se, porém, que a perspectiva convencional a respeito da melhor resposta latino-americana para a crise dos anos 1930 decorre parcialmente de uma comparação com os países industrializados. Entre 1929 e 1932, a renda caiu 11% na América Latina e 28% nos Estados Unidos. Nos anos 1980, o desempenho latino-americano parece pior quando comparado ao sucesso asiático.

A Tabela 1 acrescenta á série de produção retratada na Figura 1 evidências relativas ao *quantum* de exportação e aos preços do comércio exterior. É evidente o colapso experimentado pelas exportações após 1929. O *quantum* de exportação para a região como um todo caiu em média mais

Tabela 1 — Produto regional e desempenho comercial latino-americano.

	Produto interno bruto[a]	*Quantum* de exportação[b]	Preços do comércio exterior	Capacidade de importação
1929 = 100				
1929	100	100	100	100
1930	96	83	82	69
1931	90	88	66	59
1932	89	71	72	52
1933	97	76	66	51
1934	105	88	75	66
1935	109	91	72	66
1936	117	92	77	71
1937	124	103	80	84
1938	127	84	75	64
1939	132	88	75	67
1980 = 100				
1980	100	100	100	100
1981	100	109	94	102
1982	99	112	85	95
1983	97	120	86	105
1984	100	131	92	119
1985	104	131	88	114
1986	108	131	78	100
1987	111	142	78	107

a. Para os anos 1930, média de cinco países, correspondendo a cerca de 75% das exportações regionais (ver Tabela 2).

b. O quantum de exportação, montado a partir de taxas de crescimento anuais nos anos 1980, não é exatamente igual à capacidade de importação dividida pelos termos de troca.

Fontes: Thorp (1984); Comissão Econômica para a América Latina e Caribe 1980-87.

de 10% ao ano, durante três anos. A queda dos preços relativos das exportações latino-americanas quase se igualou ao declínio quantitativo. O efeito combinado é capturado na série referente à capacidade de importação.

Em 1929, o choque sobre os países latino-americanos veio primordialmente do lado do comércio, embora eles também tivessem recebido importantes fluxos de capital durante os anos 1920. As exportações eram da ordem de 20% da produção, e às vezes mais. Assim, seria de esperar que estas influenciassem mais geralmente a atividade econômica, através de pelo menos três canais. Primeiro, reduções na renda externa afetaram a demanda agregada interna. Segundo, devido ao fato de metade, e mais, das rendas governamentais serem provenientes do comércio exterior, ocorreu um efeito fiscal imediato. Terceiro, sob as regras do padrão ouro, a deterioração do balanço de pagamentos também implicava uma contração da oferta monetária.

Contudo, o efeito potencial de grandes dimensões foi compensado por vários fatores. Como o declínio dos termos de troca constituiu uma parcela tão extensa da redução dos ganhos com as exportações, e como os preços internos eram flexíveis, o nível de emprego e a demanda interna resultaram parcialmente protegidos. Tal atenuação recebeu ajuda do fato de muitas exportações serem intensivas de recursos e, também, da importância de que se revestia o investimento estrangeiro: o impacto foi sentido mais intensamente nos lucros dos investimentos externos do que no emprego interno. Embora as receitas tivessem declinado, e apesar de os governos terem procurado reduzir despesas, muitos não as conseguiram completamente e, com isso, sustentaram a demanda agregada. De forma semelhante, enquanto de início a maioria dos países experimentou uma contração monetária, a relação com as reservas internacionais logo se rompeu, quando os governos passaram a desvalorizar as taxas de câmbio.

Do lado da oferta, ocorreu uma alta elasticidade de reação frente à redução aguda das importações, o que refletia seu caráter não essencial e a possibilidade de substituição de alimentos, produtos têxteis e outros bens de consumo importados por equivalentes produzidos internamente. A falta de complexidade das economias latino-americanas constituía uma vantagem. No fim, a produção caiu aproximadamente 10%, enquanto a capacidade de importação se reduziu em 50%. Na ausência de financiamento externo, coeficientes de importação fixos teriam provocado declínio muito maiores na renda para restabelecer o equilíbrio da balança de pagamentos.

Em contraste, no início dos anos 1980 o volume de exportações cresceu a taxas bastante respeitáveis. Com efeito, o desempenho latino-americano melhorou em relação aos recordes anteriores da década de 1970, suplantando ainda os índices dos países em desenvolvimento como um todo. Nesse período, apesar da recessão mundial, os países latino-americanos ganharam participação no mercado. Os preços comerciais eram desfavoráveis, reduzindo o poder aquisitivo para importações, mas não de forma comparável à queda dos preços das commodities primárias ocorrida após 1929. A capacidade de importação caiu apenas 6% entre 1980 e 1982 e, em 1983, excedeu o patamar de 1980.

Uma medida da diferença entre as origens e evolução subseqüente das duas crises é fornecida pela relação simples entre produção e capacidade de importação. Nos anos 1930, a América Latina apresenta uma forte influência positiva entre as duas taxas de crescimento, depois de estas serem ajustadas para auto-correlação. A elasticidade é de 0,2 para a década, e de 0,3 até 1937. A inclusão de 1938 e 1939 reduz o papel da capacidade de importação e debilita o ajuste, porque os países maiores da América Latina sustentaram a expansão, apesar da queda de 1937; uma capacidade produtiva interna ampliada e a maior experiência na condução da política econômica renderam dividendos. Nos anos 1980, a elasticidade é muito pequena, negativa e não estatisticamente significativa.

Essa distinção pode ser expressa de outro modo. Angus Maddison calculou as conseqüências diretas exercidas sobre a renda latino-americana pelo volume de exportações e pelas mudanças dos termos de troca em 1929-32 e 1979-83. No primeiro caso, ele determinou que mais de 11 pontos percentuais de crescimento num total de 20 podem ser atribuídos à queda das receitas de exportações. No segundo caso, há uma contribuição *positiva* do volume de exportações, que é reduzida mas não integralmente compensada pela deterioração dos termos de troca, ao passo que a mudança na renda real é negativa.[187]

O ingrediente que falta nos anos 1980 é o papel importante da elevação das taxas de juros reais e a relevância do efeito que a mudança abrupta na disponibilidade de capitais exerceu sobre o balanço de pagamentos.

---

187. Maddison (1985), p.20, 55.

Embora hoje as decomposições convencionais dos choques do petróleo reconheçam o primeiro desses efeitos, o segundo é normalmente tratado como reação, e não como causa. A distinção é crítica. No início da década de 1980, as condições de oferta de capitais atravessaram mudanças significativas, quando os bancos comerciais reavaliaram as suas vulnerabilidades após a elevação das taxas de juros e a desaceleração do crescimento dos países industrializados.

Razões dívida/produto elevadas tornaram os países da América Latina especialmente suscetíveis a choques do lado da conta de capitais, enquanto as relações exportações/produto mais elevadas dos países asiáticos tornaram-nos mais vulneráveis a efeitos comerciais adversos. Quando se deixa de levar em consideração o primeiro desses fatores, a fraqueza comparativa do desempenho latino-americano se transforma num mistério maior do que deveria ser. Ademais, quando o impacto negativo total da mudança das condições internacionais é relacionado às exportações, em vez de ao produto, os países latino-americanos aparecem como os mais seriamente afetados. Essa é a medida certa. O ajuste precisava ser feito no balanço de pagamentos. Uma vez que não havia disponibilidade de capitais externos que pudessem funcionar como anteparo, quando isso se fez houve necessidade de reduzir as importações. Quanto menor a razão de importações, e quanto mais industrializados são as economias, menor a flexibilidade que se manifestara no anos 1930 e maior o tamanho da redução de renda exigida para fazer frente ao choque.[188]

Até aqui, a discussão se deu em termos agregados. A Tabela 2 fornece detalhes adicionais para alguns países. O grau de declínio do produto nos anos 1930 é ordenado de perto pela queda da capacidade de importação. O Chile apresenta o desempenho pior, e a Colômbia o melhor, em ambos os casos. A Argentina apresenta resultados piores do que deveria. Isso se deveu tanto à sua economia mais complexa quanto a políticas econômicas com tendência conservadora. O uso de controles de câmbio em vez de uma desvalorização real para reduzir as importações fez com que os preços relativos tivessem representado um estímulo menor à produção interna de substitutos de importações. Após um déficit inicial manifestado em 1930, houve uma elevação de impostos, e a política monetária permaneceu restritiva até 1935.[189]

---

188. Ver Capítulo 5, neste volume.

189. O'Connell (1984). Outros estudos de caso expostos no mesmo livro fornecem detalhes sobre outros países.

Tabela 2 — Taxas anuais e crescimento do produto e da capacidade de importação por país (porcentagens).

	1929-32		1932-37		1980-83		1983-87	
	Produto	Capacidade de importação	Produto	Capacidade de importação	Produto	Capacidade de importação	Produto	Capacidade de importação
América Latina[a]	−4,0	−19,8	6,9	12,9	−1,0	1,6	3,4	0,5
Argentina	−4,9	−13,0	5,9	15,3	−3,2	2,0	1,2	−7,2
Brasil	−0,3	−18,3	7,5	8,2	−1,1	1,4	6,3	6,9
Chile	−12,5	−46,0	9,0	46,7	−2,8	−1,5	4,8	7,2
Colombia	1,3	−10,7	4,2	4,3	1,7	−6,4	4,7	18,8
Mexico	−5,6	−29,7	8,8	19,0	1,1	17,3	0,8	−3,6

a. Para os anos 1930, o produto corresponde à média ponderada de cinco países, com pesos de 1929.

Fonte: Ver a Tabela 1

No início dos anos 1980 a correspondência é muito menos clara, porque filtrada pelo efeito das obrigações da dívida. O desempenho da Colômbia é o melhor, apesar do declínio da capacidade de importação; a Colômbia é, também, o único país que ainda não precisou reescalonar a sua dívida. Argentina, Brasil e, especialmente, o México, apresentam mau desempenho, apesar de uma capacidade de importação crescente. Suas dívidas dominam os movimentos do balanço de pagamentos.

Da mesma forma que nos anos 1930, a reversão sofrida nos anos 1980 pelo crescimento latino-americano se deveu a uma integração deficiente na economia mundial. No primeiro desses períodos, a concentração nas exportações de produtos primários, cuja a oferta tinha começado a suplantar a demanda nos anos 1920, provocou uma reação aguda e imediata nos mercados mundiais após 1929. Mais recentemente, ocorreu uma abertura assimétrica aos influxos financeiro reversíveis, sem um aumento correspondente da penetração das exportações. Como os países latino-americanos eram os maiores devedores entre os países em desenvolvimento, as conseqüências da desinflação nos países industriais sobre as taxas de juros exerceram sobre eles um efeito desproporcionalmente alto.[190]

AJUSTE DO DESEQUILÍBRIO DO BALANÇO DE PAGAMENTOS

Como já foi sugerido, as origens da crise eram diferentes nos dois períodos, e o mesmo aconteceu com a estrutura do ajuste. Ambas compartilharam uma grande redução inicial das importações, quando, por razões distintas, o balanço de pagamento se deteriorou. Na Grande Depressão, a magnitude do declínio das exportações ditou reduções severas e imediatas nas importações, tanto por intervenção direta quanto por desvalorização cambial. Entre 1929 e 1932, o volume das importações caiu por volta de 60%, ajustando-se à capacidade de importação. De forma semelhante, entre 1980 e 1983 o volume de importações declinou quase 40%. O fato de, nos anos 1980, ter sido necessária uma compressão das importações de tal ordem, mesmo em face do aumento da capacidade de importação, fornece uma medida das diferença nas origens das duas crises. Na experiência

---

190. Eischengreen e Portes (1988) assinalam corretamente a presença de outros fatores além da variabilidade comercial para explicar os *defaults* dos anos 1930. Entre esses, incluem-se o déficit fiscal e comprometimentos de natureza política. Contudo, quanto ao tema que nos interessa aqui, a crise do balanço de pagamentos, nos anos 1930 ela teve causas claras na conta comercial, ao passo que nos anos 1980 se originou na conta de capitais.

recente, ajuste da conta comercial era a única opção que existia para compensar a súbita deterioração da conta de capitais e dos pagamentos de juros.

Nas fases de recuperação, após 1932 e 1983, devem ser assinaladas duas diferenças importantes. A primeira se relaciona às exportações, a outra às importações. Durante os anos 1930, houve uma recuperação mais forte e mais contínua das exportações, tanto em volume quanto em preço. Nota-se, na Tabela 1, que entre 1932 e 1937 ocorreu um aumento do *quantum* de exportação de 9,7% por ano, enquanto a balança comercial melhorou em 2,1%. Os resultados correspondentes relativos ao período 1983-87 foram de 4,3% em volume, ao lado de uma deterioração comercial de 2,4%.

O melhor desempenho das exportações nos anos 1930 não se deveu a uma recuperação internacional mais forte. Isso não se deu completamente, e o protecionismo constituía uma barreira séria. A política econômica dos países latino-americanos também contribuiu para resultados mais favoráveis. Quase todos os grande países da região optaram por uma significativa desvalorização real da taxa de câmbio em 1932, como resultado de mudanças elevadas nas taxas nominais, desacompanhadas de compensações inflacionárias. O alcance da mudança sitou-se acima dos 50%. O realinhamento dos preços das exportações foi suficiente para permitir que o *quantum* de exportações latino-americano aumentasse 45% entre 1932 e 1937, sem que se tornassem necessárias grandes desvalorizações adicionais durante a década, frente a um aumento de 16% no comércio mundial de produtos primários. E, como aconteceu com o comércio mundial de forma geral, isso ainda mal trouxe a região de volta aos níveis de 1929.[191]

Nos anos 1980, esforços deliberados de encorajar as exportações também encontraram algum sucesso, conforme os países buscaram seguir o conselho de expandir o comércio como forma de resolver seus problemas de equilíbrio do balanço de pagamentos. Outra vez, a desvalorização real das taxas de câmbio constituiu um fator importante, que, na região, correspondeu a cerca de 50% entre 1980 e 1987.[192] Além disso, instituíram-se diversos programas de subsídios para estimular a venda de produtos não tradicionais. Contudo, os resultados estiveram longe do espetacular, depois que os aumentos de volume tropeçaram após os avanços de 1984 e o aumento de vendas foi acompanhado de uma debilitação dos preços.

---

191. Os dados comerciais de Lewis (1952), p.107. As taxas reais de câmbio são aquelas calculadas por Díaz-Alejandro (1983), p.14.

192. As taxas de câmbio reais encontram-se em BID (1988), p.15.

Note-se, também, que a desvalorização real resultou mais dispendiosa para as economias indexadas dos anos 1980 do que nos anos 1930. Ela implicou a aceleração da inflação, a qual passou a rivalizar com o problema original de balanço de pagamentos, para cuja solução fora concebida. Voltarei a este ponto mais adiante.

Após apresentar entre 1980 e 1984 desempenho consistentemente superior ao crescimento agregado dos países em desenvolvimento, a América Latina recuou a partir de 1985. Com uma especialização muito maior em produtos manufaturados, os novos países industriais asiáticos se deram consideravelmente melhor num mundo em que o volume comercial se tornara mais lento em comparação com os anos 1970. Até certo ponto, o desempenho latino-americano refletiu a maior atratividade do mercado interno para os produtores. Acompanhando esforços de muitos países no sentido de estimular a recuperação a partir de 1985, a demanda crescente foi satisfeita às custas das vendas externas. Com limitações de investimentos novos, não se alocaram capitais especificamente para produzir para o mercado mundial.

A contribuição essencial da rápida recuperação das exportações na década de 1930 foi menos o incentivo direto que proporcionou à demanda do que a moeda externa que gerou para comprar importações. O impacto primário calculado da expansão do volume de exportações e da melhoria da balança comercial explica menos de um quinto do crescimento da renda real observado em 1932-37.[193] A aceleração das receitas de exportação após 1932 se traduziu em um relaxamento significativo das restrições cambiais, não tendo frustrado os efeitos positivos de uma demanda interna significativamente aumentada.

Essa é a segunda diferença importante entre os anos 1930 e 1980. durante o primeiro episódio, na década de 1930, as importações muito mais que acompanharam as exportações na recuperação observada, ao passo que, nos anos 1980, elas excederam as exportações em grau menor: um ganho muito forte de 18,4% ao ano na Grande Depressão, contra 6,8% ao ano, nos anos 1980. Note-se ainda, que a reação das importações nos anos 1930 foi amplamente compartilhada; nos anos 1980 há uma dispersão significativa pelos países, com México e Chile substancialmente acima da média e Argentina, Brasil e Colômbia muito abaixo. De fato, para o grupo dos países não exportadores de petróleo, as importações reais aumentaram apenas 3,8% em

---

193. Maddison (1985), p.21. Observe-se que o papel direto do comércio exterior no estímulo da recuperação foi muito maior na Argentina e no Chile do que no Brasil, na Colômbia e no México, onde a demanda interna foi mais importante.

1983 e 1987, menos do que a elevação correspondente de 5,2% da capacidade de importação; a redução drástica das importações mexicanas em 1983 e a recuperação subseqüente distorcem o agregado regional.

Paradoxalmente, na década de 1980 foi muito mais difícil sair da crise de balanço de pagamentos recorrendo às exportações do que se verificara na Grande Depressão. A conclusão de Ocampo para a Colômbia, de que "os setores manufatureiros intensivos de capital em expansão detinham moeda estrangeira suficiente para financiar o crescimento da capacidade de produção e das importações de bens intermediários"[194] se aplica mais geralmente a toda a região. Políticas de importação restritivas proporcionavam garantias adicionais de que os insumos necessários seriam favorecidos em relação a bens de consumo não essenciais. Nos anos 1930, a composição das importações mudou, e não apenas a sua importância relativa. Nos anos 1980, o âmbito para a substituição era muito mais limitado, e a expansão apresentou mais depressa a ameaça da limitação das importações.[195]

Adicionalmente, nos anos 1980 montantes consideráveis de moeda estrangeira foram continuamente destinados ao serviço da dívida, ao passo que na década de 1930 o padrão regional rapidamente se firmou numa inadimplência ao menos parcial. Em seguida, volto-me para um exame direto das diferenças em forma e extensão das obrigações externas e de suas implicações para o desempenho econômico.

CAPITAL ESTRANGEIRO

A Tabela 3 expõe estimativas da dívida pública e do capital estrangeiro total para 1929 e 1980, relacionando-as com os respectivos níveis de exportações. O emprego de uma estimativa correspondente a 1938 para o capital estrangeiro total não deve superar em muito os níveis de 1929, pois os fluxos de capital subseqüentes a este último ano foram pequenos. É possível que o estoque de investimentos externos diretos em 1980 esteja subestimado, mas não seriamente; cerca de 80% dos débitos correspondentes a pagamentos se deveram a juros.

---

194. Ocampo (1984), p.141.

195. Conforme argumentei, o teste de Eichengreen e Porter sobre a eficiência da substituição de importações durante a Depressão corresponde menos a isso do que a uma confirmação da relevância que o crescimento das importações teve para o crescimento do produto. Eichengreen e Porter tomam as importações em relação a seu valor médio na década de 1930. A substituição de importações aconteceu porque, mesmo com um crescimento rápido das importações, no final da década de 1930 a razão importações/produto era muito menor do que fora nos anos 1920. Ver Eichengreen e Porter (1988), p.18.

Tabela 3 — Níveis da dívida (US$ bilhões).

	1929				1980			
	Dívida Pública	Capital estrangeiro total[a]	Razão dívida/ exportações de bens	Razão capital/ exportações de bens	Dívida Pública	Capital estrangeiro total[b]	Razão dívida/ exportações de bens	Razão capital/ exportações de bens
América Latina	4,1	11,3	1,5	4,1	222,5	270,3	2,5	3,0
Argentina	1,2	3,2	1,3	3,6	27,2	31,3	3,4	3,9
Brasil	1,1	2,0	2,4	4,4	68,4	84,7	3,4	4,2
Chile	0,5	1,3	1,8	4,6	11,1	12,9	2,4	2,7
Colombia	0,1	0,3	0,7	2,5	6,3	7,9	1,5	1,9
México	0,8	1,8	2,9	6,4	50,7	60,1	3,1	3,7

a. 1938

b. Estoque de investimentos estrangeiros de 1977, conforme OCDE, *Development Cooperation*, 1979 suplementado por fluxos de investimento direto informados em BID, *Social and economic progress in Latin América* (1988).

Fontes: *Cepalc (1980-87); Cepal (1965); Woodruff (1966).*

Em 1929, o capital estrangeiro total era maior em relação às receitas de exportação do que em 1980, e isso com uma margem significativa, enquanto o contrário ocorria com o tamanho relativo da dívida, ou publicamente garantida, nos dois períodos.[196] Em 1929, da mesma forma que no século XIX, o investimento privado estrangeiro na América Latina, seja na forma de participação acionária, seja de debêntures, excedeu em muito os empréstimos públicos. Pagamentos de lucros e dividendos correspondentes a esse capital eram de responsabilidade de devedores privados, não de governo. Assim, o balanço de pagamentos de 1929 era mais propício a ajuste no caso de uma retração econômica. No período mais recente, a situação da América Latina era muito diferente, como resultado de recursos repetidos ao novo mercado de capitais de "eurodólares" nos anos 1970 e da pronta disponibilidade de crédito decorrente da reciclagem de petrodólares. Agora, as obrigações decorrentes do serviço da dívida passaram a ser predominantemente na forma de juros, e de responsabilidade do setor público.

Em 1929, a razão capital estrangeiro/exportações podia ser tão elevada porque as taxas de juros (e de lucros) eram baixas, e os vencimentos longos. No caso de papéis latino-americanos emitidos no final da década de 1920, a taxa de juros mediana situava-se pouco acima dos 6%, e o prazo era de 35 anos. Títulos mais antigos tinham taxas de juros um pouco mais baixas, conforme atestado por uma taxa de 4,8% para títulos denominados em libras esterlinas.[197] Considerando-se uma taxa de 5,5%, isso implicava pagamentos anuais de juros e lucros num montante de menos de 23% das exportações; a amortização da dívida fixa levava o serviço total para aproximadamente 30%. Uma média de 1,5 para a razão dívida pública/exportações se traduzia, para as obrigações governamentais, numa carga de pouco mais de 12% das exportações. Só para o Brasil e para o México as proporções se mostram muito maiores — um dos motivos para o alto valor apresentado pelo México eram os atrasos acumulados durante anos de não pagamento.

Em 1980, os pagamentos relativos a juros e lucros eram comparáveis às obrigações relativas de 1929, apesar de uma razão capital estrangeiro/exportações muito mais baixa, ao passo que as amortizações contri-

---

196. Três quartos da dívida de longo prazo de 1980 era pública ou garantida pelo setor público; para a dívida de curto prazo, a proporção era menor. No geral, a porcentagem era próxima a dois terços. Ver BID (1988), p.580ss.

197. Skiles (1988), p.30; Royal Institute of International Affairs (1937), p.303. Ajustado para compensar títulos cujos juros não foram pagos.

buíam com mais 15 pontos percentuais.[198] Isso acontecia porque, na década de 1970, os empréstimos bancários tinham prazos típicos de apensas seis a oito anos. E, nos anos 1980, os pagamentos eram em grande parte obrigação do setor público. Isso contribuiu consideravelmente para a vulnerabilidade inerente do período. Para completar, as taxas de juros dos empréstimos bancários variavam com defasagem de apenas seis meses em relação às taxas de mercado, de modo que o serviço da dívida era afetado por uma sensibilidade imediata à mudanças nas taxas de juros correntes.

Tanto após 1929 quanto depois de 1980, o peso do serviço da dívida sofreu uma elevação acentuada. A partir de 1929, a queda acentuada do valor das receitas de exportação, o peso relativo do serviço da dívida pública cresceu rapidamente. No fim da Grande Depressão, em 1932, as obrigações públicas teriam hipoteticamente absorvido 30% das receitas de exportação, afogando ainda mais as já reduzidas importações. Tal nível hipotético nunca foi atingido. Um país após outro ajustou os pagamentos efetivamente realizados pelo expediente de, em parte, deixar de pagar juros e amortizações. A Bolívia começou a fazer isso em janeiro de 1931 e, no final de 1933, virtualmente todos os demais países tinham feito o mesmo; a única e saliente exceção foi a Argentina. Em 1935, mais de 70% dos pagamentos referentes a títulos da dívida latino-americana em dólar ser encontravam em *default* ao menos parcial. Só o Haiti e a República Dominicana permaneciam em dia. Com exceção do serviço argentino decorrente dos acordos Roca-Runciman, os títulos em libras esterlinas apresentavam desempenho apenas ligeiramente melhor.

Em 1937, a porcentagem de títulos em dólar em atraso se elevava a 85%. Note-se que, mesmo com a melhoria das condições da América Latina como resultado da recuperação econômica, os pagamentos do serviço da dívida não foram completamente retomados. Tais pagamentos permaneceram substancialmente sob controle dos países devedores, sendo ajustados conforme as necessidades internas. Por exemplo, em 1938 e 1939 o Brasil interrompeu por completo os seus pagamentos, retomando-os parcialmente em 1940, sob a taxas menores do que as anteriores.

Nos anos 1980, de forma semelhante ocorreram grandes aumentos das obrigações. Mas, desta vez, a deterioração das razões teve origem no numerador, e não no desempenho das exportações. A relação dívida/exportações de 2,5 em 1980 deu lugar a uma relação de 4,6 em 1987, ape-

---

198. FMI (1988), p.182-3. Ajustado para incluir apenas exportações de bens, em vez de bens e serviços.

sar do crescimento das exportações. Os pagamentos de juros atingiram 48% das exportações de bens em 1982, para depois retroceder a 36%, em 1987. Para a Argentina, a porcentagem de 1987 era 65; Brasil, 36; Chile, 32; Colômbia, 25; e México, 40%.

Apesar disso, com exceção da decisão peruana de 1985, de limitar os pagamentos a uma porcentagem das exportações, e da moratória temporária brasileira em 1987-8, os países latino-americanos foram mais pontuais do que na Grande Depressão. Houve muita retórica sobre a necessidade de satisfazer a dívida social antes da dívida externa, e se formou o grupo de Cartagena, composto por países devedores, mas no fim do dia os principais devedores haviam feito o pagamento integral de seus serviços. Eles o conseguiram promovendo um realinhamento imediato e substancial de suas contas externas. No todo, os países latino-americanos começaram a conseguir grandes superávits de exportação para cobrir as suas obrigações de juros e, assim, transferir recursos reais para o exterior. Entre 1982 e 1987, o total transferido em razão do serviço da dívida superou os US$ 125 bilhões.

Diversos fatores relacionados entre si respondem pela disseminação do *default* durante a Grande Depressão, em comparação com a experiência dos anos 1980. Um deles foi a origem da queda das receitas de exportação. Não apenas a razão entre as obrigações e as receitas em moeda estrangeira era maior após 1929 do que depois de 1980, como também a incapacidade de pagar era mais plausível no contexto de uma depressão global que também teve forte impacto sobre os países industriais. Em segundo lugar, o declínio do comércio exterior corroeu diretamente a base de receitas dos governos numa época em que os impostos sobre as exportações e as tarifas de importação respondiam por metade, e até mais, das receitas públicas. Não se podia esperar que o setor público conseguisse cumprir obrigações externas em meio ao retraimento e austeridade gerais. Já na década de 1980, o papel maior do governo e sua base tributária mais ampla justificaram expectativas de que o serviço da dívida seria cumprido.

Em terceiro lugar, na década de 1930, o fato de o pagamento de juros predominar na estrutura do serviço da dívida propiciava um ajuste unilateral precoce das obrigações. Em contraste, como observado acima, nos anos 1980 houve de início um ressarcimento volumoso do principal. Numa primeira rodada, os credores bancários puderam estender as datas de vencimentos, como concessão para encorajar os países a permanecerem adimplentes quanto aos juros. Além disso, sob os auspícios do FMI, organizaram-se créditos provenientes de fontes tanto privadas quanto públicas. Especialmente devido à circunstância de as exportações estarem crescendo — diferentemente do que acontecera na década de 1930 —, tais empréstimos involuntários combinados propiciaram uma continuidade de negociações e um reescalonamento sério.

Um quarto fator era a onipresença não apenas do declínio das exportações como do *default* parcial. É possível que a América Latina tivesse liderado o desfile, mas nem de longe foi a única a marchar. No início de 1932, o *default* havia se estendido à Europa meridional e oriental. E, até mesmo antes do *default* alemão final de 1933, Hoover havia, em 1932, pedido uma moratória de um ano para as dívidas inter-governamentais. As indenizações de guerra foram canceladas na Conferência de Lausanne, em julho de 1932. A dívida latino-americana foi apanhada em meio à deterioração de todo o tecido econômico internacional. Os países credores, notadamente os Estados Unidos, estavam mais preocupados com os mercados de exportação do que com o reembolso de dívida. Nessas circunstâncias, os países latino-americanos puderam gozar de uma liberdade de ação muito maior.

Por fim, a inadimplência da Grande Depressão não ativou nenhuma oposição interna substancial. A Argentina constituiu uma possível exceção, mesmo ao resistir a sugestões britânicas de deixar de pagar títulos em dólar para aumentar o âmbito do comércio anglo-argentino. Três características especiais diferenciavam a situação Argentina de outros países. A primeira era "a quantidade significativa de títulos denominados em dólar e em libras esterlinas que estava nas mãos argentinas". O *default* poderia causar perdas diretas para grupos internos do próprio país. A segunda era "a convicção de que a prosperidade seria retomada [...] em um ambiente econômico aberto", como decorrência do crescimento econômico favorável experimentado anteriormente. Com certeza essa perspectiva era alimentada de modo suficientemente vigoroso pelos interesses pecuários para mostrar que o *default* não seria universalmente popular. A terceira circunstância era o nível muito mais elevado da dívida pública Argentina que havia sido emitido internamente: uma tabela internacional comparativa situa a Argentina muito além dos demais países latino-americanos, no mesmo patamar do Japão e do Canadá. Os credores internos tinham potencialmente muito a perder em face de políticas que denunciassem compromissos contratuais. Considerações dessa natureza eram muito mais fracas nos demais países da região, nos quais, correspondentemente, o *default* prevaleceu. As circunstâncias verificadas na Argentina durante a Grande Depressão podem descrever mais amplamente a região hoje: mais compromisso com políticas orientadas para o mercado e um receio crescente, na elite, da ascensão do populismo.[199]

Contudo, da mesma forma que hoje, os países tinham cuidado em não repudiar a dívida. Tipicamente, cumpria-se parte do serviço da dívida, e não um *default* total. De início, antes que se previsse toda a extensão que o declínio das exportações atingiria, os pagamentos foram às vezes feitos por reemissão de títulos ou certificados. À medida que a década transcorreu, apesar do crescimento das exportações após 1932, o serviço não aumentou. Pelo contrário, a porcentagem de títulos não pagos tendeu a aumentar; os países tiraram proveito da queda de preços das *commodities* após 1937 para reduzir ainda mais os seus pagamentos. A expansão interna era infecciosa. Novos líderes políticos nacionalistas deram prioridade às necessidades de importação para a recuperação interna e aproveitaram o desenvolvimento do conflito europeu para repelir pressões dos credores privados. A ausência de um custo por deixar de pagar, e o apoio dos Estados Unidos em favor do reescalonamento, e não da retomada dos pagamentos, validou o emprego do câmbio para outras finalidades.

Entre esses usos esteve a recompra da dívida a preços muito inferiores que o mercado atribuía aos títulos por causa do *default*. Em meados da década de 1930, o valor médio era de 0,25 centavos por dólar. Uma estimativa sugere que, no final de 1935, 40% dos títulos denominados em dólar emitidos por países devedores estavam nas mãos de detentores situados fora dos Estados Unidos; outro indica que, a partir do início dos anos 30, uma dúzia de países haviam recomprado entre 15 e 50% de sua dívida vencida. Na América Latina, o líder foi o Peru, que não pagou nenhum juro e recomprou cerca de 31% de sua dívida a um preço médio de 0,21 centavos por dólar.[200]

Propostas recentes para a recompra da dívida a preços com deságio, de modo a reduzir o seu peso nas contas, seja por países, seja por um organismo internacional, se deparou com ceticismo teórico.[201] O argumento

---

199. Díaz-Alejandro (1983), p.27; O'Connell (1984), p.204. Ver Royal Institute of International Affair (1937), p.225 para as relações entre a dívida pública externa e a dívida total.

200. Royal Institute of International Affairs (1937), p.318. Eichengreen e Portes (1988), p.33.

201. Dooley (1988); Bulow e Rogoff (1988).

básico é que, em grande parte, os detentores dos títulos se beneficiam da elevação do preço de mercado que se segue à recompra, ao passo que os devedores têm usos melhores para os recursos. Contudo, a experiência dos anos 1930 não foi aprovada entusiasticamente pelos credores, nem considerada desfavorável pelos devedores. Conforme exprimiu o Council of the Corporation of Foreign Bondholders: "O conselho sempre sustentou o princípio de que um governo que se declara temporariamente impossibilitado de pagar os juros de seus títulos externos não deveria lucrar com as circunstâncias, ao efetuar a amortização a preços que foram deprimidos por sua própria falta de pagamentos". Os credores podiam até consentir com tais recompras, mas só quando havia acordo quanto ao pagamento parciais de juros. A Comissão Econômica para a América Latina opinou: "Obviamente, os governos latino-americanos não podem deixar de tirar proveito de uma oportunidade tão conveniente para satisfazer alguns de seus compromissos financeiros externos em condições favoráveis".[202]

Eichengreen e Portes deixam de identificar uma reação sistemática dos preços à participação dos países no mercado.[203] Não são aparentes uma depressão deliberada de preços associada a "risco moral", nem elevação como resultado da reequilíbrio de preços. A recompra da dívida veio depois que o grande declínio exógeno das exportações tornou improvável realizar o serviço da dívida; os credores reconheceram a incapacidade, e não a indisponibilidade de pagar. Por outro lado, é possível que os devedores tivessem antecipado correta e diferenciadamente uma recuperação econômica significativa, que, na ausência de amortizações a taxas favoráveis, os teriam sujeitados a pagamentos futuros mais elevados. Além disso, caso não tivessem usado a moeda estrangeira dessa forma, como o Chile fez explicitamente, é possível que os recursos tivessem sido simplesmente usados para pagar juros maiores. Não havia uma distribuição de probabilidades constante e compartilhada e nem a liberdade plena de usar os recursos, implícitas na formulação teórica.

EFEITOS DA REDUÇÃO DO SERVIÇO DA DÍVIDA

Qual foi a medida com que o *default* contribuiu para a recuperação dos anos 1930? Para um amplo conjunto de países, o desempenho econômico

---

202. Cepal (1965), p.29; Royal Institute (1937), p.320. Ver também em Eichengreen e Portes (1988), p.34-6 a distinção entre os pontos de vista dos credores públicos e privados.

203. Eichengreen e Portes (1988), p.34.

parece variar diretamente com o grau de sua inadimplência.[204] Por outro lado, o relatório de 1937 do Royal Institute of International Affairs afirma que "os números a respeito do total de títulos vencidos não pagos dão uma impressão exagerada das perdas experimentadas pelos credores [...] Em outras palavras, o default reduziu as receitas dos dois principais países credores [...] em não mais do que um quarto". No entanto, o *default* se concentrava na América Latina e na Europa Central. No primeiro caso, os pagamentos médios em libras esterlinas correspondentes a investimentos de todos os tipos caíram dois terços, de 4,5% em 1929 para pouco mais de 1,5% em 1934.[205]

A Tabela 4 traz informações direta sobre o tamanho relativo das exportações líquidas de capital latino-americanas nos anos 1930 e 1980. Isso fornece uma medida razoavelmente precisa dos recursos reais transferidos nos dois períodos como resultado da ausência de entradas compensatórias de capital; nos casos em que ambos os conjuntos de dados são disponíveis, as transferências relativas de recursos foram de 18% em 1980, de 35% em 1983 e de 19% em 1987.

Tabela 4 — Capitais exportados (na forma de porcentagem sobre as exportações de bens).

	1929	1932	1937	1980	1983	1987
América Latina[a]	11,2	42,8	27,3	−13,7	32,0	25,6
Argentina	9,6	35,1	36,4	−17,5	47,4	15,7
Brasil	8,6	39,9	4,3	−13,9	29,7	42,6
Chile	30,5	24,1	54,4	−16,2	26,3	23,5
Colombia	−3,5	47,7	−11,6	−4,9	−50,5	32,0
México	36,5	29,7	22,4	−16,6	61,9	40,8
América Latina (serviço completo da dívida pública externa)[b]	11,2	61,5	35,5	–	–	–

a. *Exceto Venezuela, 1980 a 1987.*

b. *Calculado supondo-se que se pagaram 8,2% como serviço da dívida ao longo do período, contra uma estimativa de pagamentos efetivamente realizados de 3,3% em 1932 e 1937. Presumem-se pagamentos parciais de 40% em ambos os anos, com base nas informações de 1932 sobre títulos em libras esterlinas (Royal Institute of International Affairs, 1937, p.303); dados sobre o Brasil em ambas as datas: Maddison (1985), p.27.*

Fontes: *Cepal (1977); Cepalc (1980-7).*

---

204. Eichengreen e Portes (1988), p.12-19.
205. Royal Institute of International Affairs (1937), p.303, 311.

Em 1929, a região e todos os países exceto a Colômbia apresentavam números positivos, o que refletia déficits de invisíveis, bem como redução de entradas, já experimentada naquele ano. Previsivelmente, o superávit aumentou em 1932, como resultado da redução acentuada das exportações e da continuidade dos pagamentos relativos ao serviço de dívida em níveis parciais. Mas, com exceção de Chile e Argentina, e claramente para América Latina como um todo, em 1937 houve uma redução considerável das exportações líquidas de capital. Observem-se, em particular, que para o Brasil, Colômbia e México os níveis foram inferiores aos números de 1929.

Em 1980, todos os cincos países, e a região como um todo, apresentaram números negativos, como resultado da entrada de capitais. Em 1983, exceto pelo comportamento errático da Colômbia, todos os países tinham passado a um fluxo positivo significativo. A transferência regional se reduziu em 1987, devido à queda das taxas de juros e ao reescalonamento da dívida. A Argentina e o México sobressaem quanto a isso. Apesar da moratória brasileira, a exportação de capitais teve um aumento em termos relativos, o que media só o acúmulo de reservas quanto a continuidade dos pagamentos de juros relativos à maior parte da dívida. Em 1987, embora as importações tivessem desempenhado um papel mais amplo do que em 1983, a situação permaneceu dramaticamente diferente de 1980.

Dessa forma, é claro que as duas experiências foram bastante diferentes. Mas o *default* não conta toda a história. Supunha-se que o serviço da dívida de responsabilidade pública tivesse sido pago integralmente durante a Grande Depressão. Com isso, conforme indicado na Tabela 4, a evolução das exportações regionais de capital não teria se configurado de forma muito diferente nos anos 1930. Pressupostos distintos quanto ao grau do serviço parcial não alterariam essa conclusão. Uma maior redução das importações teria sido necessária em 1932, da ordem de um terço. Mas a diferença de 1937 teria sido de apenas cerca de 10%, e compatível com o crescimento rápido e uma elevada elasticidade de importações.

O dois determinantes desse resultado são a dominância do ciclo de exportações e o papel limitado que a dívida de responsabilidade pública desempenhava no total do capital estrangeiro no anos 1930. Uma inadimplência parcial de mesma magnitude nos anos 1980 teria permitido uma expansão das importações de perto de um terço em 1982 e 1987 e propiciado uma expansão significativa da demanda, sem de defrontar com uma restrição cambial.

Além disso, três razões fizeram com que se tornasse mais difícil realizar o ajuste a tais restrições nos anos 1980 do que nos anos 1930. A primeira é a contrapartida interna das grandes transferências externas, que constitui a maior dificuldade do setor público para assegurar os montantes necessários para o serviço de dívida em moeda corrente doméstica. O segundo é a prevalência da indexação, que traduz mudanças na taxa de câmbio numa aceleração da inflação. O terceiro é o impacto do serviço de dívida na redução das taxas de investimento e na inibição do crescimento da produtividade.

Na maior parte da região a administração pública é precária. Não apenas era necessário realizar pagamentos de juros como despesas importantes e produtivas do setor público precisavam ser reduzidas. Ainda assim, os déficits superam os da Grande Depressão. Em grande parte, eles foram financiados pela emissão de dívida interna, de modo a atrair excedentes do setor privado. Isso contribuiu para a elevação das taxas de juros, o que, nos últimos anos, só se adicionou aos problemas financeiros dos governos. Enquanto a taxa de juros exceder a taxa de crescimento da economia, há uma tendência de elevação da razão dívida interna/produto, até um ponto em que surge a ameaça de uma instabilidade dinâmica.[206] Impostos muito mais elevados poderiam evitar a necessidade de recorrer ao déficit, ou a emissões monetárias que sustentassem a inflação alta, mas tais políticas não só são difíceis de impor em meio a uma redução da atividade econômica como, também, constituem desincentivos ao investimento privado.

Hoje, muitas economias latino-americanas são indexadas, formal ou informalmente. Tais regras são respostas a altas taxas de inflação que, por sua vez, perpetuam e aceleram os aumentos de preços. Em particular, o uso da taxa de câmbio para estimular excedentes de exportação por meio da desvalorização real tem sido uma força inflacionária significativa. Os salários reais só fazem recuar quando as taxas reais de inflação são mais elevadas do que as elevações de preços do período anterior, pelas quais os aumentos salariais nominais se pautam. Isso desencandeia reivindicações por reajustes salariais mais freqüentes, o que só acelera a espiral inflacionária. Não constitui acidente que as exportações recorde de capital registradas nos países latino-americanos nos anos 1980 tivessem coincidido com aumentos recordes da inflação, que, em alguns casos, chegaram a beirar a hiperinflação. A elevação dos preços agrava o problema da taxa de juros. Um objetivo externo prioritário foi atingido, mas às custas do equilíbrio interno.

---

206. Ver Fishlow e Morley (1987) para uma discussão da questão da instabilidade.

Finalmente, um efeito importante do serviço da dívida nos anos 1980 foi expulsar o investimento real. Em média, nos últimos anos, o serviço da dívida absorveu de 5 a 6 pontos percentuais do produto bruto dos países latino-americanos, ao passo que o investimento caiu em medida correspondente. As transferências para o exterior não foram conseguidas pela redução do consumo. Em vez disso, taxas de juros reais de 15 a 20% ajudaram a extrair da formação de capital privado os recursos internos necessários para o serviço da dívida. A conseqüência tem sido dispendiosa. A expansão do comércio não tem sido uma veículo para novas tecnologias e aumento de produtividade. As exportações decorreram da capacidade instalada e se mostraram competitivas devido à queda dos salários reais.

Na Grande Depressão, o investimento também parece ter recuado de forma substancial, mas com conseqüências menos sérias. A expansão industrial, voltada para o mercado interno, era intensiva de trabalho, e não de capital. As exportações eram agrícolas, e não exigiam grandes investimentos em insumos para se tornarem competitivas. Era possível atrair a formação de capital para novos setores, mesmo em face da queda dos níveis agregados. Essas circunstâncias atenuantes da Grande Depressão não se aplicam hoje.

Alívio da dívida sob perspectiva histórica

Em face desses efeitos negativos do serviço da dívida sobre a atividade econômica, os países latino-americanos advogaram medidas de alcance mais longo, mesmo se tenham, individualmente, continuado a reescalonar e negociar com seus credores privados. As respostas a isso podem ser identificadas em três fases. Em 1985 surgiu o Plano Baker, cujo fulcro era um fluxo de capital maior em troca do ajuste interno. Quando isso não se materializou, no início de 1987, Baker enfatizou mecanismos de redução da dívida por meio de conversões de dívida em participação acionária e outras opções. Em maio do mesmo ano, perante medidas agressivas dos bancos comerciais com a finalidade de evitar perdas potenciais, atribuiu-se novo impulso a maneiras de reduzir a dívida por soluções privadas de mercado. Resultados diretos disso foram a emissão mexicana de títulos e a recompra da dívida boliviana.

Uma seqüência parecida pode ser identificada na Grande Depressão. No princípio, empreenderam-se diverso esforços para aliviar a dívida global, mas sem sucesso.[207] Como no caso do Plano Baker, os primeiros esquemas se dirigiam ao restabelecimento dos fluxos de capital, de modo a revigorar o comércio e a atividade econômica mundial. Havia também um reconhecimento da possibilidade de realizar o serviço da dívida com moeda interna, como meios de liberar recursos para importações necessárias. Pressupunha-se o apoio dos países superavitários, Estados Unidos e França, mas estes não enxergaram méritos numa obrigação especial de que estariam investidos de subscrever a recuperação financeira global. Embora os países devedores tivessem apoiado a proposta na Conferência Econômica Mundial de 1933, os credores não se mostraram tão ansiosos. Os Estados Unidos barraram a discussão da dívidas do entre-guerras, como haviam feito anteriormente, nos anos 1920, no contexto das indenizações; que dissipou o interesse dos europeus. No fim, se tornou impossível orquestrar o grau necessário de compromisso e cooperação política.

Na Grande Depressão, a tarefa de encontrar soluções para o *default* que persistiu durante a crise foi deixada a uma série de negociações bilaterais entre representantes dos credores e os países devedores latino-americanos. Uma acomodação definitiva teve de esperar por um interesse norte-americano mais ativo na melhoria das relações hemisféricas, pela melhoria do balanço de pagamentos latino-americano e pelo auxílio da inflação da II Guerra Mundial, que diminuiu o valor real das obrigações. Este último fator teve importância, como havia tido após a I Guerra Mundial, ao permitir que devedores se ajustassem a sua maior vulnerabilidade; o fato lança dúvidas quanto ao significado de cálculos que mostram retornos nominais positivos para os credores.[208]

Durante os anos 1980, houve também idas e vindas em torno de esquemas generalizados de reescalonamento da dívida, que se depararam com a mesma incapacidade de se atingir um acordo como ocorrera na Grande Depressão. Contudo, houve diferença quanto ao exercício de pressões ativas por parte dos governos credores no sentido de assegurar pagamentos no prazo, e quanto à presença de instituições internacionais multilaterais, que impunham essas preferências. Ao mesmo tempo, os credores privados estavam mais bem organizados. Juntamente com um crescimento lento do comércio mundial, esses fatores resultaram num reembolso muito maior do que na Grande Depressão.

---

207. Eichengreen (1988).
208. Skiles (1988), p.34ss.

A crise atual da dívida não se moveu em direção ao estágio da solução, mas do problema crônico. Da mesma forma como se deu historicamente, uma solução exigirá incentivos políticos por parte dos governos credores. Em 1989, com a posse de novos governos ao longo do hemisfério, os olhos se voltam para Washington, para verificar se haverá uma repetição do discurso de Franklin Roosevelt em 1939, quando os títulos não pagos da dívida latino-americana foram chamadas de "fraudes caquéticas" e seus detentores responsabilizados pelo fracasso em se chegar a um acordo.[209]

REFERÊNCIAS BIBLIOGRÁFICAS

Banco Interamericano de Desenvolvimento: *Economic and Social Progress in Latin América*, 1988, Washington, D.C.: IADB, 1988.

BULOW, J. e ROGOFF, K.: "The buyback boondoggle", *Brookings Papers on Economic Activity*, dezembro de 1988, p.675-98.

Comissão Econômica Para a América Latina: *External Financing in Latin America*. Nova York: Nações Unidas, 1965.

Relación de precios de intercambio, 1928-1876, E/Cepal/1040, 1983.

Comissão Econômica Para a América Latina e Caribe: *Preliminary overview of the Latin América Economy*. Nova York: Nações Unidas.

DIAZ-ALEJANDRO, C.: "Stories of the 1930s for the 1980s", em Pedro Aspe Armella, Rudiger Dornbusch e Maurice Obstfeld (orgs.), *Financial Policies and the World Capital Market*. Chicago: University of Chicago Press, 1983, p.5-40.

DOOLEY, M. P.: "Buy-backs and market valuation of external debt", *IMF Staff Papers*, v.35, n.2, p.215-29 (1988).

EICHENGREEN, B.: *Resolving Debt Crises: An Historical Perspective*. Mimeo, janeiro de 1988.

_____, e R. Portes: "Debt and default in the 1930s: Causes and consequences", *European Economic Review*, v.30, p.599-640 (1986).

_____.: *Dealing With Debt: The 1930s and 1980s*, mimeo, dezembro de 1988.

FISHLOW, A. e MORLEY, S. A.: "Déficits, Debt and Destabilization", *Journal of Development Economics*, v.27, p.227-44 (1987).

---

209. Citado em Skiles (1988), p.28.

Fundo Monetário Internacional: *World Economics Outlook, 1988*. Washington, D.C.: FMI, 1988.

LEWIS, W. A.: "World production, prices and trade, 1870-1960", *Manchester School*, v.20, n.2, p.105-38 (1952).

MADDISON, A.: *Two crises: Latin America and Asia 1929-38 and 1973-83*. Paris: OCDE, 1985.

OCAMPO, J. A.: "The Colombiam economy in the 1930s", In Rosemary Thorp, *Latin America in the 1930s*, London, Macmillan, p.117-43.

O'CONNELL, A.: "Argentina into the depression: problems of an open economy", em Rosemary Thorp, *Latin America in 1930s*, London, Macmillan, p.188-221.

OCDE: *Development Co-operation*, 1979 Review. Paris: OCDE, 1980.

Royal Institute of International Affairs: *The Problem of International Investiment*. Londres/Nova York: Oxford University Press, 1937.

SKILES, M.: *Latin America International Loan Defaults in the 1930s: Lessons for the 1980?, Research Paper* n.8812. Nova York: Federal Reserve Bank of New York, 1988.

THORP, R. (org.): *Latin America in the 1930s*. Londres: Macmillan, 1984.

WOODRUFF, W.: *The Impact of Western man*. Londres: Macmillan, 1966.

Lições do passado: mercados de capitais durante o século XIX e o período entre guerras[210]

No dia 13 de agosto de 1982, uma sexta-feira, Jesus Silva Herzog, ministro das Finanças do México, fez uma série de visitas ao Fundo Monetário Internacional, ao Federal Reserve (Banco Central dos Estados Unidos) e ao Tesouro norte-americano. Para todos eles, sua mensagem foi a mesma: o México não conseguiria continuar a pagar o serviço de sua dívida. Começou assim um fim de semana de negociações dramáticas, que marcaram o fim da expansão da dívida dos países em desenvolvimento da década anterior e o início de uma reação ao colapso que ainda prossegue.

Joseph Kraft descreveu a ação mexicana como "uma bomba que sacudiu o universo. Era como se Colombo partisse para uma viagem num mar desconhecido, levando consigo, nesse salto no escuro, algumas das pessoas mais formais das instituições mais conservadoras do mundo".[211] Como muitos outros, Kraft manifestou surpresa demasiada com a novidade do evento. Mais de um século antes, em um artigo apresentado à Statiscical Society de Londres, Hyde Clarke tinha lamentado o "desastre sem precedentes [...] que infligiu angústia não só pecuniária, mas moral e até mesmo física, em todas as famílias da Europa ocidental que tiveram a iniciativa de procurar segurança e a frugalidade de econo-

---

210. Publicado originalmente em *International Organization* 39, n.3, 1985. Uma versão anterior foi apresentada na primavera de 1984 no Lehrman Institute de Nova York, como parte de sua série de seminários sobre Política e Dívida Internacional, o qual recebeu, em parte, o apoio da Ford Foundation.

211. Joseph Kraft (1984) p.3.

mizar".[212] É possível voltar ainda mais do que a crise dos anos 1870 para na década de 1820, encontrar reações semelhantes ao *default*, no qual um papel central foi desempenhado pela América Latina e pelo México.

Os mercados internacionais de capitais funcionaram, e falharam, muito antes do último episódio. E representaram papéis ainda mais importantes do que nos últimos anos. Por exemplo, de 1870 a 1914, e pela primeira vez na história, forjou-se uma economia verdadeiramente global, estendendo-se do núcleo dos países industrializados da Europa ocidental ao recém-chegados da Europa oriental e aos fornecedores de matérias-primas da periferia. No cerne dessa ampliação comercial estava um sistema de financiamento que cingiu o globo com estradas de ferro e abriu novas áreas para a produção de primários. Grandes influxos de capital proporcionaram a poupança e a moeda estrangeira destinada à importação de trilhos e de equipamentos que estavam além das capacidades dos países tomadores. Os montantes eram enormes: nas quatro décadas antes da I Guerra Mundial, envolveram algo como US$ 30 bilhões, equivalentes a US$ 270 bilhões em dólares de 1984, ou um terço de dívida dos atuais países em desenvolvimento — isso numa economia mundial que, talvez, atingisse um décimo da de hoje.

Para os provedores de capital, tais fluxos significavam uma grande alocação de suas próprias poupanças. A Grã-Bretanha, que constituía a maior fonte de capital estrangeiro, investiu uma média anual de 5% de seu produto bruto no estrangeiro durante o período 1873-1913, atingindo um ápice de 10% imediatamente antes da erupção da guerra. No caso da França, o comprometimento era aproximadamente a metade disso, tanto na média com durante a vaga final de 1910-13. A Alemanha entrou mais tarde. Seu crescimento mais rápido e a absorção de poupança na formação de capital interno deixaram modestos 2% da renda para recursos ultramarinos, e uma menor tendência de aceleração. É marcante o contraste com a expansão recente dos empréstimos aos países em desenvolvimento: mesmo durante o pico das transferências dos anos 1970, apenas cerca de 1% da renda dos países industrializados era canalizada nessa direção.[213]

---

212. Hyde Clarke (1879), p.9.

213. As informações sobre os países credores são de R.C.O. Matthews *et al.* (1982), Rondo Cameron (1961) e B. Mitchell (1980); este último contém séries de Walther Hoffmann referentes à receita e ao balanço de pagamentos dos países. Dados atuais do Banco Mundial e do Fundo Monetário Internacional.

No final do século XIX, o investimento estrangeiro era fundamental para o comércio e o desempenho de crescimento da maioria dos países receptores. Austrália, Canadá, Argentina e Brasil experimentaram ondas de importações de capital que corresponderam entre um terço e metade de todo o investimento realizado domesticamente. Apesar de sua posição como maior importador de capital da economia do século XIX, os Estados Unidos constituíam exceção. Os empréstimos externos não importaram em mais do que 10 a 15% do investimento, e isso apenas durante alguns poucos anos de pico. Nos últimos anos, esse nível inferior foi muito mais a morna. Durante a fase mais expansiva da dívida da última década, a poupança estrangeira financiou aproximadamente 20% dos investimentos dos países em desenvolvimento, cifra essa que só foi alta no caso dos países africanos de renda baixa e mau desempenho.[214]

A I Guerra Mundial representou um divisor de águas decisivo. De um lado, marcou pela primeira vez o surgimento dos Estados Unidos como país credor. De outro, alterou muito a posição dos principais emprestadores europeus. A Alemanha se tornou um importante importador de capital; os ativos franceses no estrangeiro se reduziram dramaticamente, devido ao repúdio russo de ativos volumosos, o que reduziu o apetite por propriedades ultramarinas, ao mesmo tempo em que aumentou a necessidade de recursos para a reconstrução interna; a Grã-Bretanha sofreu um declínio marcante de suas taxas de poupança. Mas a maior presença norte-americana não compensou o recuo europeu, e o investimento externo global declinou.

Além disso, o financiamento para o desenvolvimento da periferia assumiu posição secundária durante os anos 1920, cedendo espaço para fluxos de capital entre países industrializados e empréstimos para a reconstrução de pós-guerra. As indenizações de guerra e os empréstimos interaliados eram fonte constante de irritação. Foi então que sobreveio a Grande Depressão, o fim do padrão ouro e a disseminação do *default*. Após 1929, o nível do comércio mundial recuou rapidamente e a interdependência produziu conseqüências perversas para os participantes periféricos. Esse fracasso pós-1914 do mercado internacional de capitais ofereceu contraste gritante com o sucesso pré-1924. Portanto, não é de admirar a nostalgia pelas condições do século XIX que W. M. Lewis refletiu na introdução

---

214. Dados sobre a importância do investimento para diversos tomadores se encontram em Arthur Bloomfield (1968), apêndice 3, e as fontes de países específicos citadas depois.

de seu histórico sobre o período entre-guerras: "Os sessenta anos anteriores a 1914 testemunharam uma expansão espantosa da economia mundial, em área, produção, interdependência e complexidade. Por que, após 1918, o progresso se reduziu, não chegando de fato a uma parada, mas a um passo muito mais lento?".[215]

O tema dos fluxos internacionais de capital ao longo de mais de três quartos de século é vasto. Várias obras, algumas clássicas, foram dedicadas ao assunto.[216] Meu objetivo aqui não é recontar essa história vívida e fascinante, nem mesmo retomar debates passados a respeito das causas e conseqüências do investimento feito no estrangeiro. O que busco é destilar algumas de suas peculiaridades importantes para compará-las com o presente. Para o período pré-1914, os temais centrais são por que o mercado funcionou tão bem e como conseguiu administrar as flutuações periódicas na atividade econômica, que afetavam igualmente credores e tomadores. Para o período do entre-guerras, perguntas paralelas ligam-se ao colapso do modelo anterior.

Enfatizei quatro determinantes para o desempenho do mercado de capitais. O primeiro é o emprego principal que os países dão aos financiamento internacionais. Os tomadores podem usar os recursos para complementar as suas próprias poupanças domésticas e aumentar o investimento, ou para incrementar o consumo. Na prática, antes de 1914, e de certo modo mesmo até 1929, essa era uma decisão entre investir em infra-estrutura ou financiar despesas governamentais correntes. O primeiro caso sempre se traduzia em formação de capital, o segundo em despesas de consumo. Note-se que a distinção não é feita entre empréstimos privados e públicos. Os governos podiam aplicar recursos em projetos estatais, e o faziam; entretanto, com isso eles precisavam encontrar meios de pagar suas dívidas. Nem todos tinham a capacidade política de consegui-lo.

Um segundo fator importante era a facilidade com que os países devedores aumentavam as exportações. Influxos de capital estrangeiro impunham saídas subseqüentes, para pagar juros e lucros, bem como para amortização do principal. Não havia apenas a questão de saber se os mon-

---

215. W. A. Lewis (1949), p.12.

216. Entre tais clássicos, ainda muito úteis, é necessário incluir L. H. Jenks (1927), Herbert Féis (1930), A. K. Cairncross (1953) e B. Thomas (1954). Um resumo de parte da discussão, que traz artigos selecionados, é A. R. Hall (1968). Um reexame recente a altamente útil de algumas das hipóteses básicas que cercavam as exportações britânicas de capital é M. Edelstein (1982).

tantes tomados de empréstimo trariam taxas de retorno adequadas, mas também de como transferir esses resultados. Em última análise, a resposta dependia da capacidade de exportação e da estrutura do comércio mundial.

A terceira característica que singularizo é a forma institucional da intermediação financeira. Os resultados não independem do modo como os capitais são canalizados, se pelos grande bancos de investimentos sediados em Londres antes de 1914, se por bancos norte-americanos no período entre-guerras ou se pelo mercado de eurodólares, nos anos 1970. É muito evidente que o Fundo Monetário Internacional é um novo ator central em cena, mas no passado os agentes privados e os governos nacionais executavam pelos menos parte de suas funções.

Por fim, a fonte dos financiamentos moldava as quantidades e as conseqüências dos fluxos de capital. O grau de politização e a direção subseqüente do investimento estrangeiro diferia conforme a origem nacional. Londres, Paris, Berlim e Nova York não eram perfeitamente intercambiáveis, e os mercados de capitais não eram e não são completamente cegos à identidade dos atores. Há, também, uma segunda rota indireta de influência, via comércio internacional. A capacidade de os tomadores aplicarem livremente suas captações e de encontrar mercados para as suas exportações de modo a realizar o serviço da dívida varia com as políticas-econômicas e práticas dos países credores.

Tomadas em conjunto, estas quatro características resultam em mecanismos distintos de equilíbrio comercial, de movimentos de capital, de pagamentos de serviço e renda da economia global, tanto historicamente quanto na atualidade. Tais relações encarnam um componente político importante, como observado acima, mas também um conteúdo econômico dominante. A atração do motivo do lucro, e os lucros privados que poderiam ser auferidos, mobilizavam o capital. A busca por lucros não implicava um mercado de capitais perfeito, mas significava um mercado, e uma economia internacional dentro da qual esse mercado funcionava.

Tal ênfase contrasta conscientemente com o estudo precioso, monumental e ainda influente de Herbert Féis a respeito do período 1870-1914. Suas preocupações eram moldadas pela época em que escreveu: durante o período inquietante do entre-guerras, era virtualmente inevitável que o papel das considerações políticas fosse importante e, em última instância, o maior:

> Em resumo, as transações financeiras entre a Europa ocidental e as demais áreas eram um elemento importante nas relações políticas. Sua importância crescia ainda mais porque os círculos oficiais dos países empres-

tadores passaram gradualmente a encarar os investimentos externos de seus cidadãos não como transações financeiras privadas, mas como um dos instrumentos pelos quais o destino nacional era atingido. Amiúde, a força financeira foi usada para comprar ou construir alianças ou amizades políticas, com freqüência sendo emprestada ou negada conforme considerações políticas.[217]

Sem negar a validade da conclusão, tal perspectiva é apenas parcial. Ademais, em lugar de facilitar, dificulta nossa compreensão a respeito dos fluxos de capitais não apenas naquela época mas, especialmente, em comparação com os anos 1920 e 1930 e com as décadas de 1970 e 1980.

Começo, na Parte 1, com um panorama quantitativo dos fluxos de empréstimos no períodos pré-1914 e entre-guerras. Inicialmente, examino em mais detalhe o funcionamento do mercado de capitais antes de 1914; em seguida, na Parte 2, faço o mesmo com o mercado do entreguerras. Concluo com algumas observações sobre a crise da dívida dos anos 1980, procurando aproveitar as lições do passado

1. TENDÊNCIAS OS EMPRÉSTIMOS INTERNACIONAIS

A Tabela 1 expõe estimativas sobre os ativos líquidos mantidos no estrangeiro por países exportadores de capital em intervalos regulares, de 1855 até 1938. Antes de 1914, as variações no estoque de ativos se aproximam dos fluxos de investimento externo. Não ocorriam inadimplências disseminadas, nem mudanças significativas nos valores. Em 1876, a Corporation of Foreign Bondholders (CFB) informou um total de inadimplência de US$ 1,5 bilhões, que foi o pico de antes da guerra; à altura de 1885, a maior parte desse montante havia retornado ao *status* de pagador, embora em parte com valores abatidos.[218] Após 1914, o problema ficou mais sério. Aplicaram-se correções para compensar abatimentos e cancelamentos; usou-se uma série de dados sobre fluxos de capital dos Estados Unidos.

Levando em conta o caráter diferente dos subperíodos 1870-1913 e 1913-38, exponho duas séries de investimentos estrangeiros agregados. Um deles considera apenas os principais credores europeus e trata os Estados Unidos apenas como destino de capitais, e não como fonte. O outro, mais pertinente depois de 1914 consolida a aposição líquida norte-americana e, assim, reflete melhor os investimentos realizados em áreas externas

---

217. H. Féis (1930), p.26.
218. CFB (1906), p.11.

aos países do núcleo. Tais fluxos estimados foram deflacionados a dólares de 1913, empregando-se para isso um índice britânico de preços de exportação para antes da guerra e, a partir daí, um índice norte-americano de preços de exportação de produtos manufaturados acabados. A partir de tais dados de investimentos constantes em dólar, se torna possível agregar uma série do estoque em dólares constantes ao longo de todo o período.

Por fim, a Tabela 1 apresenta uma estimativa dos recursos reais transferidos aos destinatários de fluxos de capital. O cálculo da transferência subtrai do investimento o fluxo de retorno dos juros da dívida corrente e dos pagamentos de dividendos de participações. Assim, as transferências reais de recursos refletem o acréscimo líquido à poupança interna trazido pelo capital estrangeiro. As estimativas de receitas são razoavelmente precisas para o Reino Unido e os Estados Unidos, as principais fontes de investimento respectivamente antes e depois de 1914; portanto, os dados sobre transferência de recursos são igualmente válidos.

A Tabela 1 registra forte ruptura das finanças internacionais na época da I Guerra Mundial. Mesmo levando-se em conta a transformação dos estados Unidos de devedor em credor líquido, o investimento anual real no estrangeiro no período 1914-30 correspondeu a dois terços do volume entre 1900 e 1913. O declínio da década de 1930 chegou a fazer ativos reais acumulados retrocederem ao nível de mais de duas décadas no passado. O histórico anterior, de um crescimento contínuo durante mais de 75 anos, chegara ao fim.

Os fluxos registrados de investimentos no período entre-guerras excluem quase US$ 10 bilhões de empréstimos aliados feitos pelo governo dos EUA, bem como outros US$ 9 bilhões adiantados pela Grã-Bretanha e a França. Uma grande parcela desses empréstimos resulta compensada no agregando dos três países: 80% dos empréstimos britânicos se dirigiram para a França. No fim das contas, cerca de US$ 8,5 bilhões foram transferidos a terceiros, principalmente Rússia e Itália.[219] Uma vez que tais empréstimos financiaram despesas correntes e foram depois ajustados (e, subseqüentemente, sujeitos a *default*), é melhor excluí-los do cálculo dos ativos no estrangeiro. Contudo, essa exclusão não significa que lhes falte interesse. Pelo contrário, junto com pagamentos de indenizações, tais obrigações governamentais criaram importantes distorções nos mercados financeiros do entre-guerras. (Discuto seus efeitos na Parte 3.)

---

219. Harold Moulton e Leo Pasvolsky (1932), apêndice A.

Tabela 1 — Crescimento de ativos líquidos externos de longo prazo, 1855-1938 (fim de ano, em US$ bilhões).

País	1855	1870	1885	1900	1913	1930	1938
Reino Unido	1,0	3,5	7,6	12,3	20,4	27,2	20,8
França	0,5	2,4	3,5	5,0	8,7	3,8	3,3
Alemanha			1,8	3,6	5,5	−0,9	−2,2
Holanda[a]			0,5	1,0	1,1	1,2	3,0	4,8
Estados Unidos	−0,4	−1,3	−1,8	−2,5	−3,7[b]	9,5	4,8
Total de ativos europeus	1,8	6,4	13,9	22,0	35,8	33,1	26,0
Total de ativos europeus e norte-americanos	1,4	5,1	12,1	19,5	32,1	42,6	30,8
Investimento europeu no estrangeiro		4,6	7,5	8,1	13,8	4,7[c]	−3,7[d]
Investimento europeu e norte-americano no estrangeiro		3,7	7,0	7,4	12,6	16,4[e]	−6,2[f]
Transferência líquida européia		1,5	−0,2	−4,2	−2,3	−18,0	−12,2
Transferência líquida européia e norte-americana		1,2	0,6	−3,1	−2,6	−13,3[g]	−17,4
Dólares constantes de 1913							
Total de ativos europeus	1,7	5,3	11,9	21,4	36,1	39,6	35,5
Total de ativos europeus e norte-americanos	1,3	4,2	10,3	18,9	32,3	44,4	37,5
Investimento europeu no estrangeiro		3,6	6,6	9,5	14,7	3,5	−4,1
Investimento europeu e norte-americano no estrangeiro		2,9	6,1	8,6	13,4	12,1	−6,9
Ativos correntes no estrangeiro[h]/ Comércio primário	1,1	2,0	3,4	3,3	2,9	2,1[i]	2,2
Ativos constantes no estrangeiro[h]/ Comércio primário			2,4	2,9	3,0	2,8[i]	2,5

a. Bruto.

b. 1914.

c. Variação dos ativos menos perdas em valor devido à guerra, calculada em ONU, *International Capital Movements During the Inter-War Period*, p.4-5.

d. Variação dos ativos menos inadimplência estimada de ativos britânicos implícita na estimativa de Matthew a respeito de valores de investimentos líquidos e ativos líquidos.

e. Exclui dívidas intergovernamentais.

f. Investimento europeu mais estimativas diretas de investimento norte-americano líquido de longo prazo no estrangeiro.

g. Exclui renda de empréstimos interaliados.

h. Ativos no estrangeiro são europeus até 1914 e europeus e norte-americanos a partir daí.

i. Nível de comércio de 1929.

*Fontes. Ativos líquidos do **Reino Unido**: Matthews (1982), p.128 para ativos líquidos em datas específicas, interpolados com dados de investimento líquido anual no estrangeiro conforme informado em Mitchell (1980), interpolados por estimativas de fluxos líquidos; Cleona Lewis (1). **Alemanha**: 1914, Woodruff (1966), p.154 (menos a estimativa de Cameron quanto a investimentos franceses na Alemanha); 1885-1900, extrapolados de 1914 pelo emprego de fluxos anuais de investimentos em Mitchell (1980); 1930, Woodruff (1966) (menos investimentos norte americanos na Alemanha presentes em C. Lewis (2), p.486); 1938 Lewis (1), p.62-3. **Holanda**: 1855-1914, Woodruff (1966), p. 150; 1938, Lewis (1), pp.67-68; 1930, extrapolado de 1938 pelo emprego de fluxos anuais de investimento em Mitchell (1980). **Estados Unidos**: 1855-1930, Historical statistics do Departamento do Comércio dos EUA (1975), série U-40; 1938, Lewis (1), pp. 78-80.*

Investimento: variação de ativos, ajustada como descrito nas notas.

Transferência de recursos: investimento no estrangeiro menos renda. Para a renda do Reino Unido, emprego Imlah; para 1855-1914 e o período posterior, Mathews (1982). A mesma taxa de retorno implícita é empregada para os demais investimentos europeus. Para os Estados Unidos, a renda é calculada a partir das Historical statistics do Departamento de comércio dos EUA.

Defletores do investimento externo: 1855-1914, índices de exportações do Reino Unido, ponderados pelo investimento anual, ambos de Imlah. O deflator do ativo fixo de 1855 é igual à média não ponderada 1850-55; 1914-38, índices de exportação norte-americanos de produtos manufaturados acabados, ponderados pelo investimento líquido anual, excluindo governo. Investimentos extraídos de Historical statistics do Departamento de Comércio dos EUA e índices de preços de R. Lipsey, p.143.

Comércio Primário: 1913-38, Lamartine Yates (1959), p.39; 1885-1900, valor de Yates para 1913 extrapolado pelos índices de valor e volume de W. M. Lewis (2), p.282-3; 1855-70, valor de Lewis para 1889 extrapolado por estimativas de comércio mundial em W. Rostow, p.666-7 (1855 é a média de 1860 e 1850.) O procedimento pressupõe constância do valor relativo no comércio primário, confirmada nos dados para 1876-1900.

A I Guerra Mundial assinala também a transição de proeminência financeira de Londres para Nova York. Embora nos anos 1920 a Grã-Bretanha voltasse a realizar empréstimos, os investimentos norte-americanos passaram a ser quantitativamente mais importantes a partir daquela década. Logo depois do início da guerra, títulos norte-americanos em poder de europeus foram liquidados para fazer frente às novas despesas; os Estados Unidos, que desde a década de 1890 haviam se transformado num investidor importante na América Latina, tornou-se pela primeira vez credor líquido. A França e a Alemanha nunca recuperaram suas posições anteriores. O volumoso *portfolio* francês de títulos russos sofreu repúdio após a Revolução, o que cancelou cerca de um quarto dos ativos informados em 1913. Calcula-se que as perdas globais francesas atingiram mais de US$ 4 bilhões. A Alemanha sofreu destino semelhante: após 1924, o país se tornou devedor líquido. Não só foi forçada a liquidar ativos e a aceitar o repúdio de muitos de seus ativos europeus, como também foi obrigada a obter empréstimos volumosos para realizar indenizações de guerra. A Holanda aumentou seu papel de credora por meio de comprometimentos maiores em suas colônias, bem como da continuidade de seus investimentos no *portfolio* europeu e norte-americano.

Apesar do crescimento veloz que o estoque de capital estrangeiro experimentou no ante-guerra, a uma taxa média anual de 4,6% entre 1870 e 1913, o investimento estrangeiro não acompanhou completamente o refluxo de renda decorrente de juros e dividendos. As entradas de renda deram a uma taxa anual próxima a 5% dos balanços correntes, o que significa que, na média do período, os credores não transferiram recursos aos devedores. Em certos intervalos mais curtos em que se verificavam picos de investimentos, as saídas excediam as entradas, mais tais episódios não compensavam a tendência oposta. De modo semelhante, receptores individuais podiam desfrutar de balanços positivos na importação de capital em anos em que houve fluxos externos pesados, mas a necessidade de gerar excessos de exportação logo os compensava.

Esse resultado agregado lança dúvidas sobre a descrição convencional, que atribui aos receptores de capital a passagem por um ciclo regular de endividamento. Tal ciclo tem quatro partes. A primeira se caracteriza por um saldo positivo de importação de capitais e um endividamento crescente. Na segunda fase, o devedor maduro gera superávits de exportação, mas ainda insuficientes para cumprir com as obrigações do serviço, de forma que a dívida continua a aumentar. Na terceira fase, ou fase de "credor imaturo", os superávits de exportação mais do que cobrem os custos dos juros, permitindo uma redução da dívida externa corrente. Por fim, o país atinge o estágio de credor líquido. Na realidade, porém, para a maioria dos países, a importação líquida de capital foi positiva apenas durante períodos breves. Durante a maior parte do tempo, eles tiveram de exportar mais capital do que importavam, de modo a cumprir com o pagamento de suas dívidas. Tal transferência negativa de recursos não era contínua; dependia de oscilações prolongadas de disponibilidade de capital, que estabeleciam novos períodos de investimento estrangeiro intenso. Assim, a transferência de recursos negativa mostrada na Tabela 1 é menor em 1900-1913 do que em 1885-1900. Ainda assim, os investidores europeus sequer estavam reinvestindo a renda que haviam auferido no período anterior.

Se as evidências sugerem um balanço modestamente negativo antes de 1914, após a guerra a transferência inversa é volumosa, não deixando lugar a dúvidas. Os devedores estavam devolvendo muito mais para seus credores do que recebiam como reinvestimento. O serviço da dívida só pôde ser realizado porque a inflação que acompanhou a guerra situou os preços das exportações num patamar muito mais alto. Apesar da recessão de 1920-21 e da deflação que a acompanhou, os volumes unitários do comércio mundial no período de 1926-1929 foram talvez 40% mais elevados do que seu nível de 1913.[220] No final da década de 1920, com a lentificação do crescimento real do comércio e o enfraquecimento dos preços de produtos primários, assomaram os condicionantes do câmbio. Mesmo sem o complicador adicional representado pelo fardo das dívidas de guerra e das indenizações, as transferências negativas de recursos do período pós-1914 teriam gerado novas dificuldades ao equilíbrio global.

Anteriormente, as dificuldades tinham sido evitadas pela veloz expansão das exportações de produtos primários e pela elevação dos preços das *commodities*, a partir de 1896. Este último aspecto era crítico; na Tabela 1, isso aparece no declínio experimentado entre 1855 e 1913 pelo estoque de capitais estrangeiros em relação ao comércio de produtos primários, quando ambos são expressos em valores correntes. Em termos constantes, o crescimento do comércio foi mais lento, fazendo com que a relação entre o capital e o comércio se elevasse em um quarto. Como essa medida é, grosso modo, comparável às razões dívida/exportações do presente como indicadora da capacidade de pagamento dos tomadores, o declínio em dólares correntes aponta para uma carga menor da dívida. Podemos explicar de forma semelhante a grande disparidade entre os valores em dólares constantes e correntes de 1929 e de 1938. Como assinalado acima, no primeiro caso a elevação dos preços ajudou consideravelmente os devedores, ao passo que a deflação da Grande Depressão resultou numa relação constante, em vez de redução de nível que seria implícita à recuperação do volume do comércio primário.

Este breve panorama quantitativo ilumina aspectos importantes da evolução da dívida internacional. Exibe a descontinuidade entre os períodos pré e pós-1914 no que diz respeito ao volume de investimentos e de transferências de recursos, ao tamanho do estoque de capital em relação às exportações primárias e ao papel dos principais países credores. A partir desse pano de fundo, passo agora a examinar ambos os períodos em mais detalhe.

---

220. P. Lamartine Yates (1959), p.204.

2. Mercados de capitais antes de 1914

A Tabela 2 indica a distribuição de ativos estrangeiros mantidos pelos principais credores na véspera da I Guerra Mundial. Ela diz muito sobre o padrão de investimentos durante as décadas precedentes; em particular, os dados exibem dois processos sobrepostos. Um é o investimento estrangeiro orientado para o mercado, em grande parte empreendido pela Grã-Bretanha e dirigido aos países periféricos ricos em recursos e colonizados por europeus: América do Norte, América Latina e Oceania. Juntas, as três regiões absorveram mais de metade de todos os ativos estrangeiros brutos de 1914, e mais de 70% do investimento britânico. O outro tipo de investimento era orientado para a Europa, respondendo por mais de uma quarto de todos os

Tabela 2 — Distribuição geográfica de investimentos estrangeiros do Reino Unido, França, Alemanha e Estados Unidos em 1914 (US$ milhões, aproximados para os US$ 50 milhões mais próximos).

De/Para		Reino Unido	França	Alemanha	EUA	Mundo
Europa	Total	1.050	4.700	2.550	700	12.000
América do Norte						
EUA		4.250	400	950		7.100
Canadá		2.800	(100)	200	900	3.850
	Total	7.050	500	1.150	900	11.100
		(63,5%)	(4,5%)	(10,4%)	(8,1%)	(100%)
América Latina						
México		500	400	n.d.	850	2.200
Cuba		150			350	(500)
Argentina		1.550	400	(200)		2.950
Brasil		700	700	(500)		2.200
Chile		300	50	n.d.	450	
Peru		150		(100)		1.000
Uruguai		200	50	d.		
Resto		100	d.	d.		100
	Total	3.700	1.600	900	1.650	8.900
		(41,8%)	(18,1%)	(10,2%)	(18,5%)	(100%)
Oceania						
Austrália		1.700	(100)			1.800
Nova Zelândia		300				300
Resto		(200)				(200)
	Total	2.200	(100)			2.300
		(95,7%)	(4,3%)			(100%)

Tabela 2 — Continuação

Ásia					
Turquia		100	650	450		1.200
Índia e Ceilão		1.850				1.850
Indochina			(200)			(200)
Assentamentos do estreito[221]		150	d.	d.	d.	200
Índias Orientais holandesas		200	d.	d.	d.	750
China		600	150	250	50	1.600
Japão		500	(200)	d.	50	1.000
Resto		(150)	d.	d.	150	300
	Total	*3.550*	*1.250*	*700*	*250*	*7.100*
		(50,0%)	(17,6%)	(9,9%)	(3,5%)	(100%)
África						
Egito		(200)	(500)			(700)
África Ocidental britânica		1.550	(100)			1.650
África do Sul		250				250
Rodésia		150				150
Sudão Anglo-egípcio						
Resto da África britânica						
África do Norte francesa			(200)			(200)
África francesa (Sul do Saara)			100			100
Colônias alemãs				400		400
Congo belga				(100)		300
Resto		100				100
	Total	*2.450*	*900*	*500*		*4.050*
		(60,5%)	(22,2%)	(12,3%)		(100%)
Mundo	*Total geral*	*20.000*	*9.050*	*5.800*	*3.500*	*45.450*
		(44,0%)	(19,9%)	(12,8%)	(7,8%)	(100%)

n.d.: não disponível. d.: desprezível.
Fonte: Woodruff (1967), p.154.

ativos. O maior devedor era a Rússia, sendo que outros países escandinavos e da Europa oriental também formavam entre os tomadores. As fontes principais eram a França e a Alemanha. É evidente que considerações políticas tiveram papel neste tipo de investimento, bem como naquele dirigido à China, Turquia, Egito e algumas das colônias africanas.

---

221. Antiga colônia britânica no estreito de Málaga, englobando quatro entrepostos comerciais: Cingapura, Málaga, Penang e Labuan. Hoje, os três últimos fazem parte da Malásia. (N.T.)

FINANCIAMENTO PARA O DESENVOLVIMENTO

O investimento desenvolvimentista do primeiro tipo, orientado para o mercado, se dirigia principalmente a vias férreas e outras obras de infra-estrutura. As ferrovias representavam, sozinhas, mais de 40% do patrimô-nio britânico em 1913. (Levando-se em conta os empréstimos governa-mentais diretos voltados para essa finalidade, um autor da época situava o total em 60%.) A decomposição realizada por Matthew Simon do total de empréstimos entre 1865 e 1914 por setor econômico aloca 69% a capital social; a indústria extrativa ocupava o segundo lugar, com longínquos 12%. Em contraste, em 1913 os ativos de governos estrangeiros fora do Império compunham menos de 10% do *portfolio*. Não apenas os ativos estrangeiros caíram a mais de metade do investimento britânico em 1870 como houve até declínio em valores absolutos.[222]

Esses dados derivam de ofertas públicas de títulos. Destes, em 1913, quatro quintos eram debêntures e um quinto se apresentava na forma de participação acionária. Na época da guerra, o investimento direto em empresas e atividades não representadas por ações negociadas na bolsa de valores pode ter representado algo como 10% dos investimentos britâni-cos totais.[223]

Havia perfeita compreensão das intenções por trás de todo esse inves-timento. Em 1909, Sir George Paish podia manifestar satisfação quanto ao papel que as exportações de capital tinham representado na contribuição para a prosperidade do comércio britânico: "Construindo estradas de ferro para o mundo, e especialmente os países jovens, permitimos que o mundo aumentasse a sua produção de riqueza a uma taxa nunca testemunhada anteriormente, produzindo coisas que este país tem desejo especial de comprar — alimentos e matérias-primas. Além disso, ao ajudar outros paí-ses a aumentar a produção das *commodities* que eles estão mais capacitados a produzir, nossos investidores ajudaram esses países a conseguir os meios de comprar os bens que a Grã-Bretanha fabrica".[224] Crédito concedido na primeira fase conduzia à compra de bens de capital britânicos. Na segun-da fase, um fluxo de retorno de exportações primárias periféricas cobria a necessidade de pagamento de juros e dividendos, fazendo além disso, com que o custo de vida do centro baixasse.

Assim, os fluxos de capital oriundos da Grã-Bretanha, foram dirigidos para onde havia probabilidade de os lucros reais serem maiores, isto é,

---

222. Matthew Simon (1968), p.23. A estimativa da época é de George paish, p.479.
223. Calculado por Michael Edelstein (1976), p.295, n.16 e p.305, Tabela 5.
224. George Paish (1909), p.480.

onde terras novas a serem exploradas estavam recebendo imigração de força de trabalho. Grandes ondas migratórias provenientes da Europa superlotada se moveram juntamente com os créditos financeiros. O investimento estrangeiro não se dirigiu aos países mais pobres, mas aos mais ricos, aqueles em que as rendas chegavam a exceder a dos países fornecedores de capital. Os países tropicais, já sobrecarregados por altas densidades populacionais, até mesmo uma Índia favorecida pelos mercados de capitais britânicos, receberam muito pouco investimento. Modelos simples de dois fatores, que sugerem uma equalização de renda por meio de fluxos de capital e de comércio, são impróprios para a realidade do século XIX.

Também não se podem frisar tendências seculares excluindo-se as longas oscilações, de aproximadamente vinte anos, verificadas no investimento britânico interno e externo. Não apenas tais ciclos longos caracterizavam os fluxos humanos e de capital no estrangeiro durante o século XIX como, também, isso aconteceu inversamente ao investimento interno britânico. Quando o investimento estrangeiro florescia, como no final da década de 1860 e início da de 1870, em meados e no fim dos anos 1880, e mais uma vez na primeira década do século XX, o investimento interno tendeu a permanecer em níveis baixos. Portanto, do lado dos emprestadores, um comportamento poupador podia ser aplicado hoje para fins externos, amanhã para objetivos internos, sem que isso provocasse grandes alterações nas taxas de juros. Ao mesmo tempo, o balanço de pagamentos não sofria nenhuma tensão especial, apesar das grandes saídas de investimentos, porque o efeito positivo que tais fluxos exerciam sobre as atividades de exportação não se transmitia diretamente à renda interna. Em vez disso, o incentivo positivo era amortecido pela queda do investimento interno, impedindo uma elevação das importações e, com isso conseguindo o superávit na conta corrente necessário para que se pudesse realizar a exportação de capitais.

Uma fonte importante dessas oscilações era o tempo mais longo exigido pelos países receptores de capital para absorver os investimentos em infra-estrutura. Ferrovias demandam tempo para ser construídas, e as novas áreas que abrem levam tempo para ser exploradas. Também havia defasagens mais longas na atividade de construção necessária para atender à demanda crescente por habitação.

Uma controvérsia considerável se desenvolveu em torno do interrelacionamento preciso entre a expansão dos investimentos periféricos e a redução da construção habitacional britânica. O que está em jogo não é o peso relativo desses fatores, mas o papel a ser atribuído às forças que amarram os padrões cíclicos entre si: o balanço de pagamentos contra as influências indiretas das taxas salariais e de migração. Para nossos objetivos aqui, basta a conclusão judiciosa de A. R. Hall, ecoada no corpo das descobertas estatísticas de Edelstein: uma combinação de fatores domésticos e internacionais funcionava na Grã-Bretanha e nos novos assentamentos.[225] Deve-se acrescentar que, aparentemente, nem a França nem Alemanha, cujos investimentos externos eram na maior parte de tipo diferente, experimentaram movimentos tão pronunciados, ou tão inversos.

Um fator central para o sucesso da transferência de capitais realizada na magnitude do período pré-1914 é uma característica menos observada do padrão inverso e de longa duração. Ele tomou uma forma seqüencial na incorporação de regiões novas à economia mundial: primeiro os Estados Unidos, durante a expansão do início da década de 1870 (e até antes, nas décadas de 1830 e 1850), depois a Austrália e a Argentina em meados e final dos anos 1880, em seguida Canadá e Brasil, com retomada de investimentos na Argentina em 1900-1913.

Desse modo, o investimento se concentrou, em vez de se distribuir uniformemente com o passar do tempo. Duas conseqüências se seguiram. Era mais provável que uma concentração de investimentos em grande escala produzisse os lucros elevados latentes nos investimentos em infra-estrutura. Projetos desencadeados nos novos países eram em grande parte indivisíveis, diferentemente do que ocorria na Europa ou, mesmo, nos Estados Unidos de antes da guerra civil; eram necessários grandes incrementos na extensão de ferrovias, para tornar as empresas lucrativas e para tornar a produção local disponível para a exportação.

Economias de escala também ajudaram a levantar capitais no mercado londrino. Em vez de provocar dúvidas, os exageros expressos em muitas chamadas de capital, todas celebrando ao mesmo tempo as vantagens da expansão, podiam se reforçar mutuamente. Por sua vez, expectativas positivas podiam auto-realizar-se. Volumosos influxos de capital financiaram grandes aumentos de investimentos, enquanto mantinham o balanço de pagamentos saudável, em meio a uma prosperidade local que era bem-vinda aos investidores estrangeiros. Conseguiu-se uma transferência líquida de recursos na fase ascendente do ciclo, mesmo considerando que, quando tomados pela média de todo o ciclo, os pagamento de serviço consumissem a maior parte dos resultados.

---

225. A introdução de Hall em *Export of Capital* (1968) constitui um resumo útil do debate em torno do mecanismo causal subjacente à transmissão de oscilações longas. Ver também Edelstein (1982).

Receptiva a novas oportunidades de oferta, a fronteira móvel facilitou a transferência real de recursos de um modo adicional. Depois que os investimentos tinham sido aplicados, os primeiros beneficiários dos influxos de capital passavam a poder financiar candidatos posteriores. No caso dos Estados Unidos, por exemplo, saídas oriundas do *boom* da década de 1880 compensaram aproximadamente 60% dos investimentos estrangeiros registrados. Para a Argentina e a Austrália as proporções foram, respectivamente, de 38 e 53% durante o mesmo intervalo, 1884-90.[226] Na primeira década do século xx, os Estados Unidos eram apenas marginalmente um receptor líquido.

Independentemente da seqüência geográfica que se acabou de descrever, o padrão inverso fez sua própria contribuição para o problema da transferência. Uma recuperação do investimento interno britânico, quando o investimento externo declinou, trouxe consigo uma elevação da demanda de importações. Essa demanda crescente não era adequada para evitar quedas de preços dos produtos primários, cuja produção havia sido ampliada graças à expansão de sua infra-estrutura, mas pelo menos algum mecanismo endógeno, equilibrador, ajudou a aliviar o fardo dos pagamentos do serviço da dívida. Se um mecanismo cíclico tendesse a levar o investimento a excesso, um mecanismo compensatório absorveu parte do aumento de produto.

O resultado líquido foram lucros financeiros favoráveis percebidos pelo investimento desenvolvimentista. Como vimos na Tabela 1, a renda britânica decorrente de recurso externos se acumulou a taxas anuais entre 4,3 e 5,0% ao longo do período 1870-1913. Os cálculos de Edelstein quanto aos ganhos realizados, levando em conta lucros de capital e ajustados para o risco, mostram que houve uma margem clara em favor dos ativos estrangeiros. Comparadas aos Consols, que teve com um retorno real ajustado de –1,7%, as ações ferroviárias norte-americanas produziram 2,2%, e as debêntures, 1,9; títulos ferroviários latino-americanos renderam 1,2%, ao passo que as ações, muito menos importantes, produziram – 0,1%. O desempenho dos governos australiano e canadense, principais veículos de investimento ferroviário, foi, cada qual, de – 0,1%. Assim, levando-se em conta a flutuação de valor potencialmente maior que acompanha a variação cíclica e os acontecimentos políticos, a margem de

---

226. Para dados a respeito dos influxos de investimento líquido para os Estados Unidos, ver Departamento do Comércio dos EUA (1975), p.865; no caso da Argentina, ver A. G. Ford (1962), p.142; e para a Austrália, N. G. Butlin (1962), p.405.

superioridade dos lucros externos variou entre 3,9 e 1,6%. Pior do que os Consols, só ações das ferrovias indianas e do Leste europeu. Mesmo quando a comparação é ampliada de modo a incluir aplicações domésticas, a vantagem permanece com os investimentos no estrangeiro.[227]

Não é de surpreender que a vantagem não se mostrou constante ao longo do tempo. Durante as longas ondas de investimento estrangeiro intenso, quando o mercado avaliava o risco externo da forma mais otimista, tais ativos produziam margens maiores. No período de ascensão do investimento doméstico, os papéis internos de fato tinham desempenho melhor do que os externos, mas em grau menor. Mesmo em tais intervalos, os lucros financeiros privados realizados por papéis externos excedia 5% (exceto por 1910-13). Além disso, em nenhum período as debêntures estrangeiras deixaram de apresentar desempenho melhor do que os títulos internos; elas às vezes produziam rendimentos mais do que duas vezes superiores aos Consols. Os ativos estrangeiros renderam lucros especialmente generosos durante a última onda de investimentos do ante-guerra, entre 1897 e 1909, quando os ativos domésticos renderam apenas 1,35%, ao passo que os externos produziram 5,2%.[228]

O mercado de capitais britânico, mediou entre os benefícios sociais reais decorrentes do investimento periférico em infra-estrutura e os lucros financeiros dos investidores individuais. Fez isso com bastante sucesso, como atestam essas grandes diferenças de rendimento, ao ponto de observadores posteriores questionaram se o mercado não teria prevenção contra a formação interna de capital e a favor dos investimentos em títulos externos.[229] Não parece ter existido tal prevenção, mas o ponto mais revelador é que não havia discriminação contra o investimento estrangeiro. A falta de informações ou a falta de controle direto não constituíam uma influência inibidora poderosa.

Um dos objetivos para a recepção positiva aos papéis estrangeiros era o retorno favorável proporcionado por títulos e ações ferroviárias dos EUA. Mesmo em 1870-76, quando o investimento interno médio rendeu mais do que a média dos ativos estrangeiros, os títulos renderam 7,8% em comparação aos 4,4% das debêntures domésticas; as ações renderam 8,1%.[230]

---

227. Edelstein (1982), p.133-4.

228. Ibid., p.148.

229. Edelstein (1982) não encontrava evidências de tal prevenção, apelidada de "defasagem Macmillan" por ter sido aventada no relatório do inquérito parlamentar de iniciativa de Harold Macmillan, em 1931.

230. Edelstein (1982), p.153-4.

Ao contrário dos excessivamente citados *defaults* norte-americanos decorrentes de empréstimos governamentais durante os anos 1830, quase todos logo em seguida ressarcidos, os Estados Unidos constituíram uma influência positiva, um "efeito demonstrativo", que estimulou investimentos britânicos em outros lugares da periferia. Era patente que as ferrovias norte-americanas tinham aumentado a capacidade de produção e de comércio daquele país, funcionando como modelo implícito para aplicações em outros lugares. Poucos notaram as características excepcionais da experiência norte-americana: o suplemento muito pequeno para a economia doméstica acarretado e a parcela conseqüentemente limitada que os pagamentos de juros e dividendos absorveu dos rendimentos de exportação.

Outra razão para a ascensão dos investimentos externos era a freqüência com que os montantes emprestados eram aplicados à compra de exportações britânicas. A posição semimonopolista da Grã-Bretanha na oferta de bens de capital conectava entre si as transações financeiras e reais. Isso teve dois efeitos. Um foi uma familiaridade internacional muito maior, característica de um país comerciante e, assim, uma grande redução nos custos de coleta de informações. O outro foi uma internalização privada das externalidades sociais inerentes ao investimento em infra-estrutura. Os fabricantes da província entediam que sua prosperidade se relacionava a flutuações positivas de papéis negociados na bolsa de Londres, e assim ajudaram a formar um mercado em torno deles.[231]

O mercado de capitais executou sua tarefa virtualmente sem nenhuma intervenção ou restrição oficial. É verdade que o descontentamento oficial se exprimiu quando a inadimplência se seguiu à parada virtual da primeira onda de investimentos, em meados da década de 1870. A Foreing Loan Investigation de 1875 encontrou muito o que criticar nas atividades dos banqueiros, incluindo manipulação de mercado, comissões exorbitantes e, de início, a não incorporação de pagamentos de juros ao principal, de modo a realizar o serviço dos empréstimos.[232] Contudo, a isso não se seguiu nenhuma regulação das crescentes atividades externas da City. E também, o que é especialmente notável em vista do fato de que os em-

---

231. Jenks (1927) menciona o sucesso dos empréstimos turcos de 1858: "A Bolsa de Valores [...] era hostil ao negócio [...]. Mas o empréstimo foi assumido nas províncias, onde o mercado para manufaturas parecia mais importante". Nosso conhecimento a respeito de como essa externalidade foi internalizada é muito reduzido, em especial na parte final desse período.

232. Uma breve discussão do relatório de 1875, predecessor da investigação conduzida pelo Senado dos EUA em 1932, encontra-se em Jenks (1927), p.292-3.

préstimos se revestissem progressivamente do caráter de investimentos para o desenvolvimento. Os empréstimos fluíam com alto grau de reatividade às forças do mercado.

Em tais circunstâncias, o Foreing Office não precisava proporcionar garantias oficiais no caso de inadimplência. A política britânica fora forjada numa época anterior, quando virtualmente todos os papéis estrangeiros eram de emissão governamental, e quando a inadimplência era comum. A relutância de Canning de intervir nos anos 1820, quando confrontado com os *defaults* dos novos governos latino-americanos, foi reiterada por Palmerston na década de 1840, quando cerca de £50 milhões em títulos governamentais deixaram de ser pagos. Aos detentores dos títulos, o governo ofereceu sua simpatia, mas nenhuma intervenção, seja diplomática, seja mais forte. A avaliação de L. H. Jenks a respeito dessa política soa verdadeira: "Não é necessário imaginar nem por um instante que a desconsideração pelos detentores dos papéis tenha surgido de qualquer sensibilidade aguçada a respeito de se usar os recursos nacionais para proteger os interesses de alguns súditos. Simplesmente, a ajuda a detentores de papéis não tinha sido concebida como interesse nacional".[233] De fato, Palmerston havia declarado isso publicamente em 1847. Como alguns inadimplentes posteriores aprenderiam, a não-intervenção permaneceu assunto de decisão governamental, e não uma questão de princípio.

Os investidores se conformaram com uma associação voluntária organizada em 1868, a Corporation of Foreign Bondholders. Sua principal sanção era bloquear o acesso a mais empréstimos. Embora de início a Corporação pretendesse ser internacional, e portanto mais eficaz, no final das contas só havia membros britânicos. Não obstante, o crescente e mutante papel internacional de Londres emprestou força à Corporação: a City superou sua concorrência anterior com Paris como centro de financiamentos para governos, tornando-se a fonte inconteste de capital para o desenvolvimento.

Os dois mercados era aproximadamente iguais em 1870, mas em 1885 o investimento externo britânico já representava mais do que o dobro do francês, e a distância continuou a aumentar. A descontinuidade criada pela guerra franco-prussiana e a indenização francesa tiveram papel nisso, mas o mesmo se pode dizer da aceleração dos fluxos comerciais internacionais, que contribuíram para a preeminência financeira londrina.

---

233. Ibid., p.123.

Os aceites comerciais se dirigiam a Londres mesmo para negociações de outros tipos, e os lucros auferidos pelas casas bancárias comerciais contribuíram para sua transformação em subscritoras de emissões internacionais. O papel era amplo. Firmas individuais estabeleciam relação de clientes com firmas e governos tomadores, responsabilizavam-se por remessas e adiantavam financiamentos de curto prazo, antecipando sua incorporação posterior a títulos de longo prazo. O negócio dos empréstimos internacionais não se baseava em chamadas abertas discretas, mas num conjunto contínuo de serviços. Para concorrer, a Grã-Bretanha não teve necessidade de nenhuma grande inovação institucional, como o Crédit Mobilier francês ou os Grandes Bancos alemães. A função era cumprida pelos bancos comerciais, e o mercado de Londres atraía novos participantes da Europa e dos Estados Unidos. Os bancos mais longevos dentre eles entendiam que seus lucros de longo prazo dependiam de sua reputação em levar ao mercado títulos merecedores de confiança.

FINANCIAMENTO PARA COMPLEMENTAÇÃO DE RECEITAS

Enquanto Londres passou cada vez mais a financiar a extensão periférica e a expansão do comércio, Paris e Berlim focalizaram o financiamento de despesas governamentais na Europa oriental e central e no Oriente Médio. Como mostra a Tabela 2, às vésperas da guerra metade de seus *portfolios* se compunha de papéis europeus. Entre os restantes, a Turquia (e também o Egito, no caso da França) correspondia a uma parcela considerável. Rondo Cameron dá mais detalhe sobre os ativos franceses: 25% na Rússia, 4% nos Balcãs, 12% no Oriente Próximo, 8% na Europa central, 12% na Itália, Espanha e Portugal. As estimativas de Féis sobre a distribuição alemã ainda permanecem tão boas quanto quaisquer outras: Rússia, 8%; Balcãs, 7%; Turquia, 8%; Europa central, 13%; e Espanha e Portugal, 7%.[234]

Mas sob dois pontos de vista a semelhança entre essas proporções estáticas é enganosa. Primeiro, a Alemanha não participou no mesmo grau do que a França do boom de 1900-13, porque, em seu caso, predominavam comprometimentos com o financiamento doméstico. Segundo, o entusiasmo alemão em financiar seus vizinhos imediatos diminuiu em favor do investimento na América Latina e em empresas coloniais na

---

234. Cameron (1961), p.486; Féis (1930), p.74.

China e na África. Enquanto seus interesses na Áustria-Hungria, Romênia e Rússia estagnavam ou recuavam, os únicos comprometimentos grandes e novos realizados pela Alemanha foram na Turquia.

Esses *portfolios* se caracterizavam por empréstimos voltados à cobertura de despesas e não ao desenvolvimento. Os empréstimos eram usados com mais freqüência para equilibrar as contas do governo do que para realizar investimentos em infra-estrutura. Com freqüência, se originavam da necessidade de cobrir uma dívida flutuante crescente que, nesse ínterim, financiara déficits da conta corrente. Enquanto a vulnerabilidade da dívida interna crescia, do lado do patrimônio não havia nada. Em um momento incomum de jovialidade, M. G. Mulhall registrou no balancete nacional do Egito uma grande soma especificando "bailarinas etc.", item esse que excedia as dotações para obras públicas. Mais sobriamente, o relatório financeiro preparado em 1876 por Stephen Cave assinalava "que não há absolutamente nada a mostrar em troca do grande endividamento atual, exceto o canal de Suez; o total dos montantes relativos a empréstimos e dívida flutuante foi absorvido no pagamento de juros e principais".[235]

Contudo, empréstimos improdutivos eram muito lucrativos para os credores. As comissões ganhas eram volumosas e garantidas e, além disso, havia oportunidade para ganhos de capital especulativos, caso houvesse elevação de preços das debêntures. Os preços das emissões eram fixados muito abaixo do par, de modo a comercializá-las, não sendo incomuns valores de 60 a 70% do par. Mesmo com tal taxa em favor dos subscritores, e apesar do penhor de fontes específicas de rendas estatais (entre eles tarifas alfandegárias, terras e outros recursos naturais), nem sempre se conseguiam atrair aplicadores. Isso tornava necessário financiamentos de curto prazo, a taxas ainda mais elevadas em favor dos banqueiros emissores, ao mesmo tempo em que novos esforços se empreendiam para persuadir o público a respeito da solidez de uma nova emissão.

Para os tomadores, a obtenção de um empréstimo era, com freqüência, uma vitória de Pirro. O custo considerável dos capitais, os quais não contavam com nenhuma aplicação interna em recursos produtivos, exigia aumentos na receita doméstica que nem sempre se materializavam, o que requeria novos empréstimos para realizar o pagamento dos juros referentes à dívida anterior. Os tomadores entravam numa armadilha. Em algum momento, a inadimplência se tornava provável, normalmente após a

---

235. M. G. Mulhall (1899), p. 272; o relatório Cave é citado em Van Oss (1889), p.447.

interrupção de uma fase de investimento estrangeiro contínuo. A hipoteca explícita de receitas e recursos públicos estabelecia o prelúdio para uma intervenção aberta, de modo a reformar o Estado transgressor e garantir o pagamento dos juros.

Tais empréstimos a governos tinham sua contrapartida institucional num mercado de capitais regulado. Em face da ausência de perspectivas econômicas reais, não se podia confiar nas decisões privadas sobre investimentos para produzir os resultados desejados. Só se conseguiam lucros elevados durante pouco tempo e, depois disso, quanto maior o lucro privado, mais alta a probabilidade de inadimplência. Mesmo banqueiros que, de início, lucravam às custas de países debilitados, mais tarde precisavam encontrar meios de se livrar de sua superexposição. Para eles, a inadimplência podia transformar-se em fonte de ganhos, e não de perdas, mas apenas quando existisse alguma garantia implícita de intervenção que prometesse levar ordem ao caos financeiro de Estados mal gerenciados e conduzisse ao reembolso da dívida. Manifestações públicas de apoio ao prosseguimento dos empréstimos, de modo a evitar o *default*, também podiam funcionar bem. Ambas as circunstâncias reduzem o escopo do julgamento de David Landes, segundo o qual "os grandes banqueiros internacionais [...] sempre compreenderam que os melhores clientes são Estados prósperos e independentes".[236]

Não é de surpreender que os mercados de capitais de Paris e Berlim fornecessem evidências abundantes sobre a intervenção pública exigida para o florescimento de empréstimos para cobertura de despesas em larga escala. A intervenção era de dois tipos, financeira e real. Na primeira categoria, a aceitação dos títulos nas bolsas de Paris e Berlim era uma decisão importante, na qual entravam explicitamente considerações de política externa. A decisão resultava em sinais positivos e, também, na inconveniência (mas não impossibilidade) de ter de negociar em outro lugar. Mas os contatos informais permanentes entre a comunidade financeira e os ministérios de relações exteriores francês e alemão era ainda mais vitais na sinalização do entusiasmo ou desaprovação oficial. Isso podia determinar se empréstimos à Itália, à Rússia ou à Turquia seriam conduzidos com entusiasmo ou rejeitados. Seja qual fosse o rumo, podia-se contar com a imprensa financeira, que racionalizava a decisão em termos de fundamentos econômicos e aliviava a tarefa de distribuir os papéis. Como veremos

---

236. D. S. Landes (1961), p.505.

adiante, podia-se contar com o apoio do governo para lidar com os tomadores dependentes e empobrecidos que, às vezes eram favorecidos por motivos políticos.

Ainda assim, a atitude oficial quanto ao comprometimento externo não era sempre entusiástica. Especialmente no caso alemão, o mercado de capitais externos era às vezes encarado como competidor indesejado, e o papel da regulação não era direcionar o investimento no estrangeiro, mas restringi-lo. Nas palavras de Adolf von Scholz, ministro das Finanças, em 1886: "o governo terá de desistir de apoiar qualquer esforço por parte do capital doméstico em buscar uma taxa de juros mais alta no estrangeiro. [...] Também me parece necessário reservar ao máximo possível o capital interno para finalidades e empresas internas e mantê-lo disponível para nosso próprio crédito estatal, em vista de quaisquer eventualidades". Tal atitude se revelava na parcela relativamente menor da renda nacional alemã dedicada à compra de ativos estrangeiros após a década de 1880.[237]

Do lado real, franceses e alemães tentavam conscientemente condicionar os financiamentos a um fluxo de retorno de encomendas à indústria interna. Aquilo que a Grã-Bretanha podia dar como garantido, como uma externalidade que contribuía para as vantagens do investimento estrangeiro, os outros não podiam. Durante a década anterior à guerra, em particular, e sob insistência dos industriais franceses, os empréstimos provenientes da França eram casados a compromissos comerciais. Os industriais diziam que tinham necessidade de tais condicionamentos para equalizar a sua competitividade frente aos produtos alemães, auxiliados por encomendas compulsórias. Apesar disso, parece que a França usava a prática de forma mais consciente. Por volta de 1910, os industriais alemães já conseguiam competir com eficácia por si sós, não necessitando mais de tratamento especial. Na França, objetivos mais amplos dominaram e os empréstimos pareciam atraentes por seus próprios méritos, mas mesmo lá não foi possível impor tais restrições, como mostra a história dos grandes empréstimos russos.[238]

Em grande parte, a maior politização dos empréstimos alemães e franceses objetivava obter vantagens no trato com outros governos, coisa que caminhava lado a lado com mercados de capitais que se especializavam em debêntures públicas. Nisso se intrometia uma corrente mais modesta, de

---

237. Citado em Fritz Stern (1977), p.424.

238. Para uma discussão sobre os empréstimos casados na França e na Alemanha, ver Féis (1930), p.124-33 e 176-81.

preferência colonial. Como revelado na Tabela 2, o fluxo de capitais para essas possessões era bastante pequeno, porque elas ainda não conseguiam absorver muito. Embora conflitos pudessem surgir quanto à África ou à China, essas áreas eram economicamente marginais. Pode ser que o lucro e os mercados estivessem estampados na estandarte do imperialismo do final do século XIX, mas essa representação era mais vívida do que a realidade. As reclamações de Bismarck a respeito da timidez dos capitalistas alemães desenhavam um retrato mais preciso da situação.

Empréstimos periféricos voltados ao desenvolvimento não excluíam automaticamente créditos a governos; obviamente, muito dos empréstimos direcionados à Austrália, Canadá, Argentina, Brasil, México e outros países latino-americanos tomaram essa forma. Por outro lado, nem todos os empréstimos para Estados europeus orientais, Turquia e Egito se dirigiram por completo à cobertura de despesas correntes. Em particular, é importante entender que os investimentos franceses na Rússia não reagiam apenas a sinais políticos; havia uma onda de industrialização, que datava da década de 1890. Por fim, o Reino Unido também defendia seus interesses em títulos da dívida externa. Criou condições favoráveis para o investimento estrangeiro na Turquia e no Egito, sem mencionar o papel ativo que o governo britânico desempenhou para obter concessões na Pérsia e na China.

Os dois processos que descrevem os fluxos de capital do século XIX se recobrem parcialmente. Mas eles se misturam de uma forma que reforça a importância da atenção no lucro privado, mesmo quando os empréstimos perseguiam objetivos políticos maiores.

Inadimplência

Os mercados de capitais não operavam suavemente antes de 1914. Tanto emprestadores quanto tomadores administravam suas atividades contra o pano de fundo de grandes oscilações cíclicas no desempenho econômico internacional. Rebeliões e guerras sobrepunham choques políticos às flutuações econômicas. Parte da tarefa do mercado de capitais era lidar com falhas periódicas no cumprimento de obrigações contratuais.

Da mesma forma que as motivações para concessões de empréstimos, as falhas se apresentavam de duas formas básicas, que exigiam e recebiam tratamentos diferentes. De um lado havia inadimplência relativa a empréstimos para o desenvolvimento: a dívida resultante de rápidos investimentos em recursos físicos criava cargas temporárias de serviço que excediam a capacidade de pagamento. Do outro, a insolvência do setor público, resultante da diminuição dos fluxos de capital, que de outra forma financiaram a lacuna entre as despesas e as receitas governamentais.

Países que passavam por inadimplência de desenvolvimento apresentavam crescimento das exportações e das receitas de governo, eram atraentes para o investimento tanto em empreendimento privados quanto em títulos públicos, pagavam taxas de juros moderadas e eram integrados à economia mundial. A insolvência do segundo tipo atingia economias estagnadas, cujos governos financiavam despesas correntes com empréstimos que conseguiam obter em troca do pagamento de taxas de juros exorbitantemente elevadas, mesmo quando se beneficiavam de condições temporariamente favoráveis de oferta de capital. Não se emitiam títulos privados.

Os dois tipos de inadimplência compartilhavam uma sensibilidade às variações no investimento estrangeiro e à incapacidade governamental de pagar, mas a semelhanças cessavam aí. Os governos em *default* de desenvolvimento não conseguiam pagar porque suas receitas, sendo estreitamente ligadas às importações, sofriam quedas agudas quando a redução das exportações e dos influxos de capital diminuíam a sua capacidade de importação. O investimento era sensível ao desempenho, e o declínio se auto-alimentava. O financiamento inflacionário elevava a taxa de câmbio e o custo da moeda estrangeira necessária, ao mesmo tempo em que desencorajava a entrada de novos capitais; mesmo o financiamento não inflacionário não constituía ajuda, uma vez que a limitação de disponibilidade de moeda estrangeira elevava necessariamente o fardo real da dívida. Tais países tinham um problema de transferência.

O remédio apropriado era o tempo: tempo para que as exportações se elevassem, e tempo para aumentar a prosperidade interna, as importações e as receitas governamentais. Os bancos de investimento ajudavam a fornecer esse tempo por meio da concessão de empréstimos de consolidação da dívida e permitindo breves períodos em que os pagamentos de juros e de amortização se reduziam, ou mesmo, cessavam. Com a recuperação, novos empréstimos voltavam a fluir, pois o mercado de capitais não sustenta rancores duradouros. No meio tempo haveria períodos de excesso de exportação de capitais, com redução da velocidade da expansão interna. A inadimplência de desenvolvimento fazia parte do padrão de oscilação de longo prazo da expansão periférica.

A inadimplência de receita fazia parte do mesmo padrão, mas de modo mais incidental: a ligação se dava pelas condições de acesso aos mercados de capitais. Com a redução dos fluxos financeiros, ocorria concomitantemente a incapacidade de realizar os pagamentos do serviço da dívida. O investimento havia sido feito originalmente porque, com uma dívida pequena, a cobertura das obrigações podia ser feita com receitas relativamente grandes. Mas os custos relativos a juros subiam mais rapidamente do que as receitas, logo corroendo a capacidade inicial. A inadimplência de receita era um caso de insolvência genuína, no qual o custo dos juros sobre recursos recebidos após descontos excedia em muito o crescimento das receitas. A transferência real de recursos era pequena, quando havia. Era possível manter o fluxo de empréstimos, mas isso ocorria por motivos políticos, e não por razões econômicas de longo alcance. E era até possível que o *default* fosse bem-vindo, como meio de fortalecer a influência política.

Com freqüência, a solução para a inadimplência de receita era drástica. Na altura dos anos 1870, envolvia a intervenção direta, para sanear as finanças e a administração pública. A dívida era reduzida de modo significativo, seja pelo pagamento de juros muito diminuídos, seja pela redução do principal (seja por ambos). Tal generosidade era compensada pela vinculação e, às vezes, até pelo recolhimento externo, das receitas necessárias para fazer o serviço da dívida. Na década de 1820, a América Latina escapou de semelhante destino apesar de uma vaga de insolvências do setor público, porque na época a política britânica enfatizava a não-intervenção — a posição da Inglaterra mudaria com o tempo assim como a localização estratégica do país inadimplente. Em vez de intervenção, os empréstimos à América Latina foram interrompidos durante quase cinqüenta anos, só sendo retomados após acertos da dívida passada, por vezes caros.

Esses dois tipos de inadimplência e as soluções correspondentes decorriam de forma natural dos processos de empréstimos inerentes à operação dos mercados de capitais pré-1914. A Tabela 3 aplica indicadores quantitativos para discriminar entre dois grupos e entre países que entraram em default e países que não o fizeram.

Há uma diferença óbvia entre as duas categorias no que concerne a composição do capital estrangeiro. Mesmo quando a participação governamental era importante (como nos casos de Austrália, Argentina e Brasil), os tomadores de desenvolvimento atraíam investimentos em atividades complementares. Já com os tomadores de receitas, com exceção parcial da Rússia, isso não acontecia. Tais fluxos adicionais tendiam a aumentar as razões capital estrangeiro/exportações dos tomadores de

Tabela 3 — Indicadores de inadimplência antes de 1914.

	Data do default	Capital estrangeiro total (US$ milhões)	Dívida pública (US$ milhões)	Capital estrangeiro/ exportações	Pagamento de serviço/ exportações	Dívida pública externa/ receitas	Serviço da dívida pública/ receitas	Taxa anual de crescimento das exportações[a]		Taxa anual de crescimento da receita[a]	
								Antes do default	Após acordo	Antes do default	Após acordo
Tomadores de desenvolvimento											
Austrália	[1883]	1303	807	7,5	0,28[b]	7,0	0,28[b]	5,8%	5,9%*	0	2,8%*
Canadá	[1883]	1043	187	9,2	0,26[b]	5,1	0,21	7,2*	8,4*	−1,9*	7,4*
Argentina	1891	808	443	8,1	0,59	15,8	1,00	4,2	3,7	−15,3*	11,8*
	1898	395	197	3,1	0,21	4,2	0,38	−6,3*	8,3	3,9	6,3*
Brasil	1914	1985	740	8,7	0,59	3,2	0,30	−6,2		−2,8	
México	1914	2200	328	15,2	0,88	5,6	0,33	3,6*		2,0	
Tomadores de receita											
Rússia	[1913]	3869	2746	5,1	0,23	1,6	0,07	1,7		7,1*	
Turquia	1875	930	930	12,6	0,77	9,7	0,63	0,1[c]	3,3	6,4*	−0,2[d]
Egito	1876	412	373	6,5	0,62	7,3	0,65	0,7	−0,8	1,4	2,0
Peru	1876	176	159	7,4	0,55	6,6[e]	0,55	1,0	−2,7	9,0	4,0*
Grécia	1893	117	117	6,6	0,35	6,2	0,33	−5,7	−1,9	5,6[f]	2,0*[g]

a. Taxa média de crescimento anual calculada por tendência de cinco anos, por mínimos quadrados. Um asterisco indica estatística no nível de 10%.

b. Apenas pagamento de juros.

c. Variação percentual entre 1870 e 1875.

d. Variação percentual das receitas líquidas da Administração da Dívida Pública de 1882/3-1886/7 a 1887/8-1892/3.

e. Média das receitas de 1873-78; inclui receitas do guano.

f. Variação percentual da receita de impostos de 1887 a 1893.

g. A taxa de crescimento das receitas destinadas ao serviço da dívida é de 1,6% (não estatisticamente significativa).

Fontes. **Austrália**: *capital estrangeiro total e dívida pública externa é a soma correspondente ao período 1861-93, entre estimativas de investimento britânico total e de empréstimos governamentais em N. G. Butlin (1962), p.424; exportações e receitas em B. R. Mitchell (1983); e pagamentos de juros totais e correspondentes à dívida pública em Butlin (1962), p.414.* **Canadá**: *capital estrangeiro total, estimativa de 1900 em M. C. Urquhart (1965) série F 195 (a partir de Viner), menos o déficit acumulado da conta corrente de 1894 a 1900, estimado por Urquhart (1984), Tabela 4; a dívida pública externa corresponde à dívida federal de 1893 em Urquhart (1965), série G 60, ajustada para compensar ativos estrangeiros pelo emprego da razão de 1886 informada em Van Oss (1889), p.185; exportações e pagamentos totais de juros em Urquhart (1984), Tabela 4; receitas e serviço da dívida pública em Urquhart (1965), série G 21 e G 37, ajustados como acima.* **Argentina**: *capital estrangeiro total e dívida pública externa são estimativas do ministro das Finanças Hansen para 1891, citado em H. Peters (1934), p.34; exportações e receitas de Extracto Estatístico, 1915, p.3, 225; serviço da dívida, 1890, em A. G. Ford (1962), p.139 (acompanhando J. H. Williams, 1920). O serviço de dívida pública é estimado aplicando-se uma taxa de serviço de 0,07% ao serviço total da dívida.* **Brasil**: *para 1897, o capital estrangeiro total é a dívida pública como abaixo, mais uma estimativa de investimentos diretos e empréstimos do setor privado até 1895 em Marcelo de Paiva Abreu; dívida pública externa em Aníbal Villela e Wilson Suzigan (1975), p.437; exportações e receitas federais em IBGE (1939-40), Apêndice; serviço da dívida em Paiva Abreu. Aplica-se uma taxa de juros implícita à dívida privada para calcular o serviço total. Para 1914, capital estrangeiro total e dívida pública externa em Abreu; exportações, receita federal, estaduais e municipais e serviço da dívida como para 1897.* **México**: *dívida total em W. Woodruff (1967), p.154 (como na Tabela 2); dívida pública externa, 1913, em Edgar Turlington (1930), p.318. Esta estimativa datada dos anos 1920, inclui dívidas internas de posse estrangeira, bem como empréstimos garantidos. Excluem-se os empréstimos Huerta de 1944. As obrigações externas diretas correspondem a apenas metade dessa estimativa (cf. Turlington, p.3445). Exportações, receitas federais e taxa de câmbio do peso em anuário Estatístico, 1939, p.557, 665 e 700; serviço da dívida a partir da taxa média de juros de 5,8% incidente sobre obrigações externas. (Turlington, p.345), aplicada ao capital estrangeiro e às estimativas da dívida pública externa.* **Rússia**: *capital estrangeiro total em L. Pasvolsky e H. G. Moulton (1924), p.173, sem ajuste para reduções do pós-guerra; dívida pública externa (incluindo garantias), ibid.; exportações e receitas em B. R. Mitchell (1980); serviço de dívida em Pascolsky e Moulton, p.177, 189. Paul R. Gregory (1979) apresenta estimativas ligeiramente maiores para as receitas totais de investimentos e serviço da dívida pública, mas isso não alteraria muito as relações calculadas. Emprega-se Pasvolsky e Moulton, em nome da consistência com as estimativas da dívida total.* **Turquia**: *capital estrangeiro total em W. H. Wynne (1951), p.452, 453, capital de empréstimos contraídos entre 1854 e 1875; dívida pública externa como acima; renda e exportações em Van Oss (1889), p.620, 623, 624; exportações após 1878 em B. R. Mitchell (1982); receitas 1860-80 em R. Owen (1981), p.106, e p.193 para período posterior; o serviço da dívida corresponde a uma estimativa de 13,6 £T em Issawi (1966), p.103, corroborada por estimativa de Van Oss (1889), p.620. Egito: capital estrangeiro total e dívida pública externa é a dívida pública externa em Wynne (1951), p.584, mais o valor das ações do canal de Suez; exportações e receitas de B. R. Mitchell (1982); o serviço de dívida é estimado a partir de Wynne (1951), p.584. A razão em relação às exportações inclui as obrigações Daira; a razão em relação às receitas públicas as exclui, uma vez que seriam cobertas pelas propriedades do quediva. Peru: capital estrangeiro total e dívida pública externa em J. F. Rippy (1959), p.25. A estimativa para 1880 corresponde ao nível de 1896. Exportações, Van Oss (1889), p.542; empregaram-se as exportações para o reino Unido em 1875, ligeiramente maiores do que o total constante de B. R. Mitchell (1983), e que também aparecem em J. V. Levin (1960) a partir de fontes peruanas. Para o crescimento pré-default, empregou-se esta última série, e para o crescimento pós-acordo usou-se R.Thorp e G. Bertram (1978). Receitas em C. A. MacQueen (1926), p.36; serviço da dívida em McQueen (1926), p.87. Grécia: capital estrangeiro total da dívida pública externa em W. H. Wynne (1951), p.327; exportações e receitas em B. R. Mitchell (1980) e em J. A. Levandis (1944), p.73. serviço da dívida: Wynne (1951), p.303* desenvolvimento. Apesar disso, os pagamentos de serviço desses países não era correspondentemente mais elevados, devido às taxas de juros mais baixas e às amortizações menores que decorriam do individamento de prazo mais longo. Os grandes valores apresentados pelo Brasil e pelo México em 1914 são enganadores: eles pressupõem retornos equivalentes sobre papéis não-governamentais na forma de obrigações do governo, quando, na melhor das hipóteses, os pagamento privados teriam sido provavelmente parciais.

Para os tomadores de receita, a relação dívida pública/receitas tendia a ser mais alta (o valor argentino foi uma anomalia associada a receitas muito baixas em 1891, que provocaram inadimplência). Correspondentemente, as obrigações de serviço que recaíam sobre as receitas públicas eram até maiores, por causa dos custos dos juros, que eram altos mesmo quando incidentes sobre os valores nominais da dívida.

Os tomadores de desenvolvimento se distinguiam ainda por suas altas taxas de crescimento de exportações e de receitas, bem como por sua maior variância. Era este último aspecto que lhes trazia dificuldades, provocando a incapacidade de pagamento. Depois que se atingia um acordo sobre a dívida, o problema terminava e eles voltavam às boas graças da comunidade financeira. Já os tomadores de receitas tinham desempenho de exportação indiferente tanto antes quanto depois do *default*; suas economias não eram integradas significativamente à economia mundial. E as receitas não cresciam apreciavelmente depois de intervenções, como se viu na Turquia, Egito e Grécia. Os credores precisavam simplesmente se conformar com menos, por causa da insolvência dos tomadores; os pagamentos eram reduzidos, para se conformarem à capacidade de pagamento dos devedores.

Assim, a história típica de inadimplência de desenvolvimento retratada na Tabela 3 eram taxas de crescimento de exportação que, imediatamente antes do *default*, se mostravam variáveis e inferiores. Ao mesmo tempo, a velocidade dos investimentos estrangeiros se reduzia. O problema do balanço de pagamentos se traduzia em um problema de finanças públicas e, com o tempo, em inadimplência governamental. Depois que um acordo proporcionava alívio temporário, havia uma recuperação das exportações, do crescimento e das receitas públicas, o investimento era retomado e os credores terminavam por aceitar razões capital/exportações até mais altas.

O *default* de receita típico da Tabela 3 era provocado pela redução da velocidade das entradas de capital, que deixava de obscurecer a insolvência subjacente a taxas de juros — e, conseqüentemente, crescimento iner-cial da dívida — mais elevadas do que as exportações ou do que o cresci-mento da receita. Mesmo quando havia forte crescimento da receita, isso decorria de recursos excepcionais — guano — ou novos impostos, circuns-tâncias cuja continuidade não podia ser projetada para o futuro. Sem expectativas de recuperação, a redução do serviço da dívida passava a exi-gir soluções radicais. Como, já de início, a dívida havia sido vendida com desconto substancial, havia pronta disponibilidade de um certo expedien-te: a dívida nominal podia ser reduzida em troca de vinculação direta e de recolhimento de receitas adequado para render recursos reduzidos, porém, potencialmente crescentes.

Havia países não inadimplentes em ambas categorias: Austrália e Canadá entre os tomadores de desenvolvimento, a Rússia entre os tomado-res de receita. As datas putativas de *default*, que correspondem a uma redu-ção da velocidade do investimento estrangeiro, são usadas para calcular valores comparáveis. A partir da comparação, é claro que os não inadim-plentes se encontravam em posição melhor. Suas exigências de serviço eram consideravelmente menores, no que contribuíam taxas de juros rela-tivamente mais baixas do que as pagas por outros países da mesma catego-ria. A taxa efetiva incidente sobre o capital estrangeiro investido no Canadá implícita na Tabela 3 era de menos de 3%, apenas ligeiramente superior à da Austrália. Para a Rússia, era de 4,5%. Além disso, nos caso da Austrália e do Canadá, havia forte crescimento das exportações, enquanto na Rússia as receitas subiam; portanto, esses países conseguiam manter uma acesso mais satisfatório ao mercado de capitais do que os países inadimplentes.

Devido ao crescimento contínuo de suas exportações, o Canadá foi poupado de todo o efeito resultante da escassez cíclica de moeda estran-geira; com a Austrália, isso não aconteceu. Entre 1890 e 1895, o produto real australiano recuou a uma taxa anual de 2,7%. A Austrália cumpriu com suas obrigações comprimindo as importações e permanecendo no padrão ouro. A Argentina, com sua moeda inconversível, buscou evitar parcialmente o caminho da deflação mantendo a demanda interna e redu-zindo a carga de serviço da dívida.

Quando, em 1898, o Brasil finalmente se tornou inadimplente, foi forçado a aceitar uma receita deflacionária ministrada por seus banqueiros e, assim, teve também de restringir o crescimento da renda.

Cabem ainda breve comentários sobre o caso russo, pois se acostuma afirmar que simbolizaria a mistura de política e finanças características do mercado de capitais do ante-guerra. Conforme expresso por Féis: "Tal movimento de capitais foi influenciado e guiado não apenas pelo cálculo pecuniário, por planos econômicos, mas pelo impulso dos arranjos políticos. Nenhum movimento de capital foi mais importante para moldagem do destino do continente".[239] De fato, não há como negar o conteúdo político das decisões relativas à colocação dos papéis russos em Berlim ou Paris, nem quanto ao emprego de tais aportes de capital em despesas militares. Contudo, não se deve permitir que dois pontos sejam obscurecidos. Um é que, diferentemente dos casos que terminaram em *default* de receita, esses empréstimos foram conduzidos em termos favoráveis de mercado, tanto para o tomador quanto para os emprestadores. Os lucros eram bastante grandes em comparação com as rentes francesas para proporcionar uma atração positiva aos investidores privados, sem carregar os fisco russo com uma carga impossível de levar. Ainda que os títulos não estivessem listados em bolsa, os banqueiros alemães podiam participar, e participaram, em resposta a taxas diferenciais de juros. Por outro lado, o serviço da dívida externa russa na véspera da guerra não absorvia muito mais do que 10% das receitas, ou 20% das exportações.

O segundo ponto a lembrar é que o fato de os fluxos de capital serem canalizados a partir de determinados países, visando claramente a vantagens políticas, não implica necessariamente que lhes faltassem base econômica. Era possível captar capitais na França não apenas devido ao calor das relações franco-russas como, também, por causa da óbvia melhoria dos fundamentos econômicos russos. Apesar da perspectiva de Féis de que "o poder arrecadador do governo permaneceu pequeno e prejudicado", as receitas russas se expandiam a uma taxa favorável, como revelado pela Tabela 3.[240] As exportações também cresciam, em parte por causa da elevação de preços, mas também porque uma grande rede ferroviária começava a facilitar as vendas para o estrangeiro.

Sem argumentar que a Rússia fosse o paraíso dos investidores — e a decisão soviética subseqüente de deixar de pagar mostrou que o risco tinha sido muito subestimado —, pode-se diferenciar suas atratividade dos casos de *default* de receita. Aqui me limito a comentar os arranjos de refinanciamento para quatro inadimplentes: Argentina, Brasil, Turquia e Peru. Os arranjos lançam uma luz adicional sobre as características institucionais do mercado de capitais pré-1914.

---

239. Ibid., p.211-2.
240. Ibid., p.211.

Argentina, Brasil, Turquia e Peru

É bem conhecida a história da Crise do Baring de 1890, precipitada pela superexposição do banco de investimento em títulos argentinos. O ministro do erário[241] e o Banco da Inglaterra intervieram rapidamente e evitaram um grande colapso financeiro, ao garantirem o passivo do Baring e a reorganização ordeira da firma. A disponibilidade do Banco da Inglaterra de funcionar como credor de última instância não evitou a redução do ardor pelos investimentos externos, que se espraiou rapidamente pelo mercado de capitais. Não apenas os títulos argentinos se moveram imediatamente na direção de descontos significativos, como o mesmo ocorreu com papéis de outros países periféricos. Como observou S. F. Van Oss, entretanto, os preços dos papéis europeus se moveram na direção oposta, equilibrando parcialmente os fluxos de investimento externo.[242] Note-se que a Grécia só se tornou inadimplente em 1893, e isso porque um novo governo rejeitou um empréstimo-ponte já acertado.

Do lado argentino, a seriedade da situação já era aparente antes da crise de novembro de 1890. Os lucros líquidos das ferrovias haviam atingido um pico em 1888 e, ao longo de 1889, o prêmio do ouro sobre o peso subira 94%, apesar das entradas recordes de capital ocorridas naquele ano. As importações se elevaram a novos picos, em reação não apenas ao investimento real como, também, à expansão das receitas monetárias internas. As obrigações do serviço da dívida externa representavam 50% das receitas de exportação. Ao longo de 1889, novos empréstimos estavam sendo contraídos no mercado de Londres, a uma taxa muito reduzida em relação a 1888. Em meados de 1890, foi necessário suspender o pagamento de juros. Em agosto, o aumento da pressão interna chegou a provocar a renúncia do presidente e uma tentativa de implementar políticas fiscais e monetárias mais restritas. Mas a crise do Baring interveio.[243]

Quando a crise estourou, trouxe consigo uma nova urgência quanto à necessidade de uma solução para os problemas econômicos da Argentina. O estratagema de garantir a liquidação do Baring Brothers exigiu a restauração do crédito argentino e a possibilidade de comercializar o *portfolio*

---

241. A autoridade monetária britânica. (N.T.)

242. S. F. Van Oss (1895), p.76: "A febre alternada por títulos sul-americanos e europeus e suas conseqüências sobre as cotações foi um dos fenômenos mais interessantes ocorridos nos mercados acionários nos últimos anos".

243. Esta discussão do *default* argentino se baseia em A. G. Ford (1962) e em H. S. Ferns (1960), especialmente o capítulo 14.

de papéis desse país em poder do Baring. Um comitê internacional de banqueiros encabeçado por Lorde Rothschild, tinha sido formado para buscar a retomada dos pagamentos de juros sobre os títulos governamentais. Eles partiram de três alternativas: insistência em reformas internas imediatas, um ajuste associado a um pequeno empréstimo para manter a solvência e um empréstimo mais liberal, de consolidação da dívida. Dominado por banqueiros ingleses, o comitê optou por este último caminho, justificando-o com o argumento de que a inadimplência era de desenvolvimento. No entanto, o Economist especulou que a preocupação dos banqueiros era fortalecer os preços de mercado para a venda de papéis argentinos "micados".[244] Caso tenha sido essa a motivação, ela não teve sucesso; os preços dos títulos continuaram a cair após o acordo de março de 1891. E a economia Argentina também não deu sinais de melhora.

O primeiro empréstimo falhou por duas razões. Uma foi que a política econômica interna Argentina prosseguiu sem ajuste e se intrometeram incertezas no plano político-institucional. Os proprietários rurais tinham favorecido um ambiente inflacionário, pois suas dívidas, fixas, em pesos nominais, tinham diminuído com a elevação dos preços internos; eles também tinham potencial de ganhos cambiais diretos. Em meio a um declínio real da produção, era difícil reverter a estratégia, especialmente com uma eleição a ser realizada em abril de 1892.

A segunda razão era uma transferência inadequada de recursos. Embora o empréstimo de £15 milhões tenha sido considerado generoso, sua função era exclusivamente cobrir, no todo, os pagamento de juros que venceriam no decorrer dos três anos subseqüentes. Proporcionou alívio à custa de um endividamento ainda maior, mas era insuficiente para restabelecer os fluxos privados e ajudar na recuperação. Os cupons também poderiam ser usados para pagar tarifas alfandegárias arrecadáveis em ouro e, nessa medida, reduziram as receitas governamentais. Portanto, e apesar da moratória sobre transferências de juros públicos, o arranjo não era tão liberal quanto parecia. Ferrovias privadas continuaram a remeter pagamentos, embora às vezes reduzidos. As importações tiveram de ser compridas para equilibrar a balança comercial, o que ajuda a explicar a reação adversa com que o acordo Rothschild foi recebido na Argentina e os sentimentos antiingleses que desencadeou.

Subjacente a ambas razões estava o fato de que o ciclo de desenvolvimento não tinha se completado. Para que pudesse contribuir para uma

---

244. *Economist*, 7 de março de 1891, p.301-2.

recuperação mais precoce, a intervenção precisaria ter sido muito mais substancial. De fato, os dados sobre as receitas das estradas de ferro sugerem uma queda menos severa e menos prolongada do que a experimentada por outras economias periféricas na década de 1890, em parte porque os salários reais foram ajustados para baixo e em parte pelo aumento da lucratividade da produção doméstica e das exportações.

Atingiu-se um novo acordo em julho de 1893, antecipando-se à necessidade de retomar os pagamentos de juros no ano seguinte. Por insistência dos argentinos, o Arreglo Romero substituiu o aumento de endividamento e os pagamentos cheios da fórmula anterior por um período fixo de redução do serviço da dívida. Durante cinco anos, os pagamentos de juros seriam reduzidos até a média de 30%, e a amortização seria suspensa até o início de 1901. Sob os auspícios desse acordo, a dívida não paga foi consolidada e as garantias ferroviárias descontinuadas gradualmente. Apesar de uma recepção inicialmente fria em Londres e Bueno Aires, o acordo vingou.

H. S. Ferns atribuiu o sucesso do Arreglo ao "modo como dirigiu os superávits crescentes do governo argentino para os canais de investimento. O defeito supremo do acordo Rothschild tinha sido a oportunidade que apresentou ao governo de gastar receitas em necessidades correntes, pelo simples motivo de que o serviço de dívida estava sendo cuidado pelo empréstimo".[245] Ora, isso corresponde a confundir a causalidade. Os fluxos de retorno para a Grã-Bretanha não criaram base para a melhoria da economia Argentina, nem a causa era a diciplina fiscal. Ao contrário, foi a grande aceleração subseqüente do desempenho das exportações que calçou ambos, algo que a Tabela 3 não reflete por completo devido a seus cálculos se basearem em períodos de cinco anos. Em 1889, depois que se retomaram os pagamentos totais de juros, o serviço da dívida correspondia a uma proporção menor das exportações em relação ao patamar que ocupavam quando da suspensão parcial. Muito provavelmente, o Arreglo Romero não funcionaria em 1891.

Tal julgamento é corroborado pelo fato de que os *Funding Loans*, como ficaram conhecidos, empréstimos de consolidação de dívida brasileiras de 1898 e 1914, terem sido do mesmo gênero do acordo original do Comitê Rothschild. Isso talvez não deva causar surpresa, de vez que os bancos de investimentos que serviam ao Brasil eram os próprios Rothschild. Apesar

---

245. Ferns (1960), p.473.

disso, também sugere que havia uma compreensão mais profunda do investimento estrangeiro na periferia do que a estreita motivação que às vezes se atribui à política para a Argentina (aliviar a liquidação do Baring). Como acontecera em 1891, assim foi em 1898 e em 1914: os acordos brasileiros especificavam que, durante três anos, haveria pagamento completo de juros sobre títulos a serem emitidos com essa finalidade. A amortização, que começara a falhar em meados de 1890 e, de novo, em 1911-13, e que, portanto, constituía uma fonte importante de pressão, seria suspensa em cada caso durante treze anos. Em outras palavras, a fórmula foi projetada para aliviar uma crise de liquidez. Em 1898, o principal problema era um declínio de 64% nos preços do café em relação aos cinco anos anteriores, em especial os dois últimos. Em 1914, foi uma queda de preços de 38% em dois anos, reduzindo as receitas de exportação, que já tinham sido afetadas de modo adverso com o fim do *boom* da borracha.[246]

As contas do governo eram diretamente afetadas, devido à íntima associação entre a receita e os rendas do comércio exterior. Além disso, a moeda inconversível vigorante no período anterior fizera com que o prêmio sobre a moeda estrangeira aumentasse com os problemas de balanço de pagamentos, chegando a ultrapassar um valor de equilíbrio e tornando mais caros os pagamentos de juros e amortizações. No último período, a elevação do prêmio conduziu à perda progressiva de ouro da conta de conversão, forçando um retorno à inconversibilidade.

O segundo empréstimo de consolidação da dívida consiste num exemplo mais puro do que o primeiro na administração da inadimplência de desenvolvimento provocada externamente. O empréstimo se seguiu a um período de política-econômica interna ortodoxa, no qual a taxa de inflação foi mínima e a taxa de câmbio permaneceu estável. Assim, o *default* não foi contaminado pelas políticas internas expansionistas dos anos 1890, quando a proclamação da República desencadeou uma onda estimulativa na oferta monetária que contribuiu, no setor industrial, para uma primeira década de significativa substituição de importações. O segundo *default* se deu também num momento em que o fardo das obrigações em relação às receitas de exportação era considerado mais alto do que nos anos 1890. O Brasil era um importante receptor de capital na onda final dos investimentos estrangeiros antes da I Guerra Mundial. Além disso, o segundo *default* se deu de forma mais súbita. Na década de 1890, para cumprir com

---

246. Dados comerciais obtidos do IBGE (1939-40), apêndice, p.1359ss.

suas obrigações externas, o governo tinha recorrido a empréstimos de curto prazo junto a filiais de bancos estrangeiros. O *Funding Loan* de 1898 só aconteceu quando o expediente fracassou e aumentava a pressão dos bancos por um plano de mais longo alcance.

Por fim, e como resultado dessas diferenças, o segundo empréstimo se caracterizou por menos condicionalidades do que o primeiro. Em 1898, o problema tinha sido definido muito mais em termos do fracasso da política interna. Em conseqüência, não só se tornara necessário empenhar as receitas alfandegárias inteiras do país e aceitar uma moratória na emissão de dívida nova, interna ou externa, englobando até mesmo garantias governamentais, como o governo foi compelido a retirar de circulação papel-moeda em montante igual ao valor de £10 milhões correspondente ao empréstimo. Embora seja hiperbólico afirmar que "os bancos estrangeiros praticamente exigiram o *controle da economia do país*", é claro que o elemento de intervenção era maior do que no caso da Argentina.[247] Esse tipo de empréstimo não era "apenas financiamento, sem ajuste".

Mas, sob esse ponto de vista, o contraste com a inadimplência de receita permanece considerável. Neste último caso, a intervenção oficial direta era a regra, não apenas no momento do *default* mas às vezes muito antes; e, com freqüência, as considerações políticas predominavam. O caso clássico é o da Turquia. O primeiro empréstimo estrangeiro contraído foi emitido em Londres no ano da guerra da Criméia, com encorajamento do governo britânico, que era então aliado da Turquia. A aprovação implícita tinha valor: a primeira tentativa de lançar os títulos, ainda sem tal chancela, tinha sido retirada, mas na segunda o montante teve de ser ampliado para 80% e com uma taxa de 4%. No ano seguinte, juntamente com a França, Grã-Bretanha garantiu explicitamente outra emissão, que se elevou acima da cotação com um taxa de juros de 4%. Uma condição do empréstimo era que comissários acompanhariam a utilização dos recursos. A intenção ainda era mais ampla, englobar "a introdução de uma agência estrangeira saudável nas operações financeiras da Porte".[248,249]

---

247. Aníbal Villela e Wilson Suzigan (1975), p.318. Grifo do original.

248. Esta discussão sobre a Turquia acompanha W. H. Wynne (1951), p.393-528. A citação é de um despacho do embaixador britânico em Constantinopla, p.396, n.13.

249. "Porte", ou "Sublime Porte", ("porta sublime", em francês) era como se designava o governo otomano. Trata-se de tradução do turco Bâbâli, "Portal das Eminências", nome oficial do portão que dava acesso aos edifícios que abrigavam os principais órgãos do governo. (N.T.)

O crescimento subseqüentemente rápido da dívida turca se deveu a um déficit contínuo nas contas públicas, coberto de início por um empréstimo-ponte concedido pelos banqueiros de Gálata, depois financiado por uma emissão externa, a qual foi com o tempo ampliada para permitir o pagamento de seus próprios juros. Os empréstimos foram recebidos por um público cético, e só puderam ser vendidos com grandes descontos. O último da série, em 1874, conseguiu um preço de apenas 43,5, uma taxa de juros de 5% e uma garantia de que, "afinal, as finanças do grande e rico império turco serão administradas por homens de negócios ingleses de primeira linha [...]".[250]

Em 1874, a Porte reduziu unilateralmente pela metade os pagamentos de juros e amortizações, trocando os demais por novos certificados de 5%. Dois anos depois, após insurreição e guerra, o governo turco não conseguiu suportar sequer essa carga reduzida. A inadimplência era inevitável desde o início. De uma emissão nominal total de £217 milhões, o Tesouro turco só conseguiu realizar £107 milhões; com isso, a taxa real de juros ultrapassou 11%, bem além da capacidade de receita do império turco, mesmo sem contar as despesas extraordinárias implicadas pelas exigências militares.

Um acordo teve de esperar pelo Congresso de Berlim de 1878, não tendo sido concluído senão em 1881. O acordo envolveu uma redução drástica da dívida vencida para £106 milhões, incluindo-se a capitalização dos juros atrasados. A taxa de juros mínima deveria ser de 1%; excedentes eventualmente conseguidos ficariam comprometidos em quatro quintos com o pagamento de juros e em um quinto para amortização. Os detentores dos títulos tiveram de aceitar o resultado como "o melhor que a condição turca admite. Embora o montante das rendas seja comparativamente pequeno, a segurança de seu recebimento repousa sobre a base sólida e substancial de uma administração efetiva, com caráter internacional e independente [...]".[251] Como se demonstraria, a renda líquida média anual para os detentores dos títulos permaneceria virtualmente estacionária durante os vinte anos seguintes, não rendendo mais do que o mínimo estipulado. Só depois disso houve uma elevação modesta.

---

250. Wynne (1951), p.411, citando comentários do Money Market Review sobre a ampliação das responsabilidades do Banco Imperial Otomano. Trata-se, meramente, mais uma da série de declarações equivocadas sobre o potencial da Turquia e da administração estrangeira que permeavam os folhetos de venda de títulos.

251. Ibid., p.450, citando Robert Bourke, delegado britânico indicado pelo Council of Foreign Bondholders às negociações que conduziram ao acordo.

Muito antes disso, a Grã-Bretanha tinha perdido seu interesse financeiro. O mercado de Paris absorveu a maior parte dos novos empréstimos emitidos após 1891 e Alemanha se tornou mais ativa na primeira década do século XX. Os dois governos não eram apenas rivais; eles também cooperavam no levantamento de fluxos de capitais para financiar "estradas de ferro e outros empreendimentos e, além disso, ajudaram a Porte a prosseguir com despesas excessivas e esbanjadoras".[252] Para os detentores iniciais dos títulos, este último fator era ao menos familiar, e pelo qual alguns, mas de forma alguma todos, tinham pago um preço.

O caso peruano difere do modelo de inadimplência da receita turco, egípcio e grego pelo fato de não incluir qualquer presença oficial significativa. Apesar disso, compartilha com o grupo a maioria de suas demais características: empréstimos para pagamento por contas públicas e não privada; aplicação apenas limitada dos recursos em patrimônio real de infra-estrutura; imediatamente antes do *default*, uma estagnação das receitas governamentais não decorrentes do guano, as quais, de todo modo, decaíam; negociações demoradas como prelúdio para um acordo; e um abatimento significativo das obrigações externas. Mesmo considerando que a intervenção externa esteve ausente, o caso peruano, com a recorrência do empenho exclusivo das receitas do guano em nome de interesses estrangeiros, certamente sofreu a influência externa num nível muito acima do que era característico ao investimento periférico. Mesmo W. M. Mathew, defensor da política comercial e financeira britânica para a América Latina no século XIX, ao se ocupar do monopólio da Gibbs & Sons se vê forçado a admitir que "representava as finanças metropolitanas, e acenava para o sistema de governo fraco, inseguro e inadequadamente financiado de Lima com tentações irresistíveis para afundar cada vez mais num endividamento caro e debilitador. Eles não empurravam dinheiro para os peruanos, mas é claro que raramente o negavam".[253]

O Segundo *default* peruano — o primeiro, que datou da guerra da independência, fora acertado em 1849, depois que a descoberta do guano tornara possível o reingresso no mercado de capitais — ocorreu bem depois da saída da Gibbs & Spons, em 1861. Com sua saída, outra concessionária, a Dreyfus Brothers, recebeu direitos comparáveis, incluindo o pagamento do serviço da dívida mediante a receita das exportações de guano. A dívida se expandiu rapidamente, como resultado de duas gran-

---

252. Ibid., p.478.
253. W. M. Mathew, capítulo 9 de D. C. M. Platt (1977), p.370.

des emissões no início da década de 1870, a segunda das quais, em 1872, não encontrou mercado mas foi assumida com um desconto significativo pela Dreyfus e por outras firmas associadas a ela. Como resultado, em 1873 o Peru se viu com uma dívida nominal de £35 milhões e obrigações anuais de serviço de £12,6 milhões, o que representava uma taxa de 10% sobre as receitas reais. Depois de um esforço frustrado por parte da Dreyfus de cancelar as remessas de juros naquele ano, assinou-se um novo contrato, estendendo a cobertura ao longo de 1875. Àquela altura, contudo, buscou-se outra concessionária, mas não se ratificou nenhum contrato porque o governo peruano recebeu um adiantamento inadequado. A suspensão dos pagamentos da dívida começou com os cupons que venciam em 1º de janeiro de 1876.[254]

A história subseqüente é repleta de novas concessões, ações legais nas corte britânicas, francesas e belgas, a guerra entre o Peru e o Chile, a perda da província de Tarapaca e de seus depósitos de guano e representações fúteis por parte de governos europeus. O Peru rejeitou a intervenção diplomática com base no argumento de que a dívida tinha sido contraída por entidades privadas e, portanto, não tinha caráter internacional. A Grã-Bretanha se recusou a aceitar as condições de um acordo proposto entre o Chile e os detentores de títulos, o que ao menos levou estes últimos a acreditar que "agora não há nada melhor a fazer do que deixar todo o caso [...] nas mãos do governo de sua Majestade".[255] Na verdade, a recusa de registro em bolsa de uma emissão chilena em 1888 mostrou ser mais eficaz como tática.

Dessas complicações emergiu um acordo entre os dois países. Sob o contrato Grace de 1889, o Peru trocou sua dívida pela criação da Peruvian Corporation. Essa companhia privada recebeu a cessão das ferrovias estatais por um período de 66 anos, deteve o direito de exploração dos depósitos de guano até um máximo de dois milhões de toneladas, teve garantido um subsídio das receitas alfandegárias e recebeu terras na extensão de dois milhões de hectares. Na década de 1890, o Chile chegou a um acordo com os detentores de títulos sobre os direitos decorrentes da cessão de

---

254. W. H. Wynne (1951), p.190-5, traça a história complexa dos *defaults* e negociações da dívida externa peruana.

255. Ibid., p.153, n.64, cita a reação de Sir Henry Tyler, do Peruvian Bondholders'Committee, ao comunicado do Foreign Office dirigido ao Chile. Com isso a Grã-Bretanha rejeitava assumir um papel oficial na subscrição de um acordo privado que se propunha, enquanto, ao mesmo tempo, oferecia e solicitada uma reabertura de negociações que não pareciam favoráveis aos detentores britânicos de papéis da dívida.

Tarapaca. Ainda assim, o conjunto de reivindicações era tão complexo, e a insistência francesa de que seus credores nacionais recebessem tratamento igual tão intensa, que a conclusão final teve de esperar pela arbitragem de Haia, o que só veio a ocorrer em 1921.

À guisa de avaliação final, talvez seja verdade que "sob o ponto de vista peruano, o acordo [...] foi bom. Permitiu-se ao país eliminar a sua dívida externa e, com o tempo, recuperar seu crédito, com baixo custo direto para o Tesouro".[256] Os acionistas da Peruvian Corporation não auferiram grandes vantagens. Os dividendos das ações preferenciais ficaram em apenas 0,25%, a começar apenas de 1900, e mantiveram uma média de menos de 1,2% até a I Guerra Mundial; as ações ordinárias não pagaram nada. Os possuidores de debêntures não tiveram sorte muito melhor, pois de 1896 a 1903 a Peruvian Corporation pagou menos do que 6% estipulados.

Contudo, a partir da perspectiva peruana, isso constituiu outra fase numa longa história de dominação estrangeira. A Corporation era totalmente impopular e desproporcionalmente poderosa. Era o vínculo exclusivo com os mercados de capitais externos e, assim, exercia uma influência considerável, para além de suas atribuições imediatas. E não relutava em fazê-lo: "Os diretores e a administração da Peruvian Corporation intervieram ativamente no mercado contra o Peru. Em 1896, a Corporation conseguiu impedir que um consórcio francês concedesse um empréstimo ao governo peruano".[257] Se não havia intervenção e ocupação internacional aberta, decerto existia uma presença estrangeira poderosa, não completamente identificada com as aspirações de desenvolvimento peruanas ou comprometida exclusivamente em colocar os negócios em ordem.

Em parte, a intervenção em nome dos detentores da dívida não ocorreu porque o Peru não era pertinente às preocupações políticas européias. Nos anos 1890, informou-se no *Fenn's Compendium* que "está em estudos um esquema pelo qual se emitiria um novo empréstimo de £2 milhões para o Estado peruano, garantido por uma hipoteca sobre todas as receitas da república que não estejam ainda empenhadas, receitas essas que serão administradas por uma Comissão Internacional, mais ou menos na linha do modelo egípcio".[258] No entanto, o Peru era por demais desimportante para tal arranjo ser consumado.

---

256. Ibid., p.179.
257. Rory Miller, capítulo 10 de D. C. M. Platt (1977), p.384.
258. S. F. Van Oss (1898), p.427.

Resumo

O grande fluxo de capitais entre 1870 e 1914 ocorreu no âmbito de um sistema econômico e político maior. A Grã-Bretanha ocupava o centro desse sistema. Sua prosperidade era vista como ligada ao desempenho da economia internacional, o que conferiu aos papéis europeus uma posição proeminente na bolsa de Londres, concorrendo por uma parcela considerável da poupança britânica (que era grande o bastante para reciclar grandes e crescentes influxos de renda). Sua prosperidade significou também um mercado livre para receber importações do resto do mundo. Os importadores de capital tiveram de ampliar as suas exportações, o que terminou por constituir o único modo de pagar juros e principal de seus empréstimos. Os fluxos financeiros e reais andavam juntos.

Por outro lado, os receptores de capital precisavam aplicá-los com eficiência. Tanto melhor se, no processo, eles comprassem bens de capital britânico, como tantos fizeram — com isso eles fechavam o circuito e reforçavam o interrelacionamento entre comércio e finanças. A migração proporcionava outro vínculo direto, que aumentava a capacidade produtiva dos importadores de capital. Em última instância, o teste de mercado seria um crescimento das exportações primárias grande o suficiente para satisfazer a carga do serviço da dívida.

O proeminência política e econômica da Grã-Bretanha assegurava que os contratos de empréstimos fossem cumpridos. Os países periféricos tinham incentivos poderosos para permanecer dentro de uma economia mundial em expansão veloz. O repúdio de uma dívida tornaria impossível recorrer ao mercado de capitais de Londres para levantar fundos, motivo pelo qual era raro que a inadimplência inicial persistisse. O investimento e as importações era essenciais para o crescimento. A confiança dos investidores britânicos no poder de sua negativa em proporcionar capitais novos tornava o custo aos tomadores mais baixo do que poderia ter sido. A intervenção aberta era largamente desnecessária. Era reservada para o subconjunto de casos em que as motivações políticas predominassem, constituindo menos uma causa do que um pretexto. A intervenção foi recusada por motivos exclusivamente econômicos numa quantidade demasiada de ocasiões para se poder sustentar o contrário.

Quando ocorria a inadimplência de desenvolvimento — e as longas oscilações na atividade econômica e financeira que definiam o ritmo do ciclo do ante-guerra garantiam que isso aconteceria —, o ajuste se tornava necessário. O mercado de capitais era um inspetor exigente, mas não inflexível. A ajuda podia ser concedida, mas também era necessária uma acomodação interna. Se a Argentina escapou de parte do fardo, mas de modo algum de todo ele, isso em alguma medida ocorreu por causa da importância da crise Baring para a economia e o mercado financeiro britânico. Por outro lado, a Austrália nunca se tornou inadimplente, mas experimentou um retardamento severo de seu crescimento.

Os *defaults* de receita eram uma questão mais específica, relativa aos hábitos perdulários dos governos tomadores e às prioridades políticas, do que genérica à economia internacional. O problema desse tipo de inadimplência diminuiu nos anos 1890 em comparação com a década de 1870, à medida que os empréstimos para o desenvolvimento tiveram sua importância aumentada. Além disso, como a França e a Alemanha se tornaram fontes de financiamento, e como esses países eram menos sujeitos a oscilações cíclicas do investimento, era menos provável que a insolvência do setor público fosse ativada por reduções dos fluxos de capital. Quando elas aconteciam, evocavam respostas mais fortes. Não se podia depender da recuperação econômica para proporcionar uma cura e, mesmo quando não ocorria intervenção direta, como no caso do Peru, exercitava-se um controle estrangeiro muito maior.

A França e a Alemanha estavam a margem desse mercado de capitais do final do século XIX, que era centrado em Londres. O investimento de capital desses países, menor e orientado para governos europeus, tinham inevitavelmente maior conteúdo político. Sem contar com o domínio das exportações gozado pela Grã-Bretanha, ao menos até a década de 1890, eles tinham menos incentivo para lançar suas redes mais amplamente. À medida que o país cresceu, o investimento externo da Alemanha recuou em relação ao investimento interno; a Alemanha também se dirigiu para a América Latina e outros lugares em que o potencial de penetração comercial fornecesse uma ligação com as finanças.

Contudo, mesmo com o crescimento sem precedentes experimentado pelos fluxos de capital durante a primeira década do século XX, o sistema liberal em que floresceram se encontrava sob ataque. A proeminência britânica estava sendo desafiada economicamente e o equilíbrio de forças no continente estava se alterando. A guerra e o desarranjo por ela criado aceleravam a transição para uma economia internacional muito diferente, na qual os fluxos de capital seriam de outro tipo.

3. Os mercados de capitais entre as duas guerras mundiais

Mudança dos padrões de concessão e obtenção de empréstimos

O período do pós-guerra viu os Estados Unidos emergirem não apenas como um país credor líquido mas, ainda, como principal fonte de novos fluxos internacionais de capital. Essa transição se deu como resultado do *status* de neutralidade dos EUA no início da guerra e do aumento de suas exportações para os países europeus beligerantes, pagas pela venda de papéis norte-americanos em Nova York. A redução das obrigações foi suficientemente grande para que, pela primeira vez, o investimento privado norte-americano no Canadá e na América Latina apresentasse um balanço líquido positivo.

Mas havia outro componente oficial, de maior relevância, que contribuiu para a transformação dos Estados Unidos em credor após a guerra, e que pesaria no ajuste econômico internacional nos anos 1920. As despesas relacionadas com a guerra produziram dívidas interaliadas que, no Armistício, atingiam mais de US$ 16 bilhões; a isso se adicionaram créditos subseqüentes norte-americanos de US$ 1,5 bilhão. Desse total, os Estados Unidos eram credores líquidos de cerca de US$ 9 bilhões, e a Grã-Bretanha de cerca de US$ 3,3 bilhões; todos os demais países europeus, inclusive a França, eram devedores. Além disso, a posição de crédito britânica incluía US$ 2,5 bilhões em empréstimos para a Rússia, os quais foram substancialmente eliminados.[259] Portanto, na prática, as dívidas de guerra se reduziam a créditos exclusivamente norte-americanos.

A contrapartida inevitável foram reivindicações de indenizações contra a Alemanha. Se era para os aliados pagarem as suas próprias dívidas, e os Estados Unidos insistiram firmemente quanto a isso, então eles precisariam de créditos para cumprir com suas obrigações. Não foi por acidente que, logo após a guerra, britânicos e franceses tivessem proposto um tratamento coletivo não só do tema da dívida como, também, uma ligação direta com as indenizações que se encontravam em discussão. Em 1920, Lloyd George escreveu a Woodrow Wilson para argumentar em favor das vantagem de um "arranjo eqüitativo para a redução ou cancelamento das obrigações interaliadas, de uma forma que se aplicasse a todos". A respos-

---

259. Moulton e Pasvolsky (1932), p.426, 428.

ta de Wilson reiterou a oposição norte-americana a uma tal ligação, tornando claro "que não se pode consentir em conectar a questão das indenizações com a das dívidas intergovernamentais".[260]

Foi esse o tratamento dado ao assunto. A Grã-Bretanha acabou por ceder às pressões norte-americanas em 1922, e negociou uma consolidação de sua dívida de guerra a taxas de juros mais favoráveis do que as propostas originalmente; seguiram-se outros países, enquanto a França só o fez em 1926. A partir da perspectiva norte-americana, os devedores aliados tinham sido tratados mais do que razoavelmente. Com períodos de amortização longos (62 anos) e taxas de juros de 3,5% (e ainda menos num período inicial, conforme o devedor), o acordo continha um elemento de concessão. Mas isso não evitou que os países europeus enfrentassem uma necessidade contínua de enviar significativos pagamentos de juros e principal aos Estados Unidos; isso não apenas os tornou ansiosos em obter renda compensatória da Alemanha como, também, em conseguir superávits de exportação para realizar a transferência.

Havia uma ligação inevitável entre a dívida de guerra e as indenizações; do mesmo modo, a questão das indenizações ligava-se a da restauração do crédito privado. Enquanto os arranjos financeiros europeus permaneceram confusos, o investimento estrangeiro originado nos estados Unidos permaneceu limitado. Os títulos estrangeiros só começaram a atrair a atenção nos Estados Unidos após a aceitação do Plano Dawes, em 1924, que fixou o que se imaginavam ser obrigações alemãs mais razoáveis e contribuiu para a estabilidade interna daquele país após a hiperinflação precedente.

Essa conexão é exibida claramente na Tabela 4, que apresenta o fluxo anual de novas emissões em Nova York e em Londres entre 1920 e 1931. A partir de 1924, o mercado de capitais norte-americano se mostrou muito mais ativo e, claramente, suplantou a Grã-Bretanha em emissões novas. Mas Nova York também era mais volátil, afastando-se do financiamento internacional depois de 1928. O padrão britânico era mais uniforme e, sempre, constrangido pela atenção a um balanço de pagamentos debilitado, para o qual contribuía a decisão de voltar ao padrão ouro na cotação de antes da guerra. Antes de 1922, e novamente em 1925, 1929 e 1931, a Grã-Bretanha chegou a embargar fluxos de capitais para governos estrangeiros. Nas épocas em que não havia embargo, as taxas de juros não competitivas que Londres impunha para sustentar o valor da libra direcionaram os emprestadores potenciais para Nova York.

---

260. Citados em ibid., p.66, 69.

ALBERT FISHLOW

Tabela 4 — Emissões de capital estrangeiro, 1920-31.

	Médias anuais (US$ milhões)	
	Nova York	Londres
1920-23	531	416
1924-28	1142	587
1929-31	595	399

Fonte. Nações Unidas, International capital movements during the inter-war period, p.25.

A Tabela 5 descreve a distribuição funcional dos empréstimos nos dois mercados. O caráter paroquial do investimento estrangeiro britânico do pós-guerra é patente. Quase metade de todos os empréstimos britânicos tomaram a forma de títulos do governo imperial. Mesmo assim, Londres não conseguia sequer competir pelos negócios canadenses que, substancialmente, eram transacionados em Nova York; por esse motivo, o total das compras norte-americanas de títulos imperiais não era muito inferior ao total britânico.

Tabela 5 — Novas emissões de capital, 1920-31.

	Nova York (US$ bilhões)	Londres (£ milhões)
Governos	7,5	803
Império	2,1	591
Estrangeiros	5,4	211
Europa	3,0	103
Alemanha	0,9	21
América Latina	2,0	51
Empresas	1,9	496
Ferrovias	n.d.	96
Outras	n.d.	400
Total	9,4	1299

Fonte. John T. Madden, Marcus Nadler e Harry C. Sauvain (1937), p.76-77; J. M. Atkin (1977), p.130, 154, 336.

O que também sobressai na Tabela 5 é a magnitude dos empréstimos públicos em relação aos títulos emitidos por companhias privadas. Quase três quartos do total dos *portfolios* de investimentos norte-americanos e britânicos — e não havia muitos outros emprestadores — foram alocados a títulos de governos ou de agências públicas. Governos nacionais pediam emprestado, estados e municípios eram tomadores entusiasmados e o mesmo ocorria com empresas públicas. De todos os empréstimos norte-americanas registrados na Tabela 5,52% corresponderam a emissões de governos nacionais, 17 a estados ou províncias, 12% a municípios e 19% a empreendimentos controlados ou garantidos por governos.

Dessa forma, os empréstimos do pós-guerra eram muito mais do tipo pré-1870 do que da variedade 1870-1914. O investimento periférico em ferrovias perdeu importância e foi substituído por grandes fluxos de capitais norte-americanos para a Europa e, especialmente, para a Alemanha. Isso porque, após a estabilização do marco e a aparente resolução da questão das indenizações, a Alemanha se tornou o maior país devedor do mundo. Contudo, havia também outros devedores. De fato, os únicos países europeus que não obtiveram empréstimos de longo prazo dos Estados Unidos depois da guerra foram Albânia, Lituânia, Látvia, Espanha, Portugal e Rússia.

A América Latina também recebeu a sua porção, como mostra a Tabela 5. A proximidade em relação aos Estados Unidos constituía uma vantagem. No início dos anos 1920, antes da aceleração dos empréstimos para a Europa, as emissões latino-americanas e canadenses absorviam cerca de dois terços dos negócios transacionados em Nova York. "De início, os principais tomadores eram os governos nacionais dos países mais, fortes, como Argentina, Brasil, Chile e Cuba; mas, com a expansão do negócio de subscrição de títulos nos Estados Unidos, numerosas províncias obscuras, departamentos e municipalidades descobriram a possibilidade de vender seus títulos a investidores norte-americanos".[261] Mais de um quarto dos empréstimos latino-americanos era para estados e municipalidades, mas o investimento direto, compartilhado em grande parte pelo Canadá e pelos países latino-americanos de maior porte, também aumentou.

Diversos foram os objetivos com que os governos buscavam empréstimos durante os anos 1920. Para muitos dos países europeus menores, a emissão de títulos melhorava as reservas, seja diretamente na forma de ouro, seja em ativos em dólar, os quais funcionavam igualmente bem sob o padrão de ouro. Com efeito, a estabilização da moeda e o retorno à conversibilidade constituíam exigências para os empréstimos para reconstrução concedidos sob os auspícios da Liga das Nações. Paul Einzig atribuiu a essa política grande parte da responsabilidade pela crise que se seguiria, ao criar uma falsa sensação de segurança para os compradores dos títulos e ao estabelecer as bases para os grandes fluxos de capitais dirigidos à

---

261. J. T. Madden, M. Nadler e H. C. Sauvain (1937), p.74.

Europa.[262] Os empréstimos para reconstrução não necessariamente se transformavam apenas em reservas. Também se supunha que servissem para cobrir déficits governamentais e, assim, evitassem o financiamento da inflação. Os empréstimos Dawes e Young para a Alemanha, bem como os empréstimos da Liga para a Áustria, Hungria, Grécia, Bulgária, Estônia e Danzig, importaram em cerca de US$ 1 bilhão, menos de 10% das emissões de capital para o estrangeiro registrados na Tabela 4.[263]

Também se pretendia que os títulos governamentais comuns financiassem despesas. Infelizmente, é impossível fornecer uma aquilatação precisa, ou mesmo aproximada, a respeito de qual tipo de despesa se tratava. Sob a perspectiva dos anos 1930, um levantamento determinou que boa parte era desperdício: "Mais tarde, quando tais necessidades [de reconstrução] se tornaram menos urgentes, em muitos países europeus e, particularmente, na Alemanha, tornou-se emprestado para construir piscinas, bibliotecas públicas e teatros que, embora elevassem o padrão de vida da comunidade, não ajudavam muito diretamente a aumentar a eficiência das indústrias de exportação desses países. Finalmente, eles obtiveram empréstimos para se rearmar".[264] A América Latina também não foi poupada: "No período do pós-guerra, os empréstimos argentinos, tantos internos quanto externos, só numa pequena parcela se destinavam a proporcionar melhorias produtivas [...] Em sua maior parte, a carga foi incorrida como resultado da administração ineficiente das empresas estatais e de um orçamento nacional desequilibrado, nada disso tendo produzido qualquer ganho social".[265]

Mesmo que tais alegações sejam extravagantes, e observadores respeitáveis mantinham que eram, é claro que os empréstimos do pós-guerra diferiram do padrão do ante-guerra. Críticos das indenizações, entre os quais John Maynard Keynes, advertiam: "Se títulos europeus são emitidos nos Estados Unidos em analogia aos títulos norte-americanos emitidos na Europa durante o século XIX, a analogia é falsa; porque, no agregado, não ocorre um aumento natural, um fundo real partir do qual possam ser reembolsados. Os juros serão fornecidos a partir de novos empréstimos, enquanto estes puderam ser conseguidos, e a estrutura financeira se elevará cada vez mais até que não valerá mais a pena sustentar que tem uma fundação".[266]

---

262. Paul Einzig (1935), p.104ss.

263. RIIA (1937), p.21.

264. Ibid., p.20.

265. H. E. Peters (1934), p.144, 146.

266. RIIA (1937), p.12, reproduz uma seção de *A revision of the treaty*, de Keynes. (Grifo do autor.)

Ademais, mesmo no caso dos fluxos de capital estrangeiros para a América Latina, Austrália e Canadá, os compromissos dos anos 1920 diferiram dos investimentos para o desenvolvimento de apenas duas décadas antes. Os fluxos de capital estrangeiro não faziam parte de um sistema integrado e sistemático de trocas populacionais e comerciais. Tais fluxos não reagiam a oportunidades favoráveis de levar novas exportações de produtos primários ao mercado mundial. A superprodução de commodities e os preços baixos já constituíam problema em meados da década de 1920; e, de fato, um dos objetivos dos empréstimos brasileiros, pelo estado de São Paulo, era financiar um estoque crescente de café não vendido. A demanda era mais crítica do que a oferta.

Estrutura institucional do pós-guerra

Só era possível sustentar o novo padrão de emprestar e tomar emprestado no período do pós-guerra num arcabouço institucional alterado. Ocorrem duas mudanças significativas. A primeira foi uma influência política mais disseminada, quando não a intervenção. A segunda foi uma nova orientação dos bancos-norte-americanos em direção ao estrangeiro.

Era impossível que os empréstimos do pós-guerra deixassem de ter caráter político ampliado. Para começar, havia o próprio tamanho da dívidas governamentais interaliadas, que se intrometiam nas relações econômicas. No caso dos estados Unidos, o balanço oficial de créditos equivalia à posição dos credores privados exposta na Tabela 1, o que desencadeou negociações bilaterais que perduraram até o final dos anos 1920. A França e seus devedores de guerra só concluíram acordos finais em janeiro de 1930.

Em segundo lugar estiveram os empréstimos para reconstrução da Liga das Nações e os empréstimos Dawes e Young, dirigidos conscientemente à estabilização nacional. Embora tais emissões tivessem sido financiadas por recursos privados, o interesse público era agudo. Conforme o secretário do Tesouro dos EUA, Andrew Mellon, testemunhou perante a Comissão de Finanças da câmara baixa norte-americana em 1926, "os países da Europa precisam retomar seu lugar na civilização. [...] Com seus excedentes de capital em busca de investimentos lucrativos, os Estados Unidos precisam ajudar, fazendo empréstimos privados para a Europa para fins produtivos".[267]

---

267. Reproduzido em Moulton e Pasvolsky (1932), p.379-80.

Terceiro, o grande volume dos empréstimos governamentais implicava uma análise do risco de soberania e, assim, considerações políticas. Para que fossem eficazes, não era necessário que tais considerações se refletissem em uma exclusão concreta do mercado; elas podiam se manifestar nos preços. Títulos de governos estrangeiros variavam substancialmente quanto às taxas de juros que retornavam, e tanto a imprensa quanto a atitude oficial podiam influenciar as percepções dos investidores.

Mas a intervenção direta também se apresentou com maior freqüência no período do entre-guerras. Em 1922, os Estados Unidos enunciaram uma política oficial (mais voluntária): "A oferta de títulos estrangeiros emitidos no mercado norte-americano está assumindo uma importância crescente e, devido à relevância que tais operações têm para a conduta apropriada das questões, espera-se que interesses norte-americanos que contemplem realizar empréstimos para o estrangeiro informem o departamento de estado no devido tempo a respeito dos fatos essenciais e dos desenvolvimentos relevantes subseqüentes".[268] Também rompendo com sua tradição passada de não-intervencionismo, em diversas ocasiões o Reino Unido impôs embargos a empréstimos estrangeiros, para evitar saídas indesejadas de capital.

Acresce que o volume dos fluxos de capital inspirava os tomadores a examinarem mais de perto as entradas de investimentos estrangeiros. Já em 1924, a Alemanha buscou fazer com que os empréstimos municipais e estaduais caíssem sob a autoridade do Ministério das Finanças. Em 1925, o controle sobre os empréstimos estrangeiros públicos foi atribuído a um órgão formal cuja orientação, embora não compulsória, costumava ser acompanhada. O Beratungsstelle rejeitou 46% das solicitações de empréstimo municipal entre sua criação e setembro de 1927, ao passo que aprovou quase todos os empréstimos para finalidades industriais ou agrícolas. De forma semelhante, Colômbia, Austrália e Polônia centralizaram seus empréstimos públicos. Em 1928, a Itália fez com que todos os empréstimos estrangeiros ficassem sob a autoridade do Ministério das Finanças.[269]

Ainda assim, não se deve exagerar o grau de regulação ou a presença de uma motivação política coerente. A exigência norte-americana de aprovação prévia do Departamento de Estado para emissões governamentais estrangeiras não resultou em muito. Sua importância operacional era

---

268. Reproduzido em J. T. Madden e M. Nadler (1929), p.223.
269. Ibid., capítulo 10.

embargar empréstimos a devedores de guerra aliados que ainda não tivessem chegado a acordo. Romênia, França e Rússia foram as vítimas mais notórias, mas é claro que empréstimos a outros países foram inibidos da mesma maneira; os acordos belga e italiano são creditados a essa necessidade de aprovação. Dois casos, o empréstimo alemão da Potassa e o empréstimo do Instituto Paulista do Café, originaram desaprovação devido a oposição quanto ao controle monopolista do comércio. Ambos empréstimos foram lançados com sucesso em Londres.

Mais tarde, durante as investigações sobre práticas de empréstimo desleixados nos anos 1920 a regulação foi sujeita a ataque. Argumentou-se, então, que a aprovação prévia do Departamento de Estado poderia ter conduzido o público a crer que haveria endosso oficial. Como reconheceu um funcionário do Departamento de Estado durante as audiências da comissão Johnson, embora não pudesse fazer menção a isso no anúncio de emissão ou de qualquer outra forma, havia uma autorização implícita. E, na verdade, por vezes funcionários dos Departamentos do Comércio e de Estado expressavam desconforto, mas o faziam em termos econômicos e não políticos, e seus argumentos não tinham peso suficiente para desaprovar a emissão. Em 1932, frente à insatisfação pública e à sua utilidade limitada, foi mais fácil abandonar a política do que defendê-la.[270]

A intervenção britânica tampouco teve grande influência sobre as operações do mercado de capitais. Não apenas era temporária como suas conseqüências não foram distorcedoras. A preferência por emissões do Império não impediu o Canadá de buscar o mercado de Nova York. De todo modo, as emissões européias teriam preferido os intermediários mais baratos e, possivelmente, menos exigentes dos EUA. Do outro lado do mercado, os controles internos dos tomadores não impediram aumentos de endividamento grandes e, as vezes, esbanjadores.

A regulação formal desse período foi precursora do que estava por vir durante a Depressão. A política tinha importância não por causa dessas regras, mas devido ao caráter diferente da economia do entre-guerras e às relações inseguras entre os países europeus.

A atenção e a crítica com que, posteriormente, se examinou a facilidade com que recursos foram extraídos do público norte-americano e remetidos ao estrangeiro conferiu peso reduzido à considerações políticas. Em vez disso, o foco se dirigiu ao caráter corruptor do lucro privado. Após

---

270. Madden, Nadler e Sauvain (1937), p.241ss.

o *default* de 1932, um amplo inquérito do Senado, reminiscente da investigação parlamentar britânica de 1875, revelou numerosos exemplos do entusiasmo excessivo dos bancos norte-americanos novatos no investimento exterior. "Agentes no estrangeiro, comissões para descobridores de negócios, subornos diretos para funcionários de governos tomadores e anúncios enganosos se tornaram procedimento operacional padrão [...]". [271] Considerava-se que hotéis alemães fossem especialmente lucrativos, devido às altas taxas de ocupação por representantes de bancos norte-americanos. Max Winkler, que previra o desastre ao longo do *boom*, exprimiu-se de forma especialmente cáustica depois da queda: "Os banqueiros norte-americanos tentavam meramente transferir para o resto do mundo o sistema de vendas por encomenda que florescia nos Estados Unidos. Banqueiros e fabricantes faziam as massas comprar, não importando se elas precisavam ou não do que lhes era vendido, e independentemente de sua capacidade de pagamento".[272]

As conclusões do Comitê do Senado sobre Bancos e Moeda foram igualmente acerbas, ainda que menos irônicas:

> O histórico das atividades dos bancos de investimento na oferta de títulos estrangeiros é um dos capítulos mais escandalosos da história da atividade bancária de investimento nos Estados Unidos. A venda desses títulos estrangeiros se caracterizou por práticas e abusos que violavam os princípios mais elementares da ética empresarial.[273]

Que os Estados Unidos tenham experimentado uma onda especulativa quanto ao investimento estrangeiro está claro, da mesma forma que a construção habitacional, as aplicações imobiliárias e o mercado de ações passaram por subidas e quedas dramáticas durante os anos 1920. No entanto, atribuiu-se culpa demasiada à falta de moralidade das casas emissoras norte-americanas, em contraste com a atitude mais responsável dos veneráveis bancos de investimento britânicos. No máximo, o problema foi uma concorrência excessiva entre bancos norte-americanos ansiosos por entrar num mercado que crescia. Dificilmente as comissões médias reais eram exorbitantes, situando-se em média em 3,7%, comparáveis, portan-

---

271. David Felix (1984), citando as conclusões do inquérito da Comissão de Finanças do Senado norte-americano.

272. Max Winkler (1933), p.90.

273. Reproduzido em Madden, Nadler e Sauvain (1937), p.205.

to, às práticas britânicas.[274] Quanto mais fraco o lançamento, maior a margem, o que dava ás firmas um incentivo para procurar riscos de crédito maiores e encontrar compradores gananciosos. Mesmo quando a disputa corroia os lucros, as conseqüências de mercado ficavam longe do ótimo. Em vez de uma relação contínua, dependente da reputação do país e da casa subscritora, havia um transação discreta. Os mercados de capitais estrangeiros exigem mais do que condições concorrenciais para propiciarem uma intermediação efetiva entre credores e tomadores.

Em última análise, os títulos estrangeiros vendiam nos Estados Unidos — eles eram comercializados em massa pelos bancos, com sucesso — porque ofereciam um grande diferencial em relação aos lucros internos. Durante o período de pico das ofertas, entre 1924 e 1928, os títulos estrangeiros apresentavam um diferencial favorável nas taxas de lucros entre 1,7 e 1,9% — uma vantagem percentual situada entre 35 e 41% e um retorno médio de 6,4%. Embora generosos se comparado a títulos internos, mesmo aqueles classificados pela BAA, tais rendimentos não conseguiam competir com os lucros mais elevados que se podiam obter no mercado acionário no final dos anos 1920. O retorno realizado, incluindo lucros de capital e compensando lapsos no pagamento de juros, era um valor mais alto, mas ainda inadequado, de 7,2%.[275] O elemento decisivo para os fluxos reduzidos de capital dirigidos ao exterior em 1929 foi a perspectiva de ganhos ainda maiores no estonteante mercado acionário daquele ano.

A falta de um forte contrapeso institucional não ajudou. Em contraste agudo com o caso britânico (tanto antes quanto depois da guerra), em que o investimento estrangeiro constituía uma parcela considerável do mercado de capitais, no Estados Unidos os empréstimos externos sempre permaneciam marginais. Dos títulos lançados na década de 1920, não mais do que 18% era externos, com uma média anual de 14%; caso hipotecas sejam também contadas, a participação média caia para 10%. Portanto, não havia envolvimento de um interesse financeiro importante, que garantisse um fluxo adequado e uniforme. Como resultado, a participação passou de seu quase máximo de 17,7% em 1927 a 6,7% em 1929.

---

274. Ver ibid., p.226ss. Para uma análise das comissões realmente auferidas, calculadas a partir das audiências da Comissão de Finanças do Senado dos EUA.

275. A rentabilidade de novos títulos estrangeiros, baseada em seus preços de lançamento, encontra-se em RIIA (1937), p.170, a partir de uma publicação do Departamento de Comércio dos EUA. A análise da taxa real de retorno, incluindo-se ganhos de capital e a compensação por não pagamento, está em Madden, Nadler e Sauvain (1937), p.154ss.

Os bancos norte-americanos estavam ao mesmo tempo comprometidos demais e de menos com os empréstimos externos.[276]

OS ESTADOS UNIDOS NO CENTRO DO SISTEMA

Mais geralmente, o problema fundamental dos empréstimos do pós-guerra não era uma propensão excessiva de emprestadores específicos em resposta a sinais do mercado, mas sua deficiência sistêmica. O comércio e os fluxos de capital eram consistentes no curto prazo, mas não no longo prazo. Os tomadores europeus, incluindo a Alemanha apesar de seus pagamentos de indenizações, apresentavam excessos de importação de capital, sustentados pelas entradas — em parte, os pagamentos de indenizações aos Aliados foram canalizados de volta para os Estados Unidos, como pagamento de juros de cerca de US$ 2 bilhões referentes à dívida de guerra. A Grã-Bretanha também experimentou progressivos excessos de importação de capitais, financiados pela renda de investimentos passados e por rendimentos da conta de serviço. Essas fontes de moeda estrangeira permitiram um retorno aos seus empréstimos, embora a taxas muito inferiores aos recebimentos. Como resultado, alguns antigos tomadores, mesmo aqueles que estavam recebendo novos capitais, tinham de encontrar excedentes de exportação para transferir lucros e dividendos. A última peça crítica do quebra-cabeça eram os Estados Unidos. Seus fluxos de capital dirigidos ao exterior constituíam um suplemento necessário a sua posição de detentores de excedentes de exportação e de suas receitas de capital de curto prazo. Era isso que equilibrava a economia mundial nos anos 1920.

A passagem dos Estados Unidos para o centro do sistema depois da guerra foi de importância crucial. Contudo, havia sérias limitações em sua capacidade de executar as funções requeridas. A lei Fordhey de 1922 frisou que a guerra não havia alterado as atitudes norte-americanas quanto à proteção. A legislação, promulgada como resposta a preocupações internas quanto à queda de preços durante a recessão de 1920-21, elevou as tarifas para os níveis mais altos que prevaleciam antes da liberalização de 1913. A lei também reverteu para o princípio da equalização de custos, autorizando aumentos discricionários quando os Estados Unidos se encontrassem em desvantagem. Qualquer especulação sobre os Estados Unidos

---

276. As estimativas são do Federal Reserve Board [o Conselho do Banco Central dos EUA], expostas em Madden, Nadler e Sauvain (1937), p.96.

poderiam vir a enxergar seu papel de credor como central para a política econômica estrangeira foi cancelada pela Lei Fordney.

O livre comércio britânico tinha servido para assegurar aos devedores um mercado certo para seus produtos e, assim, tinha encorajado o crescimento das exportações que era essencial para serviço de sua dívida. A recusa dos EUA em adiantar uma garantia equivalente significava a necessidade de encontrar outros mercados. Como vimos, grandes excessos de importação de mercadorias, auxiliados por uma libra sobrevalorizada, encontraram o caminho da Grã-Bretanha. Da mesma forma que a prosperidade norte-americana dos anos 1920 constituiu uma fonte e um reflexo de seu novo papel como exportador de capitais, o crescimento lento da Grã-Bretanha sob a pressão da concorrência das importações foi um componente do mesmo sistema econômico global do entre-guerras.

A outra rota para o equilíbrio global era não atribuir importância à geração de excedentes de exportação por parte dos devedores. Nesse caso, a moeda estrangeira necessária para efetuar o serviço da dívida só precisava depender da continuidade das exportações de capital norte-americanas. O sucesso de tal política se manifestou no restabelecimento do padrão ouro e na estabilização da Alemanha. Conforme comentou Harold Moulton, não muito depois: "Os empréstimos estimularam o comércio de exportação norte-americano e contribuíram grandemente para a prosperidade dos anos seguintes. Eles também permitiram aos países europeus voltarem ao padrão ouro; manter câmbios estáveis por anos a fio; e, em medida significativa, recuperar a indústria, a agricultura e o comércio [...] O sucesso dessa política foi tão grande que, em pouco tempo, os fundamentos do problema foram obscurecidos e quase todo senso de realidade se perdeu.[277]

A dificuldade era que, de modo a conseguir uma consistência de curto prazo, a política-econômica exigia uma dívida crescente, conduzindo assim a empréstimos que, no longo prazo, poderiam se mostrar excessivos. O comércio e a dívida eram parte de um mesmo todo; a dívida não poderia tomar o lugar do comércio para sempre. Além disso, no entre-guerras as taxas de juros reais eram substancialmente maiores do que as tinham prevalecido antes da guerra. Durante os anos 1920, o rendimento nos títulos estrangeiros no momento da emissão (e, portanto, aquilo que os países tinham de pagar) foi, em média, de 6,59%. Em conjunto com a estabili-

---

277. Moulton e Pasvolsky (1932), p.380.

dade de preços, tais custos implicavam expectativas de retornos elevadas nas aplicações internas e altas taxas de crescimento das exportações.

Na época havia consciência do perigo, mas alguns, até mesmo em 1928, pensavam ser exagerada. Como escreveu George Auld:

> O intercâmbio em dólares criado pelos novos empréstimos cuida dos velhos empréstimos e financia as novas exportações norte-americanas. [...] Dizem-nos os ingleses que essa expansão é perigosa para os Estados Unidos. Mas ainda estou para ouvir alguma argumentação sensata a respeito de por que seria perigosa ou por que não pode prosseguir indefinidamente, atingido níveis com que sequer sonhamos. [...]
>
> Em vista das evidências, me parece que podemos concluir com segurança que aqueles que temem que as dívidas [...] não poderão ser pagas porque os países devedores não terão superávits de exportação se mostram desnecessariamente preocupados. Pois, enquanto os países devedores não tiverem superávits de exportação, procurarão o mercado em busca de novos empréstimos, e as dívidas serão pagas por meio desses novos empréstimos.[278]

A incapacidade de os Estados Unidos prosseguirem como fornecedores de capital traía essa lógica impecável mesmo antes que a crise se abatesse. No final da década de 1920, os investidores passaram a buscar seus lucros no mercado acionário, e os títulos estrangeiros foram expulsos. A mudança criou problemas não só para os novos tomadores europeus como, também, para os países periféricos.

O banco central dos EUA não ofereceu nenhuma ajuda. A política econômica era governada por considerações internas, como parecia adequado a um país cujas exportações correspondiam a apenas 100% do produto e cuja a poupança era quase toda aplicada internamente. Mas havia um dilema na política. Taxas de juros mais altas, para desencorajar a especulação, serviam para atrair capital estrangeiro de curto prazo; taxas de juros mais baixas, como as de 1927, não estimulavam investimento real em medida comparável ao *boom* do mercado acionário. A coordenação entre bancos centrais ainda era primitiva e subordinada a diferenças políticas. A França e a Grã-Bretanha disputavam esferas de influência financeira na Europa; os Estados Unidos tendiam a apoiar a França e resistiam a esforços britânicos no sentido de restringir os empréstimos ao estrangeiro. Ao contrário, "o

---

278. George C. Auld, contador-geral da Comissão de Indenizações, identificado como "importante economista" por Madden, Nadler e Sauvain (1937), p.169.

sócio da Strong and J. P. Morgan 7 Company, Dwight Morrow, negou ser possível, ou mesmo desejável, para qualquer organismo — interno ou internacional — regular empréstimos em base econômica".[279] A França e a Alemanha continuavam amargamente divididas quanto às indenizações de guerra e entre elas não se podia contar que houvesse cooperação.

Esforços esporádicos de liberalizar o comércio por meio de acordo internacional, patrocinados pela Liga das Nações ao longo dos anos 1920, foram igualmente ineficazes. Os Estados Unidos não estavam interessados em derrubar as barreiras comerciais que haviam reerguido, uma vez que elas não pareciam representar empecilho para sua prosperidade. A Europa continental prosseguiu com sua tradição de tarifas altas. A Grã-Bretanha foi tentada pelas Preferências Imperiais, como meio de compensar seu mau desempenho econômico. Além de tudo, um comércio mais livre só poderia funcionar na medida em que, simultaneamente, se ampliasse o volume de exportações e se dirigissem mais dessas exportações para os Estados Unidos.

Portanto, com os Estados Unidos no centro, a economia internacional do pós-guerra era afetada por uma maior instabilidade potencial. A suscetibilidade não se devia exclusivamente ao problema do reembolso europeu; o investimento considerável na América Latina e em outras áreas da periferia também era fundamentalmente precário. De meados da década de 1920 em diante, os preços agrícolas recuaram, apesar de um aumento de 75% dos estoques (financiados indiretamente por capitais externos). Uma vez que as exportações agrícolas e minerais continuavam a ser as principais fontes de renda dos devedores periféricos, correspondendo a quase três quintos do comércio mundial, o fardo real da dívida estava se tornando matéria de preocupação.

É desnecessário detalhar o desencadeamento da crise, iniciada com a queda da bolsa de valores de Nova York e concluída com a destruição do sistema multilateral de comércio e finanças. Mas é útil examinar os destroços dos *default*s para confirmar o que saiu errado.

A INADIMPLÊNCIA NOS ANOS 1930

O primeiro país a deixar de quitar com suas obrigações em dólar foi a Bolívia, em 1º de janeiro de 1931. Em pouco tempo, a ela se reuniram seus vizinhos latino-americanos. No final de 1933, o único país sul-americano

---

279. Frank C. Costigliola (1977), p.929.

adimplente no serviço de sua dívida era a Argentina, e mesmo assim não conseguia se manter completamente em dia. O *default* dos tomadores periféricos ocorreu por causa do colapso dos preços das *commodities*. A Tabela 6 estabelece a associação de modo mais amplo. De dezenove países exportadores de produtos primários que tinham mais da metade de seus títulos em atraso no final de 1935, quinze tinham sofrido declínios de mais de 60% nas receitas de exportação entre 1928-29 e 1932-33. Dentre os seis países que se mantinham total ou parcialmente em dia, apenas dois se encontravam em posição semelhante. A relação é direta. Embora não fosse impossível cumprir com as obrigações, o custo em termos de ajustes interno podia ser severo, e poucos estavam inclinados a aceitá-lo. Por mais eficazmente que os empréstimos tivessem sido aplicados, o problema de transferência era insuperável, por causa da falta de demanda mundial.

Tabela 6 — *Default* e rendimentos de exportação.

Declínio porcentual das receitas de exportação 1928/9 a 1932/3	*Status* de *default*, 31/12/1935	
	Totalmente pagos[a]	Títulos norte-americanos com default de mais de 50%
40-50%	1	1
50-60	3	4
60-70	3	9
70+	0	6
	7[b]	19

a. Inclui a Argentina, em dia em libras e inadimplente em cerca de 25% dos títulos em dólar.
b. Os dados originais não incluem a Irlanda e o Haiti.
Fonte. Adaptado de David Felix (1984), a partir de cálculos de S. G. Triantis (1967), Tabela 7, e Madden, Nadler e Sauvian (1937), Tabela 2 do Apêndice

Da mesma forma que ocorrera na década de 1890, entre os adimplentes figuravam o Canadá e a Austrália; mas neste caso, seus papéis se mostravam invertidos. O Canadá suportou toda a carga da Grande Depressão, sofreu um declínio de renda real de 30% entre 1929 e 1933 e só no final da década veio a chegar perto do nível anterior. Após m recuo inicial de 8% na renda, a Austrália cresceu a uma taxa anual de 3% entre 1932-22 e 1938-39. O desempenho melhor da Austrália derivou de seu abandono precoce do padrão ouro, de políticas internas expansionistas e da recuperação do comércio devido a preferências no âmbito do bloco da libra esterlina.

Uma ligação mais próxima com o mercado britânico do que com o norte-americano representava vantagem, pois a recuperação britânica ocorreu com mais sucesso. Mas as preferências não ajudaram o Canadá, apesar de certa diversificação do comércio. A política canadense, de dividir a diferença entre libra e o dólar quando a Inglaterra deixou o padrão ouro, levou à valorização de sua moeda em relação aos produtores de matérias-primas seus concorrentes. Essa explicação em termos de blocos comerciais, enfatizada por David Felix, não faz justiça à importância da suspensão Argentina da conversibilidade, no final de 1929, e sua intenção de ampliar a demanda interna. A aceitação, pela Argentina, do Tratado Roca-Runciman de 1933, que definiu garantias limitadas para as exportações argentinas em troca de concessões significativas, incluindo a manutenção dos pagamentos do serviço da dívida, não foi o fator essencial. O *quantum* de exportação argentino de 1935-39 não tinha recuperado seu nível de 1925-29.[280]

O determinante decisivo para o melhor desempenho dos países periféricos foi seu abandono da integração à economia internacional em favor do estímulo interno. O *default* seguiu passos paralelos à proliferação de uma variedade de controles quantitativos sobre as importações, controle de câmbio e taxas múltiplas de câmbio, bem como no recurso crescente a arranjos de escambo para vender exportações. Também ajudou a concentrar as receitas de exportação sobre importações consideradas necessárias para os programas de substituição de importação que floresceram. Dessa forma, desenvolveu-se uma solução para a crise comercial, mas de tal modo a destruir, em vez de resgatar, o mercado internacional de capitais.

A própria disseminação da inadimplência tornou-a mais fácil. A falha do sistema inteiro ia além da capacidade de melhoria dos banqueiros individuais, e nenhum deles tentou. A Grande Depressão não foi uma Crise Baring. Exigia um emprestador internacional de última instância, enquanto faltava ao candidato óbvio, os Estados Unidos, uma fonte nacional de apoio. Os mercados de capitais estavam essencialmente fechados a movimentos de longo prazo e só funcionavam para sustentar fugas de curto prazo para os Estados Unidos, proporcionando poucos incentivos para a conformidade às regras. Na ausência do atrativo de fluxos futuros de capital (e da ameaça de seu bloqueio), o U.S. Bondholders Protective Council não tinha nenhum poder.

---

280. Ver D. Felix (1984), p.46ss. Sobre a Argentina na década de 1930, ver Carlos Díaz-Alejandro (1970), capítulo 2.

Também não havia punição oficial. O *default* periférico tinha importância secundária na política econômica estrangeira do governo Roosevelt. A retomada dos pagamentos não era central á estratégia de recuperação econômica do New Deal, nem era crucial para restabelecer a solvência dos bancos, porque estes eram intermediários, e não os investidores primários nos títulos da dívida externa. O *default* também produzia conseqüências sobre os superávits contínuos do balanço de pagamentos norte-americano. Os principais objetivos na relação com os países latino-americanos era firmar acordos comerciais recíprocos e assegurar mercados para as exportações norte-americanas. O problema potencialmente divisivo da dívida não era sequer discutido, para decepção dos detentores de títulos.

A inadimplência alemã, da mesma forma que os empréstimos europeus, recáia em outra categoria. A incapacidade de os Estados Unidos continuarem a fornecer capital de longo prazo fazia parte da história, mas estava longe de contá-la toda. O *default* alemão foi agravado por um acúmulo de obrigações de curto prazo que, em 1930, excediam até mesmo as suas obrigações de longo prazo. A razão de exportação da dívida chegou a 2% em 1930, tendo sido substancialmente compensada por ativos alemães no estrangeiro. Esses números teriam produzido pagamentos líquidos de serviço da dívida da ordem de 6 a 7% das receitas de exportação, algo claramente factível. Os pagamentos de indenizações correspondiam a um adicional de 15%, dificultando a situação. Mas a fonte principal de vulnerabilidade eram US$ 2,5 bilhões em obrigações de curto prazo. Só em 1930 houve cancelamentos de créditos que importaram em aproximadamente 10% do balanço corrente.[281]

Era uma situação na qual as circunstâncias políticas desempenharam um papel crítico. O avanço do partido Nacional Socialista nas eleições parlamentares de setembro de 1930 contribuiu para a incerteza e acentuou a fuga de capitais e a cobrança de obrigações de curto prazo. Em março de 1931 sobreveio o anúncio da união alfandegária alemã-austríaca, precipitando uma crise política internacional. Também ajudou a precipitar uma crise econômica, por acelerar o colapso do principal banco comercial austríaco, o Creditanstalt, detentor de grande quantidade de obrigações de curto prazo, as quais se encontravam sobre pressão crescente.

Logo os efeitos foram sentidos na redução das reservas de ouro e de moeda estrangeira do Reichsbank. O manifesto alemão de 5 de junho,

---

281. Moulton e Pasvolsky (1932), p.285 e 306.

advertindo que "se atingiu o limite das privações [...] impostas ao nosso povo" inspirou apenas novas retiradas, o que montou o palco para o apelo de Hoover, feito em 20 de junho, por uma moratória de um ano sobre todas as dívidas intergovernamentais.[282] Conseguiu-se montar um crédito de US$ 100 milhões, para o qual contribuíram os bancos centrais dos Estados Unidos, Grã-Bretanha e França, bem como o Banco de Acordos Internacionais. Depois que isso não resultou em melhoria, atingiu-se um acordo de interrupção das retiradas de créditos estrangeiros. Como resultado, a Alemanha conseguiu evitar uma grave deterioração em seu balanço de pagamentos, apesar do recuo das exportações.

O choque seguinte foi a desvalorização da libra esterlina, em setembro. Em poucos meses, o marco alemão se valorizou em 40%, o que levou a uma deterioração veloz das receitas de exportação alemãs. O governo de Bruning buscou uma acomodação por meio da deflação interna, com a intenção aparente de conseguir os fim das indenizações não por meio do *default*, mas tornando claro o custo de pagá-las. O espectro da inflação fez com que se rejeitasse a alternativa, a desvalorização cambial. O governo ficou firme e as indenizações foram por fim canceladas em julho de 1932, na conferência de Lausanne.

Mas isso chegou tarde demais, e a um preço muito alto. Os nacional-socialistas chegaram ao poder em janeiro de 1933. Uma das primeiras decisões do novo governo foi convocar uma conferência de representantes dos detentores estrangeiros de títulos para estudar uma reestruturando da dívida. Já em 1932 havia ocorrido recusa da moeda estrangeira para efetuar reembolsos de principal, embora se tivessem permitido transferências de juros. Um decreto de junho de 1933 centralizou o acesso a moeda estrangeira para devedores privados, estaduais e municipais. De início, ofereceu-se uma combinação de dinheiro e certificados, mas em meados de 1934 cessaram os pagamentos em dinheiro. Inicialmente, os cupons referentes aos empréstimos Dawes e Young eram pagáveis em marcos registrados, mas também estes acabaram por entrar em *default* completo. A moratória unilateral alemã sobre transferências levou um contemporâneo a condenar a ação como "um abuso de confiança, significando nada menos do que desonestidade vulgar. [...] A Alemanha não conseguirá levantar dinheiro novamente na Grã-Bretanha, na França ou nos Estados Unidos durante nossas vidas".[283] A penalidade, se não a indignação, eram

---

282. Citado em ibid., p.311.
283. Sir Arthur Samuel, citado em M. Winkler (1933), p.252.

completamente fora de lugar. A Alemanha não era um país devedor típico nem a Depressão um cenário típico para inadimplência. O fracasso era do sistema.

4. OS MERCADOS DE CAPITAIS NOS ÚLTIMOS ANOS

AS DÉCADAS DE 1970 E 1980

Mais de uma geração teria de transcorrer até o surgimento de uma nova onda de empréstimos privados. Quando veio, os principais tomadores foram países em desenvolvimento, em especial os de renda média alta. O tema tem atraído muita atenção nos últimos anos, de modo que não é necessário fazer um relato completo na presente ocasião. Bastarão os aspectos essenciais.[284]

Embora os empréstimos de países em desenvolvimento junto ao mercado de eurodólares tenham se iniciado antes da crise do petróleo, a injeção súbita de petrodólares alterou o ritmo e as finalidades da dívida. Frente à quadruplicação dos custos do petróleo, os países importadores confiaram em empréstimos externos para sustentar suas compras. Esses países não precisavam obter empréstimos; eles poderiam ter reduzido as importações de petróleo, ou restringido outras importações. Mas tais opções implicavam não só transmitir adiante a carga do aumento do petróleo na forma de redução da real renda como, também, reduzir a produção e o nível de emprego. A outra alternativa, uma aceleração do crescimento das exportações, implicaria redução do consumo, mas tal estratégia ao menos não era recessiva. Nenhuma dessas alternativas agradava aos países latino-americanos, que se aqueciam na legitimidade da melhora de seu desempenho econômico e ainda viviam uma tradição que favorecia a substituição de importações, em lugar da promoção das exportações.

Portanto, não é de surpreender que os latino-americanos estivessem na vanguarda dos países que obtiveram emprestado para financiar um ajuste mais gradual. Os qualificados eram aqueles que tinham alcançado maior sucesso em seu desenvolvimento, países que seriam conhecidos como os novos países industriais. Muitos já tinham, anteriormente, obtido empréstimos no mercado de eurodólares. Agora eles passaram do crescimento impulsionado pela dívida à dívida impulsionada pelo crescimento. Tais países se deram melhor que seus vizinhos mais pobres, que se viam

---

284. Acompanho a discussão presente em Albert Fishlow (1985).

forçados a ajustar de imediato, e de forma mais dolorosa, apesar dos empréstimos oficiais mobilizados em seu favor.

Para alguns dos tomadores, outra vez especialmente da América Latina, a obtenção de novos créditos se tornou um modo de vida. Mesmo depois que os países industriais começaram a se recuperar, em 1975, persistiram os déficits do balanço de pagamentos. Isso ocorreu porque os bancos estavam preparados, e na verdade ansiosos, para financiá-los e cobrir seu déficit fiscal. Como resultado da preferência dos bancos por garantias oficiais, os mercados privados de capitais favoreceram sistematicamente a expansão dos governos e das empresas estatais.

Os países não hesitavam em pedir empréstimos porque era barato fazer isso. Quando deflacionados pelos preços das exportações que as pagavam, as taxas de juros nominais eram altamente negativas. Além disso, a velocidade de resposta e as exigências mínimas dos bancos comerciais representavam um contraste bem-vindo à rigidez dos empréstimos oficiais e seu intervencionismo implícito. Os bancos emprestavam porque era lucrativo fazê-lo. Seus ganhos no mercado de eurodólares vinham de comissões sobre empréstimos consorciados e da margem sobre o custo do dinheiro, determinada pela Libor (London Interbank Offered Rate). No caso de países em desenvolvimento, ambas eram mais elevadas. Além disso, os grandes bancos comerciais, que haviam inovado no consorciamento de empréstimos, ganhavam com as operações internas nos maiores países tomadores. Por exemplo, em 1982, a subsidiária brasileira do Citicorp gerou 20% dos lucros totais do banco.

A estratégia de dívida impulsionada pelo crescimento na qual alguns países embarcaram era, todavia, arriscada, sujeita a vulnerabilidade especiais. Os países estavam financiando a formação de capital de médio e longo prazo a partir de créditos cuja maturação variava entre seis e dez anos, e cujo custo era variável. Uma inovação dos anos 1970 que ajudou a avalanche de empréstimos bancárias foi situar nos tomadores o risco da variação das taxas de juros. Em qualquer estratégia de endividamento, é inerente a ignorância a respeito do custo real, pois os preços futuros das exportações são incertos. Mas a imprevisibilidade da variação dos custos do dinheiro de um período de seis meses ao seguinte criava toda uma nova vulnerabilidade.

Apesar disso, até o segundo choque do petróleo, em 1979, o jogo ainda valia a pena. De maneira geral, países que obtiveram empréstimos aumentaram seus investimentos e taxas de crescimento. A dívida se traduzia mais do que proporcionalmente em recursos físicos produtivos. Os déficits do setor público decorriam de despesas de capital, e não da expansão de serviços correntes. Assim, o capital estrangeiro estava ganhando uma taxa real de retorno, e obviamente maior do que seu custo mínimo. Ao mesmo tempo, o pagamento do serviço dessa dívida não estava criando problemas. Apesar de preocupações sobre protecionismo, o crescimento das exportações dos países em desenvolvimento estava se sustentando a preços favoráveis. E, embora o programa de substituição de importações prosseguisse, o mercado externo recebia atenção. Como conseqüência, a relação dívida/exportações dos países em desenvolvimento não produtores de petróleo era mais favorável em 1979 do que em 1970-72.

Os mercados de capitais internacionais tinham conseguido sucesso na intermediação entre a posição de excesso dos produtores de petróleo e a posição deficitária dos países em desenvolvimento. Sem intervenção oficial, e apesar de previsões pessimistas, os bancos comerciais privados tinham evitado um equilíbrio global potencial caracterizado por excesso de poupança e sem pleno emprego. Sem a dívida, as rendas teriam que cair para compensar o desequilíbrio recorde dos pagamentos internacionais provocado pela subida dos preços do petróleo. Com a dívida, poderia haver uma recuperação mais precoce, para a qual contribuíram as exportações para os tomadores em desenvolvimento de renda média.

Um estado de coisas tão favorável não sobreviveu à alteração do ambiente internacional decorrente do choque do petróleo de 1979. Os preços quase dobraram. De novo as economias dos países industrializados se contraíram, mas desta vez mais seriamente do que em 1974. Como conseqüência, os países em desenvolvimento enfrentaram um impacto mais adverso na demanda por suas exportações e na sua balança comercial. Acresce que eles enfrentaram uma elevação aguda das taxas de juros, como subproduto da restrição antiinflacionária dos países industrializados. Quando, antes, o mercado de capitais facilitava o financiamento de déficits, desta vez não apenas fez com que a obtenção de empréstimos se tornasse mais cara como, também, penalizou o estoque da dívida passada, contratado a juros flutuantes.

O segundo choque do petróleo situou-se de forma predominante entre as influências envolvidas, tanto na magnitude quanto no momento em que sobreveio. Em seguida esteve a redução, induzida pela recessão, das receitas de exportação, resultado da combinação entre um crescimento mais lento do volume e do enfraquecimento dos preços. Taxas de juros mais altas vêm em terceiro lugar. No entanto, estas era altamente significativas para os tomadores maiores, que tinham contraído montantes crescentes de dívidas bancárias.

A posição devedora mais precária dos países importadores de petróleo a partir de 1980 introduziu margens financeiras mais elevadas e vencimentos mais curtos nos empréstimos bancários, que, ao mesmo tempo, se tornaram mais difíceis de obter. No passado, a recessão tinha sido acompanhada de crédito mais abundante e mais barato, para financiar déficits de balanço de pagamentos. Agora, ao petróleo mais caro adicionava-se um dinheiro também mais caro, exatamente quando caíam as receitas de exportação.

Apesar disso, é preciso também explicar a elevação inicial acentuada do déficit de conta corrente dos países em desenvolvimento experimentada entre 1978 e 1980. Mesmo levando-se em conta a alta dos preços do petróleo e a recessão causada pelo choque, houve um aumento de cerca de 75% no déficit. A responsabilidade repousa sobre políticas internas inadequadas e sobre a disponibilidade excessiva dos bancos em emprestar.

Para começar, Chile e Argentina aumentaram grandemente seus empréstimos como um componente de sua conversão para o monetarismo internacional e para a dependência do balanço de pagamentos para regular a inflação interna. Sozinhos, esses dois países responderam por 12% do aumento de endividamento dos países em desenvolvimento nos quatro anos entre 1978 e 1981. Por outro lado, os exportadores de petróleo, em especial o México, confiaram nas finanças externas para sustentar taxas desproporcionalmente elevadas de crescimento das importações. Eles não obtiveram empréstimos para acomodar circunstâncias externas adversas, mas o fizeram com base em sua nova riqueza; portanto, transformaram-se em clientes preferenciais dos bancos, que se encontravam inundados de novos depósitos de eurodólares em busca de aplicação.

O aumento do endividamento desses países não se traduziu completamente em transferências reais de recursos, sem falar em aplicação produtiva. Estimativas indiretas, baseadas em estatísticas sobre a dívida e os balanços de pagamentos, sugerem que, entre 1978 e 1981, a Argentina tenha experimentado uma saída de capitais correspondente a 60% da dívida contraída; o México, 40%; a Venezuela, mais de 100%. Obrigações públicas foram transformadas em ativos privados no estrangeiro. Para o Chile, esse padrão não parece ter sido problema. Mas os críticos de suas políticas liberais poderiam apontar as deficiências de um *boom* de investimentos na construção que não conseguiu apoiar a expansão do setor industrial.

Além disso, alguns países importadores de petróleo, que a essa altura tinha se habituado a ajustar sua dívida por meio de financiamento, entre eles proeminentemente o Brasil, subestimaram aquilo que se demonstraria ser uma recessão mais persistente e um mercado de capitais menos elástico e mais caro. A prudência teria aconselhado maior atenção ao perigo criado por uma dívida vincenda já volumosa.

Em 1981, a recessão dos países industriais se transmitiu à maioria dos países em desenvolvimento. Em vez de oferecer anteparo ao choque dos preços do petróleo, como havia ocorrido anteriormente, agora a dívida dos países em desenvolvimento o transmitiu. Para que funcionasse, a dívida impulsionada pelo crescimento requeria exportações crescentes e uma dívida crescente, a baixas taxas de juros. Fazia pequena diferença que isso parecera funcionar antes de 1979. Agora, o que contava era a estratégia escolhida deixara de ser viável, e que também não era facilmente reversível.

Uma vez em posição devedora, os países enfrentaram dificuldades de manobra. Em especial para os tomadores latino-americanos, as altas taxas de juros transformaram a dívida impulsionada pelo crescimento em dívida impulsionada pela dívida. E, como era impossível ampliar o endividamento, o equilíbrio dos devedores (e o equilíbrio global) foi atingido em níveis mais baixos de renda real, compatíveis com os meios de efetuar o serviço das obrigações correntes. Aquilo que, para o mundo, foi uma recessão acentuada, para os devedores latino-americanos foi uma grande depressão. Mesmo assim, não foi possível evitar as reuniões dramáticas de 13 de agosto de 1982.

Os formuladores de política improvisaram uma solução imaginosa para a crise mexicana. Tal solução se generalizou, passando a constituir a base do otimismo reinante em muitos círculos, segundo o qual o problema da dívida se resolveu sem inadimplência, sem o caos financeiro resultante e sem recursos às soluções mais radicais que eram propostas. A presente estratégia engloba três componentes.

O primeiro é um papel oficial maior, especialmente para o Fundo Monetário Internacional. O Fundo impôs uma nova condicionalidade aos bancos comerciais emprestadores, exigindo deles que continuem a realizar empréstimos para sustentar a liquidez dos tomadores. Esses empréstimos involuntários contrariam o instinto de maximização de lucros de cada banco tomado isoladamente, no sentido de reduzir as próprias vulnerabilidades, substituindo-o por uma perspectiva sistêmica. Além disso, o FMI fez contribuições com seus próprios recursos, que em 1983 foram reabastecidos sob o impulso da crise. Por fim, o Fundo inventou e monitorou programas de ajustes nacionais, assegurando que os devedores estão agindo de boa fé e que não se jogará dinheiro bom para tentar salvar dinheiro ruim.

Em segundo lugar, os bancos comerciais desempenharam um papel mais ativo. Eles renegociaram as condições de seus empréstimos, de início a cada ano mas, a partir do outono de 1984, e pela primeira vez, em uma base multianual. Ao fazê-lo, os novos grupos bancários também admitiram concessões quanto a taxas de comissão e margens as quais eram conspicuamente ausentes antes, quando extraíam prêmios de risco e lucros mais elevados nos empréstimos de reestruturação. Tais atividades privadas foram coordenadas e, até aqui, dependentes, dos programas oficiais de estabilização que os países concordaram em cumprir.

O terceiro componente da estratégia foi a recuperação dos países industriais e a retomada do crescimento do comércio internacional. A importância do choque da recessão tem sua contrapartida no impacto benéfico da recuperação cíclica das exportações dos países devedores. De forma ainda preliminar em 1983, mas mais firmemente em 1984, o crescimento das exportação dos principais devedores problemáticos subscreveu grandes superávits comerciais, que permitiram a continuidade do serviço da dívida.

Com isso, emergiu uma espécie de equilíbrio global. Os Estados Unidos se tornou o comprador de última estância, absorvendo importações e capital a uma taxa recorde. Entradas de capital europeu e japonês financiam o déficit público interno dos Estados Unidos, permitindo estímulo fiscal e taxas de crescimento elevadas. Estas são acompanhadas por taxas de juros altas, baixa inflação e um dólar forte, tudo isso consistente com o poder de atração das finanças externas. Os países devedores, que operam sob o condicionante de grandes obrigações decorrentes do serviço da dívida sem contar com novos empréstimos — a taxa de crescimento dos novos créditos oriundos de bancos comerciais, incluindo-se créditos involuntários, caiu de 25% para aproximadamente 5% —, vendem suas exportações principalmente para os Estados Unidos.

Até aqui, a estratégia concebida para lidar com o problema da dívida funcionou. O que aprendemos é que, num tal ambiente global, os grandes devedores, como por exemplo o Brasil e o México, conseguiram inverter as suas balanças comerciais de forma sem precedentes. Ao mesmo tempo, objetivos internos como crescimento, emprego, estabilidade de preços e distribuição de renda não apenas têm se mostrado recalcitrantes como, também, foram sacrificados em nome da melhoria do balanço de pagamentos.

Não houve pânico financeiro e colapso. Os bancos não quebraram, mesmo perante um mercado acionário cético. Os devedores, apesar de cansados de austeridade, continuam a aceitar aquilo que, sem dúvida, tem sido o maior fardo de ajuste com escassez de financiamento externo. Os países industrializados, especialmente os Estados Unidos, não fecharam os seus mercados, apesar de enfrentarem pressões protecionistas.

Alguns acreditam que isso não pode durar. A experiência passada pode ser instrutiva.

LIÇÕES DO PASSADO PARA O FUTURO

O enredo da última década é um episódio singular, mas existem paralelos históricos. Em comum com a experiência pré-1914 está o fato de os empréstimos terem sido dirigidos primordialmente aos países periféricos em desenvolvimento. Ao contrário do século XIX, hoje a periferia não se define por uma abundância de terras, mas pelo potencial de capacidade industrial. Os novos países industriais modernos, que ao mesmo tempo têm carência de capital, oferecem ao investimento estrangeiro a possibilidade de lucros altos, como indicam seus históricos de crescimento durante as últimas três décadas e, em certos casos, durante mais tempo. E, da mesma forma que no período pré-1914, a capacidade crescente de os novos países industriais exportarem produtos manufaturados, como parte de uma divisão de trabalho internacional transformada, traz bons augúrios para o longo prazo.

A despeito disso, e da mesma forma que no entre-guerras, a onda súbita de empréstimos dos anos 1970 constituiu um evento antinatural, cuja magnitude foi causada por um desequilíbrio do balanço de pagamentos global, e não por um crescimento acelerado do crescimento dos países em desenvolvimento. E o aparente excesso de oferta de *commodities*, associado à baixa de preços das matérias-primas, que têm afetado muito dos devedores menores, exibe uma forte semelhança com os anos 1920.

É no modo de lidar com as falhas de mercado que os arranjos atuais se mostram mais singulares. Em contraste com o século XIX, existe uma presença oficial multilateral. No passado, isso era menos necessário. Os ritmos de uma economia global em expansão, com uma Grã-Bretanha adepta do livre-comércio no centro, em conjunto com bancos de investimento atentos, amenizaram os problemas dos tomadores de desenvolvimento afetados por dores de crescimento.

Aqueles bancos de investimento experimentados selecionavam os tomadores potenciais e distribuíam os títulos por um público investidor maior. Casas de primeira classe ficavam simultaneamente ao lado de seus clientes internos e de seus devedores estrangeiros, esperando que suas reputações garantissem a continuidade dos negócios. Eles lidavam com títulos de longo prazo, comercializados publicamente. As valorizações cambiais proporcionavam testes de mercado. Mas os bancos tinham plena consciência de que suas decisões tinham influência. O resgate da situação Argentina na década de 1890 pode não ter conduzido a uma recuperação imediata em termos dos preços dos títulos, mas estabilizou a queda mesmo enquanto aliviava a dificuldade Argentina. Os resultados mais favoráveis do salvamento brasileiro se originaram principalmente da reversão dos preços do café, e não das políticas internas mais rigorosas então aplicadas.

Contudo, através de sua influência na Corporation of Foreign Bondholders, os bancos também estavam alertas quanto ao fato de que nem todos os problemas se resumiam a meras crises de liquidez. *Booms* no mercado de capitais também abriam as comportas para tomadores de outro tipo, cujas perspectivas de longo prazo eram muito inferiores. A insolvência não se situava além da capacidade de os bancos a reconhecerem e a solucionarem. O remédio, na época, eram desativações grandes e imediatas da dívida e o estabelecimento de tetos de juros definidos de acordo com a capacidade de pagamento. O outro lado da moeda era a intervenção aberta. Não constituía acidente que tal tratamento caminhava ao lado de objetivos políticos governamentais.

Esse arcabouço institucional ficou diluído nos anos 1920, com a ascensão dos Estados Unidos como principal fonte de empréstimos internacionais. Títulos de longo prazo continuaram a constituir a moeda dos *portfolios* de investimentos, e eram listados e negociados em bolsa. Mas a estrutura concorrencial de uma multiplicidade de casas emissoras não proporcionou uma avaliação de qualidade tão satisfatória quanto seria de desejar, nem encorajava uma relação íntima como os tomadores estrangeiros. Se, antes do *crash* de 1929, não havia esperança de uma continuidade do fluxo financeiro, que dizer do período posterior.

Mas, para alguns tomadores, a natureza do problema da dívida naquele momento também exigiu mais do que um alívio das dificuldades. Tornou-se necessária uma intervenção oficial, que ocorreu na forma da moratória Hoover. A essa altura, a inadimplência periférica já tinha se iniciado e a resolução do problema das indenizações e dos empréstimos de guerra, que tinham infestado as relações econômicas internacionais nos anos 1920, não pôde inverter a deterioração do comércio e das finanças. Os Estados Unidos estavam despreparados para representar o papel de emprestador internacional de última instância, e a Grã-Bretanha estava incapacitada de fazê-lo.

Aquela experiência ajudou a dispor a comunidade financeira em favor de um a resposta firme e inovadora a partir de 1982. A reação repousa sobre o diagnóstico de que o problema da dívida constitui exclusivamente uma falta temporária de liquidez. Considera-se que um financiamento modesto será suficiente, pressupondo-se a continuidade do crescimento dos países industriais e, com o tempo, uma restauração espontânea das condições prévias de oferta de capital. Abordei essa questão em outro lugar.[285] Aqui, desejo apenas mostrar a discrepância da prática atual em relação ao precedente histórico.

Se enfrentamos um problema de dívida de desenvolvimento comparável com o que existia no período pré-1914, encontram-se ausentes dois ingredientes importantes da solução histórica. O primeiro era a disponibilidade de financiar uma parcela grande das obrigações do serviço da dívida de curto prazo e, mesmo, de reduzir temporariamente a sua magnitude. Esse foi o tratamento dado à Argentina e ao Brasil, em troca de seu compromisso em evitar o *default*. O segundo era a perspectiva de renovação dos fluxos de capital, para permitir a retomada dos investimentos e do crescimento econômico. Proporcionou-se ajuda de curto prazo no contexto da continuidade das relações no mercado de capitais, esperando-se dos bancos investimento que permanecessem comprometidos.

O que vemos hoje é, ao contrário, a insistência no pagamento pleno e pouca vontade de levar em consideração expedientes como a capitalização dos juros, de modo a compensar a variação das taxas de juros dos eurodólares. Concedem-se financiamentos, mas num nível que atribuiu a maior parte dos ajustes a adaptações de produção e renda dos países em desenvolvimento. E não existe uma promessa de entradas de capital.

---

285. Ver Albert Fishlow (1985).

Em vez disso, os bancos pedem mais investimento direto estrangeiro, repatriamento das fugas de capital e evidências de austeridade doméstica. A estrutura institucional atual tem muito a ver com a diferença. À diferença do passado, os bancos comerciais não são apenas intermediário, mas também os detentores finais dos empréstimos. Os bancos de investimentos eram imunes às perdas financeiras decorrentes da queda de valor dos títulos estrangeiros. Tal veredicto de mercado afetava a riqueza de outros; a tarefa dos bancos era fazer disso o melhor, coisa que dependia de algum compartilhamento do fardo entre devedores e credores, para facilitar a recuperação. A dispersão de detentores de títulos concentrava a autoridade de decisão nas mãos dos bancos comerciais. Um dos objetivos da política atual é preservar a solvência dos bancos e evitar desarranjos sistêmicos. O meio de conseguir isso é forçar uma parcela maior do fardo real sobre os países devedores. Além do mais, quando, em 1890, o Baring Brothers foi apanhado com títulos argentinos nas mãos, o banco foi socorrido (com alguma despesa para os sócios), em vez de permitir que falisse; a Argentina não foi considerada responsável.

Embora seja verdade que o fato de deter a dívida predispõe os bancos a aceitarem empréstimos involuntários e, conseqüentemente, um financiamento parcial, as somas concedidas estão muito além do fluxo de retorno dos pagamentos de juros recebidos. E os bancos estão ansiosos por se fechar o mais cedo possível. Os empréstimos para desenvolvimento têm se mostrado um negócio menos interessante do que parecia de início, tornando impossível manter expectativas de uma recuperação dos fluxos de capital, mesmo em direção a devedores bem comportados. A renegociação de longo prazo é um incentivo que não ocorre periodicamente. O problema da dívida não está sendo tratado com base numa perspectiva de retomada do desenvolvimento, mas de penalidades impostas no caso de não se atingirem metas de estabilização do FMI.

Os bancos de investimento também estavam preparados para reconhecer seus enganos mais sérios nos casos de *default* de receita. O que guiava suas avaliações era a capacidade de pagamento, não a obediência a princípios de propriedade. Apesar de retermos a mesma abordagem caso a caso, parecemos menos capazes de diferenciar entre tomadores. Há países em relação aos quais a expectativa de transferência do serviço de suas dívidas é, na melhor das hipóteses, limitada. Em vez de um recomeço, esses países são aqueles que operam sob as condições mais severas. No caso do Chile, exigiu-se do governo que garantisse uma dívida privada que, patentemente, constituía um risco privado. Os países que mais conseguiram melhorar as suas contas externas recebem tratamento favorável. Às vezes, a ausência de melhoria não se dá por responsabilidade do país, mas dos preços de *commodities*.

Historicamente, a insolvência era um veredicto atingido mais facilmente, porque acompanhado de uma voz mais alta no gerenciamento das receitas e, mesmo, dos governos. Os países não escolhiam tal caminho de boa vontade. Hoje não existe nada análogo a isso. O FMI se vê impossibilitado de forçar um reajuste das dívidas privadas, e parece relutante em tentá-lo. A deficiência é séria, tendo muito a ver com os problemas da dívida de muitos países menores, cujas circunstâncias são menos favoráveis do que as dos novos países industriais. Sob certo ponto de vista, tais países correspondem aos equivalentes atuais dos inadimplentes de receita do passado.

Para os emprestadores sujeitos a esse tipo de inadimplência, a intervenção não constituía o único recurso. Ela ocorreu onde havia um interesse político direto. Também acontecia a recusa de emprestar. Para os países latino-americanos, passou-se um longo intervalo entre os empréstimos que lhes foram concedidos na década de 1820 e sua retomada nos anos 1860 e, mesmo, posterior. Só na década de 1970 os bancos e o público se esqueceram da debacle dos anos 1920. O acesso ao mercado de capitais é um poderoso instrumento de política econômica. Mas exige a presença de um mercado de capitais — justamente o que não se encontra presente hoje.

Apesar das semelhanças entre os empréstimos destinados a ajustar balanços de pagamentos nos anos 1970 e nos anos 1920, até aqui temos nos dado melhor, em parte por causa de uma melhor compreensão a respeito da interdependência econômica e de avanços na coordenação. Mas a presença de um clima político diferente é, também, fundamental. Os países em desenvolvimento têm aceitado os sacrifícios do ajuste e da grande transferência de recursos para o estrangeiro, da mesma maneira que fizeram periodicamente durante o século XIX. Eles não recorreram à inadimplência, como tantos fizeram nos anos 1930, quando permaneceram ignorados em meio à deterioração européia. E os países em desenvolvimento também não manifestaram o desafio de uma Alemanha, cada vez mais propensa a romper com o sistema.

Em última análise, a questão não é se os países conseguirão pagar o serviço de sua dívida, mas se eles escolherão fazê-lo. Ao impor sacrifícios internos às vezes rigorosos, muitos países em desenvolvimento poderão continuar a pagar, desde que o crescimento do comércio mundial não desmorone, como ocorreu nos anos 1930. A pergunta pertinente é se queremos que eles tentem. Há custos econômicos na forma de crescimento reduzido, quando a poupança interna e o potencial de importações são pagos no estrangeiro como juros. Há, também, conseqüências políticas. Ao definir tarefas demasiadamente duras, podemos terminar com uma nova onda de nacionalismo e com uma configuração das relações econômicas internacionais muito diferente. O problema atual da dívida não é apenas uma questão técnica e financeira, como não o era o problema das indenizações e das dívidas interaliadas. Já se politizou e, provavelmente, isso se intensificará. Nós somos mais herdeiros do problema do entre-guerras do que dos *defaults* de desenvolvimento simples do século XIX.

REFERÊNCIAS BIBLIOGRÁFICAS

ATKIN, J. M.: *British overseas investments, 1918-1931.* Nova York: 1977.

BLOOMFIELD, A. I.: "Patterns of fluctuation in international finance before 1914", *Princeton Studies in International Finance*, n.21. Princeton, N.J.: 1868.

BUTLIN, N. G.: *Australian domestic product, investment and foreing borrowing, 1861-1938/39.* Londres: Cambridge University Press, 1962.

CAIRNCROSS, A. K.: *Home and Foreig Investment, 1870-1913.* Londres: Cambridge University Press, 1953.

CAMERON, R.: *France and the Economic Development of Europe, 1800-1914.* Princeton: Princeton University Press, 1961.

CLARKE, H.: *Sovereign and Quasi-Sovereign States: Their Debts to Foreign Countries.* Londres, 1879.

Corporation of Foreing Bondholders: *Thirty-third Annual Report, 1906.* Londres.

COSTIGLIOLA, F. C.: "Anglo-American financial rivalry in the 1920s", *Journal of Economic History* 37 (1977).

Departamento do comércio dos EUA: *Historical Statistics of the United States.* Washington, D.C.: 1975.

DÍAZ Alejandro, C.: *Essays on the economic history of the Argentine Republic.* New Haven: Yale University Press, 1970.

EDELSTEIN, M.: "Realized rates of return on U.K. home and overseas portfolio investment in the age of high imperialism", *Explorations in Economic History* 13 (1976).

_____.: *Overseas investment in the age of British Imperialism*: The United Kingdom, 1850-1914. Nova York: Columbia University Press, 1982.

EINZING, P.: *World finance*, 1914-1935. Londres: Macmillan, 1935.

FEIS, H.: *Europe the world's banker: 1870-1914.* New Haven: Yale University Press, 1930.

FELIX, D.: "The Baring crisis of the 1890s and the international bond defaults of the 1930s", mimeo. Universidde de Washington, St. Louis, Missouri, novembro de 1984.

FERNS, H. S.: *Britain and Argentina in the Nineteenth Century.* Oxford University Press, 1960.

FISHLOW, A.: "Revisiting the great crisis of 1982". Notre Dame Press, 1985.

_____.: "The debt crisis: A longer perspective", *Journal of Development Planning*, abril de 1985.

FORD, A. G.: *The gold standart, 1880-1914: Britain and Argentina.* Oxford: Oxford University Press, 1962.

GREGORY, P. R.: "The Russian balance of payments, the gold standart and monetary policy", *Journal of Economic History* (junho de 1979).

HALL, A. R. (org.): *The export of capital from Britain, 1870-1914.* Londres: Methuen, 1968.

Instituto Brasileiro de Geografia e Estatística: *Anuário estatístico do Brasil, 1939-40.*

Imlah: *Economic elements in the pax Britannica.*

ISSAWI, C.: *The economic history of the Middle East, 1800-1914.* Chicago: 1966.

JENKS, L. H.: *The Migration of British Capital to 1875.* Nova York: Knopf, 1927.

KRAFT, J.: *The mexican rescue.* Nova York: Group of Thirty, 1984.

LAMARTINE YATES, P.: *Forty years of foreign trade.* Londres: Macmillan, 1959.

LANDES, D. S.: "Some thoughts on the nature of economic imperialism", *Journal of Economic History*, 21 (1961).

LEVANDIS, J. A.: *The Greek foreign debt and the great powers, 1821-1898.* Nova York: 1944.

LEVIN, J. V.: *The export economic.* Cambridge: 1960.

LEWIS, C.: *America's stake in international investment.* (2)

_____.: *Debtor and creditor countries: 1938, 1944.* (1)

LEWIS, W. A.: *Economic survey, 1919-1939.* Londres: Allen & Unwin, 1949.

_____.: *Growth and fluctuations, 1870-1913.* (2)

LIPSEY, R.: *Price and quantity trends in the foreign trade of the United States.*

MADDEN, J. T. e NADLER, M.: *Foreign securities.* Ova york: Ronald, 1929.

_____.: e SAUVAIN, H. C.: *America's experience as a creditor nation.* Englewood Cliffs, N.J.: Prentice-Hall, 1937.

MATTHEWS, R. C. O. *et. al*: *British economic growth.* Stanford: Stanford Univesity Press, 1982.

McQUEEN, C. A.: *Peruvian public finance*, U.S. Department of Commerce Trade Promotion Series, n.30. Washington, D.C.: 1926.

MITCHELL, B. R.: *European historical statistics.* Nova York: Nova York University Press, 1980.

_____.: *International historical statistics: Africa and Asia.* Nova York: 1982.

_____.: *International historical statistics: The Americas and Australasia.* Nova York: 1983.

MOULTON, H. G. e L. PASVOLSKY: *War Debts and World Prosperity.* Washington, D.C.: Brookings, 1932.

MULHALL, M. G.: *Dictionary of statistics.* Londres: 1899.

OWEN, R.: *The Middle East and the world economy.* Londres: 1981.

PAISH, G.: "Great Britain's capital investment in other lands", *Journal of the Royal Statistical Society* (1909).

PAIVA ABREU, Marcelo: "A dívida pública externa do Brasil, 1824-1931", Texto de Discussão n.83 (Departamento de Economia, Pontifícia Universidade Católica do Rio de Janeiro).

PASVOLSKY, L. e MOULTON, H. G.: *Russian debts and Russian reformation.* Nova York: 1924.

PETERS, H.: *The foreign debt of the Argentine Republic.* Baltimore: Johns Hopkins University Press, 1934.

PLATT, D. C. M. (org): *Business imperialism, 1840-1930.* Oxford: Oxford University Press, 1977.

RIPPY, J. F.: *British investment in Latin America, 1822-1947.* Minneapolis: 1959.

ROSTOW, W.: *The world economy.*

Royal Institute of International Affairs (RIIA): *The problem of international investment.* Oxford: Oxford University Press, 1937.

SIMON, M.: "The pattern of new British portfolio foreign investment, 1865-1914", em Hall (1968).

STERN, F.: *Gold and iron.* Nova York: Knopf, 1977.

THOMAS, B.: *Migration and economic growth.* Londres: Cambridge University Press, 1954.

THORP, R. e BERTRAM, G.: *Peru 1890-1977: Growth policy in an open economy*. Nova York: 1978.

TRIANTIS, S. G.: *Cyclical changes in trade balances of countries exporting primary products, 1927-33*. Toronto: University of Toronto Press, 1967.

TURLINGTON, E.: *Mexico and her foreign creditors*. Nova York: 1930.

URQUHART, M. C. (org.): *Historical statistics of Canada*. Toronto: 1965.

_____.: "New estimates of gross national product, Canada, 1870 to 1962", mimeo (NBER, 1984).

_____.: (org.): *Fenn's compendium of the English and foreign funds* (ed. 14). Londres: 1895.

VAN OSS, S. F.: *Stock exchange values: A decade of finance, 1885 to 1895*. Londres: 1895.

VILLELA, A. e W. SUZIGAN: *Política do governo e crescimento da economia brasileira, 1889-1945*. Rio de Janeiro: 1975.

VINER: *Canada's balance of international indebtedness, 1900 to 1913*.

WILKINS, Mira (org.), *British overseas investments, 1907-1948*, Nova York: Arno, 1977.

WILLIAMS, J. H.: *Argentina's international trade under inconvertible paper money*. Cambridge: 1920.

WINKLER, M.: *Foreign bonds*. Philadelphia: Swain, 1933.

WOODRUFF, W.: *The impact of Western man*. Nova York: 1967.

WYNNE, W. H.: *State insolvency and foreign bondholders*, v.2. New Haven: Yale University Press, 1951.